DER NATIONAL GEOGRAPHIC TRAVELER

SAN FRANCISCO

VESUVIO
ONE WA
STEAM

DER NATIONAL GEOGRAPHIC TRAVELER

SAN FRANCISCO

Jerry Camarillo Dunn jr.

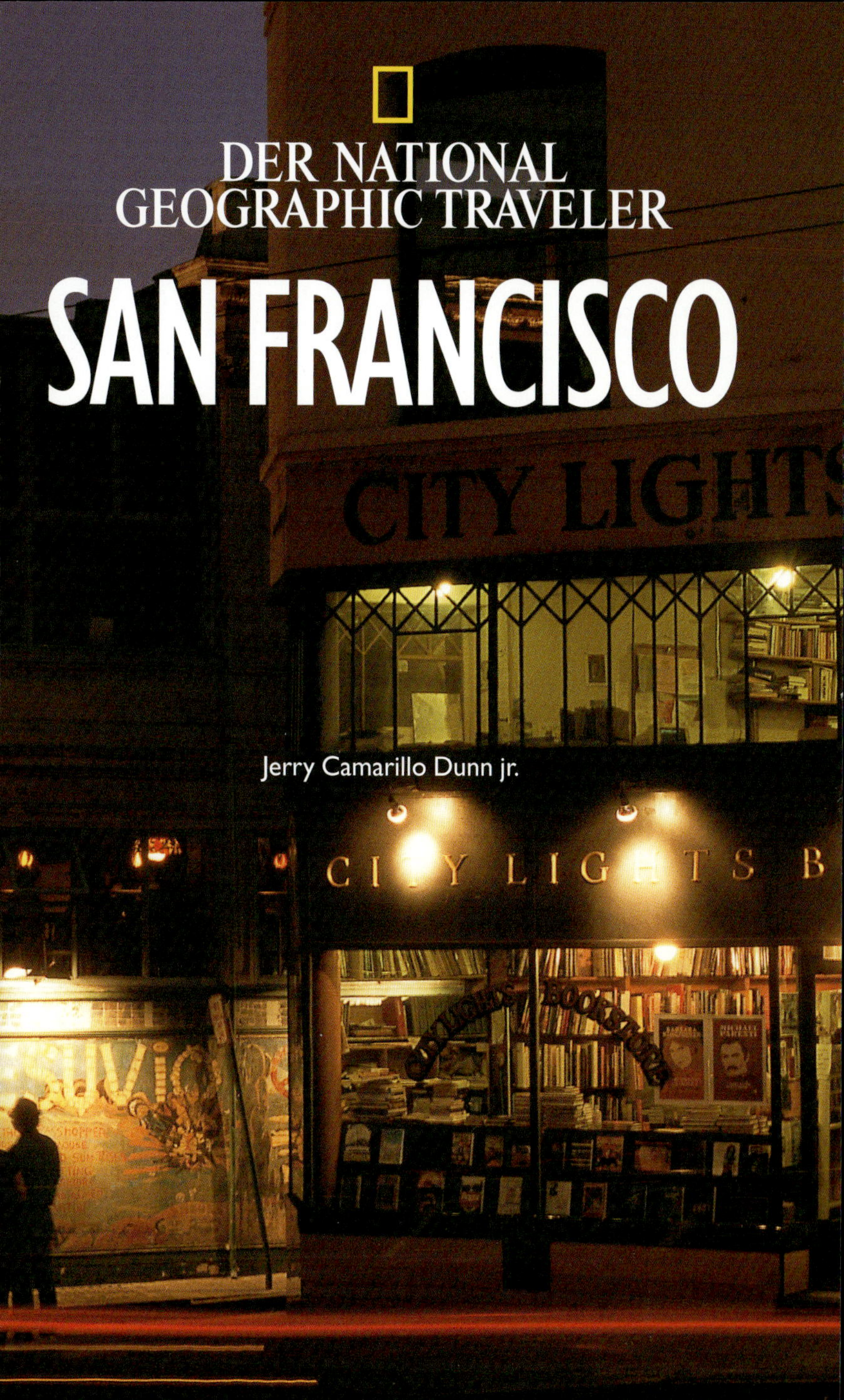

Inhalt

Seite 1: Cable Car
Seite 2: Vesuvio und City Lights Bookstore bei Nacht
Links: Auch die steilsten Hügel der Stadt stellen kein Hindernis dar

Benutzerhinweise

Text- und Kartensymbole siehe hintere Umschlagklappe

Der National Geographic Traveler bringt Ihnen die schönsten Seiten San Franciscos anhand von Text, Bildern und Karten nahe. Der Reiseführer ist in drei Abschnitte aufgeteilt. Er beginnt mit einem Überblick über Geschichte und Kultur. Es folgen zehn Kapitel, die sich jeweils einem Stadtteil widmen. Jedes Kapitel fängt dabei mit einer eigenen Inhaltsübersicht an. Das abschließende Kapitel macht Vorschläge für Ausflüge von San Francisco aus.

Eine Stadtteilkarte stellt jedes Viertel extra vor. Darin sind alle Sehenswürdigkeiten des Kapitels eingezeichnet, weitere interessante Orte sind mit einer Nummer vermerkt. Spaziergänge – mit einer zusätzlichen Karte – lassen den Besucher die schönsten Flecken entdecken. Zahlreiche Specials und Infobox-Kästen bieten eine Fülle von weiterführenden Informationen zu Geschichte, Kultur und dem Leben heute.

Das letzte Kapitel enthält alle Informationen, die zur Vorbereitung und Gestaltung Ihrer Reise notwendig sind.

Alle diese Informationen sind bei Drucklegung dieses Buches auf dem neuesten Stand. Ein Anruf zur Sicherheit ist jedoch immer empfehlenswert.

126

Farbkodierung

Jedes Stadtviertel ist durch eine eigene Farbe gekennzeichnet, so dass es leicht gefunden werden kann. Wählen Sie dazu aus der Inhaltsübersicht die Gegend aus, die Sie interessiert, und blättern Sie dann bis zu den Seiten, die in der oberen Ecke in der gleichen Farbe markiert sind. Auch die dazugehörigen Reiseinformationen weisen die jeweilige Farbgebung auf.

Exploratorium
www.exploratorium.edu
Hinter dem Palace of Fine Arts
415/561-0360; 415/563-7337 (Führungen); oder 415/561-0362 (Reservierungen für den Tactile Dome)
Geschl. Mo Anfang Sept.–Ende Mai
$$. Frei 1. Mi des Monats
Bus: 22, 28, 30, 41, 43, 45

Besucherinformation

Jede Hauptsehenswürdigkeit wird in der Außenspalte durch praktische Informationen ergänzt (Erklärung der Symbole siehe hintere Umschlagklappe). Der Kartenverweis gibt die Seite an, auf der die jeweilige Sehenswürdigkeit steht. Zu den weiteren Informationen zählen Adresse, Telefonnummer, Website, Öffnungszeiten, Eintrittsgebühr – von unter 4 $ bis zu 25 $ – sowie die nächste Bus-, Cable-Car-, Straßenbahn- oder BART-Haltestelle. Bei kleineren Sehenswürdigkeiten finden sich diese Informationen in Klammern im Text.

REISEINFORMATIONEN

MARINA DISTRICT — Farblich markierte Region

HOTELS — Kategorie

MARINA INN
$ — Hotel und Preiskategorie

3110 OCTAVIA, 94123
TEL. 415/928-1000
FAX 415/928-5909
www.marinainn.com — Adresse, Telefon- und Faxnummer, Website

Ein ansprechendes europäisch geprägtes Hotel mit Kiefernbetten, Wandgemälden und Familiensuiten. — Kurzbeschreibung des Hotels

40 · Alle Kreditkarten — Hoteleinrichtungen und Kreditkarten

RESTAURANTS — Kategorie

GREENS
$$$ — Restaurant und Preiskategorie

FORT MASON CENTER
TEL. 415/771-6222 — Adresse und Telefonnummer

Berühmt für seine ausgezeichnete vegetarische Küche und den guten Weinkeller. Der Speisesaal mit großer Fensterfront blickt auf die Bucht. Sonntags Brunch. — Kurzbeschreibung des Restaurants

130 · Geschl. So — Ruhezeiten und Kreditkarten

Hotel- und Restaurantpreise

Erläuterungen zu den Preiskategorien finden Sie im Abschnitt »Hotels & Restaurants«, S. 245.

KARTEN DER STADTTEILE

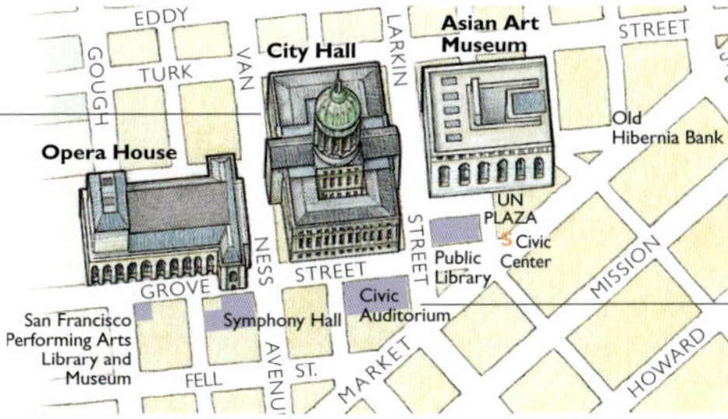

- Eine Orientierungskarte zeigt an, wo genau das Viertel in der Stadt liegt.

SPAZIERGÄNGE

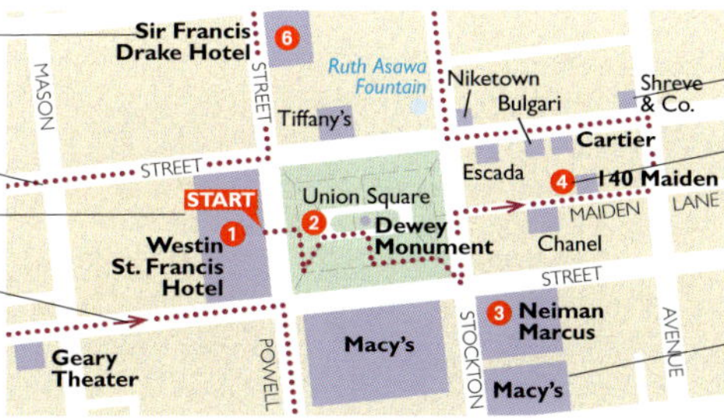

- Eine Infobox nennt Ausgangs- und Endpunkt des Spaziergangs, Länge, Dauer sowie Sehenswürdigkeiten, die man unterwegs nicht versäumen sollte.

AUSFLÜGE

- Städte und Ortschaften, die im Kapitel Ausflüge (S. 207 ff) beschrieben werden, sind auf der Karte gelb unterlegt. Weitere lohnenswerte Orte sind ebenfalls gelb hervorgehoben und mit einer roten Raute gekennzeichnet.

DER NATIONAL GEOGRAPHIC TRAVELER

SAN FRANCISCO

Über den Autor

Jerry Camarillo Dunn jr. wurde als Kalifornier der dritten Generation in Los Angeles geboren. Während seines Studiums an der Stanford University wählte er San Francisco zu seiner zweiten Heimat. Auch nach dem Studium blieb Jerry Dunn zunächst in San Francisco und später im Marin County jenseits der Golden-Gate-Brücke. Dunn hat zahlreiche Bücher für NATIONAL GEOGRAPHIC verfasst, darunter Reiseführer über Kalifornien, Nevada, Hawaii und die Rocky Mountains. Als ehemaliger Redakteur und Autor des Reisemagazins von NATIONAL GEOGRAPHIC hat er drei renommierte Auszeichnungen der Society of American Travel Writers gewonnen. Jerry Dunn lebt heute mit seiner Frau und seinen zwei Söhnen in einem abgelegenen Tal in Südkalifornien.

SAN FRANCISCO
im Spiegel von
NATIONAL
GEOGRAPHIC

Die sieben Kilometer lange Oakland Bridge verbindet San Francisco mit Oakland.

© PhotoPress/Master

Ein Blumenverkäufer nutzt den stehenden Straßenverkehr, um seine Ware an den Mann zu bringen.

ÜBER SAN FRANCISCO WAR ZU LESEN IN

Ausgabe: Juni 1906
The California Earthquake

Seite: 325-343

Inhalt: Am 18. April 1906 zerstörte ein gewaltiges Erdbeben innerhalb weniger Sekunden die blühende Küstenstadt San Francisco. Einzigartige Fotografien vermitteln ein anschauliches Bild von den Verwüstungen, die das Jahrhundertbeben damals hervorrief.

The NATIONAL GEOGRAPHIC MAGAZINE

Die Straßen von San Francisco im nächtlichen Lichtermeer.

© PhotoPress/Rogler

ÜBER SAN FRANCISCO WAR ZU LESEN IN

Ausgabe: April 1932
Out in San Francisco: Fed on Gold Dust and Fattened by Sea Trade, a Pioneer Village Becomes a Busy World Port

Seite: 395-434
Autor: Simpich, Frederick

Inhalt: San Francisco liegt geschützt in der gleichnamigen Bucht. Dieser ausgezeichneten Lage verdankt die Metropole ihren weltweiten Ruf als bedeutende Hafen- und Handelsstadt sowie als kulturelles Zentrum an der amerikanischen Westküste. Sehenswerte Luftbilder von der Stadt, dem Hafen und der Bay verdeutlichen die Gunstlage San Franciscos.

THE NATIONAL GEOGRAPHIC MAGAZINE

CONTENTS

Out in San Francisco

Poland, Land of the White Eagle

Looking in on New Turkey

How Half the World Works

PUBLISHED BY THE
NATIONAL GEOGRAPHIC SOCIETY
HUBBARD MEMORIAL HALL

ÜBER SAN FRANCISCO WAR ZU LESEN IN

Ausgabe: August 1956
Boom on San Francisco Bay

Seite: 181-226
Autor: Shor, Franc
Fotograf: Boyer, David S.

Inhalt: Wirtschaftlicher Aufschwung, steigender Wohlstand und hoher Lebenstandard zeichneten San Francisco in den Fünfziger Jahren aus und bewirkten einen starken Zuzug in die Stadt. An der Lebenseinstellung und -qualität der Einwohner San Franciscos sollte sich aber nichts ändern. Ihre sprichwörtliche Lebensfreude und Lebenslust ist ungebrochen.

In schwungvolle Fahrt geht es durch die Hyde Street. Im Hintergrund das berühmt-berüchtigte Gefängnis Alcatraz.

© PhotoPress/Master

Blütenpracht in der Nähe von Monterey.

© PhotoPress/Rita

ÜBER SAN FRANCISCO WAR ZU LESEN IN

Ausgabe: Juni 1988
Ausgabe: November 1975
Chinatown, the Guilded Ghetto

Seite: 627-643
Autor/Fotograf: Allard, William Albert

Inhalt: San Franciscos Chinatown – die größte chinesische Gemeinde in den USA – ist in aller Welt ein Begriff. Jedem Besucher ist das exotische Ambiente dieses Stadtviertels bekannt. Doch Autor und Fotograf William Albert Allard zeichnet ein differenzierteres Bild.

Be cool. Relax.
It's a way of life!
© PhotoPress/Hapf

STATES

California Dreaming!

Geschichte und Kultur

Goldschürfer in der Nähe von Sutter's Mill

San Francisco heute

KEIN WUNDER, DASS VIELEN LEUTEN GENAU DAS PASSIERT, WAS IN EINEM bekannten Lied so prosaisch besungen wurde: Sie lassen ihr Herz in San Francisco. Auch wenn diese Liebesbeziehung hauptsächlich auf Äußerlichkeiten beruht: Keine andere amerikanische Stadt bietet eine solche Fülle an herrlichen Sehenswürdigkeiten, angefangen von viktorianischen Häusern im bunten Zuckerbäckerstil bis hin zum Panoramablick über die schimmernde Buch mit Alcatraz in der Mitte.

Ständig wechselt die Perspektive: das Zusammenspiel von Wasser, Hügeln und Himmel verleiht der Stadt einen Rhythmus, einen überschäumenden Takt wie beim Jazz.

Die Szenerie in San Francisco ist zum Teil schon zum Klassiker geworden: Tage, an denen der Nebel hereinwabert und sich geheimnisvoll und romantisch um die Schultern der Stadt schmiegt. Die Schatten werden länger, Musik hebt an, Eiswürfel klirren in Cocktailgläsern – und alles ist möglich. Diese Stadt hat etwas Mystisches. Natürlich ist diese Stimmung nur eine von vielen, die das Wesen von San Francisco bestimmen.

Andere Erfahrungen, die der Besucher von hier mit nach Hause nehmen kann, sind:

- ein unerwarteter Blick auf die Bucht, wenn man mit dem Cable Car einen Hügel hinauffährt;
- Ein Spaziergang über die Golden Gate Bridge, wenn gerade ein Frachtschiff eine weiße Spur durch die blaue Bucht zieht;
- ein Cafébesuch am North Beach, wo einst die Beat-Generation zu Hause war, der Genuss eines heißen Cappuccinos;
- die Besichtigung der Reste des Sutro Bath, die Vorstellung, wie sich hier einst 20 000 Schwimmer unter der Glaskuppel tummelten;
- die Überlegung, worüber *Der Denker* von Rodin am Palace of the Legion of Honor wohl gerade nachdenkt;
- Sonnenuntergang im Cliff House bei einem Glas kalifornischen Weins und die Beobachtung der Seelöwen auf den Felsen;
- ein kurzer Stopp bei einem Zauberkünstler in der Cannery;
- ein Zwischenstopp im Golden Gate Park an einem See, auf dem ferngesteuerte Boote über den See fahren;
- der Kauf von Weihnachtsgeschenken am Union Square, dem Glamour-Zentrum für hochkarätige Waren vom Feinsten;
- ein Restaurantbesuch in der Chinatown, wo man keine andere Sprache als Chinesisch hört, um dort Dim Sum zu essen;
- ein Klubabend in SoMa, wo man Hiphop bis zum Umfallen tanzen kann;
- ein Ausflug zur Mission Dolores, dem ältesten Gebäude der Stadt, um dort die dicken Wände aus Adobe-Ziegel zu ertasten, die von längst vergangenen Händen gefertigt wurden;
- eine Fahrt auf der Lombard Street, der »krummsten Straße auf der Welt«.

Modernes Panorama (unten); der Farmer's Market hinter dem Ferry Building (rechts)

Aus all diesen Erfahrungen heraus erklären viele Besucher San Francisco zu ihrer liebsten Stadt in Amerika, ja auf der ganzen Welt – was auch Umfragen immer wieder bestätigen. Wenn sich Europäer zu Vergleichen mit ihrer Heimat angeregt sehen, dann bedeutet das, dass sie die Stadt malerisch und charmant finden. Den New Yorkern gefallen hingegen die Hotels von Weltrang, Restaurants, Museen und die Oper. Wer aus der Kleinstadt kommt, findet eine Stadt vor, die noch recht menschliche Dimensionen aufweist.

Pacific Exchange

Doch niemand liebt San Francisco mehr als ihre Einwohner selbst. Manchmal werden der Stadt schon die Augen feucht bei so viel Selbstbeweihräucherung – sie könnte sich selbst umarmen. Aber das sollte man ihr nicht vorwerfen, wirklich nicht. Ein Teil des Charmes von San Francisco beruht auf der Art, wie es die Balance hält zwischen Tradition und Moderne. Und so ist diese Stadt auf eine ganz seltsame Weise sowohl provinziell wie auch profan.

DAS PROVINZIELLE

In gewisser Hinsicht ist San Francisco eine Art Insel, die von 43 Hügeln bewacht wird und den Eindruck erweckt, man habe sie hinter die Golden Gate Bridge gesperrt.

Das provinzielle San Francisco bewahrt sich sorgsam seine Vergangenheit. Liebevoll restaurierte viktorianische Häuser und Gebäude aus edwardianischer Zeit verleihen der Stadt ein altmodisches Flair. So wirkt so manche Straße im viktorianischen Stil wie aus einem Bilderbuch für Kinder entsprungen.

San Francisco hat auch sonst provinzielle Anwandlungen. Wie Bürger einer Kleinstadt schätzen die Leute hier Werte wie Gastfreundschaft und Herzlichkeit – sie drücken eher gnädig auf die Bremse, als dass sie hupen. Ältere Bürger erinnern sich noch an die Zeiten, als feine Damen sich in der Innenstadt nie ohne Hut und Handschuhe sehen ließen. Bis heute wird San Francisco schlichtweg »die City« genannt, nie »Frisco« – was auf eine gewisse Kultiviertheit schließen lässt.

Für das geübte Auge setzt sich San Francisco aus einer Ansammlung von provinziellen Vierteln zusammen, Gegenden, in denen die Menschen sich mit einem Tante-Emma-Laden ver-

San Francisco vereint Alt und Neu: die Golden Gate Bridge (1937) mit der Transamerica Pyramid (1972) im Hintergrund

bunden fühlen und mit den vertrauten Gesichtern, die sie jeden Tag sehen. Zu Hause ist zu Hause. Das mögen die Pacific Heights sein, wo die oberen Zehntausend ihre Hunde mit Stammbaum im Park oben auf dem Hügel ausführen, oder Chinatown, wo alte Frauen in überweiten Pullis sich in meditativem Tai Chi ergehen, oder North Beach, wo junge Dichter an Cafétischen sitzen, etwas in ihr Notizbuch schreiben und der Inspiration wegen ab und zu einen Schluck Kaffee trinken.

DAS PROFANE

Von den vielen Eigenschaften, die San Francisco zu einer liebenswerten Stadt machen, lässt sich eine nicht auf einer bunten Ansichtskarte darstellen. Sie findet sich in den Augen der Menschen hier, die jeden freundlichen Blick gern erwidern. Dieser Wesenszug steht für Offenheit und die Bereitschaft, dass jeder »nach seiner Façon glücklich werden soll.«

Seit über 150 Jahren ist diese provinzielle Stadt offen für die Welt draußen, für immer

neue Wellen an Immigranten – man denke nur an die Fischer aus Italien und die Homöopathen aus China. Die Neuzugänge sind von überall her ausgewandert: aus Europa, Asien und Lateinamerika. Ihre Sprachen, Religionen und Kulturen haben einen Ort geschaffen, an dem es sich mit Toleranz so abwechslungsreich leben lässt wie nirgendwo sonst auf der Welt.

Diese Offenheit machte sich in San Francisco erstmals während des Goldrausches in Kalifornien bemerkbar. Der Alltag war ein wilder

Golden Gate ist das Tor zur Stadt und zur Welt

Festumzug, und die Bewohner von San Francisco hießen in dieser vorbeiziehenden Parade alle möglichen Teilnehmer willkommen. Die extravagante Entertainerin Lola Montez, berühmt für ihren Spinnentanz, spazierte mit einer Reitpeitsche durch die Straßen, um männliche Bewunderer, die ihren Enthusiasmus nicht in Zaum halten konnten, in ihre Schran-

ken zu verweisen. Spieler und Bergleute mischten sich unter Schriftsteller und Millionäre.

San Franciscos langlebigstes Original war jedoch wohl Joshua Abraham Norton. Er war 1849 nach San Francisco gekommen. Nachdem er sein Vermögen verloren hatte, fand er Gefallen daran, sich eine alte blaue Armeeuniform anzuziehen und sich einen staubigen Hut mit Feder aufzusetzen. Er prophezeite, dass er als »Norton I., Kaiser der Vereinigten Staaten und Protektor von Mexiko« bekannt werden würde.

Mit diesem bärtigen Exzentriker kam San Francisco bestens zurecht. Wenn Kaiser Norton ein Theater betrat, standen alle Zuschauer auf. Die Zeitungen veröffentlichten seine Briefe, in denen er so »verrückte« Vorschläge machte wie die Bay Bridge zu bauen oder auf dem Union Square einen gigantischen Weihnachtsbaum für die Kinder aufzustellen – ein Brauch, der sich bis heute erhalten hat.

Wie Kaiser Norton haben noch viele andere im Lauf der Zeit eines bewiesen: San Francisco

lässt jeden so ziemlich alles machen, was ihm gerade in den Sinn kommt. Diese liberale Einstellung gibt Menschen jeder gesellschaftlichen und politischen Couleur Raum. Diese Stadt hat exzentrische Persönlichkeiten, Individualisten und Bohemiens immer gefördert – die Maler der Jahrhundertwende und Dichter der Beat-Generation in den 50er Jahren sowie die Blumenkinder der 60er Jahre. Doch selbst zugeknöpfte Geschäftsleute, solide Familienväter und Mütter werden feststellen, dass San Francisco sie in ihren Bann zieht, und wenn es nur um ein so simples Vergnügen geht, wie mit einem Cable Car einen schwindelerregenden Hügel hinunterzubrausen, die Sonne im Gesicht und die leichte Brise aus der Bucht auf der Haut spürend. Da fühlt man sich plötzlich beflügelt: Welch ein Tempo! Welch eine Freiheit! Welch eine wunderbare Stadt!

Eine Provinz in einer provinziellen Stadt: Chinatown scheint sich nie zu verändern

Die Lage der Stadt

SAN FRANCISCO NIMMT DIE SPITZE EINER HALBINSEL ZWISCHEN DEM PAZIfik und der San Francisco Bay ein. Die Bucht ist sowohl eine Meerenge, die sich über 74 Kilometer erstreckt, als auch eine Flussmündung, die von 16 Flüssen gespeist wird, die die Sierra Nevada und das Central Valley entwässern.

GEOGRAPHIE

Als sich vor etwa 500 000 Jahren während der Eiszeit an den Polen eine mächtige Eiskappe aufbaute, sank der Meeresspiegel um etwa 100 Meter. Die Küste von San Francisco verlief in der Nähe der Farallon Islands 41 Kilometer weiter westlich. Was heute die Bucht ist, war damals ein trockenes, mit Gras bewachsenes Tal der Coast Range, in dem Mammuts weideten. Ein Fluss verlief von der Sierra Nevada durch dieses Tal zum Pazifik, am Golden Gate vorbei. Dann schmolz vor rund 12 000 Jahren das Gletschereis, der Meeresspiegel stieg erneut an. Wasser flutete ins Binnenland und füllte das Tal, die heutige Bucht von San Francisco.

San Francisco hat maritimes und mediterranes Klima zugleich; die Temperaturen im Sommer und Winter sind durch den Wind vom Ozean her gemäßigt. Doch in einer Stadt, die für ihren Nonkonformismus bekannt ist, ist sogar das Wetter exzentrisch. Am wärmsten ist es hier im Frühherbst, nicht im Sommer. Zu jeder Jahreszeit können Nebel und Kälte in den Sunset District einfallen, während North Beach und Potrero Hill in der Hitze braten. Dieses Mikroklima ist das Ergebnis der kühlenden Meeresluft, die von den vielen Hügeln der Stadt unterschiedlich stark herabweht.

ERDBEBENGEBIET

San Francisco hat einen Nachbarn mit schlechtem Ruf: den San-Andreas-Graben. Dieser Graben verläuft über 1100 Kilometer bis zum Golf von Kalifornien – und droht ständig mit einem Erdbeben. Er zieht sich nicht direkt unter San Francisco entlang, sondern liegt vor der Küste zwischen Daly City und Point Reyes. Der San-Andreas-Graben stellt die überaus instabile Grenze zwischen der pazifischen und der nordamerikanischen Platte dar, die sich in entgegengesetzter Richtung rund fünf Zentimeter pro Jahr aufeinander zubewegen. Gelegentlich schrammen die Platten am Graben entlang. Dann baut sich Druck auf, der sich nur als verheerendes Erdbeben entladen kann.

1906 schrammten die Platten über 4,50 Meter am Graben entlang – die sich dabei entladenden Kräfte ließen Gebäude im Umkreis von 300 Kilometern erbeben. Das damalige Erdbeben lag bei 8,3 (von 10) auf der Richterskala. Heutzutage kommt es so ziemlich jede Woche einmal zu einem Beben, wobei die meisten allerdings nicht einmal 3,0 erreichen und deshalb nicht registriert werden.

Seismologen sagen jedoch voraus, dass »ein großes« (Big One) kommt – wann, weiß allerdings keiner.

Das Loma-Prieta-Erdbeben

Am 17. Oktober 1989 warteten die Fans im Candlestick Park gerade auf das dritte Baseball-Spiel der World Series, als ein Erdbeben von der Stärke 7,1 das Stadion erschütterte – und die gesamte Bucht dazu. Die Gewalt dieses Erdbebens, dem stärksten seit 1906, beförderte die Bay Bridge 13 Zentimeter weiter nach Norden, verschob Verstrebungen und ließ einen Teil des oberen Brückenbogens auf den darunter liegenden krachen. Auf dem Nimitz Freeway stürzte eine der oberen Fahrspuren ein, zerschmetterte Autos und tötete 43 Menschen. Feuer brach aus, und wie schon 1906 bildeten die Anwohner Löschtrupps mit Eimern, um die lokale Feuerwehr zu unterstützen.

Insgesamt kamen 68 Personen ums Leben, die Schäden lagen bei weit über sechs Milliarden Dollar. Einen positiven Effekt hatte das Erdbeben dann allerdings doch noch: Der Embarcadero Freeway, der bis dato den Ausblick am Meer verunstaltet hatte, wurde so beschädigt, dass er gleich ganz eingerissen wurde. So hat man heute wieder einen herrlichen Panoramablick über die Bucht. ■

Blick von den Marin Headlands: An der Golden Gate Bridge lichtet sich langsam der Nebel

Nebel

Der Nebel von San Francisco ist wie ein vielgestaltiger Schamane, der die Stadt mit einem weißen Zauber belegt. An der Landspitze von Golden Gate treffen die feuchten Winde vom Pazifik auf das kühle Wasser der Bucht und lassen die Feuchtigkeit kondensieren. Der Nebel wabert im Sommer regelmäßig mit einer Geschwindigkeit von 15 bis 30 Stundenkilometern durchs Golden Gate und wird zum Festland hin getrieben, denn die hohen Temperaturen im Central Valley bewirken, dass die Luft in diese Richtung strömt. Im Winter dagegen fließt morgendlicher dichter Bodennebel zum Ozean hin und bedeckt häufig die ganze Bucht. ■

BLICKWINKEL

Wo immer man in San Francisco auch hingeht, man stößt auf Ausblicke, die einen nur noch staunen lassen: Die Golden Gate Bridge scheint zwischen ihren Pfeilern, die sich im Nebel auflösen, schier in der Luft zu schweben; in den Japanese Tea Gardens blühen die Kirschbäume; pastellfarbene Häuser zeigen sich vor der Kulisse der Bucht. Wer einen schönen Blick auf die Stadt haben möchte, sollte sich ins Wasser, auf die Hügel oder in ein Hochhaus begeben.

Vom Wasser aus

Eine **Fahrt über die Bucht** (siehe S. 105) eröffnet eine neue Perspektive auf die Stadt und auf Fisherman's Wharf, zudem kann man so einmal einen Blick *unter* die Golden Gate Bridge werfen. Von **Alcatraz Island** (siehe S. 106ff) ist die Sicht auf San Francisco besonders schön. Auch von **Fort Point** (siehe S. 131) lässt sich die Golden Gate Bridge von unten aus besichtigen: nichts als Metall und Verstrebungen und dazu die mächtige Strömung, die sich die Surfer zu Nutze machen. Von **Baker Beach** (siehe S. 131) aus sieht man in der Ferne Marin Headlands, die Golden Gate Bridge und die Wellen des Pazifik – und vielleicht noch ein paar Leute, die nackt ein Sonnenbad nehmen.

Von Hügeln und Hochhäusern aus

Der **Coit Tower** (siehe S. 94ff) bietet eine 360-Grad-Sicht auf den Financial District und Chinatown im Süden, die Bay Bridge und East Bay im Osten, Fisherman's Wharf und Alcatraz im Norden sowie Russian Hill und die Golden Gate Bridge im Westen. Bei guter Fernsicht zeigen sich von den **Twin Peaks** die Gegenden im Norden und Osten. Eine Zig-Milldiarden-Dollar-Sicht bietet das Gebäude der **Bank of America** (siehe S. 51). Von seinem Restaurant im 52. Stock hat man einen weiten Blick über die Transamerica Pyramid bis zur Bucht. Einen Cocktail mit schöner Aussicht genießt man ganz oben von den **Nob Hills Hotels** (siehe S. 63). Wagemutige nehmen den Außenaufzug aus Glas im Fairmont. ■

Essen und Trinken

IN SAN FRANCISCO GIBT ES AN DIE 3300 RESTAURANTS – PRO KOPF MEHR ALS in jeder anderen Stadt in Amerika. So zählt ein Restaurantbesuch zu den Hauptfreizeitbeschäftigungen der Einwohner San Franciscos. Manchmal hat man schon fast das Gefühl, dass es sich um eine Art Religionsersatz handelt. So schlemmen Gourmets in Fresstempeln wie dem Gary Danko, dem Slanted Door, dem Fleur de Lys und im Jardinière. Doch selbst der bescheidenste mexikanische Stand mit Tacos oder eine schlichte italienische Trattoria bietet Leckeres, und noch dazu zu günstigen Preisen. Seit dem Goldrausch gibt es in dieser Stadt hervorragendes Essen. Würde heute ein Goldgräber mit einer Tasche voller Goldklumpen nach San Francisco kommen, könnte er sich hier an Austern und französischem Champagner schadlos halten.

Heute weist die Küche von San Francisco drei Charakteristika auf, die ihr Weltklasse verleihen: frisches Gemüse, Obst, Fleisch, Käse, Nüsse, Kräuter und Wein – alles Produkte der Region; eine Mischung verschiedener Stilrichtungen, die den Einwanderern zu verdanken ist, die von überall in der Welt, vor allem aber aus Italien, China und Mexiko, aber auch aus Marokko, der Schweiz oder Istrien, ihre spezielle Küche mitgebracht haben. Und dann natürlich noch so bahnbrechende Neuerungen in Sachen Kochen wie die *California cuisine*, die Anfang der 70er Jahre in Berkeleys Chez Panisse von Alice Waters kreiert wurde. Auf ihrer Speisekarte standen die frischsten Ingredienzien der Saison, die mit Phantasie kunstvoll zubereitet wurden. Dieser Stil kam gut an und fand viele Nachahmer, doch wendeten sich die Konsumenten gegen die oft zu kleinen Portionen und die in ihren Augen versnobbten Lokalitäten. Das Ergebnis: Ende der 80er Jahre schossen plötzlich Restaurants im Landhausstil aus dem Boden oder auch »neue amerikanische Lokale«, die herzhafte Portionen amerikanischer Hausmannskost wie Brathuhn oder Krabbenpasteten aus Maryland auf den Tisch brachten.

In den Tälern Napa und Sonoma nördlich von San Francisco werden mit die besten Weine der Welt gekeltert, dazu auch gute einfachere Tischweine. Besonders erfolgreich sind unter den Rotweinen Cabernet Sauvignon und Pinot Noir, bei den Weißweinen Chardonnay und Sauvignon Blanc. Es wird auch Bier gebraut wie das Anchor Steam, und natürlich gibt es Kaffee (Espresso, Cappuccino, Milchkaffee) und Mineralwasser – zum Beispiel Calistoga aus dem Napa Valley.

Einige der Spezialitäten von San Francisco sollte man unbedingt probieren:

Cioppino: italienischer Eintopf mit Schaltieren in Tomatensud.

Dim Sum: chinesische Happen wie mit Meeresfrüchten, Fleisch oder Gemüse gefüllte Teigtaschen, die von einem Wägelchen serviert werden. Besonders lecker in Chinatown.

Dungeness crab: leicht und köstlich; die Krebse passen gut zu Sauerteigbrot und werden von Mitte November bis Juni serviert.

Fortune cookies: Gebäck, in dem sich Zettelchen mit Sinnsprüchen oder dem Horoskop befinden (siehe S. 78).

Ghirardelli chocolate: Diese Schokolade wird in San Francisco seit 1852 hergestellt und ist in der ehemaligen historischen Fabrik (heute mit Restaurant und Laden) am Ghirardelli Square in Fisherman's Wharf zu haben.

Hangtown Fry: ein Omelett mit Austern und Speck aus der Zeit des Goldrausches.

Irish coffee: eine die Seele erwärmende Mischung aus Whiskey, Kaffee und Schlagsahne, die 1952 im Buena Vista Café (siehe S. 120) in Amerika heimisch gemacht wurde.

Sourdough bread: knuspriges französisches Brot, das einen Tick sauer schmeckt (siehe S.113). Große Brötchen werden ausgehöhlt und dann mit dampfenden Muscheln gefüllt.

Walkaway crab cocktail: Dungeness-Krebse werden aufgebrochen und von den Händlern in Fisherman's Wharf schon seit 1961 mit einer scharfen Cocktail-Soße verkauft (siehe S. 112).

Im Stin King Rose, einem Knoblauchrestaurant

San Francisco damals

VOR NUR 230 JAHREN KANNTE KEIN MENSCH AUF ERDEN DIE BUCHT VON San Francisco – zumindest die Europäer nicht. Hier hatten die Indianer das Sagen: Küsten-Miwok, Wintun, Yokut und – am zahlreichsten – die 10 000 Ohlone, die auf der Halbinsel von San Francisco wohnten, an der East Bay, und nach Süden hinunter bis Big Sur.

INDIANER UND ERSTE ENTDECKER

Die amerikanischen Ureinwohner konnten sich an einer reichhaltigen Speisekarte mit Schaltieren, Wild und Eichelbrei gütlich tun. Sie verwendeten Binsen, um kunstvolle, wasserdichte Körbe zu weben. Zwar kam niemand das Rad oder gar die Landwirtschaft in den Sinn, doch gab es auch keine Kriege. In diesem Land des Überflusses hatte jeder Stamm sein eigenes Territorium; der Friede wurde durch Handelsbeziehungen und Eheschließungen zwischen den einzelnen Gruppen sichergestellt.

Die isolierte Dasein sollte jedoch nicht von Dauer sein. Spanien hatte ein Reich unter Kontrolle, zu dem auch Mexiko zählte, und schickte 1542 den portugiesischen Seefahrer Juan Rod-

Padre Francisco Palóu plante eine Missionskirche, um die Indianer zu bekehren

ríguez Cabrillo los, um »Alta California« zu erkunden. Cabrillo segelte am Zugang zur Bucht vorbei, ohne sie zu entdecken.

Als Nächster kam der englische Freibeuter Francis Drake, der 1579 am Steuer der *Golden Hind* ebenfalls den Eingang zur Bucht verfehlte. Drake reparierte sein Schiff 40 Kilometer weiter nördlich in der heutigen Drankes Bay, unterhalb von Point Reyes. Mit großen Worten nahm er das Gebiet für Queen Elizabeth I in Besitz und nannte es in poetischem Latein »Nova Albion« –»Neu-Britannien«. Doch der Gebietsanspruch wurde von den Engländern durch ihre mangelnde Aktivität selbst verspielt.

Zwei Jahrhunderte gingen ins Land, bevor Spanien klar wurde, dass es Kolonien errichten musste, wenn es seine Vorherrschaft über Alta California sichern wollte. 1789 verließ eine Expedition unter Captain Gaspar de Portolá Baja California, um in die Monterey Bay zu segeln. Da er fürchtete, sein Ziel verfehlt zu haben, schickte Portolá Sergeant José Ortega mit einem Fußtrupp los, um das Terrain zu sondieren. Ortega erklomm eine Bergkette und sah ein Wassergebiet, das sich von Norden nach Süden zog. Zum ersten Mal hatten Fremde die Bucht von San Francisco erspäht. Eigenartigerweise erfasste Portolá jedoch gar nicht, was er da vor sich sah, und fuhr wieder nach Monterey zurück.

1775–1834: SPANISCHE BESIEDLUNG

Erst 1775 sollte der erste Europäer durch das Golden Gate segeln: Juan Manuel de Ayala mit seinem Versorgungsschiff *San Carlos.* Er kartografierte die Bucht und gab unter anderem Angel Island seinen Namen.

In der Zwischenzeit hatte sich eine Expedition unter Captain Juan Bautista de Anza über Land auf den Weg zur Bucht gemacht. 1776 erklärte er den äußersten Punkt der Halbinsel in der Nähe des Zugangs zur Bucht zum spanischen *presidio*, zum Militärposten, und errichtete dort eine Mission.

Die Kolonisten feierten am 29. Juni 1776 an der Laguna de Dolores, dem »See der Schmerzen«, eine Messe. Somit entstand San Francisco noch vor der Unabhängigkeitserklärung. 1791 wurde die Mission, die bis zum heutigen Tag hier steht, aus Adobe-Ziegeln und Redwood-Hölzern errichtet. Ursprünglich hieß sie San Francisco de Asís, zu Ehren von Franz von Assisi, doch taufte man sie bald in Mission Dolores um. Hier wurden die Indianer gezwungen, sich zum Christentum zu bekehren und Schwerarbeit zu leisten.

Nachdem Mexiko 1821 von Spanien unabhängig geworden war, löste die mexikanische Regierung die Mission auf und überließ den Indianern viel Land – das allerdings schnell mexikanischen Grundbesitzern in die Hände fiel. Die Indianer waren dem Untergang geweiht: ohne Wurzeln, von Pocken und Masern, die die Europäer eingeschleppt hatten, geschwächt und ihrer Kultur beraubt. Sie arbeiteten auf *ranchos*, Viehfarmen mit großen Ländereien, die die Regierung Siedlern oder pensionierten Soldaten zur Verfügung stellte. Begünstigte Familien, so genannte *californios*,

hatten in Alta California das Sagen; sie feierten Fiestas, während die Indianer wie Sklaven arbeiteten.

Da Mexiko sich nicht darum kümmerte, verkam das *presidio* in San Francisco, wenngleich ein paar Soldaten dablieben. Mission Dolores wurde 1834 geschlossen und später als Kneipe genutzt. Parallel dazu entstand aus einer nahe gelegenen Siedlung in einer kleinen Bucht ein Handelshafen, der alsbald die Welt nach San Francisco bringen sollte.

1835–1848: YANKEE TOWN

Die Viehfarmen in Kalifornien produzierten Häute und Talg, die von den Yankees von San Francisco zu den Gerbern nach New England verschifft wurden.

Der Handel konzentrierte sich auf eine geschützte kleinere Bucht am Nordostrand der Halbinsel, da hier Schiffe im tiefen Wasser vor Anker gehen konnten. Bedeutendster Geschäftsmann der Siedlung war der Engländer William Richardson, ein ehemaliger Matrose,

San Francisco als kleine Grenzstadt

der die Tochter des Kommandanten des *presidio* geheiratet und die erste kommerzielle Schiffsverbindung in der Bucht ins Leben gerufen hatte. 1835 errichtete er das erste »Haus« an der Bucht, ein Zelt, das aus einem Segel gefertigt war, sowie einen Handelsposten.

Walfänger und andere Handelsschiffe suchten die Bucht auf. Immer mehr Gebäude entstanden an der Staubstraße, die großspurig Calle de la Fundación – Gründerstraße – genannt wurde und der heute in etwa die Grant Avenue folgt. Richardson nannte die Siedlung nach einem aromatischen, minzeartigen Gestrüpp, aus dem die Einheimischen Tee machten, Yerba Buena (gutes Kraut). Die mexikanischen Behörden beauftragten einen Schweizer Kolonialwarenhändler, Jean Jaques Vioget, ein Straßennetz für die stetig wachsende Gemeinde zu entwerfen. Am Hauptplatz stand ein aus Adobe-Ziegeln gebautes Zollhaus.

Die amerikanischen Behörden in Washington begannen nun, ein Auge auf die fruchtbaren Täler und den lukrativen Handel in Kalifornien zu werfen, da Mexiko sich nicht sonderlich um seine abgelegenen Besitzungen kümmerte. Die Amerikaner hatten sich zum Ziel gesetzt, von einem Meer zum anderen zu expandieren. 1846 begann der Krieg gegen Mexiko wegen Texas und Kalifornien. Am 9. Juli ging Captain John B. Montgomery mit 70 Seeleuten von seinem Kriegsschiff, der U.S.S. *Portsmouth*, an Land. Da es keinen Widerstand gab, konnte er über der *plaza* von Yerba Buena die Fahne mit den *Stars and Stripes* hissen. Später wurde der Platz nach dem Schiff umbenannt.

1847 tauften die Amerikaner die Stadt in San Francisco um. Der irische Generalinspektor erweiterte das Straßennetz um die 37 Meter lange Market Street, die diagonal die Häuserblocks durchschnitt, und schuf damit ein bis heute aktuelles Problem: von einem Ende der Stadt zum anderen zu gelangen.

1847 erkannte John Augustus Sutter, der einen Handelsposten und ein Fort in der Region unterhielt, die später einmal zu Sacramento werden sollte, in weiser Voraussicht, dass das ständig anwachsende San Francisco immer mehr Holz benötigen würde. Er beauftragte deshalb den Zimmermann James W. Marshall, am American River bei Coloma in den Ausläufern der Sierra Nevada eine Sägemühle zu bauen. Als der Krieg mit Mexiko 1848 beendet war, nahmen die Vereinigten Staaten Kalifornien in ihren Besitz. Doch nur wenige Tage vor der Vertragsunterzeichnung passierte etwas, das das verschlafene Kalifornien in seinen Grundfesten verändern sollte. Am 24. Januar 1848 inspizierte Marshall den Abzugsgraben des Sägewerks und sah dabei etwas im Wasser glitzern. Als er sich danach bückte, machte sein Herz einen Satz: Es war Gold.

1848–1859: BOOMTOWN IM GOLDRAUSCH

Wenn San Francisco bis 1847 ständig größer wurde, so war es doch nur eine winzige Siedlung Tausende von Kilometern entfernt von jeglicher Zivilisation. Wer hätte damals ahnen können, dass die Einwohnerzahl innerhalb von nur zwei Jahren von 500 auf 20 000 ansteigen

Der Lockruf des Goldes veranlasste viele, die lange Seereise auf sich zu nehmen

würde, dass der Ort zur Boomtown würde und beim bloßen Nennen des Namens auf der ganzen Welt der Goldrausch ausbrechen würde?

Bald nach besagter Entdeckung verbrachten die Arbeiter von Marshall die meiste Zeit damit, nach Gold zu schürfen. Die Zeitungen in San Francisco verbreiteten die Nachricht, doch zeigten sich die Leute zunächst skeptisch. Erst Sam Brannan entfachte dann den eigentlichen Goldrausch. Brannan war mit 200 Mormonen nach San Francisco gekommen, avancierte jedoch schnell zu einem wichtigen Unternehmer. Er gründete die erste Zeitung der Stadt, den *California Star*, und besaß Eisenwarenhandlungen in San Francisco und Sacramento. Im Mai spazierte Brennan mit einer kleinen Flasche in der Hand über den Portsmouth Square und rief: »Gold! Gold! Gold aus dem American River!« Im Nu war San Francisco wie leer gefegt. Sämtliche Männer mit der entsprechenden Kondition gingen auf Goldsuche.

In Kalifornien hatte der Goldrausch begonnen. Bergleute griffen voller Hoffnung nach jeder Schaufel in der Stadt, um sich in die Sierra aufzumachen. Sam Brennan wurde der erste Millionär Kaliforniens: Bevor er die Nachricht vom Goldfund verkündete, hatte er zunächst einmal alle seine Läden mit den Ausrüstungsgegenständen ausgestattet, die die Goldsucher brauchen würden – zu Höchstpreisen.

Nachdem Präsident James Polk die Gerüchte vom »Gold im Überfluss« in Kalifornien bestätigt hatte, schlug diese Nachricht an der Ostküste und in der ganzen Welt wie ein Blitz ein. Die unglaubliche Anzahl von 100 000 Glücksrittern machte sich auf nach Kalifornien, als wäre dieses ein Goldmagnet; sie leben als die legendären *Forty-Niners* in der Geschichte fort.

Einige zogen über die Berge und durch die Wüsten. Ein Emigrant zählte einmal 469 Wagen auf einem Streckenabschnitt von nur 15 Kilometern. Nachts brannten so viele Lagerfeuer, dass man die Lichter einer Großstadt zu sehen glaubte. Andere Glücksritter kamen auf Schiffen zusammengepfercht übers Meer, umrundeten Kap Hoorn oder überquerten den Panama-Kanal und riskierten dabei, an Gelbfieber zu erkranken.

Kaum in San Francisco angekommen, verließen ganze Besatzungen ihr Schiff, um direkt zu den Goldfeldern zu stürzen; in Yerba Buena blieb nichts als ein Wald von Schiffsmasten zurück. Einige der Tanker wurden sogar an Land geholt und als Lagerhallen genutzt.

In San Francisco waren Lebensmittel, Ausrüstungsgegenstände und alle möglichen Dienstleistungen zu haben, allerdings nicht gerade billig. Schinken, Eier und Kaffee kosteten sechs Dollar, eine Schaufel 50 Dollar. Grundstückspreise schossen in die Höhe. Einer verkaufte eine Parzelle für 18 000 Dollar, die er zwei Jahre zuvor für eine Flasche Whiskey erworben hatte. In der Stadt liefen die Männer mit Beuteln voller Gold herum.

1848, als der Lohn für einen Tag Arbeit östlich des Mississippi bei einem Dollar lag, verdiente ein Goldgräber in Kalifornien 10 bis 15 Dollar. Entsprechend nahm die Kriminalität zu.

Etwa die Hälfte der Goldgräber waren Amerikaner, dennoch gab sich San Francisco kosmopolitisch – ein Babylon an Sprachen und Kulturen – typisch für die Stadt bis heute.

Anfangs war es relativ einfach, die Goldklumpen aus den Flüssen zu schürfen, so manche Parzelle warf an die fünf Pfund pro Tag ab. Die Männer wirbelten in Bratpfannen Schmutz und Geröll herum, bis das leichtere Material weggewaschen war und nur das Gold übrig blieb. Diese Methode war jedoch bald nicht mehr effektiv genug; die Männer benötigten eine bessere Ausrüstung, um an tiefer liegende Goldvorkommen zu gelangen. Mit Hilfe von hölzernen Schwingtrögen und Filterkästen arbeiteten sich die Bergleute zu den tieferen Schichten vor, die bis 1852 fast vollständig ausgebeutet waren. Viele Glücksritter endeten als Arbeiter in Minen, die schwer auszubeuten waren. Hydraulikdüsen trugen ganze Hügel ab, um zum Gold vorzustoßen – mit katastrophalen Auswirkungen auf Natur und Umwelt.

Zwischen 1848 und 1851 wurde San Francisco von sieben Bränden heimgesucht – kein Wunder bei den Häusern aus Segeltuch und Holz, Walöllampen und Holzöfen, die zugleich für Beleuchtung wie auch für Heizung sorgten, und dem Wind vom Ozean. Nach der Feuersbrunst von 1851, der über 1500 Gebäude zum Opfer fielen, bauten die Bürger mit haltbareren Ziegeln und Steinen. Die Bucht von Yerba Buena wurde aufgefüllt, um einen neuen Finanzdistrikt zu schaffen. Banken, Kirchen, Schulen, Theater und eine von Pferden gezogene Trambahnlinie machten deutlich, wie sich der Ort fast über Nacht zu einer wohlhabenden Stadt entwickelt hatte. Als ab 1850 die Goldererträge zurückgingen, wendete sich die Wirtschaft in San Francisco dem Bankwesen und der Industrie zu. Den Goldrausch, der selbst die kühnsten Hoffnungen übertroffen hatte, sollte die Stadt jedoch nie vergessen.

Chinesen, Mexikaner und Europäer schlossen sich bald den Goldsuchern an

1859–1905: VON DEN BOOMJAHREN ZU SCHLECHTEN ZEITEN

Als die »goldenen« Tage in Kalifornien gezählt waren, entdeckte man 1859 nordöstlich von Carson City, Nevada, eine neue Profitquelle: Comstock Lodge erwies sich als das größte Silbervorkommen der Geschichte; auf nur ein paar Hundert Metern Breite und drei Kilome-

Ein Großteil der ständig wachsenden Bevölkerung San Franciscos kam mit dem Schiff

tern Länge ließen sich 300 Millionen Dollar erzielen. San Francisco wurde sagenhaft reich, denn die Einwohner finanzierten und kontrollierten die Minen, stellten 90 Prozent der Ausrüstung und steckten den Gewinn voll ein.

Comstock überschüttete San Francisco mit Kapital. Neue Banken, Börsen und Bürogebäude entstanden im Viertel rund um die Montgomery und California Street, die zum bedeutendsten Finanzzentrum an der Westküste avancierten. Allein 1864 wurden über tausend Neubauten errichtet. Als Andrew Hallidie 1873 den Cable Car, ein Drahtbahnsystem, einführte, hatte das einen Bauboom in Russian Hill und Pacific Heights zur Folge. Zwei Jahre später wurde das Palace Hotel mit 200 Betten an der Market Street eröffnet.

1869 leistete San Francisco seinen Beitrag beim Bau der transkontinentalen Eisenbahn.

Die kalifornischen Geschäftsinteressen sollten von der Verbindung zu den Märkten an der Ostküste profitieren. Die Union Pacific baute Richtung Westen, um auf die nach Osten verlaufenden Central Pacific zu treffen. Der Ingenieur Theodore Judah entwarf die Central-Pacific-Route von Sacramento quer durch die Sierra Nevada nach Promontory Point, Utah. Für die Finanzierung der Central-Pacific-Linie sorgten einige gewitzte Kaufleute in Sacramento: Leland Stanford, Mary Hopkins, Collis P. Huntington und Charles T. Crocker. Diese »phantastischen Vier« machten enormen Profit und kamen zu riesigem Grundbesitz, weil die Regierung entlang der Eisenbahnlinie das Wegerecht durch die Übertragung von Land gewährleistete. Sie bauten ein Transportmonopol mit überteuerten Preisen auf und steuerten die Politik in Kalifornien, indem sie die Politiker bestachen. Southern Pacific, wie das Unternehmen ab 1884 hieß, hielt den Westen im Würgegriff und war allseits verhasst.

Die Kalifornier waren davon ausgegangen, dass sich die transkontinentale Eisenbahn vorteilhaft auf den Handel auswirken würde, mussten jedoch feststellen, dass billigere Waren von der Ostküste nach San Francisco gelangten, die die Preise vor Ort drückten. Fabriken schlossen, die Arbeitslosigkeit stieg; um 1875 kam es zu einer Wirtschaftsdepression. Immigranten aus China, deren Arbeit für den Bau der Central Pacific von zentraler Bedeutung gewesen war, standen plötzlich stellenlos da, als das Bauprojekt beendet war.

Tausende kamen nach San Francisco und nahmen Billigjobs an, was wiederum die weißen Arbeitnehmer verärgerte und zu Gewalt und ungerechter Gesetzgebung führte (Chinese Exclusion Act von 1882) – nun war es Chinesen kaum noch möglich, einzuwandern.

Trotz dieser Turbulenzen begann ab 1880 das goldene Zeitalter, das die Stadt zum »Paradies des Westens« machte. Dem Wirtschaftswachstum zugrunde lagen Fischfang, Walfang und der Weizenexport aus dem Central Valley nach Europa.

Restaurants schossen wie Pilze aus dem Boden; im Golden Gate Park wurde 1894 die California Midwinter Exposition abgehalten.

Die Schattenseite dieser Entwicklung war die Ausbreitung von Prostitution und Glücksspiel in Barbary Coast am südlichen Rand von Telegraph Hill. Zu den Auswüchsen zählte eine Frau, die Sex mit einem Wildschwein hatte, oder ein Mann, »Dirty Tom«, der alles aß, so ekelhaft es auch sein mochte.

Die Kriminalitätsrate war hoch in dieser Gegend, und wer sich nicht vorsah, wurde schnell als Matrose auf ein Schiff entführt. Unter Bürgermeister Eugene Schmitz und dem einflussreichen Abe Ruef zerstörte politische Korruption das gesellschaftliche Fundament.

1898 kam es zu einem kurzfristigen Boom, als San Francisco während des spanisch-amerikanischen Krieges zur Militärbasis avancierte. Das neue Ferry Building wurde für die Einschiffung nach Marin und Oakland in Betrieb genommen, im Geschäftsviertel entstanden die ersten Hochhäuser. Auch die Künste blühten. In Russian Hill ließen sich Dichter nieder, Ambrose Bierce verfasste seine scharfen Zeitungskolumnen; Mark Twain schrieb amüsante Stadtbeschreibungen.

1906–1915: ERDBEBEN, FEUER UND KONSOLIDIERUNG

Die Bewohner San Franciscos berichteten, es habe sich angehört wie die panische Flucht einer Viehherde oder eine Lokomotive, die mit Volldampf daherdonnert. So lauteten die Beschreibungen der schlimmsten Naturkatastrophe, die je eine Stadt Amerikas heimgesucht hatte. Am 18. April um 5.12 Uhr wurden die Einwohner von Beben aus dem Schlaf gerissen, die die Energie von 15 Millionen Tonnen Dynamit hatten. Das Erdbeben, das später auf 8,3 auf der Richterskala geschätzt wurde, hatte sein Epizentrum am San-Andreas-Graben (siehe S. 18), der sich an der kalifornischen Küste entlangzieht. Auf der Höhe von San Francisco ändert er die Richtung zum Meer hin; würde er unter der Stadt verlaufen, wäre die Katastrophe perfekt gewesen. Von Los Angeles bis zur Coos Bay in Oregon erzitterte die Erde.

Das Beben verbog Bürgersteige, drehte Trambahngleise aus der Spur und ließ Ziegelkamine durch die Dächer brechen, wodurch viele Leute in ihren Betten ums Leben kamen. Schreckliche Schäden entstanden in Gebieten wie an der Bucht von Yerba Buena, wo die Fundamente der Gebäude auf instabilem Untergrund standen. In der Innenstadt krachten ganze Fassaden auf die Straße. Defekte Gasleitungen, kaputte Elektroanschlüsse und umgefallene Holzöfen verursachten anschließend verheerende Brände. Rettungseinsätze wurden behindert, denn das Erdbeben hatte nicht nur die Feueralarmanlage der Stadt außer Betrieb gesetzt und den Brandmeister umgebracht, sondern auch die zentrale Wasserversorgung unterbrochen, so dass das Wasser aus den Speichern nicht zu den Bränden gelangen konnte. Telefon- und Telegrafenleitungen hingen herunter und behinderten die Noteinsätze.

Bis Mittag tobten in der Stadt 52 Brände; Funken flogen auf die Dächer und verschlimmerten die Feuersbrunst. Ein Zeuge berichtete, dass »San Francisco in Flammen stand, die hoch in den Himmel schossen.« Das Inferno erreichte eine Temperatur von 1500 °C, die Hitze ließ sogar den Marmor und das Silberzeug in den Küchen schmelzen. Rauch stieg acht Kilometer hoch auf, und bis in 80 Kilometer Entfernung konnte man den schrecklichen Schein des Feuers sehen.

Ansel Adams fing die dramatische Atmosphäre am Golden Gate ein

Brandmeister Frederick Funston sprengte einige Gebäude in die Luft, um eine Feuerschneise an der Ostseite der Van Ness Avenue zu schlagen, doch die Funken sprühten über die Straße. Nur der Drehung des Windes war es zu verdanken, dass das Feuer sich nicht weiter gen Westen ausbreitete.

Nach drei Tagen und zwei Nächten war das Feuer unter Kontrolle. Über zehn Quadratkilometer der Stadt waren ein Raub der Flammen geworden, darunter das Viertel direkt am Wasser, das Geschäftsviertel und ein Industriegebiet, insgesamt 514 Blocks mit 28 000 Gebäuden. Die Anzahl der Toten und Vermissten lag bei 674 Personen. Der Sachschaden wurde auf 500 Millionen Dollar geschätzt.

Die Stadt musste 250 000 obdachlos gewordene Bürger beherbergen. Sie kampierten in Zelten im Golden Gate Park sowie im Presidio und zogen dann in Behelfsunterkünfte.

Trotz allem bewahrte sich San Francisco seinen Sinn für Humor. Auf einem Schild an einem zerstörten Gebäude stand zu lesen: »Die Kuh liegt in der Hängematte/die Katze ist im See/das Baby in der Mülltonne/aber was soll's?/Es gibt kein Wasser und schon gleich gar keine Seife./Wir haben keine Stadt, doch bleibt uns die Hoffnung.«

Die Bürger bauten mit ungebrochenem Elan ihre Stadt wieder auf. Zunächst mussten die Straßen von Tonnen von Trümmern befreit werden, die Legionen von Pferdegespannen zum Versenken in die Bucht transportierten. Drei Viertel der zerstörten Gebäude wurden innerhalb von drei Jahren ersetzt, wobei bessere Materialien und mehr Sachverstand zum Einsatz kamen. Auch wenn die Stadtväter San Francisco mit den Plänen des Beaux-Arts-Künstlers Daniel Burnham eleganter anlegen wollten, nahmen die Geschäftsleute hier schnell wieder ihre alten Standorte in Besitz, und es veränderte sich letztendlich wenig. An der Civic Center Plaza entstanden jedoch neue Regierungsgebäude, darunter die City Hall aus dem Jahr 1915 mit einer Kuppel, die sogar das Capitol in Washington in den Schatten stellte.

1915–1941: WACHSTUMSPERIODE

Nachdem San Francisco wieder aufgebaut war, sollte die Welt den Phönix, der sich aus der

Asche erhoben hatte, auch sehen. Der beliebte Bürgermeister »Sunny Jim« Rolph trieb die Panama-Pacific International Exposition von 1915 voran, die den gerade fertig gestellten Panama-Kanal feierte – und das sich vom Erdbeben erholte San Francisco. Die Weltausstellung wurde im Marina District abgehalten und stellte in sanft beleuchteten Beaux-Arts-Gebäuden Exponate aus vielen Staaten aus. Zu dieser Zeit verkehrten in der Stadt elektrische Trambahnen. In Richmond und Sunset waren viele neue Wohnungen entstanden; die Stadt hatte zu diesem Zweck angeordnet, Friedhöfe räumen zu lassen und die Särge nach Colma zu schaffen. San Francisco wurde zu einem wichtigen Finanzzentrum und zur Hauptstadt für die boomende Landwirtschaft Kaliforniens. Um Wasser aus der Sierra heranzuschaffen, baute die Stadt Dämme und Speicher in den Tuolumne River im Hetch Hetchy Canyon des Yosemite National Park. 1934 transportierte ein 230 Kilometer langes Aquädukt Trinkwasser für San Francisco heran.

Trotz der Wirtschaftsdepression konnte die Stadt einige bemerkenswerte Bauobjekte vollenden: die Golden Gate Bridge sowie die San Francisco-Oakland Bay Bridge, die auf der größten Insel, die je von Menschen geschaffen wurde, verankert wurde. Hier auf Treasure Island präsentierte die Stadt dann ihre dritte Weltausstellung, die Golden Gate International Exposition mit Hauptgewicht auf den Kulturen des *Pacific Rim* (Pazifikanrainer).

Überlebende des Erdbebens und Feuers von 1906 zwischen den Trümmern

ZWEITER WELTKRIEG UND DANACH

Der Zweite Weltkrieg kam San Francisco zugute. An die 1,6 Millionen Soldaten, Matrosen und Angehörige der Marine stachen am Golden Gate in See. In der Bay Area entstand ein Militärkomplex, die Marine übernahm Treasure Island und errichtete dort einen Stützpunkt für die Luftwaffe. Werften in Richmond und Sausalito bauten mehr als tausend Schiffe. Über die Hälfte waren 700-Tonnen-Versorgungsschiffe, die in nur 45 bis 60 Tagen produziert wurden. Im Opera House im Civic Center verfassten internationale Diplomaten 1945 die Charta der Vereinten Nationen. Im gleichen Sommer stach die *Indianapolis* von hier aus in See und transportierte die Atombomben, die später auf Japan abgeworfen werden sollten.

Während des Krieges waren viele Arbeiter Frauen und Angehörige von Minderheiten, darunter viele Hispanics und Farbige. Die Bevölkerung gewann an Kontur, als sich diese Arbeiter und Armeeangehörige nach Kriegsende in der Stadt niederließen. Während der prosperierenden 50er Jahre zogen Bohemiens, die vom Konformismus der Gesellschaft enttäuscht waren, nach North Beach, wo die Beat-Generation von Schriftstellern wie Ferlinghetti, Ginsberg und Kerouac angeführt wurde.

1965 begann mit den Hippies von Haight-Ashbury eine neue unkonventionelle Bewegung. Ausgehend von San Francisco erlebte das Land einen totalen Wandel seines Lebensstils (Drogen, freie Liebe). Neue Musikrichtungen (psychodelischer und acid Rock) entstanden, die Mode veränderte sich in Richtung einer Art Minimalismus. Die University of California in Berkeley am anderen Ende der Bucht explodierte vor studentischem Aktivismus; das *Free Speech Movement*, eine Bewegung, die sich für Redefreiheit stark machte, wandte sich gegen Rassismus und machte sich weltweit für den Pazifismus stark.

Bis 1967 fielen die Ideale der Blumenkinder dann allerdings der Ausbeutung durch die Medien, harten Drogen und einer hohen Kriminalitätsrate in Haight-Ashbury zum Opfer. Als positive Hinterlassenschaft blieb den Amerikanern jedoch eine tolerantere Gesellschaft, die Frauen, Homosexuellen und Minderheiten offener gegenüberstand.

San Francisco wurde in den 70er Jahren zur Hauptstadt der Homosexuellenbewegung; zum ersten Mal wählte eine amerikanische Stadt Politiker, die sich geoutet hatten.

Im Oktober 1989 kamen beim Loma-Prieta-Erdbeben 68 Menschen ums Leben, es entstand beträchtlicher Sachschaden; die Golden Gate Bridge konnte schon einen Monat später wieder eröffnet werden. 1991 zog eine Feuersbrunst über die Oakland Hills bis zum Osten der San Francisco Bay, 25 Menschen kamen ums Leben, 3000 Häuser wurden zerstört. Heute ist San Francisco eine quicklebendige Stadt, in der Handel, Kunst, Tourismus eine fruchtbare Koexistenz führen. ■

Die Ruine des Oakland's Cypress Freeway nach dem Loma-Prieta-Erdbeben 1989

Kunst und Kultur

ES IST KEIN ZUFALL, DASS DIE STADT, IN DER JACK LONDON ZUR WELT KAM, auch Jack Kerouac und die Grateful Dead inspirierte. San Francisco scheint Künstler, Abenteurer und Leute, die viele Fragen stellen und nach Alternativen suchen, geradezu magisch anzuziehen. So wird durch den kreativen Output der Stadt vieles auf den Kopf gestellt, und dann sieht man die Welt plötzlich mit neuen Augen – wie in den Fotografien von Ansel Adams.

LITERARISCHES SAN FRANCISCO

Die Leute hier haben schon immer gern gelesen. Im Januar 1847 erschien erstmals der vom Mormonen und Unternehmer Sam Brannan ins Leben gerufene *California Star*. Die einmal wöchentlich erscheindende Zeitung fusionierte später mit dem *Californian* sowie der *Alta California*, der ersten Tageszeitung an der Westküste. Diese Blätter wurden oft mit Handdruckpressen und abgenutztem altem Typensatz produziert, manchmal sogar auf chinesischem Teepapier oder braunem Packpapier.

Die Schriftsteller entwickelten ihre Kunstfertigkeit in den literarischen Zeitschriften. Die Erste war die *Golden Era* (1852), die frühe Gedichte und kurze Darstellungen ihres Setzers,

Bret Harte (1836–1902), veröffentlichte. Seine Kurzgeschichte *The Luck of Roaring Camp* sollte ihn berühmt machen. Darin stellte er das Leben in den Bergbaustädten romantisch dar, porträtierte Spieler oder die »Prostituierte mit dem Herzen aus Gold«. Der Verklärung von Harte setzte Mark Twain (1835–1910) Satiren entgegen; er zog 1864 nach San Francisco, blieb über zwei Jahre und brachte es mit seiner Kurzgeschichte *Der berühmte Springfrosch von Calaveras* zu Ruhm.

Zu den literarischen Kreisen von San Francisco zählte als künftige *poeta laureatus* von Kalifornien auch Ina Coolbrith (siehe S. 100); sie inspirierte viele Schriftsteller, darunter Jack London (1876–1916). Der Sohn eines Astrologen arbeitete in einer Konservenfabrik, wurde »Austern-Pirat« und suchte auf einem Schoner im Südpazifik sein Glück als Abenteurer. Er schrieb über 50 Bücher, darunter *Ruf der Wildnis* oder *Martin Eden* und mehr als 100 Kurzgeschichten, in denen er sich gesellschaftsphilosophischen Themen widmete.

San Francisco spielt eine wichtige Rolle in Hitchcocks Film *Vertigo*

Der Dichter Cincinnatus Heine Miller nannte sich inspiriert durch den Banditen Joaquin Murrieta Joaquin und porträtierte Western-Originale wie Indianer und Gesetzeslose. Bekleidet mit hohen Stiefeln, einem roten Flanellhemd und einem Sombrero, war er eher ob seiner exzentrischen Art denn als Schriftsteller der Sierra bekannt.

Um 1880 war Ambrose Bierce die wichtigste literarische Stimme in San Francisco. In seiner Kolumne *Prattle* wandte er sich bissig und mit schwarzem Humor gegen alle möglichen Leute und Vorfälle. Er gab auch *Des Teufels Wörterbuch* heraus. Zu dieser Zeit hielten sich Robert Luis Stevenson und Rudyard Kipling kurzfristig in San Francisco auf und schrieben über die Stadt. Um 1895 veröffentlichte Gelett Burgess herrlich anarchistische Erzählungen und Gedichte. Seine *Purple Cow* sollte zum Klassiker der Nonsens-Verse werden.

Nach der Jahrhundertwende ließ Frank Norris seinen realistischen Roman *McTeague* in San Francisco spielen, *The Octopus* beschrieb den Einfluss, den die Southern Pacific Railroad auf Kalifornien hatte. Um 1920 lebte Dashiell Hammett in San Francisco, wo sein Roman *Der Malteser Falke* spielt. Er vollendete diesen Krimi-Klassiker in einer Wohnung in der Leavenworth Street. Nach 1929 veranstaltete die Novellistin Gertrude Atherton in ihrem Apartment in Pacific Heights literarische Treffen.

DIE BEAT-GENERATION

Die wohl am besten bekannte literarische Bewegung nahm in San Francisco ihren Anfang und verbreitete sich über North Beach und die Beat-Generation der 50er Jahre; ihr wichtigster Vertreter war Jack Kerouac (1922–69). Er schrieb 1957 in nur drei Wochen auf einer Papierrolle *Unterwegs* in einer Art spontanen Improvisation wie beim Jazz. Der Roman verbreitete Beat-Ideen wie das Feiern von Partys, das Herumziehen auf der Straße und den Widerstand gegen den Konformismus.

Die Dichtung erlebte ab 1955 einen Aufschwung, als Allen Ginsberg in der Six Gallery in der Filmore Street mit *Howl* herauskam. Weitere Dichter waren Kenneth Rexroth, der vom Zen beeinflusste Gary Snyder und Lawrence Ferlinghetti; seine Buchhandlung City Life Bookstore war und ist der Angelpunkt des literarischen Lebens der Stadt.

Mitte der 70er Jahre schrieb Armistead Maupin im *San Francisco Chronicle* eine Fortsetzungsgeschichte über Leben und Liebe hetero- und homosexueller junger Leute in San Francisco, die später in dem Buch *Stadtgeschichten* zusammengefasst wurden. Weitere Schriftsteller in San Francisco sind Alice Walker (*Die Farbe Lila*) und Amy Tan, deren Roman *Töchter des Himmels* zum Teil in Chinatown spielt.

FILM

Fotogen, wie San Francisco nun einmal ist, wurde es zum Schauplatz von über 500 Filmen. Zu den frühen zählen *Frisco Kid* (1935, James

Cagney), *San Francisco* (1936, Clark Cable), *Dünner Mann – Mord in San Francisco* (1936, William Powell) und *Der Malteser Falke* (1941, Humphrey Bogart). Spätere Filme sind dann *It Came from Beneath the Sea* (1955), *Vertigo* (1958), *Der Gefangene von Alcatraz* (1962) und *Bullitt* (1968) sowie *Gimme Shelter* (1970), *Dirty Harry* (1971), *Is' was, Doc?* (1972), *Flammendes Inferno* (1974), *Die Flucht von Alcatraz* (1979), *Pacific Heights* (1990), *Sister Act – Eine himmlische Karriere* (1992), *Töchter des Himmels* (1993), *Mrs. Doubtfire* (1993), *Golden Gate* (1993) oder *The Rock* (1996).

Die Rockgruppe Grateful Dead, früher als Warlocks bekannt, wurden eine Weile vom LSD-Hersteller Owsley Stanley finanziert

THEATER UND BALLETT

San Franciscos Liebe zur darstellenden Kunst geht auf die Zeit des Goldrausches zurück: Im Juni 1849 trat ein Schauspieler und Sänger aus

Besucher beim Überqueren des Laufstegs im Turm des San Francisco Museum of Modern Art

New York in einem Schulhaus am Portsmouth Square auf. Um 1850 wetteiferten dann Aufführungen von Shakespeare-Stücken mit schlichten Saloon-Shows und Zirkus um die Gunst des Publikums. Der ungebildete Taxifahrer Tom Maguire eröffnete das erste Jenny Lind Theater und dann das Maguire Opera House. Die spanische Tänzerin Lola Montez kam mit ihrem Spinnentanz in die Stadt, bei dem sie »Spinnen« aus Fischbein von ihrem spärlichen Kostüm abschüttelte und auf ihnen herumtrat.

Heute reichen die Shows im Theaterviertel westlich vom Union Square von Avantgarde- bis hin zu populären Musicalproduktionen. Am Broadway feiert das Curran Theatre Erfolge, das Geary Theater zeigt Aufführungen vom ACT/American Conservatory Theater (siehe S. 62). Weitere Bühnen sind das Golden Gate Theater (Shows), das Cable Car Theater und das Theater On The Square. Beach Blanket Babylon tritt seit Jahren im Club Fugazi in North Beach auf. Die San Francisco Mime Troupe präsentiert seit 40 Jahren geistreiche, satirische Stücke. Alljährlich finden das San Francisco Shakespeare Festival und das experimentelle San Francisco Fringe Festival statt.

Zu den besten Balletts der Vereinigten Staaten gehört das gefeierte San Francisco Ballet, das 1933 gegründet wurde. Es zeigte als erste Truppe in Amerika *Der Nussknacker*, bis heute findet an Weihnachten immer eine spektakuläre Aufführung dieses Ballettensembles statt.

MUSIK

Die Musik der 1960er Jahre wurde zum Großteil von Bands aus San Francisco gespielt, die mit der Blumenkinder- und Marihuana-LSD-Kultur von Haight-Ashbury enorme Erfolge feierte. Der typische San-Francisco-Sound, eine Art psychodelischer Rock, wurde von bedeutenden Gruppen wie Jefferson Airplane, Grateful Dead, Big Brother und der Holding Company mit Janis Joplin kreiert. Experimente mit Drogen wie LSD waren an der Tagesordnung. Das Ergebnis waren immer längere und improvisierte Songs. Neue elektronische Effekte veränderten die Rockmusik durch Echos, Fuzztone- und Wah-Wah-Effekten.

Gegen Ende der 60er Jahre hatte die Hippie-Szene mit Scott McKenzies *San Francisco* (»Be Sure to Wear Some Flowers in Your Hair«) oder den *San Franciscan Nights* von Eric Burdon and the Animals den Höhepunkt erreicht. Gruppen

Das Publikum erwartet die Ouvertüre im War Memorial Opera House

wie Grateful Dead blieb trotzdem noch Jahrzehnte im Geschäft und hielten den Geist der 1960er Jahre hoch.

Heute präsentiert die imposante San Francisco Opera im War Memorial Opera House die »ernste« Musik in phantasievoller Kulisse. Das San Francisco Symphony Orchestra tritt in der Louise M. Davies Symphony Hall auf; hier gaben zum Beispiel der Geiger Yehudi Menuhin oder Isaac Stern ihr Debüt. Das Herbst Theater bringt Barock- und Kammermusik. Alljährlich findet das San Francisco Jazz Festival mit Topstars statt.

MALEREI, FOTOGRAFIE UND BILDHAUEREI

Diese drei Kunstformen sind aus dem Leben in San Francisco nicht wegzudenken. Das älteste »Kunstwerk« ist die Mission Dolores (1791), deren mexikanische Altäre und Bronzeglocken die Zeit der christlichen Gründerväter widerspiegeln.

Der Goldrausch brachte eine Vielzahl an Einflüssen und kulturellen Stilrichtungen nach Kalifornien, vor allem aus Europa. Der Maler Charles Christian Nahl stellte mit klassischen Techniken das Leben in den Lagern der Bergleute dar. Seine Ölgemälde wie *Sonntagmorgen in der Mine* (1872) sind detailreich und von verschrobenem Humor. Wie die Geschichten von Bret Harte geben sie ein lebendiges Bild vom frühen Kalifornien.

Um 1850 nahm die Landschaftsmalerei ihren Anfang; ihr bekanntester Vertreter ist Albert Bierstadt (1830–1902). Seine monumentalen Ölgemälde stellen die Schluchten und Berge im Westen dar. Sein *Frühling in Kalifornien* hängt im M.H. de Young Memorial Museum. Thomas Hill malte so beliebte Ansichten wie Yosemite, während William Keith ruhige Landschaften mit Eichenhainen, Hügeln und Bächen schuf.

Die Kunstmäzene von San Francisco waren relativ konservativ und steif und gaben Arbeiten den Vorzug, mit denen sie ihre Anwesen und Landhäuser schmücken konnten. Eisenbahn- und Bergbau-Magnaten wie Mark Hopkins und James Flood fuhren nach Europa, um dort Mobiliar und Kunst zu kaufen.

Eine Gruppe von Künstlern gründete 1872 den Bohemian Club, etwa zu der Zeit, als die San Francisco Art Association eine Galerie und eine Schule eröffnete. Später bewohnte die Association zunächst das Anwesen von Mark

Hopkins in Nob Hill und zog dann nach Russian Hill um. Zu ihren Mitgliedern zählten Bierstadt und Keith sowie der Pionier der Fotografie, Eadweard Muybridge, dessen bewegte Studien von einem galoppierenden Pferd (1872), die von mehreren Standkameras aufgezeichnet wurden, in der Fotografie Geschichte machten.

Um die vorletzte Jahrhundertwende schuf Douglas Tilden heldenhafte Skulpturen wie das *Mechanics' Monument* in der Market Street, mit muskulösen Männern, die mit einem Hebel und einem Rad ringen. Auf seinen Schüler Robert Aitken geht die Figur *Victory* zurück, die das Dewey Monument im Union Square ziert. Unterdessen produzierte Arthur Putnam unter anderem Jaguare und Berglöwen aus Bronze, alle intensiv in der Natur beobachtet.

Neue Kunstrichtungen und Einflüsse kamen 1915 nach der Panama-Pacific International Exhibition in die Stadt, auf der Werke von Monet und Degas zu sehen waren. Auf der Durchreise malte Henri Matisse farbenfrohe Bilder von tropischen Fischen im Steinhart Aquarium. Der mexikanische Wandmaler Diego Riviera schuf in San Francisco mehrere Fresken, darunter eines im San Francisco Art Institute. Sein Stil und seine Technik beeinflussten die von der Regierung subventionierten Künstler, die den Coit Tower während der Wirtschaftsdepression der 30er Jahre innen ausgestalteten.

Dong Kingman verwendete für seine Aquarelle leuchtende Farben, um Szenen in San Francisco darzustellen. 1932 gründeten Ansel Adams, Edward Weston und andere Fotografen die einflussreiche Group f.64, deren gestochen scharfe Bilder eine Reaktion auf die romantische Weichzeichnung darstellte, die damals gerade in Mode war. Der Bildhauer Beniamino Bufano überzog die Parks und Spielplätze San Franciscos mit riesigen stilisierten Figuren, darunter eine von Sun Yat-sen (1938) auf dem St. Mary's Square.

Nach dem Zweiten Weltkrieg kam die abstrakte Kunst – mit Mark Rothko und Clyfford Still, die am San Francisco Art Institute lehrten; sie beeinflussten Sam Francis und Robert Motherwell. Als Reaktion schufen Maler wie Richard Diebenkorn so repräsentative gegenständliche Werke wie *Sitzende Frau*, heute in der M.H. de Young Collection ausgestellt.

Die 60er Jahre brachten Künstler wie Wayne Thiebaud, die alle möglichen Aspekte der zeitgenössischen Kultur porträtierten. Bunte psychodelische Poster, mit denen man für Rock-Konzerte warb, wurden zu einer neuen Kunstgattung. Sie beeinflussten die amerikanische Werbung, Grafik und Mode durch ihre intensive Farbigkeit und Typografie, die ineinander überzugehen schien, als befände sich der Betrachter auf einem LSD-Trip. Heute haben diese Poster hohen Sammlerwert.

Die aktuelle Kunstszene in San Francisco konzentriert sich auf Privatgalerien und die SoMa-Achse: das San Francisco Museum of Modern Art, Spezialmuseen und das avantgardistischere Center for the Arts in Yerba Buena Gardens.

ARCHITEKTUR

Die ersten Gebäude an der Bucht sind schon lange verschwunden: die Hütten der Ohlone und Küsten-Miwok, die mit *tule* ausgestattet waren, Möbeln aus Binsen. Die europäische Architektur wurde 1776 durch die Franziskaner heimisch gemacht. Für ihre Missionen in Kalifornien verwendeten sie spanische Entwürfe und Konstruktionsmethoden aus dem 17. und 18. Jahrhundert, die sie entsprechend den Bedingungen in diesem Grenzgebiet veränderten. Typisch für alle Missionen sind die dicken Adobe-Mauern (mit Stroh stabilisierter Lehm), Massivholz, geflieste Böden und rote Ziegeldächer. Das einzige Beispiel, das in San Francisco original erhalten ist, ist die Mission Dolores, das älteste Gebäude der Stadt von 1791. Die fast ein Meter dicken Mauern haben selbst beim verheerenden Erdbeben einem Einsturz standgehalten. Vom ehemaligen spanischen *presidio*, dem Militärposten, ist nur noch das Bruchstück einer Adobe-Mauer erhalten.

Zur Zeit des Goldrausches von 1848 gab es hauptsächlich Holzgebäude. Nachdem sie einer Feuersbrunst zum Opfer gefallen waren, ging man zum Bau von Steingebäuden über, oft mit Fensterläden aus Eisen. Einige Geschäftshäuser am Jackson Square haben überdauert, in der Nähe des Financial District. Zu beachten sind das Golden Era Building (1852) und das Hotaling Warehouse (1866).

Das Gebäude der Bank of America überragt mit seinen 240 Metern den Financial District

Van Ness Ave. California
& Market Streets

Die viktorianische Architektur (siehe S. 43f) blieb dann bis zur Jahrhundertwende vorherrschend. Die Architekten des so genannten Arts and Crafts Style bemühten sich um Natürlichkeit, indem sie Materialien wie Redwood, Stein und dunkle Dachschindeln verwendeten und sich gern japanischer Dekorationselemente bedienten.

Nach der vorletzten Jahrhundertwende konzentrierte sich San Francisco auf die City-Beautiful-Bewegung, die es sich zum Ziel gesetzt hatte, die amerikanischen Städte ästhetischer zu gestalten. Der vorherrschende Stil war Beaux Arts, der aus Prinzipien, wie sie an der École des Beaux-Arts in Paris gelehrt wurden, abgeleitet wurde. Man griff dabei Entwürfe aus Klassik und Renaissance auf, beschränkte sich allerdings wesentlich auf öffentliche Gebäude. Zu den Highlights gehören die Bank of California und das Fairmont Hotel, deren Wiederaufbau sich nach dem Erdbeben von 1906 unter der Obhut von Julia Morgan vollzog. Die City

Hall (Rathaus) aus dem Jahr 1915 weist eine klassische Kuppel auf, dazu kommen dorische Säulen und Motive aus griechischen Tempeln. Das Meisterwerk des Beaux Arts in San Francisco ist aber wohl der Palace of Fine Arts, der als Einziger von der Panama-Pacific International Exhibition von 1915 erhalten geblieben ist. Der California Palace of the Legion of Honor (1924) wurde von George Applegarth entworfen, der an der École des Baux-Arts in Paris studiert hatte.

Viktorianische Häuser am Alamo Square vor moderner Skyline

Ab 1890 machten sich moderne Strömungen in der Architektur bemerkbar, als es Stahlkonstruktionen ermöglichten, Hochhäuser zu bauen. 1917 entwarf Willis Polk, der seiner Zeit weit voraus war, das achtstöckige Hallidie Building, den Prototyp des modernen Wolkenkratzers aus Stahl und Glas. Seine Blendwand aus Glas war eine radikale Innovation. Unter

Viktorianische Häuser

Der Überfluss, der San Francisco in der ersten Hälfte des 19. Jahrhunderts prägte, spiegelt sich perfekt in der viktorianischen Architektur wider, die sich durch exzessive Dekorationselemente charakterisiert. Viktorianische Gebäude tun sich durch phantasievolle Türmchen, gerundete Erkerfenster, Zuckerbäckergotik, kunstvolle Verglasung, gedrehte Säulen, Giebel und Schindeldächer hervor. Die meisten Häuser sind jedoch eigentlich eine Massenproduktion. Ihr jeweiliger Charakter entstand durch die individuelle Gestaltung.

Gothic-revival-Stil

Die Grundkonstruktion sowie die Verzierungen waren aus Holz – Redwood, Kiefer und Föhre –, das in den Wäldern an der Küste in Fülle vorhanden und deshalb preiswert war. Die Häuser wurden so konzipiert, dass sie in die schmalen Grundstücke von San Francisco passten, die in der Regel sieben Meter breit und knapp 30 Meter tief waren – was es den Bauherren ermöglichte, mehrere Häuser auf einem freien Grundstück unterzubringen und so auch größeren Profit zu machen.

An die 15 000 viktorianische Häuser stehen heute noch in San Francisco, viele in Pacific Heights, Haight-Ashbury, im Mission District und Castro District. Diese Viertel, die im Westen und Süden der Innenstadt liegen, entgingen 1906 dem Feuer. In den letzten Jahren wurden die Gebäude hier liebevoll restauriert, schlechte Modernisierungen sogar wieder rückgängig gemacht. Die Eigentümer streichen die Fassaden und Holzdekorationen heute gern in leuchtend bunten Farben; zu viktorianischer Zeit hatte man blassen Pastelltönen den Vorzug gegeben. Im Übrigen leitet sich der Name dieser Epoche

Italienisierender Stil

von der tugendhaften Queen Victoria ab, die das Britische Empire von 1837 bis 1901 regierte.

Vier Hauptstilrichtungen in der Architektur wechselten sich in dieser Epoche in San Francisco ab.

Gothic-revival-Stil: Dieser Stil, der auch als *Carpenter Gothic* bekannt ist, war von 1850 bis in die 60er Jahre beliebt und beruht auf dem Formenkanon der gotischen Architektur des Mittelalters mit großzügigen Portalen und Balkonen, Spitzbögen und eigens geschnitzten oder perforierten Giebelbrettern, die auf die vorspringenden Giebel aufgesetzt wurden. Viele Häuser dieser Art waren bescheiden und in schlichtem Weiß gestrichen. Ein gutes Beispiel findet sich in der Filbert Street Nummer 1978.

Italienisierender Stil: Diese Stilrichtung, die um 1870 aufkam, erinnert an italienische Villen und Palazzi. Gerade Dächer wurden mit hohen Gesimsen versehen. Neoklassizistische Dekorationselemente umrahmten die Türen und Fenster, Portale wiesen oft dreieckige Giebelfelder auf, wie man sie an klassischen griechischen Tempeln findet. Die Fassade war plan und sachlich mit symmetrisch angeordneten Fenstern.

Stick-Stil

Der Effekt war, dass selbst kleinere Häuser so wie eine Villa von Paladio anmuteten. Als sich die Stilrichtung weiterentwickelte, wurden auch Erkerfenster integriert. Der Pacific Union Club in der California Street Nummer 1000 war ursprünglich ein in diesem Stil gebautes Privathaus (siehe S. 68).

Stick-Stil: Er wird nach dem britischen Schriftsteller und Designer Charles Locke Eastlake auch als »Stick Eastlake« bezeichnet und kam ab 1880 in Mode; Eastlake beeinflusste Architektur und Mobiliar der spätviktorianischen Ära. Die Stilrichtung lässt sich an ihrer ausgeprägten vertikalen Strukturierung erkennen, die durch lange hölzerne Zierleisten (*sticks*) entsteht. Weitere typische Merkmale sind quadratische Erkerfenster, rechtwinkelige Ecken, falsche Giebel und dekorative Stützbalken. Die Verzierungen wurden von talentierten Zimmermännern ausgeführt oder maschinell mit dampfbetriebenen Sägen und Drehbänken hergestellt. Gute Beispiele finden sich in der Liberty Street Nummer 111–115.

Queen-Anne-Stil: Dieser Stilrichtung wurde in den 90er Jahren des 19. Jahrhunderts der

Queen-Anne-Stil

Vorzug gegeben. Die Gebäude weisen so unterschiedliche Materialien wie dekorative Schindeln, Stein, Fachwerk, Rosetten und andere Ornamente auf sowie eine unendliche Formenvielfalt mit Türmchen, Spitzdächern, Ecktürmen mit Haubendächern, Giebelfeldern, venezianischen Fenstern und hohen Kaminen. Das Design war asymmetrisch mit stärkerer Betonung der horizontalen Linien. Ein Beispiel ist das Haas-Lilienthal House in der Franklin Street Nummer 2007 (siehe S. 146). ■

***Eclipse* von Charles Perry in der 17-stöckigen Lobby des Hyatt Regency Hotel**

den ersten Hochhäusern strebte die 30-stöckige Zentrale der Pacific Telephone and Telegraph Company (1925) gen Himmel, ein optischer Effekt, der durch zurückversetzte Geschosse erzielt wurde. Weitere bemerkenswerte Bauwerke finden sich in der Sutter Street 450, ein Art-déco-Gebäude im Stil der Maya, und das neugotische Russ Building (1927), dessen E-förmiger Grundriss allen Büros Luft und Licht verleiht.

Die Bautätigkeit in San Francisco wurde dann 30 Jahre unterbrochen, bedingt durch die Wirtschaftsdepression und den Zweiten Weltkrieg. In den 1960er Jahren fielen im Zuge von Modernisierungsmaßnahmen Tausende von Häusern, die vor 1906 gebaut worden waren, der Abrissbirne zum Opfer. Der Verlust der alter Bausubstanz rief eine Bewegung auf den Plan, die sich für den Erhalt historischer Gebäude stark machte. In der Innenstadt schossen die Wolkenkratzer wie Pilze aus dem Boden, so die Bürotürme des Crown Zellerbach Building (1959), die auf Stelzen ruhen, oder das Alcoa Building (1964) mit seinen Querverstrebungen. Später kamen noch die Zentrale der Bank of America (1971) in der California Street sowie das Hyatt Regency Hotel (1973) mit der größten Atrium-Lobby der Welt hinzu. Die Transamerica Pyramid (1972) ist mit 280 Metern das höchste Gebäude der Stadt.

An bemerkenswerter zeitgenössischer Architektur sei ferner das Museum of Modern Art (1995) in SoMa mit einem zylindrischen Glasaufsatz erwähnt. Die Main Public Library (1995) ist ein postmodernes Gebäude im Beaux-Arts-Stil. ■

Der Financial District – ein Stadtviertel, das in etwa durch die Market Street, Kearny Street, Pacific Avenue und den Embarcadero eingegrenzt wird – verleiht der Stadt ihre charakteristische Skyline.

Financial District

Wolkenkratzer überragen den Financial District

Financial District

IN DIESEM MACHTZENTRUM DER FINANZWELT IN SAN FRANCISCO KANN man geradezu hören, wie das Geld sich vermehrt – es raschelt, klappert und klimpert. Moderne Wolkenkratzer aus Stahl und Glas, Sitz zahlreicher Großunternehmen, überragen die Bankgebäude aus dem letzten Jahrhundert, die an römische Markthallen erinnern. Einige der ersten Wolkenkratzer stammen bereits aus den 20er Jahren des 20. Jahrhunderts. Alte wie neue Gebäude präsentieren sich als beeindruckende Meisterwerke der Ingenieurkunst, darunter einige Höhepunkte amerikanischer Architektur, etwa die weiße Transamerica Pyramid oder die Bank of America aus rotem Granit.

Die Wurzeln dieses Stadtviertels reichen zurück bis in die 30er Jahre des 19. Jahrhunderts, als sich hier eine kleine Handelssiedlung, Yerba Buena Cove, befand. 1846 übernahmen amerikanische Streitkräfte unter Captain John Montgomery die mexikanische Siedlung. Ein Jahr später erweiterte Jasper O'Farrell das Straßenbild der aufstrebenden Stadt. Er legte die Market Street an, einen breiten Boulevard, der das Stadtzentrum in einem Winkel von 36° durchschnitt und damit für die nächsten Jahre den Verkehrsstrom behinderte. Die Market Street wurde später zu einer sozialen Demarkationslinie, welche die Finanzwelt und die obere Gesellschaftsschicht vom Industrieviertel mit ihrer Arbeiterklasse trennte.

Während des Goldrausches verwandelte die Ankunft der *Forty-Niners* (Scharen von Goldsuchern, die 1849 nach Kalifornien strömten, siehe S.24f) das ehemalige verschlafene Dörfchen mit 500 Einwohnern in eine quirlige Siedlung, die 20 000 Menschen zu beherbergen hatte. Die Stadt begann, sich nach allen Seiten hin auszubreiten. Von der Montgomery Street aus im Osten wurden Kaianlagen in die Bucht hinein gebaut, die den Händlern als Warenlager dienten. Die Flächen zwischen den Kaianlagen füllten sich bald mit Sand, Müll und sogar Schiffen, deren Mannschaften sie einfach dort zurückgelassen hatten, um sich auf Goldsuche zu begeben. Sie wurden unter der Stadt begraben, als sich die Uferlinie nach Osten bis hin zum heutigen Embarcadero verschob.

Als San Francisco in den 50er und 60er Jahren des 19. Jahrhunderts durch die Gold- und Silberfunde reich wurde, entstanden an der ehemaligen Küstenlinie neue Banken, so dass man dem Gebiet um die Montgomery Street schließlich den Titel »Wall Street des Westens« verlieh. Als die Bank of California 1866 ihre Pforten in der California Street öffnete, wurde sie zur renommiertesten Geschäftsadresse.

Etwa 1890 begann das Stadtzentrum – im wahrsten Sinne des Wortes – zu wachsen. Die ersten Wolkenkratzer mit Stahlgerüst entstanden, so z. B. das Mills Building in der Montgomery Street, ein Gebäude im neoromanischen Stil von Daniel Burnham. Der größte Teil des Financial District fiel bei dem schweren Erdbeben 1906 in Schutt und Asche, doch er wurde rasch wieder aufgebaut. Heute ist nur noch wenig von jener Stadt erhalten, wie sie während des Goldrausches war – abgesehen von dem Gebiet um den Jackson Square. In den 20er Jahren des 20. Jahrhunderts wurden zahlreiche modernere, höhere Gebäude im Stil des Art déco errichtet, etwa das Shell Building, das durch abgestufte Türme und vertikale Design-Elemente gekennzeichnet ist. Dadurch entsteht der Eindruck einer nach oben weisenden Rakete. Die Wirtschaftskrise der 30er Jahre setzte dieser neuen Schaffenskraft einen Dämpfer auf.

Erst Ende der 50er Jahre kam ein neuer Bauboom. Er begann 1959 mit der Errichtung des Crown Zellerbach Building und erreichte 1970 seinen Höhpunkt mit dem Zentralgebäude der Bank of America und der Transamerica Pyramid, welche die Skyline der Stadt dominierten. Weitere Türme ergänzten die Wolkenkratzer-Parade in den 80er Jahren. In diesen wenigen Häuserblocks befinden sich annähernd 3,5 Millionen Quadratmeter Bürofläche. So ist es nicht verwunderlich, dass die Weiterentwicklung sich nun südlich der Market Street vollzieht. Es gibt neue Baurichtlinien, welche Höhe und Umfang der Gebäude in diesem Gebiet einschränken. Dennoch ist der Financial District nach wie vor das Herz des Geschäftslebens in San Francisco und die Montgomery Street seine Hauptschlagader. ■

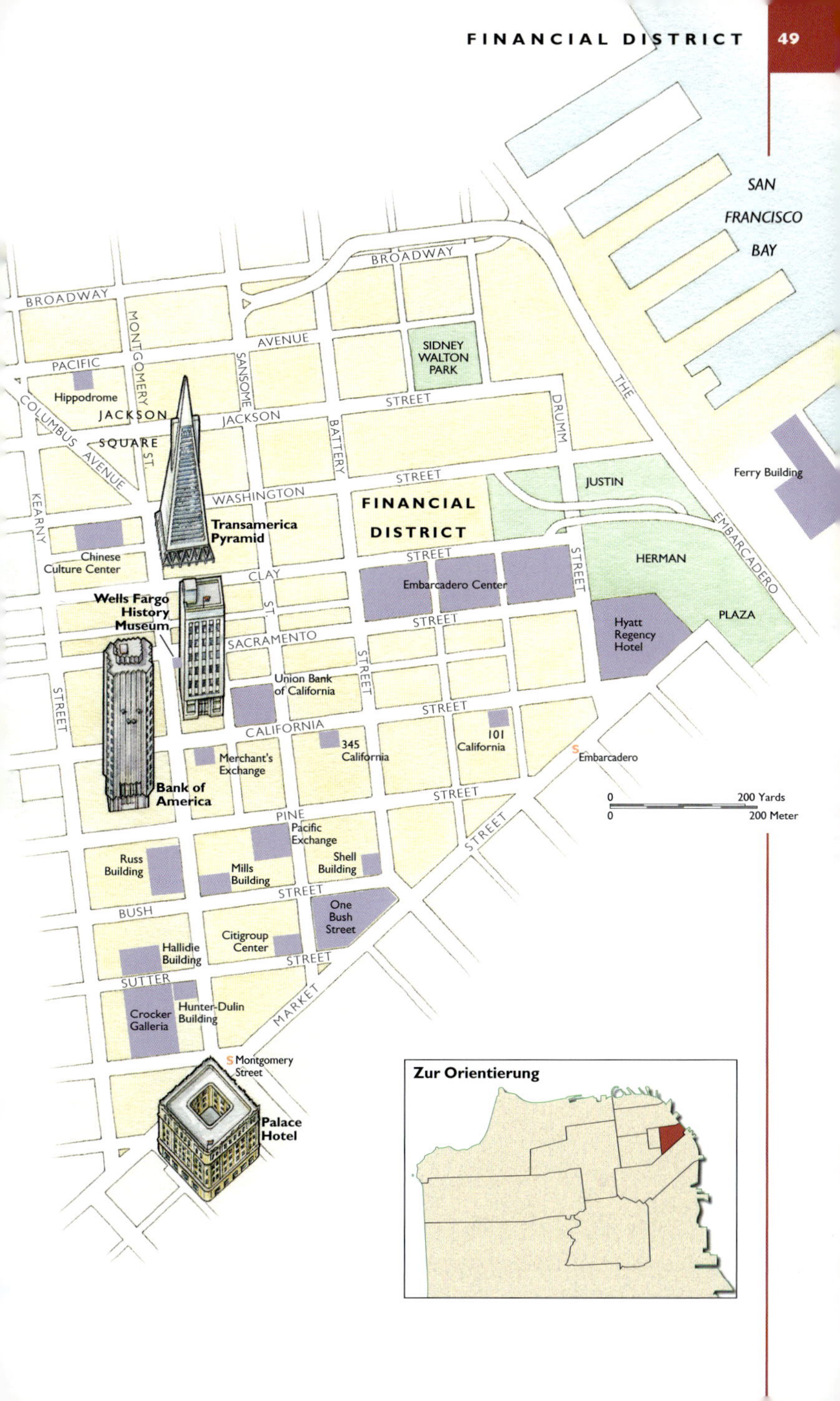
SAN FRANCISCO BAY
BROADWAY
AVENUE
PACIFIC
MONTGOMERY
SANSOME
SIDNEY WALTON PARK
Hippodrome
JACKSON SQUARE
JACKSON
STREET
BATTERY
DRUMM
THE
COLUMBUS AVENUE
ST.
WASHINGTON
STREET
FINANCIAL DISTRICT
JUSTIN
Ferry Building
KEARNY
Transamerica Pyramid
Chinese Culture Center
EMBARCADERO
HERMAN
Embarcadero Center
CLAY
Wells Fargo History Museum
Hyatt Regency Hotel
PLAZA
SACRAMENTO
Union Bank of California
CALIFORNIA
345 California
101 California
Merchant's Exchange
Embarcadero
Bank of America
200 Yards
200 Meter
PINE
Pacific Exchange
Russ Building
Mills Building
Shell Building
BUSH
One Bush Street
Citigroup Center
Hallidie Building
SUTTER
MARKET
Crocker Galleria
Hunter-Dulin Building
Montgomery Street
Palace Hotel
Zur Orientierung

Streifzug durch den Financial District

Transamerica Pyramid

- 600 Montgomery St.
- Lobby für Besucher zu Geschäftszeiten geöffnet
- CC: California St.; Bus: 1, 15, 42; BART: Montgomery

IM FINANCIAL DISTRICT SIND EXEMPEL VERSCHIEDENER Architekturperioden vertreten: überwältigende moderne Wolkenkratzer und prächtige alte Bankgebäude im klassischen Stil. Allerdings sind die Bürogebäude nicht alle für Touristen zugänglich.

TRANSAMERICA PYRAMID

Dieses höchste Gebäude der Stadt ist so typisch für San Francisco wie die Cable Cars. Es wurde 1972 erbaut und ragt mit 48 Stockwerken sowie einer Turmspitze gut 260 Meter in den Himmel. Aber warum eine Pyramide? Der Architekt William Pereira erkannte, dass diese schlanke Form einen besseren Lichteinfall auf die Straße ermöglicht als die sonst übliche Kastenform. Transamerica, eine Versicherungs- und Finanzgesellschaft, versprach sich von der Py-

ramide als Firmenlogo besondere Aufmerksamkeit.

Das Fundament besteht aus einer 30 000 Tonnen schweren massiven Steinplatte, in die mehr als 482 Kilometer lange Stahlträger zur Verstärkung eingelassen sind. Die Wände fallen in einem 5°-Winkel schräg ab; ihre 3000 Quarzplatten wiegen je 3,5 Tonnen und sind so eingeteilt, dass bei einem Erdbeben ein Bewegungsspielraum gegeben ist. Es gibt genau 3678 Fenster. Man kann sie schwenken, um beide Seiten putzen zu können – ein Job, der einen ganzen Monat beansprucht! Ab dem 29. Stockwerk schließen zwei Gebäudeteile an, die keine Fenster besitzen: Im Ostflügel befinden sich die Aufzüge, im Westflügel ein Treppenhaus und ein Rauchaufsatz. Das größte Stockwerk ist das fünfte mit jeweils 44 Metern Seitenlänge, das kleinste das 48. Stockwerk mit nur 13 Metern Seitenlänge. Der Turm (65 m) ist hohl und innen beleuchtet. Ein »virtueller Aussichtspunkt« in der Lobby ist mit einer Videokamera oben auf der Spitze der Pyramide verbunden. Diese kann vom Besucher mit einer Fernbedienung gesteuert werden.

Die Pyramide erhebt sich genau an der Stelle, wo 1853 der Montgomery Block gestanden hat, einst das größte Gebäude westlich des Mississippi, mit eleganten Büroräumen für Anwälte, Geschäftsleute und Zeitungsredaktionen. Jeder kam hierher, von Mark Twain bis Sun Yat-sen (der hier die Proklamation für die chinesische Republik verfasste).

CALIFORNIA STREET

Das **Building Bank of America** ragt 237 Meter (52 Stockwerke) empor und bietet fast 200 000 Quadratmeter Bürofläche. Hier arbeiten 5000 Menschen. Durch die Erkerfenster wirken die Fassaden zickzackförmig. Sie sind mit polierten Granitsteinen verkleidet, so dass das Gebäude aus dem Straßenbild hervorsticht. Im obersten Stockwerk befindet sich der Carnelian Room, wo man Cocktails oder ein Abendessen mit wunderschöner Aussicht genießen kann. Die Granitskulptur *Transcendence* von Masayuki Nagar (1969) unten auf der Plaza hat den Spitznamen »Das Herz des Bankers« erhalten.

Der Gründer Amadeo P. Giannini eröffnete die Bank 1904 für italienische Immigranten, denen andere Geldinstitute ihre Dienste verweigerten. Die »Bank of Italy« (so der ursprüngliche Name) akzeptierte Einzahlungen ab einem Dollar. Giannini führte auch das Filialsystem für Ban-

Bank of America Building

✉ 555 California St.

☎ 415/433-7500 (Carnelian Room)

🕒 Carnelian Room geöffnet ab 15 Uhr

🚌 CC: California St.; Bus: 1, 15; BART: Montgomery

Blick aus Schwindel erregender Höhe auf die Market Street im Zentrum der Stadt

Museum of Money of the American West

400 California St.
415/765-0400 (Bank of California)
Geschl. Sa–So
CC: California St.; Bus: 1, 42

Wells Fargo History Museum

420 Montgomery St.
415/396-2619
Geschl. Sa–So
CC: California St.; Bus: 1, 12, 15, 42

ken ein, und bis 1945 war die Bank of America die größte nationale Bank.

1864 gründeten William Ralston und Darius Mills die **Bank of California** (heute Union Bank of California, *400 California St.*). Ralston hatte ein Vermögen verdient, indem er in Minen investierte und seinen Gewinn dann dazu nutzte, um Projekte wie das erste Eisenwerk der Stadt und das Palace Hotel (siehe S. 55) zu unterstützen. Dieser »Tempel des Bankwesens« (1907, von Bliss und Faville) ist innen mit Marmor ausgestaltet. Im Erdgeschoss befindet sich das **Museum of Money of the American West** mit Erinnerungsstücken an den Goldrausch und die Comstock-Minen, darunter Goldklumpen, Banknoten und Münzen.

Der Eingang **California Street 345** (1987, von Skidmore, Owings & Merill) verbindet zwei historische Gebäude (1919, 1920), in denen die Dollar-Lines-Dampfschiffgesellschaft untergebracht war. In den oberen elf Stockwerken befindet sich das elegante Mandarin Oriental Hotel.

In **California Street 101** befindet sich ein runder Glassilo (1982, von Johnson & Burgee). Die Glasgalerie in den unteren Stockwerken lässt die Türme darüber schwerelos wirken.

MONTGOMERY STREET

Das 31 Stockwerke hohe **Russ Building** (*235 Montgomery St., privat*) wurde 1927 im Gothic-revival-Stil von George Kelham entworfen. Das **Mills Building** (*220 Montgomery St., privat*), das erste Gebäude der Stadt, das zur Gänze als Stahlkonstruktion errichtet wurde, ist ein Entwurf von Daniel Burnham aus dem Jahr 1891 im Stil der Chicago School.

In nächster Nähe befindet sich auch das **Wells Fargo History Museum**, untergebracht in der Zentrale des gleichnamigen Unternehmens. Henry Wells und William Fargo gründeten ihre Gesellschaft 1852, um den Westen mit Dienstleistungen aus dem Bank- und Postwesen zu versorgen.

ANDERE GEBÄUDE

Das **Shell Building** (*100 Bush St., Tel. 415 986-8880, nur Eingangshalle*) wurde 1929 im Stil des Art déco von George Kelham entworfen und ist ganz mit Terrakotta verkleidet. Über dem Eingang ist eine Muschelschale angebracht, die an den Erbauer, die Shell-Erdöl-Gesellschaft, erinnert. Der internationale Stil kommt am besten in der **One Bush Street** zum Ausdruck, zum einem in einem Turm aus grünem Glas, der auf Pfählen errichtet wurde, zum anderen in einem niedrigen runden Pavillon, der 1959 entworfen wurde (von Hertzka & Knowles/Skidmore, Owings & Merrill).

Das **Citicorp Center** (*1 Sansome St.*) ist 1984 nach einem Entwurf von William Pereira entstanden, der Gebäudeteile einer Bank im Stil der Beaux Arts aus dem Jahre 1910 aufnahm. Im Vorhof steht eine Kopie einer Statue von A. Stirling Calder (1870). Die Kopie stammt von 1983, das Original wurde 1915 anlässlich der Pacific International Exposition ausgestellt. Die Statue, betitelt mit *Star Girl*, stellt eine Frau in durchsichtigem Gewand dar, das Haar geschmückt mit glänzenden Sternen. Einen Block weiter westlich befindet sich das **Hunter-Dulin Buildung** aus dem Jahre 1926 (*111 Sutter St.*). Hier hat Sam Spade, bekannt aus den Erzählungen von Dashiell Hammett, sein Büro.

Gegenüber liegt die **Crocker Galleria** (1982, von Skidmore, Owings & Merrill) mit Glasdach sowie einer Arkade mit Geschäften und Cafés. Im dritten Stock gibt es eine Verbindung zum Dachgarten der Bank **One Montgomery** (1908, von Willis Polk). ■

Jackson Square

IN DER GEGEND UM JACKSON SQUARE FÜHLT MAN SICH IN die Zeiten des Goldrausches zurückversetzt. In der Golden und der Balance Street ließen die Bergarbeiter einst das Gewicht ihrer Goldklumpen prüfen. Die Postkutschen von Wells Fargo ratterten vorüber zu den Ställen am Hotaling Place. In diesem Stadtteil – vier Häuserblocks, die durch die Washington Street, Columbus Avenue, Pacific Avenue und Sansome Street begrenzt sind – haben sich die für die Zeit typischen Häuser und gusseisernen Fassaden erhalten, die bis in die 50er Jahre des 19. Jahrhunderts zurückreichen.

Jackson Square

Siehe Karte S. 49

Bus: 12, 15, 42, 83

Bemerkenswerte alte Gebäude im historischen Teil von Jackson Square

Im 19. Jahrhundert galt dieser Teil der Stadt, vor allem die Pacific Avenue, als verrufen. Man nannte das Gebiet **Barbary Coast** (nach einem Küstenabschnitt Nordafrikas, der von Piraten heimgesucht wurde). Hier blühte die Prostitution – Hunderte von Frauen arbeiteten in winzigen Kaschemmen –, und es gab jede Menge anderer Unterhaltungsmöglichkeiten, je widerwärtiger, desto unterhaltsamer. So hatten Frauen auf der Bühne Geschlechtsverkehr mit Pferden. Für ein paar Pennys ließ ein Mann namens Oofty Goofty es zu, dass Leute mit einem Baseballschläger auf ihn einschlugen; ein anderer aß die ekelhaftesten Dinge, die man ihm vorsetzte. Es gab Saloons mit den Namen Morgue (Leichenschauhaus) oder Devil's Kitchen (Teufelsküche). »Machen Sie einen großen Bogen um dieses Viertel, wenn Ihnen Ihr Leben lieb ist!«, steht in einem Reiseführer von 1878, der »die gewisse Gegend beschreibt, damit unsere Leser sich davon fern halten können.« Auf der Fassade des Tanzlokals **Hippodrome** (*555 Pacific Ave., privat*) erkennt man noch die Basreliefs vollbusiger Mädchen.

Die Gebäude in diesem Stadtteil widerstanden größtenteils dem Erdbeben und dem Großbrand von 1906. 1908 eröffnete an der Pacific Avenue und der Kearny Street San Franciscos erste Homosexuellen-Bar, The Dash. Aber nach 1913 sorgte die Regierung dafür, dass »die Sünde« aus Barbary Coast vertrieben wurde. Als durch die Wirtschaftskrise der 30er Jahre die Mietpreise sanken, zogen Künstler hierher. 20 Jahre später hatten Innenarchitekten das Viertel für sich entdeckt, heute findet man hier hauptsächlich Antiquitätenhändler, Architekten, Werbeagenturen und Design-Studios.

Der Financial District erhebt sich inmitten der Innenstadt

Das Gebäude **Montgomery Street 722** aus dem Jahre 1851 beherbergte u.a. ein Auktionshaus, ein türkisches Bad und ein Theater, in dem die Sängerin Lotta Crabtree auftrat. In den späten 50er Jahren des 20. Jahrhunderts zog ein extravaganter Rechtsanwalt, Melvin Belli, ein. Immer wenn er einen Prozess gewonnen hatte, wurde am Gebäude eine Totenkopfflagge gehisst.

In dem dreistöckigen Backsteingebäude **Montgomery Street 728** fand 1849 die erste Versammlung der kalifornischen Freimaurer statt. Angeblich schrieb Bret Harte hier in den 50er Jahren des 19. Jahrhunderts seine Kurzgeschichte »The Luck of Roaring Camp«. Später bezogen Künstler die oberen Stockwerke, wo ihnen 1882 Oscar Wilde einen Besuch abstattete. Bemerkenswert ist auch das Gebäude **Montgomery Street 730-32**, das Golden Era Building aus dem Jahre 1852, Sitz der literarischen Wochenzeitung, die Werke von Harte und Twain veröffentlichte.

Auf Höhe **Jackson Street 400** findet man zahlreiche historische Gebäude, viele von ihnen beherbergen heute Antiquitätenläden. Das ehemalige französische Konsulat in der **Jackson Street 472** (1852) besteht aus einfachen Backsteinmauern und hat im oberen Teil noch die Original-Eisenrollläden zum Schutz gegen Feuer. Die Gebäude zu beiden Seiten des Hotaling Place aus den 60er Jahren des 19. Jahrhunderts – **Jackson Street 445, 455** und **463** – waren einst Wirkstätte des Likörherstellers Anson Hotaling, der dafür sorgte, dass die Besucher der Barbary Coast sich tüchtig betrinken konnten. In der **Jackson Street 415** eröffnete Doming Ghirardelli 1893 in einem aus dem Jahre 1853 stammenden Gebäude seine erste Schokoladenfabrik (siehe S. 118f).

Die **Balance Street** ist angeblich nach einem Schiff benannt, das hier zum Zwecke der Aufschüttung vergraben wurde – ein übliches Verfahren zur Zeit des Goldrausches. ■

Palace Hotel

DAS PALACE HOTEL ALS »PHÖNIX« ZU BEZEICHNEN, WÄRE etwas theatralisch; aber das Gebäude, das Sie sehen, ist tatsächlich aus der Asche eines früheren Gebäudes erstanden.

Das ursprüngliche Palace Hotel, das einen ganzen Häuserblock einnahm, wurde 1875 von William Ralston, dem Gründer der Bank of California, finanziert. Die Gäste betraten einen zentralen Innenhof, der an allen Seiten von Balkonen gesäumt war. Das Hotel besaß sieben Stockwerke und war über und über mit weißer Farbe gestrichen, so dass man es mit einer Kombination aus Passagierschiff und Hochzeitstorte verglich. Es gab Aufzüge (oder »aufsteigende Räume«, wie man sich damals ausdrückte). Jedes Gästezimmer verfügte über einen Kamin und ein WC, von dem aus »das Wasser abtransportiert wird, ohne das schreckliche Geräusch zu verursachen, das man normalerweise hört«. Zu den Gästen zählten Berühmtheiten wie Präsident Ulysses S. Grant oder die Schauspielerin Sarah Bernhardt, die hier 1887 mit einem Tigerbaby als Haustier abstieg.

1906 war der Tenor Enrico Caruso hier zu Gast. Zu seinem Gepäck gehörten 40 Paar Schuhe und ebenso viele Porträts seiner Person. Als das schwere Erdbeben ausbrach, floh er, nur in ein Badetuch gewickelt. Das Hotel überstand das Beben, aber nicht den darauf folgenden Großbrand. Ralston konnte diesen Verlust offenbar nicht verkraften; es heißt, er habe sich ertränkt.

1909 entstand hier abermals ein Hotel nach dem Entwurf der New Yorker Architekten Trowbridge und Livingston (berühmt für das St. Regis Hotel). Die ehemalige Zufahrt für Pferdekutschen wurde in das **Garden Court Restaurant** im Beaux-Arts-Stil umgewandelt. Eine spektakuläre Kuppel, bestehend aus 70 000 Bleiglasteilchen, krönt das Restaurant.

Ebenso wie das Garden Court Restaurant macht auch **Maxfield's Cocktail Lounge** dieses Hotels unbedingt besuchenswert. Über der Bar befindet sich ein Wandgemälde von Maxfield Parrish, *Der Rattenfänger von Hameln*, das sich wie eine aufgeschlagene Seite eines alten Märchenbuchs präsentiert.

Das Hotel gehört heute zur Sheraton-Kette und wurde zwischen 1989 und 1991 renoviert. ■

Palace Hotel

✉ 2 New Montgomery St. (an der Market St.)

☎ 415/512-1111

Bus: 7, 9, 21, 31, 66, 71; Streetcar: J, K, L, M, N

Anm.: siehe Seite 245 für weitere Informationen

Im großzügig ausgestatteten »Garden Court« trifft man sich gern zum Tee

Der Eingang zum Embarcadero Center

Weitere Sehenswürdigkeiten

HALLIDIE BUILDING

Mit diesem Gebäude aus dem Jahre 1917 hat der Architekt Willis Polk Geschichte gemacht. Es war weltweit das erste Beispiel für eine Glasfassade – eine erstaunliche Neuheit zu einer Zeit, als man der Überzeugung war, Wände müssten solide sein. Die Fassade besteht aus einem Netz von Glasscheiben, die vor dem siebenstöckigen Gebäude angebracht sind. Sie trägt also kein Gewicht. Dekorative Feuerleitern aus Eisen rahmen die Glasfläche. Das Gebäude ist nach Andrew Hallidie benannt, dem Erfinder des Cable Car.

130–150 Sutter St. Bus: 4 Nicht für die Öffentlichkeit zugänglich

EMBARCADERO CENTER

John Portman und seine Mitarbeiter entwarfen zwischen 1967 und 1982 eine Gruppe von 35- und 40-stöckigen Bürotürmen, die durch Fußgängerbrücken verbunden sind. Finanziert wurde der Komplex unter anderem von David Rockefeller. Er ist das größte Sanierungsprojekt in San Francisco und erstreckt sich von der Justin Hermann Plaza bis zur Battery Street. Man findet dort mehr als 150 Geschäfte und Restaurants. Besonders sehenswert ist der 17 Stockwerke hohe Innenhof des **Hyatt Regency Hotels** (*California Street/Drumm Street, siehe S. 245*), die größte Hotel-Lobby der Welt mit einem kleinen Fluss und Bäumen, einer riesigen sphärischen Skulptur von Charles Perry (*Eclipse*, 1973), Cafés und blinkenden gläsernen Aufzügen, die zu einer sich drehenden Cocktailbar hinaufführen. Auf der **Justin Herman Plaza** zur Bucht hin kann man den Vaillancourt Fountain bewundern.

Karte S. 49 CC: California; Bus: 1, 32, 42

MERCHANT'S EXCHANGE BUILDING

Entworfen von Willis Polk war es einst *das* Handelszentrum in San Francisco. In der Grain Exchange Hall verhandelten Kaufleute, Kapitalanleger und Reeder über die Ware, die auf Schiffen ankam. Vom Dach des 14 Stockwerke hohen Gebäudes konnte man diese bereits lange vor ihrer Ankunft sichten. Besucher dürfen die Eingangshalle besichtigen, wo Gemälde von William Coulter die Geschichte San Franciscos als Seehafen nachzeichnen.

465 California St. 415/421-7730
Sa–So Bus: 3, 4, 15

PACIFIC EXCHANGE

Diese ehemals zweitgrößte Aktienbörse in den Vereinigten Staaten wurde 1882 gegründet und ist im U.S. Subtreasury Building (1915) untergebracht, einer Säulenhalle aus Granit, die 1930 von den Architekten Miller & Pfleuger umgebaut und erweitert wurde. Den Eingang des heutigen Gymnasiums zieren monumentale Skulpturen von Ralph Stackpole im sozialrealistischen Stil der 30er Jahre des 20. Jahrhunderts.

301 Pine St. 415/393-4000
Führungen nur nach Anmeldung
CC: California St.; Bus: 3, 4, 15, 42 ■

Union Square ist für diejenigen, die gern einkaufen, so beglückend wie Weihnachten für Kinder. Ganz in der Nähe liegen der Nob Hill – nur 114 Meter über dem Meeresspiegel, aber mit einem sehr erhabenen Flair und herrlichen Ausblicken auf die Bucht – , der Financial District sowie der Russian und der Telegraph Hill.

Union Square und Nob Hill

Hinweisschild im Cable Car Museum

Union Square und Nob Hill

WÄRE SAN FRANCISCO EIN THEATER – UNION SQUARE WÄRE DIE HAUPTbühne. Nob Hill wäre ein Logenplatz, von dem aus man dem städtischen Schauspiel aus erhabener Höhe zuschauen kann – wobei erhaben nicht nur geographisch, sondern auch im Hinblick auf den sozialen Status zu verstehen ist.

UNION SQUARE

Union Square ist das Herz des traditionellen San Francisco. Es ist ein lebhaftes Zentrum mit eleganten Geschäften, klingelnden Cable Cars und zahlreichen Blumenständen.

Der Union Square Park ist ein Erholungsort für Büroangestellte, Obdachlose und erschöpfte Einkäufer und wurde 2002 für 25 Millionen Dollar aufwendig umgestaltet. Das Angebot an Geschäften reicht von Macy's und Neiman Marcus bis zu Tiffany und Chanel. Östlich des Parks gibt es Boutiquen, im Westen befinden sich Hotels und Theater.

Das Viertel war nicht immer ein Geschäftszentrum. Als Mayor John Geary der Stadt 1850 den Union Square Park schenkte, säumten Kirchen, viktorianische Wohnhäuser und Privatclubs das Parkgelände. Ende des 19. Jahrhunderts begann man die Häuser in der vornehmen Sutter Street, wenn deren Bewohner wegzogen, in Geschäfte umzuwandeln. Das Kaufhaus City of Paris entstand 1896, das St. Francis Hotel öffnete 1904, und Union Square gewann zunehmend an Anziehungskraft.

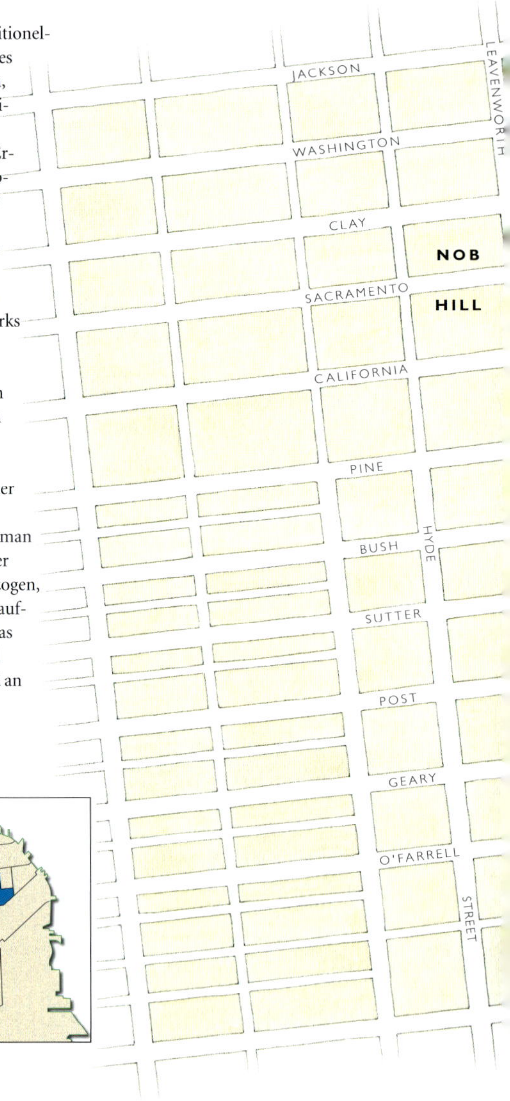

Zur Orientierung

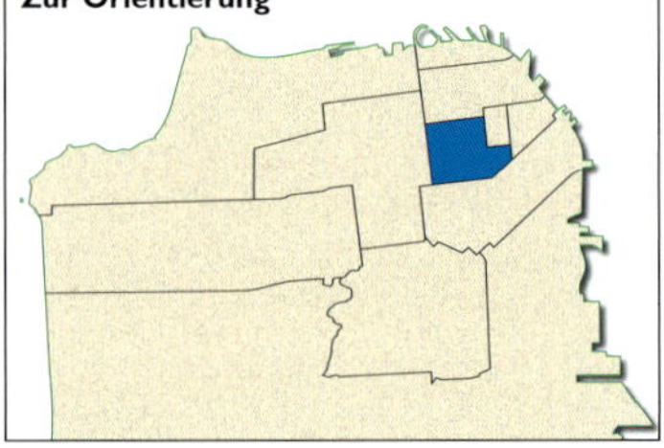

NOB HILL

Erst als die Cable Cars San Franciscos Hügel 1873 eroberten, wurde Nob Hill zum bevorzugten Wohngebiet für Wohlhabende. 1876 errichtete Leland Stanford, einer der »Big Four« (»Großen Vier«, siehe S. 63), eine Villa im italienischen Stil. Sie wurde bald vom Nachbarhaus übertrumpft, das mit gotischen Türmen, Giebeln und allerlei Zierrat aufwartete und von Stanfords Partner, Mark Hopkins, auf Drängen seiner Ehefrau Mary errichtet wurde.

Collis P. Huntington und Charles Crocker, die auch zu den »Big Four » gehörten, bauten ihre Villen ebenfalls in Nob Hill und stellten ihren Reichtum deutlich zur Schau. In den Häusern von James Fair und James Flood, zwei der »Bonanza Kings«, häuften sich europäische Antiquitäten. Die meisten Häuser in »Snob Hill« (wie es später genannt wurde) waren aus Holz errichtet und wurden durch den Großbrand 1906 vernichtet. Nur Floods Villa aus braunem Sandstein in der California Street überstand die Katastrophe. Heute befindet sich hier der Pacific Union Club. Nach und nach entstanden Häuser im edwardianischen Stil, Apartments, Luxushotels und die Grace Cathedral. ■

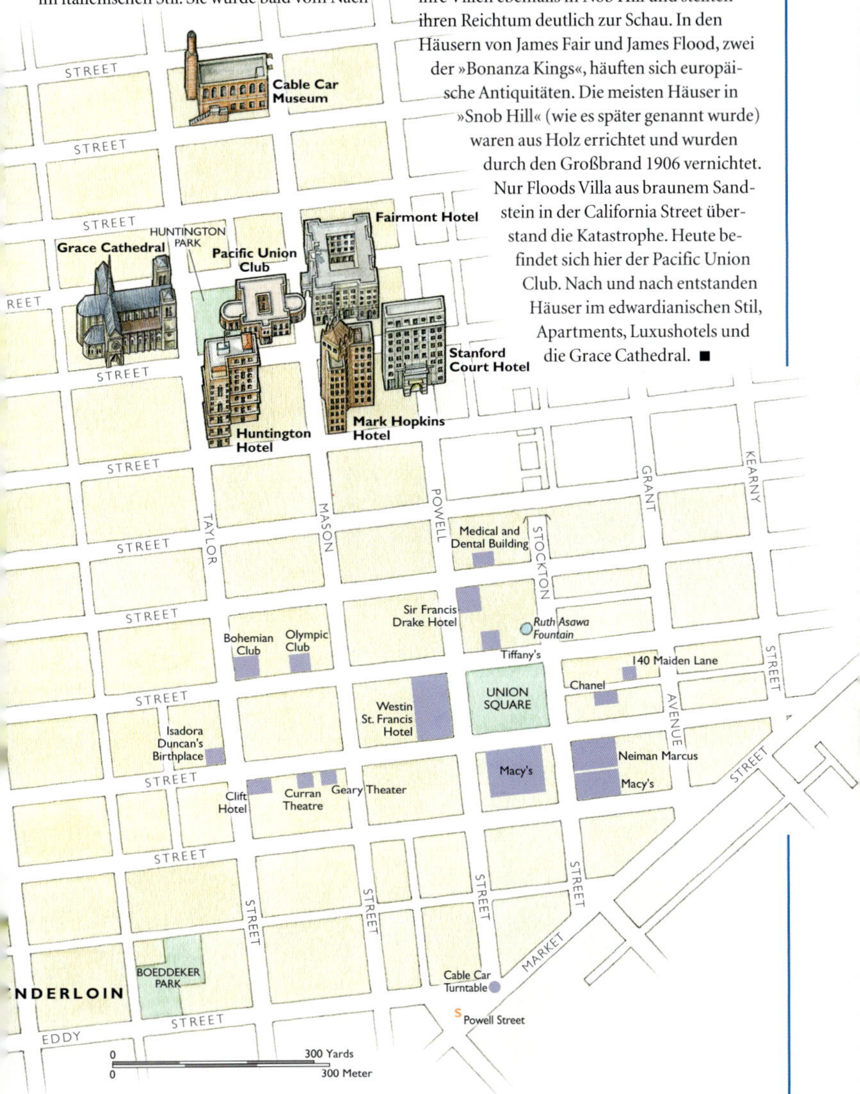

Zu Fuß um den Union Square

Schlendern Sie zwischen den großen Hotels, Theatern und Scharen von Kaufwütigen durch die Straßen von San Franciscos berühmtestem Einkaufsviertel. Haben Sie Ihre Kreditkarte gezückt? Dann kann's losgehen!

Ausgangspunkt ist die Lobby des **Westin St. Francis Hotels** ❶ (*335 Powell St., Tel. 415/397-7000*). Der Eisenbahn-Millionär Charles T. Crocker wollte damit den Eindruck von Opulenz erzielen. Seine Absicht war, in der Stadt ein Hotel von Weltklasse zu errichten. Das Etablissement wurde 1904 eröffnet und zählte Monarchen sowie amerikanische Präsidenten zu seinen Gästen (darunter Richard Nixon, dessen dringende Bitte um Oreo Kekse um Mitternacht geflissentlich erfüllt wurde). Die Wiener Magneta-Uhr aus dem Jahre 1856 mit einem Gehäuse aus geschnitztem Rosenholz, die sich in der Lobby befindet, ist ein beliebter Treffpunkt für die Schönen und Reichen San Franciscos. Wenn Sie Lust auf Nervenkitzel haben, benutzen Sie einen der gläsernen Aufzüge im hinteren Teil der Lobby und fahren Sie an der Außenseite der Türme nach oben.

Auf der anderen Seite der Powell Street liegt der **Union Square Park** ❷, ein guter Ort zum Erholen und um sich mit Freunden zu treffen. Der 105 Ar große Park war ursprünglich eine Sandbank. Jasper O'Farrell deklarierte das Stück Land in seinem Stadtplan 1847 als öffentliche Fläche. Seinen Namen erhielt der Park, da hier die Anhänger der Union kurz vor Ausbruch des Bürgerkrieges ihre Treffen abhielten. Seit den Arbeiterdemonstrationen in den 30er Jahren des 20. Jahrhunderts hat der

Der neu herausgeputzte Union Square

Park immer auch als Rednerbühne für die Öffentlichkeit gedient. 1958 hielten hier die bärtigen Anhänger der Beat-Generation in Sandalen ihre Demonstrationen ab. Mit ihrer »Squaresville Tour« wollten sie dagegen protestieren, dass sie in North Beach zur Touristenattraktion geworden waren. 1987 demonstrierten homosexuelle Aktivisten, die sich »Sisters of Perpetual Indulgence« (Schwestern des immerwährenden Genießens) nannten, gegen den Besuch von Papst Johannes Paul II.

Das Dewey-Denkmal im Park wurde zu Ehren von Admiral George Dewey errichtet, der 1898 während des spanisch-amerikanischen Krieges in der Manila-Bucht gesiegt hatte. Auf einer 30 Meter hohen korinthischen Säule befindet sich die Bronzefigur *Victory* (Sieg) von Robert Aitken aus dem Jahre 1903. Unter dem Park befindet sich eine der ersten Tiefgaragen, die 1942 gebaut wurde.

Entlang der Geary Street erstreckt sich eine riesige Filiale des Kaufhauses **Macy's**. In der Stockton Street finden Sie das postmoderne **Neiman Marcus**-Gebäude 3 (1982, von Johnson und Burgee), verkleidet mit farbigem italienischen Granit. Werfen Sie einen Blick in den Rundbau, um die aus 2600 Buntglasteilchen bestehende Kuppel zu bewundern, die noch aus dem Jahre 1909 stammt. Sie gehörte zum Kaufhaus City of Paris, das einst an dieser Stelle stand. Das dargestellte Schiff ist ein Sinnbild für das lateinische Motto der Stadt Paris:

Siehe Kartenausschnitt S. 58
Westin St. Francis Hotel
ca. 1,5 Kilometer
2 Stunden
Powell am Union Square

UNBEDINGT ANSEHEN
- Westin St. Francis Hotel
- 140 Maiden Lane

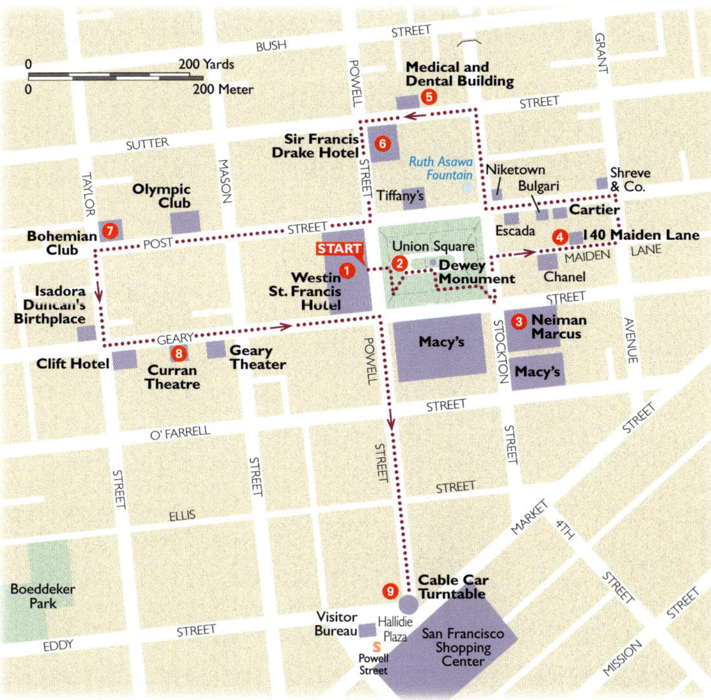

Tenderloin

Ein unangenehmes Viertel, gekennzeichnet durch Prostitution und eine hohe Kriminalitätsrate, ist Tenderloin (»zartes Lendenstück«); es liegt ganz in der Nähe des Union Square. ■

Fluctuat nec Mergitur (Es schwankt, aber es sinkt nicht). 1982 sank das elegante City of Paris im Stil des Beaux Arts aber doch, zum großen Bedauern der Einwohner von San Francisco.

Gehen Sie durch die **Maiden Lane** (Gasse der Jungfrauen) – ein ironisch gemeinter Name, wenn man bedenkt, dass zur Jahrhundertwende Huren die enge Straße säumten. Sie lockten von ihren Fenstern aus, stellten ihre nackten Oberkörper zur Schau und kassierten von vorübergehenden Männern ein Zehncentstück, wenn diese eine Brust berühren wollten, oder 15 Cents für beide; weitere Intimitäten kosteten einen Vierteldollar. Mit dem Sex kam auch die Gewalt. In dieser Straße passierte im Durchschnitt jede Woche ein Mord. Das sündige Pflaster wurde jedoch durch das Erdbeben und die Feuerkatastrophe 1906 vernichtet.

Ein architektonisches Highlight finden Sie in **Maiden Lane 140** 4 (*heute eine Galerie mit internationalem Kunsthandwerk, Tel. 415/392-9999*). Es ist das einzige Gebäude der Stadt, das nach einem Entwurf von Frank Lloyd Wright (1949) entstanden ist. Es gilt als eines der Glanzstücke amerikanischer Architektur des 20. Jahrhunderts. Die Fassade aus honigfarbenem Backstein weist einen breiten Eingangsbogen aus Glas und Ziegel auf, durch den vorbeigehende Käufer hineingeschleust werden. Die überwältigende Wendeltreppe zum Zwischengeschoss lässt schon Wrights Design für das New Yorker Guggenheim Museum erahnen.

In der Nähe der Post und Stockton Street befindet sich der **Ruth Asawa Fountain**, der am Grand Hyatt Union Square in die Stufen gebaut wurde. Der Brunnen aus dem Jahre 1972 ist mit Szenen aus San Francisco geschmückt; man kann etwa das Cliff House, die Transamerica Pyramid und viktorianische Häuser sehen.

Folgen Sie der Stockton Street bis zur Sutter Street, biegen Sie dann links ab bis zum **Medical and Dental Building** 5, Sutter Street 450, (1928, von Pflueger & Miller), einem Wolkenkratzer im Art-déco-Stil. Die Fassade und die Überdachung am Eingang sind übersät mit Maya-Motiven.

An der Powell Street gehen Sie links den Berg hinunter, vorbei am **Sir Francis Drake Hotel** 6 (*450 Powell Street*) aus dem Jahre 1928, dessen Portier für seine rote Uniform berühmt ist.

An der Post Street halten Sie sich rechts und gehen zwei Blocks weiter, bis Sie zwei Privatclubs erreichen, zu denen nur San Franciscos Elite Zutritt erhält. Der **Olympic Club** (*524 Post Street*) ist in einem Renaissance-Palast untergebracht. Es ist der älteste Amateur-Sportverein Amerikas (1860). Nebenan, Ecke Taylor Street/Post Street, befindet sich das mit wildem Wein bewachsene Gebäude des **Bohemian Club** 7. Der Club wurde zwar 1872 von Künstlern, Schriftstellern und Journalisten gegründet – zu den ersten Mitgliedern gehörten Berühmtheiten wie Jack London und Ambrose Bierce –, heute trifft man hier aber hauptsächlich auf führende Größen der Geschäftswelt.

Wenn Sie die Taylor Street hinuntergehen, kommen Sie zum **Geburtshaus** von **Isadora Duncan** (*601, Taylor Street*); die außergewöhnliche Tänzerin aus dem frühen 20. Jahrhundert war die Erste, die barfuß auftrat und Musik durch improvisierte Bewegungen interpretierte.

An der Ecke zur Geary Street kann man im Clift Hotel (*495 Geary Street, Tel. 415/775-4700*) den **Redwood Room** sehen, der einst mit dem Holz eines 2000 Jahre alten Redwood-Baumes getäfelt und jüngst durch Bildschirme verschandelt wurde.

Sie befinden sich jetzt im Theaterviertel. Wenn Sie die Geary Street weiter in Richtung Union Square bummeln, gelangen Sie zum **Curran Theatre** 8 (*445 Geary Street, Tel. 415/551-2000*) mit seinem Mansardendach und den Bögen im romanischen Stil (1922, von Alfred Henry Jacobs). Daneben sehen Sie die Fassade des **Geary Theatre** (*415 Geary Street, Tel. 415/749-2228*), wo Früchte aus Terrakotta die Säulen umwinden und Theatermasken aus Komödien und Tragödien die Eingangstüren schmücken.

Folgen Sie am Union Square der Powell Street. Wenn Sie links in die Market Street einbiegen, sehen Sie die **Powell Street Cable Car Turntable** 9, eine Vorrichtung, mit der sich ein Cable Car per Hand in Bewegung setzen lässt. ■

Hotels in Nob Hill

DIE PRÄCHTIGEN VILLEN VON NOB HILL LÖSTEN SICH BEIM Feuer von 1906 in Rauch auf, danach entstanden große Hotels.

Das **Stanford Court Hotel** befindet sich auf dem Grundstück, das Leland Stanford gehörte, der die steile Cable Car Linie finanzierte – hauptsächlich, um leichter nach Hause zu kommen.

Von Mark Hopkins viktorianischer Villa sind nur ein paar Granitwände übrig geblieben. Sie bilden einen Teil des **Mark Hopkins Hotels**, das 1926 nach einem Entwurf von Weeks & Day entstanden ist. Die Mark Bar hoch oben über der Stadt war während des Zweiten Weltkrieges oftmals Schauplatz rührender Abschiedsszenen, ehe sich die Soldaten auf den Pazifik begaben.

Das **Fairmont Hotel** steht auf dem ehemaligen Grundstück des Comstock Silberkönigs »Bonanza Jim« Fair. Das Gebäude im Neorenaissance-Stil wurde 1906 noch vor seiner Eröffnung Opfer der Flammen. Die Architektin Julia Morgan überwachte den Wiederaufbau. Suchen Sie unbedingt den Tonga Room auf, eine wirklich außergewöhnliche Cocktailbar mit einer Lagune und regelmäßigen tropischen »Unwettern«.

Das **Huntington Hotel**, ein mit Efeu bewachsenes Backsteingebäude, befindet sich in einem Apartmenthaus, das Week & Day 1924 entworfen haben. Da das Hotel für seine Diskretion und seinen vorbildlichen Service bekannt ist, kommen viele Prominente regelmäßig hierher. ■

Siehe S. 246 für weitere Informationen zu allen Hotels.

The Big Four

Als besonders clever erwiesen sich vier Geschäftsleute aus Sacramento – Leland Stanford, Mark Hopkins, Charles Crocker und Collis P. Huntington: Sie beauftragten die Central Pacific Railroad (später: Southern Pacific) 1869, eine Eisenbahnlinie quer durch den Kontinent zu bauen. Die »Big Four« – wegen ihrer skrupellosen Geschäftspraktiken auch Räuberbarone genannt – kontrollierten bald das gesamte kalifornische Transportnetz und Politik. Jeder besaß eine Villa in Nob Hill. ■

Eingang zum Hotel Mark Hopkins

Nob Hill
Siehe Karte S. 58f
CC: Alle Linien; Bus: 1

Renaissance Stanford Court Hotel
905 California St.
415/989-3500

InterContinental Mark Hopkins
1 Nob Hill
415/392-3434

Fairmont
950 Mason St.
415/772-5000

Huntington Hotel
1075 California St.
415/474-5400

Grace Cathedral

Grace Cathedral
Siehe Karte S. 59
1100 California St. an der Taylor St.
415/749-6300
CC: Alle Linien; Bus: 1

DIE GRÖSSTE EPISKOPALKIRCHE DES LANDES IST HUNDERT Meter lang. Sie wurde nach dem Vorbild der Notre Dame in Paris gebaut. Ebenso wie für die europäischen Kathedralen benötigte man viele Jahre für die Fertigstellung (1928–64). Allerdings wurde diese Kathedrale nicht aus Stein, sondern wegen der Erdbebengefahr aus Sicherheitsgründen aus verstärktem Beton errichtet.

Himmel und Erde – Sonnenanbeterinnen im Huntington Park, gegenüber der Grace Cathedral

Der Architekt Lewis Hobart orientierte sich an der französischen Gotik: Am **Ostportal** findet man Kopien von Lorenzo Ghibertis bronzenen »Türen zum Paradies«, die er 1445 für die Taufkapelle in Florenz schuf. Darüber schillert ein aus Chartres stammendes Rosettenfenster. Im **Glockenturm** befinden sich 44 Bronzeglocken aus England, die zwischen fünf Kilo und sechs Tonnen wiegen. Es klingt wunderschön, wenn in der Kathedrale die Glocken ertönen oder die Barockorgel (1930, von Aeolian Skinner Co.) mit ihren 1422 Pfeifen einsetzt.

Links vom Hauptaltar befindet sich in der **Chapel of Grace** ein französischer Altar aus dem Jahre 1430. Die wunderschönen Fenster im Schiff mit Darstellungen der Apostel stammen von Charles Connick (1930) und bestehen aus 20 000 farbenprächtigen Glasstücken. Die anderen Glasfenster zeigen Jesus, kurioserweise auch Personen wie Henry Ford oder Albert Einstein. Das **Labyrinth**, das den Fußboden ziert, ist eine Nachbildung des Steinfußbodens der Kathedrale in Chartres. Der verschlungene Pfad symbolisiert eine religiöse Pilgerreise. Wer ihn beschreitet, hat, wenn er das Zentrum erreicht, möglicherweise eine Art Erleuchtung. Dasselbe Labyrinth findet man nochmals im Interfaith Meditation Garden.

Zwischen Diocesan House und Chapter House stand früher das Landhaus des Unternehmers Nicholas Yung, der sich weigerte, sein Grundstück an den Eisenbahnbaron Charles Crocker zu verkaufen. Crocker – verärgert, dass Yung ihm einen Strich durch die Rechnung machte (er wollte nämlich den gesamten Häuserblock besitzen) – ließ einen neun Meter hohen Zaun an drei Seiten von Yungs Grundstück errichten. ■

Cable Car Museum

ES SCHEINT EIN DING DER UNMÖGLICHKEIT: DIE STAHLseile, die durch dieses Gebäude laufen, bewegen jeden Cable Car in San Francisco. Der 1909 errichtete Backsteinbau enthält ein Kraftwerk, die Reparaturwerkstatt, Fahrzeuggaragen sowie ein Museum.

Cable Car Museum

www.cablecarmuseum.com

Siehe Karte S. 59

1201 Mason St. an Washington St.

415/474-1887

CC: Powell-Hyde, Powell-Mason

Cable Cars erzeugen keine Eigenenergie, die sie bewegt, sondern werden durch endlose Kabel gezogen, die unterhalb der Straße verlaufen. Im »Sheave Room« können Sie beobachten, wie die Kabel sich unter der Erde um große Räder winden. Diese großen Stahlräder mit tiefen Furchen zur Führung der Kabel nennt man »sheaves« (Flaschenzüge). Die Kabel laufen in Form einer Acht nach oben, winden sich dann um weitere riesige Räder, deren Elektromotoren das System antreiben.

Ausgestellt ist **Cable Car # 8**, das einzige Fahrzeug, das noch von der ersten Cable Car-Linie der Stadt, der Clay Street Hill Railroad von 1873, erhalten ist. Er sieht aus wie ein Jahrmarktsgefährt, mit einfachen Holzbänken und einem Seilgreifer, der nur aus einer Schraube und einer Mutter besteht, die an einem Handrad befestigt sind. Nachts rücken alle Cable Cars der Stadt ein und stehen im oberen Geschoss des Gebäudes. ■

Riesige Stahlräder treiben das Cable-Car-System an

Hallidies verrückte Idee

1869 beobachtete der in London geborene Andrew Smith Hallidie entsetzt, wie ein völlig überladener, pferdegezogener Straßenbahnwagen rückwärts einen der Hügel in San Francisco hinunterrutschte und die Zugpferde dabei grausam nach hinten riss. Hallidie war Fabrikant, er stellte Drahtseile her. Seine Fabrik lag in der Nähe des heutigen Fisherman's Wharf, und er erfand für den Transport von Gold ein Kabelsystem – einschließlich einer Vorrichtung, mit der man die Eimer mit dem Gold durch eine Metallöse mit dem Kabel verbinden und wieder lösen konnte. Er stellte sich vor, dass man ein Stahlseil unter der Erde bewegen konnte und dass es möglich sein müsste, einen Wagon daran zu befestigen und ziehen zu lassen und wieder davon zu lösen. Die Leute machten sich lustig über diese »verrückte Idee«. Aber am 1. August 1873 startete der erste Cable Car der Welt. ■

Mr. Hallidie in der ersten Version seines Cable Car

Die Powell-Hyde-Linie vor dem Cable Car Museum

Cable Cars

Der Cable Car ist nicht nur ein Markenzeichen der Stadt San Francisco, sondern auch ein liebenswertes technisches Wunder der Ingenieurkunst des 19. Jahrhunderts. Wenn Sie in einen dieser bunten viktorianischen Wagen mit ihren Bombay-Dächern und klingelnden Glocken steigen, werden Sie in vergangene Zeiten zurückversetzt, als die Uhren noch langsamer gingen.

Der Cable Car, eine Erfindung von Andrew Hallidie aus dem Jahre 1873 (siehe S. 65), ersetzte die Straßenbahnwagen, die damals von Pferden gezogen wurden. Die Tiere schafften es oft nicht, die Wagen die steilen Hügel hinaufzuziehen, außerdem blieb eine Unmenge Pferdeäpfel auf den Straßen zurück. Die Cable Cars lösten diese Probleme. Während der Blütezeit gab es acht Linien mit einem Schienensystem von insgesamt 180 Kilometern Länge.

Anfang der 90er Jahre des 19. Jahrhunderts sah es so aus, als ob die Cable Cars neben den leistungsstärkeren elektrischen Straßenbahnen an Bedeutung verloren hätten. Im Zentrum San Franciscos blieben sie jedoch in Betrieb. Als die Behörden 1947 beschlossen, die Cable Cars durch Busse zu ersetzen, gingen die Bürger auf die Barrikaden und hatten mit ihrem Protest Erfolg.

Drei Cable Car-Linien von insgesamt 16 Kilometern Länge sind noch erhalten. Sie verlaufen entlang der Hyde, California, Mason und Powell Street. 1964 wurde das System als einziges bewegliches Wahrzeichen ins nationale Register historischer Denkmäler aufgenommen. Unter den 40 Waggons (von denen immer 26 gleichzeitig in Betrieb sind) gibt es zwei verschieden Typen. Auf den Powell-Linien fahren einendige Waggons, die manuell an einer Drehscheibe gewendet werden. Auf der California-Linie fahren zweiendige Waggons, die nicht gewendet werden müssen, da sie in beide Richtungen fahren können.

WIE FUNKTIONIEREN CABLE CARS?

Ein Cable Car hat keinen Motor – er wird von einem Kabel gezogen, das unterirdisch verläuft. Ein kompliziertes Rollensystem führt das Stahlseil um scharfe Kurven und über Kreuzungen. Um den Cable Car in Bewegung zu setzen, zieht der Fahrer an einem Hebel (dem »Seilgreifer«), der durch eine Lücke im Straßenpflaster nach unten greift und sich an dem vorbeisausenden Kabel festklemmt, wie eine Zange. Die Geschwindigkeit des Fahrzeugs hängt davon ab, wie fest diese Zange geschlossen ist. (Das Kabel bewegt sich mit einer konstanten Geschwindigkeit von 15 km/h). Um anzuhalten, lässt der Fahrer das Kabel los und der Bremser zieht die Bremsen an. Die beiden verständigen sich durch Signale mit der Glocke.

Nur gut geschulte Personen können Cable-Car-Fahrer werden. Der Job verlangt gute

Nerven, besonders wenn ein Waggon die fast senkrechte Strecke der Hyde Street zwischen Bay und Francisco Street hinunterfährt. An der steilsten Stelle beträgt die Steigung 21,3 Prozent. (Aber keine Panik: Jeder Wagon verfügt über drei Bremssätze.)

Jedes Stahlseil mit einem Durchmesser von etwa vier Zentimetern besteht aus sechs Strängen mit je 19 Drähten, die um einen Kern aus Manila-Sisal gewunden sind. Dadurch sind sie besonders biegsam. Verschlissene Kabel werden nachts ausgetauscht, wenn das System ausgeschaltet ist. ■

Die Routen

Die **California Line** führt von der Market Street bis zur Van Ness Avenue. Man fährt durch den Financial District, Chinatown und Nob Hill.

Die **Powell Line** verläuft von der Market Street bis zur Bay Street in der Nähe von Fisherman's Wharf. Man kommt am Union Square vorbei, an Nob Hill, dem Cable Car Museum und Russian Hill.

Die **Powell Mason Line** fährt von der Market Street zur Bay Street in der Nähe von Fisherman's Wharf. Die Strecke führt vorbei an Nob Hill, dem Cable Car Museum und North Beach und bietet Ihnen ebenfalls wunderbare Aussichten auf die Stadt und die Bucht. ■

Weitere Sehenswürdigkeiten

PACIFIC UNION CLUB/ FLOOD MANSION

1886 ließ sich Silberkönig James Flood für 1,5 Millionen Dollar eine Villa mit 42 Zimmern bauen. Rund um das Gebäude errichtete er einen spitzen Zaun aus Bronze, der 30 000 Dollar kostete und regelmäßig von einem speziell für diesen Job eingestellten Dienstboten poliert wurde Die Mauern des Gebäudes aus Connecticut-Sandstein überlebten die Brandkatastrophe von 1906, während andere Prachtvillen in Nob Hill, die aus Holz gebaut waren, wie Zunder in den Flammen aufgingen. Nachdem der exklusive Pacific Union Club die berühmte Villa 1907 erworben hatte, erweiterte der Architekt Willis Polk, selbst Clubmitglied, das Gebäude im Jahre 1908 durch zwei Seitenflügel. Im Erdgeschoss baute er ein Schwimmbecken, umgeben von minoischen Säulen und mit beleuchteter Decke aus buntem Glas. Der Historiker Randolph Delehanty zählt diesen Raum zu den »außergewöhnlichsten der Stadt.«

Der Club ist aus zwei anderen Clubs hervorgegangen: dem Pacific Club (der 1852 als einer der ersten Herrenclubs der Stadt in einem Saloon gegründet worden war) und dem Union Club aus dem Jahre 1854. Kommen Sie in den frühen Abendstunden hierher, wenn die Fenster in einem warmen Licht erstrahlen.
⊠ 1000 California St. ⏲ Nicht öffentlich zugänglich 🚌 CC: Alle Linien; Bus: 1

HUNTINGTON PARK

Dieser 70 Ar große Park, der auf einer leichten Anhöhe auf der gegenüberliegenden Seite des Pacific Union Club liegt, wurde von John McLaren entworfen (dem Leiter des Golden Gate Parks, siehe S. 156). An dieser Stelle stand 1872 die Villa von David Colton, dem Anwalt der »Big Four« Eisenbahn-Millionäre. Das neoklassische Gebäude gelangte später in den Besitz von Collis P. Huntington, einem der »Big Four«. Seine Witwe überließ das Grundstück der Stadt – das Haus war 1906 den Flammen zum Opfer gefallen. Der **Fountain of the Tortoises** im Zentrum des Parks ist eine Nachbildung eines Brunnens in Rom. Abends sollten Sie einen Blick auf das Rosettenfenster der Grace Cathedral gegenüber werfen,.
⊠ Begrenzt durch California St., Taylor St., Sacramento St. u. Cushman St. 🚌 CC: Alle Linien; Bus: 1 ■

Die einzige Villa, die in Nob Hill die Brandkatastrophe von 1906 überdauerte: Flood Mansion

Chinatown wird oft auch als »Stadt in der Stadt« bezeichnet. Es ist das bei weitem am dichtesten besiedelte Gebiet San Franciscos. Am besten lernt man es zu Fuß kennen.

Chinatown

Das traditionelle Chinatown vor dem Hintergrund des Financial District

Chinatown

WENN SIE DAS JADEGRÜNE EINGANGSTOR VON CHINATOWN AUF DER GRANT Avenue durchschreiten, betreten Sie eine andere Welt. Vor Ihnen liegt eine Art kantonesischer Marktplatz: Sie blicken auf Pagodendächer mit den typischen Schmuckelementen (um böse Geister abzuwehren) und Hinweisschilder mit chinesischen Schriftzeichen.

Darunter verbergen sich edwardianische Gebäude aus der Zeit um die vorletzte Jahrhundertwende. In den Geschäften auf der Hauptstraße wird allerlei Krimskrams verkauft – von Kung-Fu-Waffen aus Plastik bis hin zu »Fingerfallen« aus Korbgeflecht. Der dickbäuchige Ho Tai, der Glücksgott, lächelt in Elfenbein oder Porzellan aus hunderten von Schaufenstern.

Chinatown, das sich zwischen Bush Street, Broadway, Powell und Kearny Street erstreckt, hat mehrere Gesichter: Zum einen ist es die farbige Touristenattraktion. Besucher aus aller Welt kommen hierher, um exotische Gerichte zu kosten und Modeschmuck, Jade-Schnitzereien, Goldschmuck und Kleidung aus Seide zu erstehen.

Chinatown ist aber auch ein richtiges Wohnviertel. Mehr als 30 000 Menschen leben hier in nur 24 Wohnblocks. Damit ist Chinatown nicht nur das am dichtesten besiedelte Stadtgebiet San Franciscos, sondern auch eines der größten Ballungsgebiete der USA. Auf Grund der Wohnbedingungen – zu viele Menschen auf zu kleinem Raum, zu wenig Wasserleitungen – wird Chinatown auch als Ghetto bezeichnet. Das Durchschnittseinkommen der Bewohner ist niedrig, viele sprechen kein Englisch. Die meisten sind außerhalb der USA geboren. Viele der Frauen arbeiten in kleinen Textilfabriken an surrenden Nähmaschinen, haben einen langen Arbeitstag und verdienen nur wenig Geld. Jeder Raum, der nur irgendwie zu finden ist, wird genutzt. Die älteren Männer treffen sich am Portsmouth Square. Der Platz dient ihnen als Gemeinschaftsraum, wo sie sich austauschen und chinesisches Schach spielen. Die Kinder tollen in den engen Gassen herum. In der Stockton Street kaufen die Einheimischen ihre Lebensmittel ein, essen *dim sum* und gehen zur High School.

Spannende Partie am Portsmouth Square

Chinatown ist schließlich auch ein Stück Heimat für chinesisch-stämmige Amerikaner, die in anderen Teilen der Stadt wohnen. (Viele sind den beengten Verhältnissen entflohen. Vor allem jüngere und wohlhabendere Chinesen mit einer besseren Ausbildung sind nach Richmond oder in die Sunset Districts ausgewichen.) Sie kaufen hier Schneeerbsen, Bambussprossen, Wintermelonen, geräucherte Ente, Austernsoße und andere Zutaten für ihr Feiertagsmenü. Sie lesen chinesische Zeitungen oder schauen sich einen chinesischen Film an. Oder sie treffen sich zu einem großen Familienessen in den Bankettsälen im ersten Stock der Restaurants. Am Waverly Place erklimmen sie die Stufen zu den Tempeln, wo Weihrauch über dem Altar aufsteigt und Orangen als Opfergaben liegen.

Chinatown ist außerdem Treffpunkt, um die großen chinesischen Feste zu feiern, wie etwa das Neujahrsfest. Dabei schlängeln sich Drachen tanzend durch die Straßen, und Kostüme aus bestickter Seide werden aus den Kleiderschränken geholt, um San Francisco das Flair des Fernen Ostens zu verleihen.

Durch dieses Gedränge sollten Sie sich nicht mit einem Auto quetschen, auch die Parkplatzsuche ist schwierig. Erforschen Sie das Labyrinth dieses Viertels lieber zu Fuß. ■

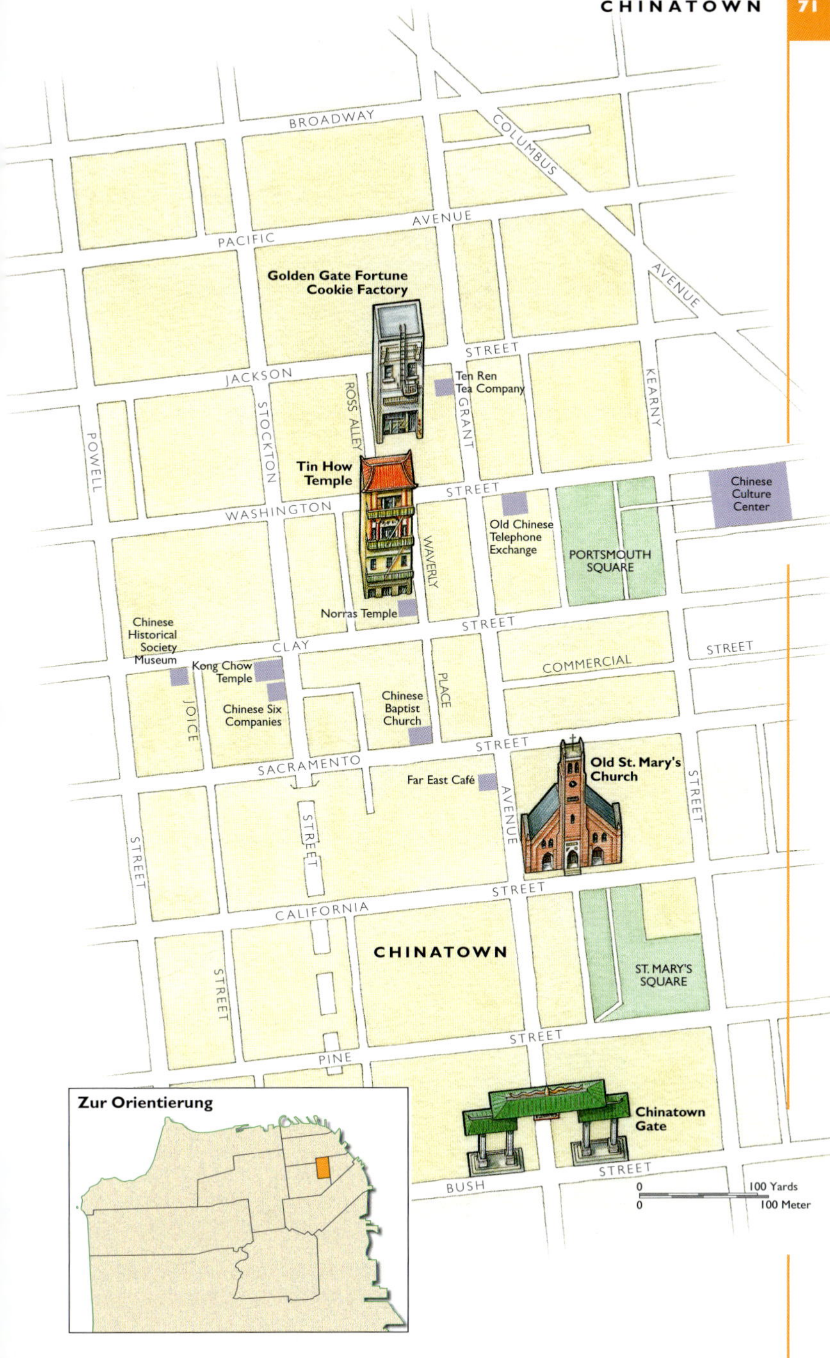
BROADWAY
COLUMBUS
PACIFIC
AVENUE
AVENUE
Golden Gate Fortune Cookie Factory
JACKSON
STREET
Ten Ren Tea Company
ROSS ALLEY
GRANT
KEARNY
POWELL
STOCKTON
Tin How Temple
WASHINGTON
STREET
Chinese Culture Center
Old Chinese Telephone Exchange
PORTSMOUTH SQUARE
WAVERLY
Norras Temple
Chinese Historical Society Museum
CLAY
STREET
STREET
COMMERCIAL
Kong Chow Temple
Chinese Six Companies
JOICE
Chinese Baptist Church
PLACE
STREET
SACRAMENTO
Old St. Mary's Church
Far East Café
AVENUE
STREET
STREET
STREET
CALIFORNIA
STREET
CHINATOWN
ST. MARY'S SQUARE
STREET
STREET
PINE
Chinatown Gate
BUSH
STREET
0
100 Yards
0
100 Meter
Zur Orientierung

Das chinesische San Francisco

In den späten 40er Jahren des 19. Jahrhunderts kamen chinesische Schatzsucher nach Kalifornien, um nach Gold zu schürfen. (Die Chinesen nannten Kalifornien *Gum san*, den goldenen Berg). Die meisten kamen durch San Francisco, und 1849 öffnete das erste chinesische Restaurant seine Pforten, gefolgt von Wäschereien.

Bis zum Ende der 50er Jahre des 19. Jahrhunderts hatten sich die Chinesen rund um den Portsmouth Square angesiedelt. Amerikanische Geschäftsleute hatten dieses Gebiet verlassen und sich andere Stadtviertel gesucht. Die meisten der Chinesen waren unverheiratete Männer aus der Arbeiterklasse, die vor Flutkatastrophen und Hungersnot in der südchinesischen Provinz Guangdong geflohen waren. Die Provinzhauptstadt, das heutige Guangzhou, hieß damals Kanton. Die kantonesischen Neuankömmlinge trugen knielange Hosen, Steppjacken und breite Bambushüte. Sie arbeiteten als Tagelöhner, und die meisten hatten vor, etwas Geld anzusparen, um dann in die Heimat zurückzukehren. Sie erhofften sich dadurch bessere Chancen für die Gründung eines Geschäftes und eine Heirat.

Die meisten Männer hatten sich bei Vermittlern in Asien verpflichtet; so konnten sie umsonst mit dem Schiff ausreisen, mussten aber nach Ankunft ihre Schuld abarbeiten. Viele schlossen sich Organisationen an, die für einen sicheren Arbeitsplatz sorgten, das Geld für die Schiffspassage zurückzahlten, ein gesellschaftliches Leben boten und sich sogar darum kümmerten, dass im Todesfall die Verstorbenen in ihre Heimat zurückgebracht wurden. Die Mitglieder mussten dafür Beiträge zahlen. Der Einwanderungsvorgang wurde bald von einflussreichen Kaufleuten beherrscht, welche die Canton Company oder die Sam Yup Association ins Leben riefen. Sie vermittelten Arbeiter an Bergwerke, die Eisenbahngesellschaften oder an Fabriken. 1869 arbeiteten etwa 12 000 Chinesen an der transkontinentalen Eisenbahnlinie. Die Arbeiter schlossen sich zu einer eigenen Organisation zusammen, der Sze Yup Association.

Außerdem gab es noch eine dritte Form der Organisation, die so genannte »Tong« (geheime Gesellschaft). Manche von ihnen verfolgten legale Ziele, andere hatten kriminelle Interessen. Um Streitigkeiten zu schlichten und ein normales Leben zu ermöglichen, schlossen sich in den späten 50er Jahren des 19. Jahrhunderts mehrere Organisationen zu den »Chinese Six Companies« zusammen. Diese Gemeinschaft übernahm dann die Führung.

Nach Fertigstellung der transkontinentalen Eisenbahn überschwemmten Chinesen den Arbeitsmarkt. Amerikanische Industrieunternehmen stellten sie für wenig Geld ein. Daraufhin beschwerten sich die weißen Arbeitnehmer, dass die Chinesen ihnen die Jobs wegnähmen. Unmut und Fremdenhass machten sich breit. 1877 versuchte eine Bande schließlich, Chinatown niederzubrennen. Der Rassismus erreichte 1882 mit dem »Chinese Exclusion Act« seinen Höhepunkt. Chinesische Arbeiter durften nicht mehr in die USA einwandern. Ein weiteres Gesetz untersagte die Einreise von chinesischen Frauen, womit die Arbeiter von Chinatown zu einem lebenslangen Junggesellendasein verurteilt wurden. Ohne Frauen gab es kein Familienleben. Chinatowns Bevölkerung nahm kontinuierlich ab.

Das Erdbeben von 1906 hat Chinatown praktisch ausgelöscht. Aber auch die Akten zum Nachweis der amerikanischen Staatsbürgerschaft wurden vernichtet, so dass die Regierung keine Möglichkeit mehr hatte, diesbezügliche Ansprüche abzuwehren. Angebliche »Söhne« aus China wanderten ein, die sich auf zweifelhafte verwandtschaftliche Beziehungen zu amerikanischen Staatsbürgern beriefen.

Nach 1906 wollten die städtischen Behörden Chinatown umsiedeln, die dort ansässigen Händler überzeugten sie jedoch, dass es besser sei, das Viertel zum Anziehungspunkt für die zunehmende Zahl an Touristen zu machen. In den 20er Jahren des 20. Jahrhunderts entwickelte sich in San Francisco ein ganz einzigartiger Architekturstil: Amerikanische Architekten schmückten die einfachen edwardianischen Gebäude mit Pagodendächern, bunten Balkonen und anderen chinesischen Details. Immer mehr Geschäfte und Restaurants wurden eröffnet, die sowohl Touristen als auch Chinesen anlockten. ■

Zum Leben in Chinatown gehören die Parade am Neujahrstag und (unten) die traditionelle Medizin

Chinesische Medizin

Holzschubladen, die mit Blättern, Baumrinden, Samen, Nüssen, Blüten und Wurzeln gefüllt sind – so sieht eine chinesische Apotheke aus. Der Apotheker ist in einer Kunst bewandert, die 5000 Jahre alt ist. Er arbeitet mit 600 verschiedenen Substanzen. Chrysanthemen-Blätter stärken z. B. die Augen, getrocknete Seealgen die Männlichkeit und Ginsengwurzeln die Lebenskraft. ■

Beerdigungen

Jeder bleibt respektvoll stehen, wenn ein Leichenzug vorüberzieht. Eine Blaskapelle folgt einem Wagen mit offenem Verdeck, auf dem ein großes Foto des Verstorbenen zu sehen ist. Auf dieser Fahrt können die Freunde den Verschiedenen noch einmal sehen. Er (oder sie) besucht praktisch zum letzten Mal die Orte im Stadtviertel, an denen er sich gern aufgehalten hat. ■

Grant Avenue

Chinatown Gate

Siehe Karte S. 71

Grant Ave. an der Bush St.

CC: California, Powell-Hyde, Powell-Mason; Bus: 1, 9X, 15, 30, 41, 45, 83

WENN SIE AM CHINATOWN GATE STEHEN, SIND SIE GARANtiert auf dem Schnappschuss irgendeines Touristen – so oft wird dieser Eingang fotografiert! Man nennt ihn auch »Drachentor«, und er befindet sich auf der der Hauptgeschäftsstraße von Chinatown.

CHINATOWN GATE

Der Architekt Clayton Lee hat diesen Eingang 1970 entworfen. Das Dach ist mit Drachen und Fischen verziert, wie bei den zeremoniellen Eingangstoren der chinesischen Dörfer. Nach der Tradition ist der Haupteingang für wichtige Persönlichkeiten reserviert. (Hier wird den Autos diese Ehre erwiesen, was für Kalifornien typisch ist.) Die beiden Seitenportale werden von steinernen, drachenähnlichen Hundefiguren bewacht; die Hündin ist auf der rechten Seite (achten Sie auf das Hundebaby unter ihrer Pfote, ein Symbol für die Verjüngung des Lebens), während der Rüde auf der linken Seite eine Perle bewacht. Es bedeutet Unglück für das Dorf, wenn diese verloren geht.

Das Tor ist nach den Prinzipien des Feng Shui gebaut, einer Lehre, die darauf abzielt, architektonische Strukturen in Einklang mit natürlichen Energiekräften zu bringen.

Das Chinatown Gate öffnet sich in Richtung Union Square. Es trennt zwei Welten voneinander

GRANT AVENUE

Diese Straße hat eine lange Geschichte. Ursprünglich hieß sie Calle de la Fundación und war die Hauptstraße der mexikanischen Siedlung Yerba Buena, die hier in den 30er Jahren des 19. Jahrhunderts gegründet worden war. Später, als Chinatowns Dupont Street, war sie Tummelplatz für Spieler und Prostituierte. Nach dem Großbrand 1906 wollten die Stadtväter das Image der Straße aufpolieren und nannten sie nach dem Präsidenten Ulysses S. Grant. Endlich ein ehrwürdiger Name!

Zwischen Bush Street und Broadway gibt es zahlreiche Restaurants und Geschäfte, die Fächer, Götterfiguren aus Keramik, Glockenspiele, Kleidung aus Seide, Kameras und andere Gegenstände verkaufen, die für Touristen interessant sind. Elegantere Geschäfte bieten importierte Kunstwerke sowie Schmuck aus Gold, Jade und Bernstein an. ■

Farbsymbolik

Für die Chinesen haben Farben eine symbolische Bedeutung: Rot steht für Glück und Lebenskraft, Grün symbolisiert ein langes Leben, und Gelb bedeutet Reichtum. ■

Waverly Place

Der Tin How Temple, ein typisches Gebäude in der »Straße der bemalten Balkone«

WENN SIE NACH OBEN SCHAUEN, VERSTEHEN SIE, WARUM diese Straße auch »Straße der bemalten Balkone« genannt wird … Die roten, gelben und grünen Balkone erinnern an das französische Viertel von New Orleans. Die Luft ist erfüllt mit dem Weihraucharoma der Tempel oder dem scharfen Rauchgeruch geplatzter Knallfrösche. Donnernder Trommelklang ist zu hören, er stammt von den Jugendgruppen, die ihren Löwentanz üben.

Früher hieß diese Straße, die nur aus zwei Häuserblocks besteht, »15 Cent Street« – so viel kostete ein Haarschnitt bei einem chinesischen Friseur. Nach dem Großbrand im Jahre 1906 wurden schlichte Backsteinhäuser im edwardianischen Stil errichtet, die anschließend ihr chinesisches Gepräge erhielten. Meist zogen im Erdgeschoss Geschäftsleute ein, auf halber Höhe hatten Organisationen ihren Sitz oder wohnten Privatleute, und zuoberst – dem Himmel am nächsten – wurden Tempel eingerichtet.

DER TIN HOW TEMPLE

Um zu diesem ältesten chinesischen Tempel in den USA zu gelangen (er stammt aus dem Jahre 1852), müssen Sie drei Etagen hinaufsteigen. Von der Decke hängen Laternen, an jeder baumelt ein rotes Papier mit schwarzer Aufschrift, das ein Mitglied der Tempelfamilie symbolisiert.

Auf dem Altar steht Tin How, die Göttin des Himmels und des Meeres. Millionen Chinesen verehren sie. Die goldene Figur soll 1848 aus China importiert worden sein. Tin How ist im Jahre 960 geboren und begann mit elf Jahren zu meditieren. Sie soll die Fähigkeit besessen haben, auf Meereswellen zu reiten und Menschen in Seenot zu retten. Als Schutzpatronin der Seeleute spielte Tin How in San Francisco eine bedeutende Rolle, denn die chinesischen Immigranten mussten den Ozean überqueren. Sie wacht auch über Reisende, Schauspieler, Schriftsteller und Prostituierte – eine sehr bunte Gruppe, deren Gemeinsamkeiten zweifelhaft sind …

Der geschnitzte Hauptaltar stellt das Leben des Konfuzius dar. Andere Figuren sind der dreiäugige Gott Wah Kwong sowie Madame Golden Lotus und die 18 Schutzengel. ■

Tin How Temple

Siehe Karte S. 71

125 Waverly Pl.

Bus: 1, 15, 30, 45

Wie wär's mit einem Wok aus Chinatown?

Zu Fuß durch Chinatown

Dieser Spaziergang führt durch Straßen und Gassen, in denen man alle Seiten Chinatowns kennen lernt.

Starten Sie am **Chinatown Gate** ❶ (siehe S. 74) und bummeln Sie dann die **Grant Avenue** ❷ hinauf. Wenn Sie bei der California Street ankommen, können Sie eine Aussicht genießen, die für San Francisco ganz typisch ist: Chinatowns Pagodendächer, Cable Cars, die die steilen Anhöhen des Nob Hill erklimmen, und am Fuße des Hügels die Wolkenkratzer des Financial District.

Gehen Sie nun nach rechts bis zum **St. Mary's Square** ❸, wo Sie eine Statue von Beniamino Bufano aus dem Jahre 1938 bewundern können. Dargestellt ist Sun Yat-sen (1866 bis 1925). Dr. Sun war Führer der nationalistischen Partei und organisierte das nötige Geld, um in San Francisco eine Zeitung herauszubringen, die den Sturz der chinesischen Manchu-Dynastie im Jahre 1911 unterstützte. Er wurde der erste Präsident der neuen Republik.

Auf der anderen Seite der California Street erhebt sich **Dai Choong Low** (»Der Turm der großen Glocke«), besser bekannt unter dem Namen **Old St. Mary's Church** ❹ (*660 California St., Tel. 415/288-3800*). Die Kirche wurde 1854 geweiht, war die erste Kathedrale der Stadt und damals das größte Gebäude in Kalifornien. Sie wurde nach dem Vorbild einer gotischen Kirche in Vich (Spanien) erbaut. Das Granitgestein für das Fundament stammt aus China, die Ziegel aus Neuengland. Als San Francisco größer wurde und die Stadt sich zu einer regelrechten »Stätte des Lasters« entwickelte, sah sich St. Mary als Festung des katholischen Glaubens bald von allen Seiten bedroht. Ganz in der Nähe befanden sich Opiumhöhlen und ein Rotlicht-Viertel. (Beachten Sie die viktorianische Warnung auf dem Glockenturm: »Achte auf die Zeichen der Zeit, mein Sohn, und fliehe vor dem Bösen!«) 1891 wurde in einer weniger berüchtigten Gegend eine neue Marienkirche errichtet, die bestehende erhielt den Namen »Old St. Mary's«. Das Feuer von 1906 zerstörte das Gebäude, Mauern und Turm blieben jedoch erhalten.

- Siehe Karte S. 71
- Chinatown Gate
- ca. 1,5 Kilometer
- 2 Stunden
- Chinese Historical Society Museum

UNBEDINGT ANSEHEN

- Grant Avenue
- Portsmouth Square
- Waverly Place
- Tin How Temple

Wenn Sie der Grant Avenue weiter folgen, werfen Sie einen Blick ins **Far East Café** (*631 Grand Ave., Tel. 415/892-3245*), ein typisches Chinatown-Restaurant aus den 20er Jahren.

An der Clay Street biegen Sie rechts ab zum **Portsmouth Square** 5, dem allgemeinen Treffpunkt in Chinatown. Der Platz hat im Laufe der Geschichte verschiedene Rollen gespielt. Ursprünglich war er 1839 als zentrale Plaza der mexikanischen Siedlung Yerba Buena gedacht und wurde einen Block westlich der Yerba Buena Bucht angelegt, die bis an die heutige Montgomery Street heranreichte. In einem Zollhaus, errichtet aus luftgetrockneten Lehmziegeln, wurden die Ladungen der Schiffe kon-

Helle Leuchtreklamen prägen Chinatown

trolliert. Am 9. Juli 1846 wurde in San Francisco zum ersten Mal die amerikanische Flagge gehisst, und zwar durch John B. Montgomery, den Kapitän des amerikanischen Kriegsschiffes *Portsmouth*, nach dem der Platz später benannt wurde. Ein Denkmal erinnert an das bedeutende Ereignis.

Im Mai 1848 stellte der Unternehmer Sam Brannan auf diesem Platz das Gold zur Schau, das er im American River gefunden hatte, und löste damit den kalifornischen Goldrausch aus. Zu dieser Zeit war der Platz gesäumt von Saloons und Spielhöllen. Kurioserweise wurde gerade hier 1848 auch die erste staatliche Schule eröffnet. In den 60er Jahren des 19. Jahrhunderts zogen die Geschäftsleute in andere Stadtgebiete, die durch das Aufschütten der Bucht entstanden waren. Nun kamen die chinesischen Einwanderer hierher.

An der Nordseite des Platzes steht eine kleine Galeone auf einem Granitblock. Es ist eine Nachbildung der *Hispaniola* aus dem Roman *Die Schatzinsel* von Robert Louis Stevenson. Der schottische Autor lebte 1879 ganz in der Nähe und kam häufig zu diesem Platz, um die vorbeiziehenden Menschen und Schiffe zu betrachten. Eine Statue der Göttin der Demokratie, die an das Massaker am Platz des Himmlischen Friedens erinnern soll, befindet sich ebenfalls hier.

Eine Brücke führt zum Holiday Inn, einem grauen Betonklotz, der überhaupt nicht in diese Gegend passt. Er wurde 1971 gebaut. Im dritten Stock findet man das **Chinese Culture Center** (*750 Kearny St., 3. Stock, Tel. 415/986-1822 für Besichtigungstouren –*

historisch $$$; kulinarisch $$$$$, geschl. Mo, www.c-c-c.org).

Gehen Sie zum **Old Chinese Telephone Exchange** 6 (*743 Washington St.*), einer rot-schwarzen Pagode mit spitzen, verzierten Dächern. In dem Gebäude, in dem sich heute eine Bank befindet, wurde 1909 die Pacific Telephone-and-Telegraph-Zentrale eröffnet.

An der Grant Avenue gehen Sie rechts weiter bis zur **Ten Ren Tea Company of San Francisco** (*949 Grant Ave., Tel. 415/362-0656*), wo mehr als 50 verschiedene Teesorten verkauft werden. An der Jackson Street biegen Sie nach links in die Ross Alley, die noch an die berühmt-berüchtigten Zeiten von Chinatown erinnert.

Auf der linken Seite finden Sie die kleine **Golden Gate Fortune Cookie Factory** (*56 Ross Alley, Tel. 415/781-3956*).

Überqueren Sie die Washington Street und gehen Sie in die »Straße der bemalten Balkone« (s. S. 75), **Waverly Place** 7, wo Sie wohltätige Organisationen und Tempel antreffen, etwa den **Tin How Temple** oder den **Norras Temple** (*109 Waverly Pl., 3. Stock*), auf dessen Altar vergoldete Buddhafiguren stehen.

Der Lebensmitteleinkauf ist ein Ritual

Gehen Sie weiter bis zur Sacramento Street, wo 1908 die **Chinese Baptist Church** aus rotem Hartziegel erbaut wurde. Halten Sie sich nun rechts und biegen Sie dann wieder rechts in die Stockton Street ein, wo Sie sich an den Schaufenstern chinesischer Lebensmittelgeschäfte ergötzen können.

Auf der anderen Straßenseite befindet sich der Sitz der **Chinese Six Companies** (*843 Stockton St.*), einer Dachorganisation aus den 50er Jahren des 19. Jahrhunderts, die nach wie vor Einfluss auf das Geschäftsleben in Chinatown hat. Das Gebäude aus dem Jahre 1908 ist mit Drachen und Fischen verziert.

Setzen Sie Ihren Weg fort bis zum **Kong Chow Temple** 8 (*855 Stockton St., 4. Stock, Tel. 415/434-2513, geschl. Sa u. So*). Der vergoldete Altar ist Kuan Ti geweiht, einem General aus dem 3. Jahrhundert, der Gedichte las. Das nahe Chinese Historical Society Museum 9 (965 Clay St., Tel. 415/391-1188, geschl. Mo, www.chsa.org) gibt Einblicke in das Leben der Chinesen in San Francisco. ■

North Beach ist eines der angenehmsten Viertel der Stadt. Schriftsteller und Künstler haben dieses zwischen zwei Hügeln gelegene Fleckchen bereits vor langer Zeit entdeckt.

North Beach, Telegraph Hill und Russian Hill

Helle Lichter am Broadway

North Beach, Telegraph Hill und Russian Hill

JEDES VIERTEL SAN FRANCISCOS HAT SEINEN BESONDEREN REIZ, DOCH North Beach gehört zu den besonders bevorzugten Gegenden der Bewohner. In diesem sonnigen Tal lässt es sich gut leben. Telegraph Hill und Russian Hill, die beiden Hügel, erheben sich zu beiden Seiten mit steilen Straßen und großartigen Ausblicken.

In North Beach schätzt man die schönen Dinge des Lebens – Musik, Kunst, Gespräche und nicht zuletzt gutes Essen. Die Fähigkeit, sich das Leben mit derlei Dingen zu versüßen, verdanken die Einwohner San Franciscos den Italienern, die ihre Liebe zu auserwählten Nahrungsmitteln, zu Wein und angenehmer Gesellschaft mit nach Amerika brachten. Genießen Sie die mediterrane Atmosphäre im Caffé Trieste, wo die Eigentümer an Samstagnachmittagen ganze Opern singen. Zur italienischen Lebensart gesellt sich in North Beach die Philosophie des Leben-und-leben-Lassens, die noch aus der Zeit der Beat-Generation stammt, die sich hier in den 50er Jahren des 20. Jahrhunderts herumtrieb. Schließlich kommt noch ein Hauch asiatischer Kultur aus dem angrenzenden Chinatown hinzu – alles in allem eine bemerkenswerte Mischung aus Nationalitäten und Lebensweisen!

Bereits früher haben hier Schriftsteller und Künstler gewohnt – in den 90er Jahren des 19. Jahrhunderts bevorzugten sie den Russian Hill, in den 20er Jahren des 20. Jahrhunderts den Telegraph Hill. Beide Stadtteile boten inspirative Ausblicke und niedrige Mieten. Auf dem Russian Hill gab es eine Gruppe, die sich »Les Jeunes« (die Jungen) nannte und den Architekten Willis Polk sowie den Dichter Gelett Burgess (den Verfasser der *Purple Cow*) zu ihren Mitgliedern zählte. Sie trafen sich im Haus von Catherine Atkinson, zu deren Gästen auch die Schriftsteller Mark Twain und Robert Louis Stevenson gehörten. Einen ähnlichen literarischen Salon gab es im Hause der Schriftstellerin, Verlegerin und Buchhändlerin Ina Coolbrith (siehe S. 100).

Im Jahre 1952 hielt sich Jack Kerouac mit seinem Freund Neal Cassady auf dem Russian Hill auf und schrieb dort sein Buch *On the Road (Unterwegs)* zu Ende. Heute leben nur noch wenige Künstler in dieser beschaulichen Gegend. Die Villen, Landhäuser und Apartments sind überwiegend von Angehörigen der Oberschicht oder Yuppies bewohnt. Lassen Sie sich die Aussicht vom Coit Tower nicht entgehen, das eine exzentrische Lady, die Feuerwehrleute liebte, der Stadt vermachte. ■

Zur Orientierung

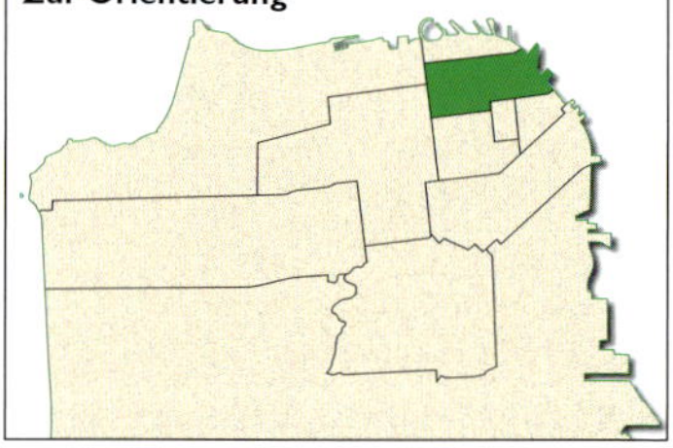

Diego Riveras Gemälde *Making of a Mural* im San Francisco Art Institute

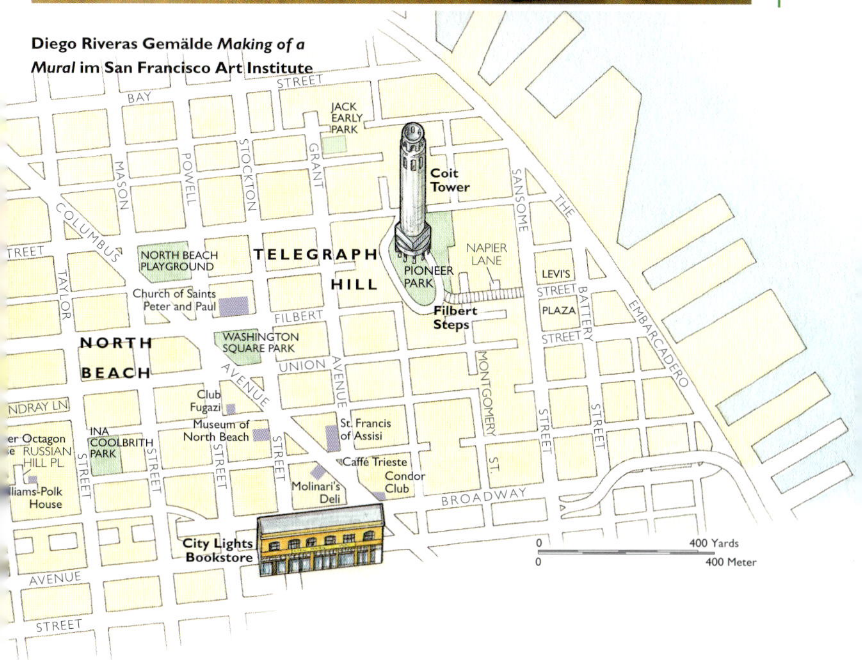

Einer der Treffpunkte in North Beach, das North End Café (oben). Italienische Einwohner von North Beach genießen gemeinsam auf einer Parkbank die Sonne (unten)

North Beach

NORTH BEACH HAT ÜBRIGENS KEINEN STRAND (MEHR); IN DEN 70ER JAHREN des 19. Jahrhunderts ist die ehemalige Küste aufgeschüttet worden, um sie für industrielle Zwecke zu nutzen. Die heutige Hauptstraße, die Columbus Avenue, wurde 1872 angelegt. Sie verläuft diagonal zwischen Financial District und der nördlichen Küste.

Der besondere Charakter dieses Stadtviertels hängt wohl damit zusammen, dass in den 50er Jahren des 19. Jahrhunderts zahlreiche Immigranten vom nahe gelegenen Hafen hierher strömten. Auf den Straßen herrschte damals ein unglaubliches Sprachengewirr, denn die Einwanderer kamen aus Irland, Frankreich, Deutschland, Chile, Peru, Spanien und Portu-

gal. Es war praktisch das amerikanische »Quartier Latin«. Anfang des 20. Jahrhunderts wandelten die Italiener es in eine italienische Kolonie um. 20 Jahre später zogen sich die Italiener allmählich zurück und wichen entweder in den Marina District oder aufs Land aus. So entstand ein Vakuum in North Beach, und die Mieten sanken. Damit wurde das Viertel attraktiv für eine Gruppe unkonventioneller Künstler, die heute unter dem Namen »Beatniks« bekannt ist. Sie lebten von Gedichten, tranken Rotwein, hörten Bebop Jazz und führten endlose Gespräche bei einer Tasse Espresso. Die Beatniks verachteten jede Form von Autorität und Konformismus. Sie propagierten Rassen- und sexuelle Vielfalt sowie einen vagabundierenden Lebensstil. Das tolerante San Francisco war für sie das perfekte Pflaster.

CITY LIGHTS BOOKSTORE

»Eine Art Bibliothek, in der Bücher verkauft werden« steht auf dem Schild im Schaufenster dieses besonderen Buchladens, der 1953 von dem Dichter Lawrence Ferlinghetti und Peter Martin eröffnet wurde. City Lights (*261 Columbus Ave., Tel. 415/362-8193*) war die erste Buchhandlung Amerikas, in der nur Taschenbücher angeboten wurden (heute findet man hier auch gebundene Ausgaben). Die Beatniks hielten sich hier häufig auf. Das Poesie-Zimmer im oberen Stockwerk erweckt den Eindruck, als ob es dem (unfreiwilligen) Armutsgelübde der Beatniks angepasst worden wäre.

Ferlinghetti nannte seinen Laden sehr symbolträchtig nach einem Charlie-Chaplin-Film, in dem ein kleiner Bursche gegen die große, unpersönliche Welt kämpft. Der City Light Verlag hat über einhundert Titel in seinem Programm, einschließlich der Gedichtausgaben im Taschenbuchformat; eine davon ist Allen Ginsburgs *Howl* (siehe unten). Ferlinghettis eigenes Werk *A Coney Island of the Mind* ist mit über einer Million verkaufter Exemplare einer der populärsten Gedichtbände Amerikas.

1999 wurde Ferlinghetti, der sich sein Leben lang über Bürokratie lustig gemacht hat, für eine Weile zum Stadtdichter von San Francisco ernannt. ■

Lawrence Ferlinghetti liest in seinem City Light Bookstore Gedichte vor

Ein Aufschrei ertönt im ganzen Land

Als der New Yorker Dichter Allen Ginsberg 1955 nach North Beach zog *(1010 Montgomery St.)*, schrieb er an einer Art verlängerter pathetischer Rede mit dem Titel *Howl (Geheul)*. Im Oktober desselben Jahres las er anlässlich der Eröffnung der Six Gallery *(3119 Fillmore St.)*, einer umgebauten Autowerkstatt, sein Gedicht einem Publikum von Schriftstellern und Künstlern aus dem Kreise der Beatniks vor. Sein Vortrag glich einer Free-Jazz-Improvisation und riss die Zuhörer mit. Ginsberg schrieb Literaturgeschichte – vor allem, nachdem Lawrence Ferlinghetti das Gedicht 1956 veröffentlichte und daraufhin wegen Erregung öffentlichen Ärgernisses verhaftet wurde. Das Gedicht war gespickt mit obszönen Ausdrücken, Perversionen, Blasphemien sowie verwirrenden und Ekel erregenden Bildern. Ginsberg erklärte, dass sein Gedicht aus der hebräischen Tradition heraus zu verstehen sei, wo die Propheten des Alten Testaments in der Wüste predigten. Sein Gedicht sei ein Aufschrei gegen den Wahnsinn der Zivilisation. Der Prozess endete mit einem Freispruch und bescherte den Beatniks die Aufmerksamkeit einer ganzen Nation. ■

Der Broadway bietet eine Mischung aus Cafés und Strip-Lokalen

Broadway

DER ABSCHNITT DES BROADWAY ZWISCHEN COLUMBUS Avenue und Montgomery Street wird auch als »The Strip« bezeichnet. Zahlreiche Oben-ohne-Bars und Buchläden nur für Erwachsene führen die Tradition der lasterhaften Barbary Coast aus den Tagen des Goldfiebers fort. Damals säumten Bordelle, Spielhöllen und Saloons die benachbarte Pacific Avenue. Die unzüchtigen Unterhaltungslokale wichen auf den Broadway aus, vor allem nach dem Säuberungsprozess, der dem Erdbeben von 1906 folgte.

Broadway

Siehe Karte S. 80f

Bus: 15, 30, 39, 45

Condor Club

300 Columbus Ave.

415/781-8222

hungry i

546 Broadway

415/326-7763

Im **Condor Club** (heute Lounge und Tanz-Klub) wurde Carol Doda 1964 als barbusige Tänzerin berühmt. Die Bar bietet einen Spaziergang durch die »Mammary Lane« (Gasse der Brüste) an: Erhalten ist das Klavier, von dem die bekannte Stripperin herabstieg, nachdem sie von der Decke heruntergewirbelt war; außerdem Fotos und Geschichten von der exotischen Tänzerin.

Miss Doda bemerkte einmal: »Ausziehen kann sich jeder. Aber ich habe sie zunächst zum Lachen gebracht, und dann erst habe ich meine Kleider abgelegt.«

Das **hungry i** (ehemals 599 Jackson St.) galt in den späten 50er und frühen 60er Jahren des 20. Jahrhunderts als Topadresse für Live-Entertainment. Die Backsteinmauern hallten wider vom Gelächter, das etwa Bill Cosby galt. Wo einst Woody Allen, Billie Holiday und Barbara Streisand auftraten, werden heute Strip-Shows gezeigt.

Am besten setzen Sie sich auf dem Broadway in **Enrico's Sidewalk Café** (siehe S. 252), wo Sie Leute beobachten können; jeden Abend gibt es hier Jazzmusik. Oder testen Sie das **Black Cat**, ein Fischrestaurant mit Jazzkeller. ■

Washington Square Park

DIESER PARK WIRD OFT ALS HERZ VON NORTH BEACH bezeichnet. Im Schatten von Zypressen und Platanen sitzen alte Italiener auf Bänken. Lawrence Ferlinghetti schrieb über sie: »Du kennst sie / sie füttern die Tauben / indem sie das altbackene Brot / mit ihrem Daumen und ihren Taschenmessern zerteilen / es sind jene mit den Taschenuhren aus früheren Zeiten / jene Alten mit knorrigen Händen und buschigen Augenbrauen …« Am frühen Morgen ist der sonnige Rasen Anziehungspunkt für Anhänger des Tai Chi Chuan, die hier ihre Übungen praktizieren. Am Nachmittag kommen Picknick-Fans.

Washington Square Park

Siehe Karte S. 80f

Bus: 15, 30, 39, 45

Church of Sts. Peter and Paul

666 Filbert St.

415/421-0809

Bus: 15, 30, 41 , 45

Gesäumt wird der Park von unscheinbaren edwardianischen Gebäuden und der Kirche St. Peter und Paul (die Ferlinghetti »die Marzipankirche an der Plaza« nannte). 1847 bestimmte man dieses Stück Land zur Parkfläche, aber durch den Bau der Columbus Avenue wurde 1872 die südwestliche Ecke praktisch abgeschnitten. Im Zentrum des Parks steht eine Bronzefigur von Benjamin Franklin aus dem Jahre 1879. Darunter befindet sich eine Zeitkapsel, die im Jahre 2079 geöffnet werden soll. Sie enthält eine Flasche Wein, ein Gedicht von Ferlinghetti und ein Paar Levis-Jeans. Eine andere Skulptur stellt Angehörige der Freiwilligen Feuerwehr dar, sie wurde aus dem Nachlass von Lillie Hitchcock Coit finanziert (siehe S. 96).

CHURCH OF STS. PETER & PAUL

Der cremefarbene neoromanische Bau sieht besonders hübsch aus, wenn er abends angestrahlt wird. Auf der Fassade steht eine Zeile aus Dantes *Paradies*, die übersetzt etwa folgendermaßen lautet: »Die Herrlichkeit Gottes, der alle Dinge bewegt, durchdringt das Universum und lässt es leuchten.« Auch die vier Apostel sind dargestellt: Matthäus (mit Flügeln), Markus (Löwe), Lukas (Ochse) und Johannes (Adler).

Samstags finden in dieser Kirche aus dem Jahre 1924 häufig Trauungen statt. Die Bleiglasscheiben tauchen das Kircheninnere, wo zahlreiche Statuen aufgestellt sind, in ein warmes Licht. Ein bemerkenswerter Altar von zwölf Metern Höhe erinnert an eine italienische Renaissance-Stadt mit Türmen, Kuppeln und Säulen aus Marmor. ■

Die Kirche St. Peter und Paul ist auch unter dem Namen Italienische Kathedrale bekannt

Die Beat-Generation

Folgendes Bild symbolisiert kulturgeschichtlich die 50er Jahre des 20. Jahrhunderts: ein schwarz gekleideter Beatnik mit Baskenmütze, dunkler Brille, Spitzbart, Rollkragenpulli und Sandalen, allergisch gegen Arbeit. So jedenfalls dachten die meisten Amerikaner.

In den 50er Jahren des 20. Jahrhunderts lebten die meisten Menschen in Amerika in Frieden und Wohlstand. Sie hatten ihr Häuschen, einen guten Job und eine Familie. Die Beatniks, desillusionierte Bohemiens, lehnten diese konventionelle Lebensweise als spießig ab. Sie verachteten den »American Way of Life« und kritisierten die zunehmende Selbstgefälligkeit gegenüber Rassenproblemen und Atomwaffen. In North Beach fanden die Beatniks eine Heimat.

In San Francisco wurde diese Bewegung 1955 ausgelöst durch Allen Ginsburgs öffentlichen Vortrag seines Gedichts »Howl« (siehe S. 83). Jack Kerouac war es, der den Begriff »Beat« als Erster benutzte. Er meinte damit, dass diese Generation »geschlagen« *(beaten)*, erschöpft war vom Kampf für die Freiheit des Individuums. Beatniks wollten »in die Tiefe gehen«, einen hohen Bewusstseinsgrad erreichen – deshalb leiten manche die Bezeichnung »beat« auch von *beatific* (glückselig) ab.

1958 kreierte der Kolumnist einer lokalen Zeitung, Herb Caen, die Wortschöpfung »Beatnik«, indem er Beat mit Sputnik kombinierte, dem russischen Satelliten, den die Russen gerade ins Weltall geschickt hatten. (Beide seien »sehr weit draußen«, schrieb er.)

Die Beats benutzten einen bestimmten Jargon, den sie aus der Sprache der Schwarzen und der Jazzmusiker entwickelt hatten. Die Ausdrücke schlichen sich dann allmählich auch

in den allgemeinen amerikanischen Sprachgebrauch ein.

Dieser Jargon hatte eine ganz eigene Poesie, und Poesie war für die Beats die höchste Kunst. Die Beats versammelten sich bald in zahlreichen Bars und Kaffeehäusern zu Dichterlesungen. Musiker spielten dazu, manchmal ertönte auch nur ein Bongo. Rotwein und Kaffee waren, zusammen mit Marihuana, die Aufputschmittel der Wahl.

In den Medien waren die Beatniks schon bald *das* Thema. Es dauerte nicht lang, da kamen ganze Busladungen Touristen nach North Beach, um einen »echten Beatnik« zu sehen. Daraufhin organisierten die Beatniks 1958 die »Squaresville Tour« und drehten sozusagen den Spieß um: Sie zogen durch die Häuserblocks, um nun ihrerseits die Leute anzuglotzen.

Als einige Schriftsteller aus der Bewegung berühmt wurden, strömten zahlreiche Möchtegern-Beatniks nach North Beach, um »die Szene kennen zu lernen«. Plötzlich wollten alle amerikanischen Teenager spitzbärtige Bongospieler werden. Als der Touristenboom die Mieten in North Beach zu Beginn der 1960er Jahre hochschnellen ließ, zogen die Beats aus – einige von ihnen gingen nach Haight-Ashbury, wo ihr Lebensstil die aufkommenden Hippies inspirierte. ■

Der City Lights Bookstorewar ein beliebter Treffpunkt der Beats. Legendäre schreibende Beatniks (unten, von links nach rechts) waren Bob Donlin, Neal Cassady, Allen Ginsberg, Robert LaVinge und Lawrence Ferlinghetti

Cafés in North Beach

KAFFEE IST DAS ELIXIER DES LEBENS – ZUMINDEST IN North Beach. Wenn Sie hier ein paar Cafés ausprobiert haben, verstehen Sie allmählich das Wesen San Franciscos.

Columbus Avenue
Siehe Karte S. 80f
Bus: 15, 30, 39, 45

Vesuvio Café
255 Columbus Ave.
415/362-3370

Tosca Café
242 Columbus Ave.
415/986-9651

Caffé Greco
423 Columbus Ave.
415/397-6261

Überqueren Sie vom City Lights Bookstore aus die Jack Kerouac Alley, dort finden Sie das **Vesuvio Café**, ein Stammlokal von Ferlinghetti, Kerouac, Ginsberg und anderen Beats. Das Café mit der bunten Eisenfassade wurde 1949 eröffnet und ist in einem Gebäude untergebracht, das nach dem Erdbeben von 1906 erbaut wurde.

Speisen werden hier nicht serviert, aber Sie können einen Imbiss mitbringen und zu Ihrem Getränk verzehren. An den Wänden hängen zahlreiche Fotos von Schriftstellern und Gemälde lokaler Künstler.

Das berühmte Vesuvio Café

ALT UND NEU

Irgendetwas an den Sitzgruppen aus rotem Vinyl, den italienischen Bildern und den silbernen Espresso-Maschinen gibt Ihnen das Gefühl, dass sich im **Tosca Café** seit der Eröffnung im Jahre 1919 nicht viel verändert hat. Dieses Lokal verfügt über eine Jukebox, bei der man vorwiegend Opernmusik wählen kann, und ist ein bescheidenes Wahrzeichen von North Beach. Auch hier hielten sich die Beats häufig auf, vor allem nachdem zahlreiche Möchtegern-Beatniks das nahe gelegene Vesuvio belagerten. Wie in allen Cafés in North Beach können Sie hier in aller Ruhe sitzen, sich unterhalten, ein gutes Buch lesen – oder eines schreiben. Sie können einen Cappuccino bestellen, der mit Brandy und Schokolade »aufgebessert« wurde.

Das sehr lebhafte **Caffé Greco** ist relativ neu (1988). Hier gibt es zum Nachtisch wahre Kalorienbomben und viele verschiedene Kaffeezubereitungen. Man kann drinnen sitzen, aber es wird auch an den Tischen draußen auf dem Bürgersteig serviert, wo man hervorragend die Leute beobachten kann. Nebenan befindet sich das **Caffé Puccini**, von dem aus man eine gute Aussicht auf das Treiben von North Beachs Straßen hat. Ein Familienbetrieb, den es seit 1956 gibt, ist das **Caffé Trieste**. Er zählt zu den Favoriten in North Beach und ist ein Fest für die Sinne: vorzüglicher Espresso, freundliche Atmosphäre, alte italienische Wandgemäl-

Leitfaden für Kaffeegenießer

Espresso: schwarz und stark. Wird aufgebrüht, indem der heiße Dampf durch das Kaffeepulver gepresst wird.
Cappuccino: Espresso mit aufgeschäumter Milch und überpudert mit Kakaopulver.
Caffé latte: Espresso mit heißer Milch gemischt.
Mocha: Espresso mit Kakao gemischt und mit einer Sahnehaube versehen
Caffé americano: Amerikanischer Kaffee. Mit Milch »café au lait«. ■

de, und an den Samstagnachmittagen werden Opern dargeboten. Die Eigentümer singen selbst, oder es treten lokale Künstler auf.

Im **Caffé Roma** wird der Kaffee selbst geröstet und auch pfundweise verkauft, d.h. Sie können ihn an Ort und Stelle genießen oder mit nach Hause nehmen. **Mario's Bohemian Cigar Store Café** wirkt unscheinbar, doch hier können Sie ins echte North Beach eintauchen. In diesem Café gibt es einen ausgezeichneten Cappuccino, außerdem sind die »Focaccia Sandwiches« (belegte Brote mit Fleischbällchen, Auberginen sowie anderen Köstlichkeiten) berühmt. ■

Caffé Puccini
411 Columbus Ave.
415/989-7033

Caffé Trieste
601 Vallejo St.
415/982-2605

Caffé Roma
526 Columbus Ave.
415/296-7924

Mario's Bohemian Cigar Store Café
566 Columbus Ave.
415/362-0536

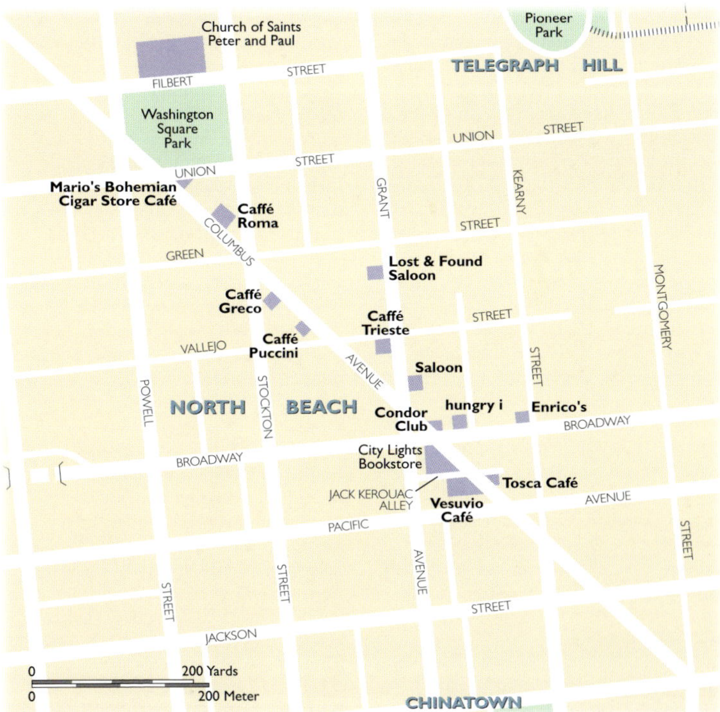

Lieben Sie Ihre Frisur! Eine *Beach-Blanket-Babylon*-Vorstellung

Weitere Sehenswürdigkeiten in North Beach

CLUB FUGAZI

Der Mailänder John Fugazi hat in Amerika ein Vermögen verdient, indem er zunächst Haaröl verkaufte und dann ins Bankgeschäft einstieg. (Sein Unternehmen wurde später ein Teil der Transamerica.) Den Firmensitz, ein Gebäude aus Backstein und Terrakotta aus dem Jahre 1912, vermachte er der italienischen Gemeinde. Im dritten Stock im Italian Heritage Room sind Fotos ausgestellt. Der eigentliche Anziehungspunkt aber ist das **Club Fugazi Theater**, das eine Parodie auf San Francisco mit dem Titel *Beach Blanket Babylon* (siehe S. 263) auf die Bühne bringt. Berühmt sind vor allem die überdimensionalen, völlig verrückten Kopfdekorationen. Auf einem Federhut sind z. B. sämtliche Wahrzeichen der Stadt untergebracht, einschließlich einer Pagode aus Chinatown und der Golden Gate Bridge. Die Show wurde 1974 zum ersten Mal aufgeführt und geht auf »Rent-A-Freak« zurück, ein Service, bei dem Gastgeber witzige Leute in ungewöhnlichen Kostümen für ihre Feier mieten konnten.

✉ 678 Green St. 🚌 Bus: 15, 30, 39, 45

MOLINARI'S DELI

Köstliche Düfte von Pesto und Mozzarella, Ravioli und luftgetrockneter Salami erfüllen diesen klassischen italienischen Feinkostladen, der seit 1896 besteht. Nehmen Sie ein Sandwich mit zum Washington Square Park (siehe S. 85) oder ins Vesuvio Café (siehe S. 88).

✉ 373 Columbus Ave. ☎ 415/421-2337
🚌 Bus: 15, 30, 39, 45

NORTH BEACH MUSEUM

Dieses kleine Museum im Zwischengeschoss der U. S. Bank ist voller Erinnerungsstücke an jene Frühzeit, als sich die ersten Italiener in North Beach niederließen. Sie sehen etwa Fotos vom Telegraph Hill aus dem Jahre 1855 (ohne Coit Tower) und von einem Geschäftsessen aus dem Jahre 1914 im Fior d'Italia, dem ältesten italienischen Restaurant Amerikas (1886). Zu den Ausstellungsstücken zählen ferner goldene Gewänder aus der Kirche St. Peter und Paul sowie ein Exemplar der ersten italienischen Zeitung, die in Kalifornien erschienen ist: *La Parola*, vom März 1865. Am interessantesten sind sicherlich die Fotos der Nachwirkungen des schweren Erdbebens und der Brandkatastrophe von 1906. Aus der Beat-Ära stammt ein handgeschriebenes Gedicht von Lawrence Ferlinghetti, *Das Aussterben der alten Italiener*, dessen ausgefallene Kalligrafie sein künstlerisches Talent offenbart.

✉ U. S. Bank, 1435 Stockton St.
☎ 415/391-6210 🕒 Geschl. So
🚌 Bus: 15, 30, 39, 45

ST. FRANCIS OF ASSISI

Diese unscheinbare Kirche im gotischen Stil stammt aus dem Jahre 1860, aber die Gemeinde versammelte sich bereits 1849 zum ersten Mal in einer Kapelle aus Lehmziegeln, der ersten römisch-katholischen Pfarrei an der Westküste. Der heilige Franziskus (etwa 1182–1226), der Schutzpatron der Stadt, verließ regelmäßig seine Stadt, lebte als Eremit und kam dann gestärkt zurück. Er ist ein gutes Vorbild für die Bewohner San Franciscos, die zahlreiche Möglichkeiten in ihrer Nähe haben, wo sie sich in Ruhe zurückziehen können.

✉ 610 Vallejo St. 🚌 Bus: 15, 30, 39, 45

UPPER GRANT AVENUE

Nördlich des Broadway findet man in schlichten, edwardianischen Wohnhäusern zahlreiche Pubs und außergewöhnliche Geschäfte. Im **Saloon** (*1232 Grant Ave.*) wird schon seit 1861 Bier ausgeschenkt. Er zählt zu den ältesten Kneipen, die ohne Unterbrechung in Betrieb waren. Im Obergeschoss gab es früher ein Bordell. (Ist es da verwunderlich, dass die Feuerwehrleute 1906 alles daran gesetzt haben, das Gebäude zu retten?) Die Bar in der *1353 Grant Ave.* war früher ein Treffpunkt der Beats, das Lokal hieß damals »Coffee Gallery«. Das nahe **101 Basement** (*513 Green St.*) führt rund 50 000 (unsortierte) Langspielplatten, nostalgische Stereogeräte und Musikinstrumente. Im **Aria** (*1522 Grant Ave.*) kann man Gegenstände aller Art (z. B. Heiligenfiguren) erwerben.

Nach der Chestnut Street, auf der Ostseite der Grant Avenue, führen ein paar Stufen zum **Jack Early Park**, von hier aus kann man von der Bay Bridge zum Golden Gate blicken.

Karte S. 80f 🚌 Bus: 15, 30, 39, 45 ■

Molinari's Deli bietet sämtliche Lebensmittel, von der Salami bis zum Basilikum

Telegraph Hill

NORTH BEACH ERSTRECKT SICH BIS HINAUF ZUM TELEGRAPH HILL. DIE Bewohner von San Francisco erklommen früher immer diesen 85 Meter hohen Hügel, um zu schauen, ob Schiffe ins Golden Gate einfuhren. Ab 1850 erhielten die Kaufleute eine »telegraphische« Nachricht mittels einer Signalflagge, sobald sich Handelsschiffe der Küste näherten – so erklärt sich der Name des Hügels.

Auf Grund der traumhaften Aussicht gehört diese Gegend zu den begehrtesten Wohnvierteln. Bis zur Erfindung des Automobils, das den Hügel für die wohlhabende Gesellschaftsschicht bequem zugänglich machte, war das Gebiet jedoch ein Arbeiterviertel, in dem viele Immigranten aus Chile, Peru, Irland und Italien wohnten. Bei der Feuerkatastrophe 1906 brannten die meisten Häuser auf dem Telegraph Hill ab, auf der Ostseite breiteten die italienischen Bewohner in Rotwein getränkte Betttücher über ihre Dächer aus, um die Flammen abzuwehren.

Bis 1914 diente ein Teil des Osthangs als Steinbruch, von dem Schotter zum Aufschütten und Pflastern der Straßen abgetragen wurde. (Beachten Sie die Klippe, die daraus entstanden ist!) In den 20er Jahren des 20. Jahrhunderts zogen Künstler und Schriftsteller auf den Telegraph Hill, angelockt von der Aussicht und den (zur damaligen Zeit) günstigen Mieten. Mit dem Bau des Coit Towers im Jahre 1933 wurde die Gegend populärer und so teuer, dass die Künstler wegziehen mussten. ■

Der Coit Tower auf dem Telegraph Hill

Filbert Steps

AN DEN STELLEN DER STADT, WO DAS GELÄNDE ZU STEIL ist, um eine vernünftige Straße anzulegen, überwinden Treppen die Höhendifferenz. Es gibt jedoch kaum eine Treppe, die mehr Charme besitzt als diese hier auf der Ostseite des Telegraph Hill.

Filbert Steps

Siehe Karte S. 80f

Bus: 39

Der erste Abschnitt führt vom Telegraph Hill Boulevard die Filbert Street hinunter bis zur Montgomery Street. Hier erkennen Filmexperten vielleicht das **Art-déco-Wohnhaus** aus dem Jahre 1936 wieder (*1360 Montgomery St.*): Es war Humphrey Bogarts Zufluchtsort in *Dark Passage* mit Lauren Bacall (1947). Reliefs schmücken das Gebäude, u.a. ist ein spanischer Matrose mit einem Fernglas dargestellt.

An diesem Punkt haben Sie zwei Möglichkeiten: Entweder halten Sie sich links und gehen bis ans Ende der Montgomery Street, um das Restaurant **Julius' Castle** aufzusuchen (siehe S. 252), oder Sie schlagen die andere Richtung ein und gehen bis zur Alta Street, wo sich auf der linken Seite das ehemalige **Wohnhaus** von **Armistead Maupin** befindet (*60-62 Alta St., privat*). Die *Tales of the City (Erzählungen der Stadt)* des homosexuellen Schriftstellers aus den 70er Jahren des 20. Jahrhunderts spielten in der fiktiven Barbary Lane. Manche behaupten, dieser Schauplatz befinde sich in Wirklichkeit in der Nähe der Napier Lane (s. unten); andere wiederum mutmaßen, die Macondray Lane am Russian Hill habe Modell gestanden (siehe S. 100). Am Ende der Alta Street erwartet Sie ein Schwindel erregender Ausblick.

Unterhalb der Montgomery Street führen Sie die Filbert Steps durch schattige Gärten, vorbei an Landhäusern im viktorianischen Stil, etwa dem Haus Nr. 224, das aus dem Jahre 1863 stammt oder Haus Nr. 222, einst eine verbotene Bar. Die **Napier Lane** ist lediglich ein aus Holzbrettern bestehender Bürgersteig, einer der letzten in der Stadt. Beachten Sie den alten Steinbruch am Ende der Filbert Street. Nach dem Erdbeben von 1906 ging die Aushöhlung hier noch weiter, bis einige Häuser in den Abgrund stürzten. ■

Die Filbert Steps verleihen der Stadt ein ländliches Flair

Coit Tower

Coit Tower

- Siehe Karte S. 80f
- Gipfel des Telegraph Hill, am Telegraph Hill Blvd.
- 415/362-0808
- $ (Aufzug)
- Bus: 39

DER COIT TOWER, EINES DER WEITHIN SICHTBAREN WAHRzeichen der Stadt, überragt den Pioneer Park auf der Spitze des Telegraph Hill. 1876 kauften sozial eingestellte Bürger das Parkgelände für 12 000 Dollar in Goldmünzen, um es als unbebautes Grundstück zu bewahren. Im Park steht eine 3,60 Meter hohe Bronzefigur von Christopher Columbus, die die italienische Gemeinde stiftete.

Den Turm aus dem Jahre 1933 hat die Stadt ebenfalls einer großzügigen Stiftung zu verdanken: Lillie Hitchcock Coit hinterließ 125 000 Dollar aus ihrem Vermögen zur Errichtung (siehe S.96). Arthur Brown Jr., der leitende Architekt des Rathauses und des Operngebäudes, gewann die Ausschreibung zum Bau dieses Denkmals. Brown errichtete eine klassische, kannelierte Säule von 63 Meter Höhe mit einer Aussichtsplattform. (Lillie Coit war zwar eine glühende Verehrerin der städtischen Feuerwehrleute. Aber entgegen der weit verbreiteten Meinung stellt das Denkmal keinen Feuerwehrschlauch dar.)

Ein Aufzug und eine Treppe bringen Sie nach oben, wo sich Ihnen ein herrliches Panorama über die Stadt und die Bucht bietet.

WANDGEMÄLDE

In der Lobby des Turmes befinden sich Wandgemälde, auf denen das Leben in Kalifornien im Jahre 1934 dargestellt ist. Sie entstammen einem Pilotprojekt während der großen Wirtschaftskrise, als arbeitslose Künstler mit dieser Aufgabe betraut wurden. Für einen Dollar Stundenlohn konnten sich 25 Maler und 19 Hilfskräfte an den weißen Wänden des gerade fertig gestellten Turmes austoben. Sie wandten die Freskotechnik an, bei der auf eine dünne Schicht nassen Putzes mit einem Pinsel trockene Farbpigmente aufgebracht werden. Die Fresken sind sich in ihrem Stil so ähnlich, dass man den Eindruck gewinnt, sie müssten von einem einzigen Maler geschaffen worden sein. Die Künstler erreichten diese Homogenität, indem sie eine einheitliche Farbskala aus Erdtönen benutzten und den Stil des mexikanischen Wandmalers Diego Rivera übernahmen. Die Meinungen zu diesen Wandgemälden waren sehr kontrovers, denn sie stellen nicht nur idealistische Szenen aus der Stadt, den Fabriken oder dem Leben auf dem Land dar, sondern auch Symbole links gerichteter Politik. Auf einem Gemälde liest ein Mann eine kommunistische Zeitung, *The Daily Worker*, ein anderes zeigt Hammer und Sichel. Solche Symbole sorgten damals für Spannungen, da zu diesem Zeitpunkt gerade die Hafenarbeiter streikten und es zu blutigen Auseinandersetzungen gekommen war, bei denen zwei Demonstranten nieder-

Eines der 19 Wandgemälde im Coit Tower, das 1934 von einer Künstlergruppe gemalt wurde. Dargestellt ist das Leben in Kalifornien

Die Statue Christoph Columbus', eine Stiftung italienischstämmiger Amerikaner aus dem Jahre 1957, steht neben dem Coit Tower

geschossen worden waren. Die Behörden schlossen den Turm, bis sich die Gemüter beruhigt hatten. Schließlich wurden Hammer und Sichel aus dem Gemälde entfernt. Zu den Highlights unter den Gemälden zählen die Bilder *City Life* (Victor Arnautoff), das eine große Liebe zum Detail verrät; *California* (Maxine Albro) zeigt Kalifornien als Agrarstaat mit Blumenzüchtern, einem Molkereibetrieb, blühenden Mandelbäumen und Weinbergen; auf dem Gemälde *Library* (Bernhard Zakheim) ist ein Lesesaal dargestellt, in dem ein Mann nach dem *Kapital* von Karl Marx greift; *Department Store* (Frede Vidar) zeigt ein typisches Kaufhaus aus den 30er Jahren des 20. Jahrhunderts mit Kleidung, Spielwaren, Verkäufern und zwei Frauen vor einer Speisekarte, auf der Mittagsgerichte für 25 Cent angeboten werden; *California Industrial Scenes* (John Langley Howard) schließlich stellt Erdölunternehmen und Bergwerke dar, zeigt aber auch den scharfen Kontrast zwischen den Klassen: Ein wohlhabender Autofahrer blickt von seiner Limousine aus arrogant auf schäbig gekleidete Arbeiter. ■

Lillie Hitchcock Coit

Lillie Coit trug Männerkleidung und rauchte Zigarren zu einer Zeit, als das Frauenbild durch Petticoats und Spitzen geprägt war. Als treue Anhängerin der Feuerwehrleute spielte sie Poker und trank Bourbon Whisky mit ihnen. Außerdem war sie bei jeder Brandkatastrophe der Stadt anwesend – und davon gab es zu jener Zeit viele. Lillie war eine Exzentrikerin und in San Francisco sehr beliebt.

1851 kam sie als kleines Mädchen mit ihrer Familie nach San Francisco. Eines Tages – sie war 15 Jahre alt – sah sie, wie die Freiwilligen der Feuerwache Nr. 5 sich den Telegraph Hill hinaufkämpften, um ein Feuer zu löschen. Instinktiv ließ sie ihre Schulbücher fallen, rannte zu einer freien Stelle am Schleppseil und schrie den Menschen, die tatenlos daneben standen, zu: »Los Leute, zieht alle mit!« Die Feuerspritze der Freiwilligen erreichte als erste den Unfallort.

Die Feuerwehrleute ernannten Lillie zum Ehrenmitglied der Feuerwache Nr. 5, und sie stickte die »Nr. 5« auf sämtliche Kleidungsstücke (wahrscheinlich sogar auf ihre Unterwäsche!). Die Anstecknadel mit der »Nr. 5« gab man ihr mit ins Grab.

Lillie heiratete Howard Coit, der einen einflussreichen Posten an der Bergbau-Börse innehatte. Trotz ihres Reichtums war Lillie überhaupt nicht arrogant. Sie war sehr beliebt, weil sie intelligent und geistreich war. Nach dem Tod ihres Mannes lebte sie einige Jahre in Europa und kehrte dann nach San Francisco zurück. Als sie 1924 im Alter von 87 Jahren starb, hinterließ sie ein Drittel ihres Vermögens der Stadt San Francisco. Von diesem Geld wurde der Coit Tower gebaut. ■

Levi's Plaza

HIER BEFINDET SICH SEIT 1982 DER HAUPTSITZ DER FIRMA Levi Strauss & Co., die während des Goldrausches gegründet wurde und an die Verbindung mit dem kalifornischen Bergbau erinnert.

Der versetzt angeordnete Gebäudekomplex passt sehr gut zum Architekturstil des dahinter liegenden Telegraph Hill. Außerdem gibt es einen Brunnen aus Sierra-Nevada-Granit.

Ein Weinlager, das für die italienisch-schweizerische Gemeinde erbaut worden war, wandelte man in ein Restaurant um.

Die Levi's Jeans wurden in San Francisco erfunden. Den Einsatz von Nieten zur Befestigung der Taschen haben sich Levi Strauss und Jacob Davis im Jahre 1873 patentieren lassen. Die Hosen waren ideal für die Bergarbeiter, die ihre Taschen immer mit Reichtum verheißenden Steinbrocken voll stopften. Ein Besucherzentrum macht mit der Firmengeschichte und allen Aspekten der Levi's Jeanshosen vertraut. ■

Levi's Plaza & Visitor Center

Siehe Karte S. 80f

Filbert St. bei Sansome St./Battery St., 1155 Battery St.

Bus: 42, 82X

Sonnenanbeter auf Levi's Plaza (oben), einem geometrisch angeordneten Gebäudekomplex (unten)

Russian Hill

HOCH ÜBER ALLEN WOHNVIERTELN SAN FRANCISCOS ERHEBT SICH DER Russian Hill (90 m) am Rande von North Beach und Fisherman's Wharf. Von hier aus bietet sich eine schöne Aussicht. Genau genommen hat Russian Hill zwei Gipfel: an der Hyde Street Ecke Lombard Street und an der Vallejo Street zwischen Taylor und Jones Street.

Seinen Namen verdankt der Hügel angeblich russischen Otterjägern, die hier begraben sein sollen. Nach Jasper O'Farrells Plan wurde der Hügel 1847 mit einem Straßennetz versehen, zu dem auch die steilste gepflasterte Straße der Stadt gehört: die Filbert Street zwischen Leavenworth und Hyde Street. Die Steigung beträgt 31,5 Prozent! Andere Straßen waren einfach zu steil, als dass man sie hätte pflastern können. Also wurden hier Treppen gebaut, wie etwa an der Vallejo Street.

Der mühsame Aufstieg – etwa über die Macondray Lane – erklärt, warum hier vor der Erfindung der Cable Cars im Jahre 1880 nur wenige Menschen lebten. Dennoch entwickelte sich Russian Hill nicht zum Eliteviertel. 1890 ließ Joseph Worcester, ein Anhänger Swedenborgs, ein Landhaus aus unbehandeltem Holz bauen, das sich in seiner Schlichtheit von den sonst üblichen viktorianischen Gebäuden unterschied.

In der zweiten Hälfte des Jahres 1800 eröffnete Catherine Atkinson in ihrem Haus (*1032 Broadway*) einen literarischen Salon, in dem Schriftsteller wie Mark Twain, Robert Louis Stevenson und Ambrose Bierce verkehrten. Auch »Les Jeunes«, jene Clique, zu der Gelett (Verfasser der *Lila Kuh*), Burgess und Willis Polk gehörten, kamen häufig hierher. Auch das Haus der Dichterin Ina Coolbrith in der Taylor Street 1604 war ein Treffpunkt der Literaten. Ein halbes Jahrhundert später schrieb Jack Kerouac in Neal Cassadys Haus (*29 Russell Street*) den Klassiker der Beat-Generation *Unterwegs*, in dem er Cassady als Dean Moriarty unsterblich machte.

Nach dem großen Brand 1906 – ein Bewohner von Russian Hill soll bei diesem Anlass auf der Straße *Danse macabre* auf dem Klavier gespielt haben – wurde das Stadtviertel wieder aufgebaut. Die Errichtung einiger Hochhäuser führte zu heftigen Protesten. ■

Ein schöner Platz zum Leben: Macondray Lane auf dem Russian Hill

Lombard Street

Autos schlängeln sich die kurvenreiche Lombard Street hinunter

EINE AUTOSCHLANGE BEWEGT SICH IM ZICKZACK DIE kurvigste Straße der Welt, einen Abschnitt der Lombard Street, hinunter – acht Serpentinen von der Hyde bis zur Leavenworth Street.

Die Haarnadelkurven, die 1922 angelegt wurden, milderten die ursprüngliche 27-prozentige Steigung auf 16 Prozent, so dass Autos die Straße befahren konnten. Zücken Sie Ihre Kamera, das macht hier jeder! Im Prinzip besteht gerade darin das Problem: Jeder Tourist in San Francisco meint, er müsse unbedingt auf dieser Achterbahn fahren. Deshalb kommt es hier häufig zu Staus. Etwa 750 000 Autos befahren jedes Jahr diese Straße!

Benutzen Sie besser die Treppen, die am Rande der Straße entlangführen. An der Kreuzung zur Hyde Street am oberen Ende der Lombard Street bietet sich eine herrliche Aussicht auf San Francisco.

An dieser Ecke (*1100 Lombard St.*) steht das Haus, das für Robert Louis Stevensons Witwe, Fannie Osbourne Stevenson, gebaut wurde. Der Entwurf im mediterranen Stil stammt von Willis Polk aus dem Jahre 1900. ■

Lombard Street

Siehe Karte S. 80f

CC: Powell-Hyde, Powell-Mason; Bus: 30, 41, 45

Weitere Sehenswürdigkeiten auf dem Russian Hill

GREEN STREET

Das **Feusier Octagon House** (*1067 Green St.*) war 1859 zunächst als einstöckiges Haus nach den Grundsätzen eines bekannten Phrenologen erbaut worden. Dieser behauptete, dass achteckige Häuser gut für die Gesundheit wären (siehe S. 151, wenn Sie eines besichtigen möchten). Der Kaufmann Louis Feusier fügte 20 Jahre später den zweiten Stock und die Mansarden hinzu. Die ehemalige **Engine Company No. 31** (Feuerwache) im Tudor-Stil (*1088 Green St.*) wurde 1907 gebaut.
Karte S. 80f 30, 45

MACONDRAY LANE

Bäume, Blumen und Farngewächse säumen die Macondray Lane, eine enge Gasse, die man nur zu Fuß erkunden kann. Einige Bewohner San Franciscos behaupten, dies sei die Barbary Lane aus Armistead Maupins *Tales of the City (Erzählungen der Stadt)*.
Karte S. 80f Abseits Jones St., zwischen Green St. u. Union St. CC: Powell-Hyde, Powell-Mason Bus: 30, 41, 45

SAN FRANCISCO ART INSTITUTE

Die älteste Kunstschule im Westen Amerikas (gegründet 1871) hat hier hoch oben auf dem Hügel ihren Sitz in einem Gebäude, das an ein spanisches Kloster erinnert. Es wurde 1926 von Bakewell & Brown entworfen, der Gebäudekomplex umschließt einen Innenhof.

In der **Diego Rivera Gallery** findet man eines der Wandgemälde des mexikanischen Künstlers aus dem Jahre 1931, auf dem er sich selbst bei der Arbeit dargestellt hat.
800 Chestnut St. 415/771-7020 CC: Powell-Hyde, Powell-Mason Bus: 30

VALLEJO STREET

Am **Russian Hill Place** (*auf Höhe 1000 Vallejo St.*) steht eine Reihe mediterran anmutender Landhäuser, die Willis Polk 1915 entworfen hat. Oberhalb der Treppe der Vallejo Street befindet sich das **Williams-Polk-Haus** (*1013–1019 Vallejo St., privat*), nach vorn zur Vallejo Street hat es zwei Stockwerke, zur Rückseite hin jedoch sechs. 1892 entwarf Willis Polk dieses Doppelhaus mit braunen Dachschindeln für die Witwe eines der Gründer des San Francisco Art Institute.

Der schmale Streifen des **Ina Coolbrith Park** (*Vallejo St./Taylor St.*) erinnert an Ina Donna Coolbrith (1841–1928, siehe unten), die 1919 als erste kalifornische Dichterin mit einem Preis ausgezeichnet wurde. Der kleine, gepflegte Park bietet eine schöne Aussicht.
Karte S. 80f 30, 45 ■

Ina Coolbrith

Die beliebte Dichterin hat zwei Generationen kalifornischer Schriftsteller inspiriert. Mark Twain und Bret Harte, der zu verstehen gab, dass er ihretwegen sogar seine Frau verlassen würde, gehörten zu ihren Bewunderern. Joaquin Miller beschrieb sie als »Tochter der Götter, von himmlischer Größe und begnadeter Schönheit«. Mit den Literaten Henry Wadsworth Longfellow und Alfred, Lord Tennyson stand sie in regem Briefwechsel.

Freunde nannten sie die »jungfräuliche Dichterin« – niemand von ihnen wusste, dass sie einmal mit einem Schauspieler verheiratet war. Die geborene Josephine Smith, Nichte des Mormonenpredigers Joseph Smith, gelangte 1852 als erstes Kind über den Beckwourth Pass nach Kalifornien. Mit elf Jahren veröffentlichte sie bereits Gedichte, und als sie Ende 20 war, gab sie gemeinsam mit Bret Harte die Monatszeitschrift *Overland Monthly* heraus.

1874 nahm sie eine Stelle in der öffentlichen Bibliothek von Oakland an. Eines Tages half sie einem ärmlich gekleideten Zwölfjährigen dabei, Bücher auszusuchen. »Ich liebte Ina Coolbrith mehr als alle Frauen der Welt«, sagte dieser Junge viele Jahre später. »Was ich heute bin und was ich an Gutem vollbracht habe, verdanke ich ihr.« Sein Name war Jack London. ■

Fisherman's Wharf bietet einiges an Interessantem, etwa die Hafendocks und die alten Schiffe. Von hier aus kann man auch zu Ausflugsfahrten durch die Bucht oder nach Alcatraz starten.

Fisherman's Wharf und Alcatraz

Fische und Meeresfrüchte gehören zu den Hauptattraktionen von Fisherman's Wharf

Fisherman's Wharf und Alcatraz

BEI FAST JEDEM BESUCHER SAN FRANCISCOS STEHT AUCH FISHERMAN'S Wharf *(www.fishermanswharf.org)* auf dem Programm. Jedes Jahr besuchen etwa 11,7 Millionen Menschen – das sind mehr als 30 000 pro Tag! – diese 1,6 Kilometer lange Strecke zwischen Pier 39 und dem Aquatic Park. Sie strömen aus drei Gründen hierher: des Wassers, der Faszination des Heruntergekommenen und der Restaurants wegen, in denen Fisch und Meeresfrüchte serviert werden. Das Essen, die Einkaufsmöglichkeiten und viele weitere Attraktionen machen Fisherman's Wharf zum beliebtesten Touristentreff in San Francisco.

Um Parkprobleme zu vermeiden, sollten Sie öffentliche Verkehrsmittel benutzen. Die Cable Cars der Powell-Mason-Linie fahren bis zum Ostende des Kais an der Bay Street. Wenn Sie dann in Richtung Westen laufen, können Sie später mit der Powell-Hyde-Linie vom Victorian Park aus wieder ins Stadtzentrum fahren.

Hauptanziehungspunkt ist die Jefferson Street. Hier wimmelt es von Geschäften, die Souvenirs und T-Shirts feilbieten, Museen mit allerlei Krimskrams, Kunstgalerien mit überzogenen Preisen und Straßenhändlern. Zahlreiche Straßenkünstler zeigen ihre Kunstfertigkeiten, komponieren aus dem Stegreif Rap-Songs über die Passanten oder verharren wie Statuen in einer bestimmten Position.

Doch Fisherman's Wharf ist mehr als nur Kommerz: Hier gibt es farbenfrohe Fischerboote, die im Dock liegen, nachdem der Fang ausgeladen wurde, Stände, an denen Krabben zum Mitnehmen verkauft werden, und ein Pier mit sehenswerten historischen Segelschiffen.

Der Aufschwung hier begann 1853, als Harry Meiggs den 480 Meter langen Meiggs Wharf baute. Hoch verschuldet veruntreute der »ehrenhafte Harry« 365 000 Dollar und floh nach Südamerika. Er baute eine Eisenbahnlinie durch die Anden, machte ein Vermögen von 100 Millionen Dollar und zahlte der Stadt San Francisco seine Schulden zurück.

Rund um Meiggs Wharf entstanden ein Sägewerk und zahlreiche weitere Unternehmen.

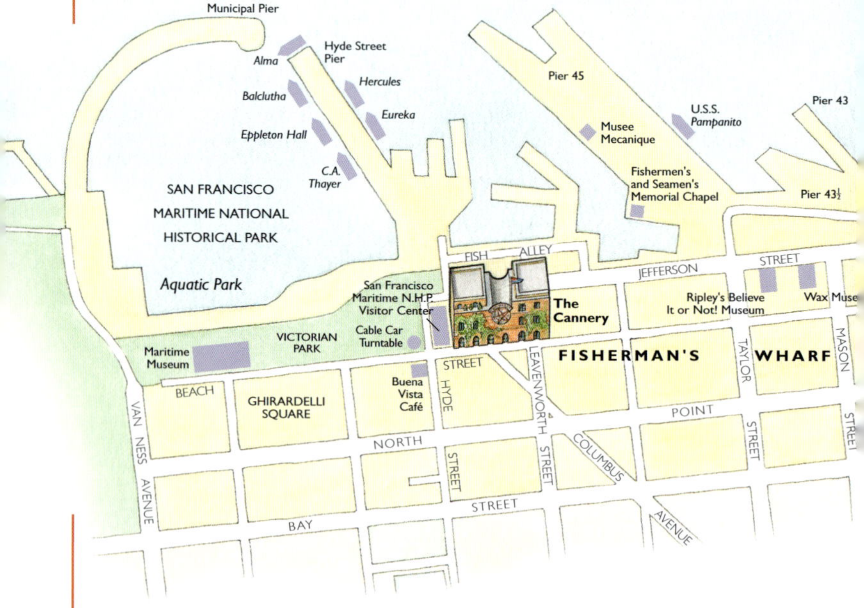

Hierher kam man, um zu baden oder einen der vielen Saloons aufzusuchen, etwa Abe Warner's Cobweb Palace, wo die Gäste sich beim Essen ihrer Krabbensuppe nicht an den zahlreichen Spinnweben stören durften. (Der abergläubische Abe weigerte sich, die Spinnen zu beseitigen.) Zu seiner Menagerie gehörten auch ein Affe, der ständig um Erdnüsse bettelte, sowie ein sprechender Papagei, der den blödsinnigen Satz von sich gab: »Ich nehme Rum und Gummi. Und du?«

Der Küstenstreifen hat auch einige ruchlose Gestalten erlebt, wie etwa Scabhouse Johnny und Three Finger Curtin, die Leute gegen ihren Willen für Schiffsdienste anheuerten. Sie schlugen sie einfach k.o., und wenn die Opfer dann erwachten, waren sie bereits auf hoher See. Die Suche nach Matrosen war stets sehr schwierig, weil fast jeder, der San Francisco erreichte, sich auf Goldsuche begab.

Erst 1900 wurde Fisherman's Wharf zu einem festen Anlegeplatz für die Fischereiflotte. Vorher fuhren die Kapitäne Plätze an, die geschützter waren, etwa die Anlegestellen an der Green, Union oder Filbert Street. Nachdem die Küste für die Schifffahrt ausgebaut worden war, legte die Fischereiflotte am Fuße der Taylor Street an. Vor allem die italienischen Einwanderer dominierten den Fischhandel. Als später motorisierte Boote und größere Netze zur Verfügung standen, gab es in der Bucht und den nahe gelegenen Küstenzonen bald keine Fische mehr.

Doch der Tourismus versprach neuen Aufschwung. Lange schon waren einige Besucher hierher gekommen, um die malerische Szenerie zu betrachten: die Fischer in blauen Hosen, die dort saßen und ihre Netze mit hölzernen Nadeln flickten, die Seemöwen, die über den Schiffen kreisten, wo sich auf Deck Berge von Fischen und Krabben türmten. Es gab bereits einige Spezialitätenrestaurants wie etwa das *Alioto* (siehe S. 253), das ein sizilianischer Einwanderer 1938 als erstes richtiges Restaurant in Fisherman's Wharf eröffnet hatte. Als 1964 die historische Ghirardelli-Schokoladenfabrik als Gebäudekomplex mit Geschäften und Restaurants wieder aufgebaut wurde, strömten mehr Menschen hierher als auf den ähnlich gestalteten Pier 39.

Jedes Jahr im Oktober schauen zahlreiche Besucher zu, wie die Fischereiflotte gesegnet wird. An der Spitze der Prozession wird – nach alter sizilianischer Tradition – das Porträt der *Madonna del Lume* (Mutter des Lichts) hochgehalten. Sie ist die Schutzheilige der Fischer. Ihr Bild wird von der Kirche St. Peter und Paul in North Beach bis hierher getragen.

Mit einer Fähre kann man zur Insel Alcatraz hinüberfahren, bekannt seines ausbruchsicheren Gefängnisses wegen, das sich zwischen 1934 und 1963 hier befand. ■

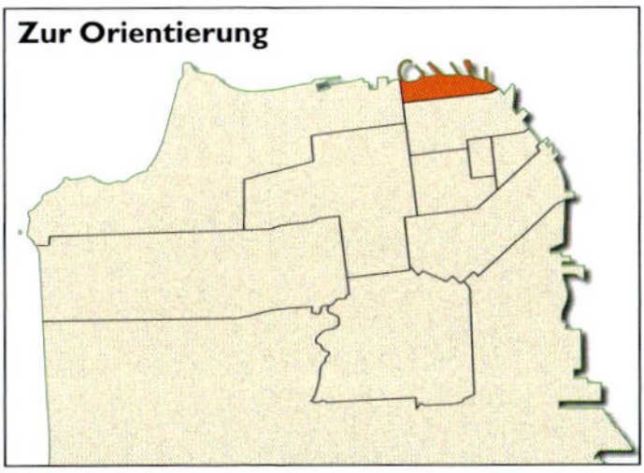

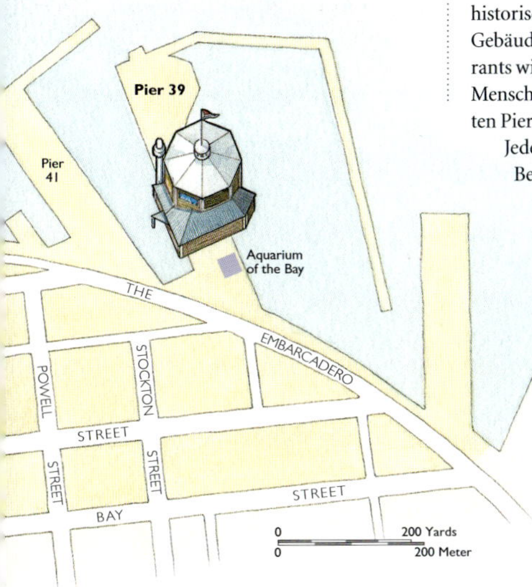

Seelöwen tummeln sich auf Pier 39 und locken Touristen an

Pier 39

DIE GESCHÄFTE, RESTAURANTS UND UNTERHALTUNGSmöglichkeiten im Herzen von Fisherman's Wharf gehören zu den größten Touristenattraktionen in San Francisco.

Pier 39
www.pier39.com
Siehe Karte S. 102f
Beach St. am Embarcadero
415/981-7437
Bus: 15, 39, 42; Straßenbahn: F

The Great San Francisco Adventure
Pier 39
415/956-3456
$$

Aquarium of the Bay
www.aquariumofthebay.com
Pier 39
415/623-5300
$$$

Auf einer ehemaligen Landungsbrücke für Frachtschiffe aus dem Jahre 1905 findet sich ein nachgebautes Fischerdorf (1978, von Walker und Moody). Beliebte Attraktionen sind hier das **San Francisco Carousel** mit seinen Pferden, Wagen und über 1800 Lichtern sowie ***The Great San Francisco Adventure***, ein Breitwandfilm mit typischen Szenen aus der Stadtgeschichte

Im **Aquarium of the Bay** können Sie die in der Bucht von San Francisco und in Nordkalifornien heimische Meeresfauna hautnah erleben, während Sie durch einen 90 Meter langen Tunnel aus durchsichtigem Acryl wandern. Man sieht Haie, Rochen und viele andere Unterwasser-Bewohner. Sehr informativ, aber ganz schön teuer.

Aber es gibt auch Attraktionen, die kostenlos sind. Auf einer **Freilichtbühne** können Sie Straßenkünstlern beim Jonglieren oder Zaubern zuschauen. ■

Ba-a-a-ark!

Folgen Sie diesem Geräusch zur Westseite des Pier 39. Es führt Sie zu einer Kolonie kalifornischer Seelöwen, die sich 1990 in der angrenzenden Bucht niedergelassen haben. Sie lümmeln auf den Docks herum, stapeln sich aufeinander oder ziehen eine Show ab.

Am Wochenende kommt immer ein Mitarbeiter des Marine Mammal Interpretive Centers und informiert die Besucher: Wussten Sie etwa, dass die glitschigen Kreaturen an der Pazifikküste leben, sich von Fischen und Tintenfischen ernähren und zur Paarung und Geburt ihrer Jungen an Land kommen und Kolonien bilden? Die Männchen, die bis zu zwei Meter Länge erreichen, suchen sich mehrere »Haremsdamen« und verteidigen ihr Territorium durch lautstarkes Bellen und heftiges Kopfschütteln. ■

Ausflugsfahrten durch die Bucht

WENN SIE SAN FRANCISCO EINMAL AUS EINER GANZ ANDEREN Perspektive sehen möchten, machen Sie doch eine Rundfahrt durch die Bucht. Vom Meer aus können Sie auf Fisherman's Wharf und die hügelige Stadt zurückblicken.

Eine Rundfahrt (Golden Gate/Bay Cruise mit der Schifffahrtsgesellschaft Red & White) führt unter der Golden Gate Bridge hindurch und bietet herrliche Blicke auf das Stadtpanorama und die Insel Alcatraz. Die Fahrgäste können Kopfhörer ausleihen – die in sechs Sprachen verfügbar sind –, um während der Fahrt Informationen zu erhalten. Eine andere Rundfahrt führt um die Insel Alcatraz herum und informiert über die berüchtigte ehemalige Gefängnisinsel.

Die Fahrt mit der Schifffahrtsgesellschaft Blue & Gold geht ebenfalls unter der Golden Gate Bridge hindurch und an Alcatraz vorbei, außerdem zur Angel Island; hier erhält man die Informationen in englischer Sprache über einen Lautsprecher. Die Gesellschaft bietet auch einen Fährdienst nach Sausalito, Tiburon, Alameda/Oakland und Vallejo an.

U.S.S. *PAMPANITO*

Dieses Unterseeboot aus dem Jahre 1943 wurde für Langstreckenfahrten im Pazifischen Ozean entwickelt. Während des Zweiten Weltkrieges hat es sechs japanische Schiffe versenkt und vier weitere in einem gefährlichen Katz-und-Maus-Spiel angeschossen.

Kaum vorstellbar, dass die 80 Besatzungsmitglieder nicht unter Platzangst litten. Das U-Boot verkehrte in einer Tiefe von 180 Metern. Es war so eng, dass die Männer im Torpedoraum schliefen.

Mit Kopfhörern, über die Sie Informationen erhalten, können Sie auf eigene Faust durch enge Luken und über schmale Kajütentreppen steigen und durch die Gänge wandern. Besichtigen Sie die Schiffsküche, die Maschinen- und Kontrollräume, die Offizierskajüten sowie die Torpedorohre.

Während der Schlacht im Südchinesischen Meer versenkte das U-Boot sechs japanische Schiffe – ohne zu ahnen, dass diese australische und britische Kriegsgefangene an Bord hatten. ■

Red & White Fleet
www.redandwhite.com
Pier 43½
415/673-2900
$$$$
CC: Powell-Hyde, Powell-Mason; Bus: 30, 41, 45; Straßenbahn: F

Blue & Gold Fleet
www.blueandgoldfleet.com
Piers 39 & 41
415/705-8200
$$$$
CC: Powell-Hyde, Powell-Mason; Bus: 30, 41, 45; Straßenbahn: F

U.S.S. *Pampanito*
www.maritime.org/pamphome.shtml
Pier 45
415/561-6662
$
CC: Powell-Hyde, Powell-Mason; Bus: 30, 41, 45; Straßenbahn: F

Alcatraz

Alcatraz
Siehe Karte S. 102f

Blue & Gold Fleet (Rundfahrten und Spaziergänge)
www.blueandgoldfleet.com
Pier 41
415/705-5555
$$$ (Tagestour), $$$$ (Abendtour mit Führung)

DIE INSEL ALCATRAZ FUNGIERTE EINST ALS GEFÄNGNIS, das sich durch allerstrengste Sicherheitsvorkehrungen auszeichnete; hier waren Schwerstverbrecher untergebracht– unverbesserliche Ganoven wie Al Capone und George Kelly, genannt »das Maschinengewehr«. Auch der perverse Mörder Robert Stroud, »der Vogelkenner«, saß hier ein. Von der Insel aus mussten die Gefangenen den Anblick der Stadt San Francisco ertragen, wo Sorglosigkeit und Freiheit lockten – in einer Entfernung von nur zwei Kilometern …

Die Insel Alcatraz hat im Laufe ihrer Geschichte viele Funktionen erfüllt: Sie war Festung, Militärgefängnis und von 1934–63 Bundesgefängnis. Während der 60er Jahre des 20. Jahrhunderts war die Insel von amerikanischen Ureinwohnern besetzt. Heute beherbergt sie keine Galgenvögel mehr, sondern Tausende von Seemöwen.

DIE ANFÄNGE

Im Jahre 1775 erreichte der spanische Seefahrer Juan Manuel de Ayala

als erster Europäer die neun Hektar große Insel. Er nannte sie Isla de los Alcatraces (Insel der Pelikane) – obwohl die Vögel, die er dort sah, wahrscheinlich Kormorane waren. Durch ihre strategisch günstige Lage eignete sich die Insel hervorragend als militärische Festung, mit deren Bau man 1853 begann. Im Jahr darauf wurde hier der erste Leuchtturm an der Pazifikküste errichtet. Anschließend wurde Alcatraz Militärgefängnis, zu dessen Insassen Südstaaten-Sympathisanten während des Bürgerkrieges gehörten sowie amerikanische Gefangene aus den Kriegen in den 70er Jahren des 19. Jahrhunderts.

BUNDESGEFÄNGNIS

1933 wurde die Insel der neuen Bundesbehörde für das Gefängniswesen unterstellt, die Schwerstverbrecher in einem optimal gesicherten Komplex isolieren wollte. Das Land kämpfte gegen eine Welle von Kriminalität, die durch die Prohibition und die große Wirtschaftskrise ausgelöst worden war.

Zu den Sicherheitsvorkehrungen auf der Insel gehörten Stacheldraht, Wachtürme, Scheinwerfer, Fenster-

Links: Auf der Insel Alcatraz fristeten mehr als 1500 Schwerverbrecher ihr Dasein

Oben: Wachtposten und Turmwächter sorgten dafür, dass die Sträflinge nicht fliehen konnten, die kalten Strömungen der Bucht taten das Ihre

gitter aus »werkzeugsicherem« Stahl und ferngesteuerte Türöffner. Der beste Schutz war schließlich das eiskalte Meerwasser (10 °C) mit gefährlichen Strömungen, das die Insel umgab. Diese Barrieren konnte kein Gefangener überwinden.

Natürlich träumten die Insassen von Alcatraz ständig von der Flucht. Aber von den 1545 Männern, die im Laufe der Jahre dort einsaßen, haben es nur 36 versucht. Diese wurden entweder erschossen, wieder eingefangen oder sind mit großer Wahrscheinlichkeit in der frostigen Bucht ertrunken. 1939 hatten sich der berüchtigte »Doc« Barker und vier andere Männer aus ihren Zellen herausgesägt. Als die Wachen sie am Strand überraschten, ergaben sich einige, Barker aber lief in den Nebel hinein und wurde erschossen.

Eine Brücke führt zum Besucherraum im alten Barackengebäude

1962 täuschten Frank Morris sowie die Brüder John und Clarence Anglin die Wachen, indem sie Attrappen in ihre Betten legten. Die Sträflinge brachen aus und überquerten mit improvisierten Rettungsjacken (aufgeblasenen Regenmänteln!) die Bucht. Von ihnen fand sich keine Spur, außer der Brieftasche von Clarence Anglin, die in der Nähe von Angel Island angespült wurde. Der Film *Flucht aus Alcatraz* von Clint Eastwood aus dem Jahre 1979 beruht auf dieser Begebenheit.

Beim letzten Fluchtversuch in der Gefängnisgeschichte hatten zwei Insassen chirurgische Handschuhe aus dem Gefängniskrankenhaus gestohlen und diese mit Luft gefüllt, um damit über das Wasser zu kommen. Einer von ihnen erreichte tat-

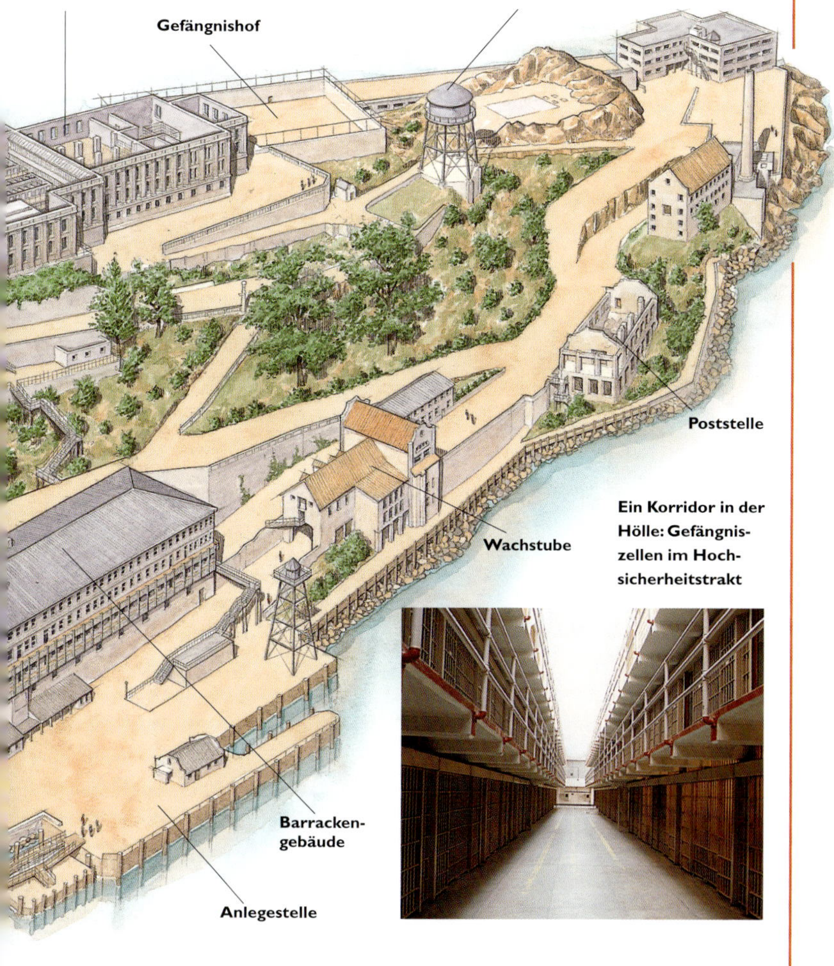

Ein Korridor in der Hölle: Gefängniszellen im Hochsicherheitstrakt

sächlich San Francisco und brach dann zusammen. Kinder verständigten die Polizei.

1963 wurde das Gefängnis geschlossen, weil die Transportkosten für Vorräte und Personal zu hoch wurden. Sechs Jahre später wurde die verlassene Insel 19 Monate lang von den »Indianern aller Stämme« besetzt, die sich auf einen Vertrag aus dem Jahre 1868 beriefen, nach dem Alcatraz den Ureinwohnern Amerikas gehörte.

BESICHTIGUNG

Die Fähren der Blue & Gold Fleet bringen Sie zur Gefängnisinsel. Mit der Fahrkarte erhalten Sie ein Tonbandgerät, auf dem eine geführte Tour durch die Gefängniszellen aufgenommen ist (in sechs Sprachen erhältlich). Die Sprecher sind ehemalige Insassen und Aufsichtsbeamte. Während der Ferien und an Feiertagen sollten Sie mindestens eine Woche vorher reservieren.

Vor Ort werden Inselrundgänge angeboten, organisiert vom National Park Service, sowie ein Video zur Einführung. Sie sollten den **Agave Trail** südlich der Fährenanlegestelle entlanggehen. Da es sich hier um ein Vogelschutzgebiet handelt, ist der Weg während der Brutzeiten nicht zugänglich (Mitte Februar bis Ende September).

IM GEBÄUDE

Hier liegt eine Zelle neben der anderen, Sie kommen durch den D-Block, wo Häftlinge in Isolierhaft gehalten wurden. Oben auf der Galerie standen einst die bewaffneten Wachtposten. Sie sehen die Kantine und eine typische ungeheizte Zelle von 1,5 x 2,7 Metern.

Die Insassen waren zwischen 16 und 23 Stunden am Tag in ihren

Berüchtigte Gefangene

»Scarface« Al Capone (1899–1947). Der berühmte Gangster wurde 1934 gefasst. Capone brachte seine Familie in einem nahen Hotel unter und leitete mit ihrer Hilfe seine kriminelle Organisation in Chicago. Er litt an Syphilis und wurde geisteskrank, daher verbrachte er die meiste Zeit seiner viereinhalb Jahre Haft in einer Einzelzelle des Krankenhauses.

Alvin »Creepy« Karpis (starb 1979). Als Partner des berühmten Ma Barker machte Karpis den Mittleren Westen zwischen 1931 und 1936 durch eine Serie von Raubüberfällen und Kidnapping unsicher. Er wurde zum öffentlichen Feind Nr. 1 erklärt und hat 26 Jahre auf Alcatraz zugebracht. Er arbeitete in der Gefängnisbäckerei, wo er Hefe stahl, um heimlich Bier zu brauen.

Zellen eingesperrt, Sprechen war verboten. Um sich miteinander zu verständigen, benutzten die Gefangenen entweder ein Morsesystem oder sie steckten ihren Kopf in die Toilettenschüssel, breiteten eine Decke über sich und sprachen durch die Rohre. ■

Eine typische Zelle, ausgestattet mit einer Pritsche und einer Decke, einem Klapptisch mit Stuhl, einer Toilette, einem Waschbecken und zwei Wandregalen

»Es sieht so aus, als habe Alcatraz mich besiegt.« – Alphonse »Al« Capone

George »Machine Gun« Kelly (1895–1954). Er galt als gefährlichster Insasse und hatte sich als Alkoholschmuggler, Bankräuber und Kidnapper betätigt. Als Ersten, auf den das Lindbergh-Gesetz angewandt wurde, verurteilte man ihn wegen Entführung zu lebenslangem Freiheitsentzug. Er verbüßte davon 17 Jahre und wurde in dieser Zeit ein vorbildlicher Gefangener.

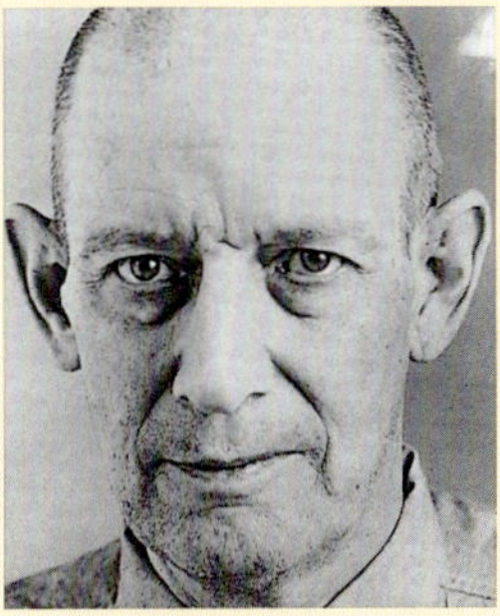

Robert Stroud (1890–1963), bekannt als Vogelkenner von Alcatraz. Tatsächlich durfte er während seiner 17 Jahre währenden Haft niemals Vögel halten. Seine ornithologischen Studien hatte er früher im Gefängnis von Leavenworth durchgeführt. Dort tötete er einen Aufsichtsbeamten. Stroud war geisteskrank und wurde in Isolationshaft gehalten. ■

Wenn Sie der Stadt einmal entfliehen möchten, unternehmen Sie eine Bootsfahrt durch die Bucht

Die Gegend um Fish Alley

DER MITTELPUNKT VON FISHERMAN'S WHARF BEFINDET sich an der Kreuzung von Jefferson und Taylor Street. Hier blickt man von Fischrestaurants hinaus auf farbenprächtige Fischerboote, die an den darunter liegenden Kais vor Anker liegen. In einer Seitengasse gibt es Fisch- und Muschelstände sowie dampfende Kessel mit Krabben, die von den Händlern zum Verkauf aufgebrochen werden. Früher kamen Fischer und Markthändler zu diesen Ständen, um sich bei einer kurzen Pause mit Muschelsuppe zu stärken. Tomaso Castagnola hatte 1916 die Idee, einen »Krabbencocktail zum Mitnehmen« anzubieten.

Fischerhafen

✉ Jefferson St. zwischen Taylor & Hyde Sts.

🚌 CC: Powell-Hyde, Powell-Mason Bus: 30, 41, 45; Streetcar: F

FISCHERBOOTE

Was von der historischen Fischereiflotte der Stadt noch übrig ist, liegt nördlich der Jefferson Street vor Anker. Ein Geländer zwischen Taylor und Jones Street gibt den Blick frei auf die Jefferson Street Lagoon mit ihren Fischerbooten vom Typ Monterey. Sie ähneln den Feluken der italienischen Fischer aus der Zeit um 1800, sind aber größer und besitzen einen Motor.

Auf den Booten sieht man Netze, aufgewickelte Seile, Kabeltrommeln, Plastikkörbe und anderes Zubehör, und es riecht unverkennbar nach Fisch. Bei Tagesanbruch kann man zuschauen, wie die Fischer ihren Fang ausladen. Tintenfische, Seezunge, Barsch, Kabeljau, Makrelen und Heilbutt gibt es das ganze Jahr über. Krabben, Lachs und Garnelen gibt es nur während der Saison.

HINTER DEN KULISSEN

Um einen besseren Einblick zu bekommen, sollten Sie bis ans Ende der Taylor Street und dann links zum Pier 45 bummeln. Hier befindet sich die **Fishermen's and Seamen's Memorial Chapel**, ein schlichtes Gebäude aus Holz. Über der Tür hängt ein Bleiglasschild, auf dem ein Schiffsrad abgebildet ist. Zusätzlich zur katholischen Sonntagsmesse – die meisten Fischer sind

Sauerteigbrot

Zu Ihrem Meeresfrüchte-Cocktail sollten Sie Sauerteigbrot essen. Sehr empfehlenswert ist die Boudin Bakery *(156 Jefferson St.)*. 1849 stellte der Franzose Isidore Boudin in San Francisco das erste französische Sauerteigbrot her. Er verwendete dunkles Mehl, Wasser, Salz und »Mutterteig«. Der Mutterteig, der in der Bäckerei heute benutzt wird, geht zurück auf Boudins ersten Laib Brot. Jeden Morgen wird Mutterteig vom vorhergehenden

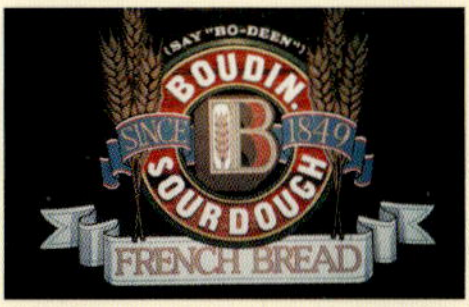

Backtag dem neu angerührten Teig hinzugefügt, dadurch geht der Teig auf und säuert, ohne Zugabe von Hefe. Stolze Bürger San Franciscos behaupten, dass die Mikroorganismen im Sauerteig nur in ihrer nebligen Stadt so gut gedeihen und dass deshalb ein echtes Sauerteigbrot unbedingt aus San Francisco stammen müsse. Sauerteigbrot gehört ebenso zu San Francisco wie die Cable Cars oder die Golden Gate Bridge. ■

italienischer Abstammung – werden auch Gottesdienste für andere Glaubensrichtungen abgehalten. Und wenn Sie schon einmal hier sind, schauen Sie sich doch den Pier mit den großen Fischerbooten etwas genauer an.

Wenn Sie dann von Fischerbooten noch nicht genug haben, gehen Sie zurück zur Jefferson Street und halten sich westlich. Gleich nach der Castagnola Street biegen Sie rechts ein (gegenüber der Jones Street) und gehen links am Wasser entlang, wo Sie weitere Fischerboote antreffen. Am Ende des Blocks liegt die **Fish Alley**, wo jeden Morgen die Fische ausgeladen werden. Gehen Sie schließlich links zum Richard Henry Dana Place und zurück zur Jefferson Street. Hier sind Sie wieder mitten im Einkaufstrubel. ■

Die Fischereiflotte – zwar nicht mehr so groß wie früher, aber immer noch ein malerischer Anblick

Museen in der Jefferson Street

IN DER JEFFERSON STREET GIBT ES ZWEI MUSEEN, DIE »SPASS für die ganze Familie« versprechen. Wer Kurioses liebt, wird hier sicherlich auf seine Kosten kommen.

Jefferson Street
Siehe Karte S. 102f
Bus: 32;
Straßenbahn: F

Ripley's Believe It or Not! Museum
www.ripleysf.com
175 Jefferson St.
415/771-6188
$$$

Wax Museum
www.waxmuseum.com
145 Jefferson St.
800/439-4305
$$$

Robert Hughes wog 484 Kilo, als er im Alter von 32 Jahren starb. Seine Nachbildung (oben) ist im Wax Museum (rechts) zu sehen

Ripley's Believe It or Not! Museum ist eine Kuriositätensammlung des berühmten Zeitungs-Cartoonisten Robert Ripley. Zu den fast 300 Ausstellungsstücken gehört ein Dinosaurier, der aus Stoßstangen zusammengesetzt wurde, der geschrumpfte Kopf eines Menschen, der einst in Ecuador gelebt hat, ein rotierender Tunnel, durch den der

Besucher laufen kann, ein Porträt von Vincent van Gogh, das aus 63 gerösteten Toastscheiben besteht, Heuschrecken, die Poolbillard spielen, die Wachsfigur eines Chinesen, der in jedem Auge zwei Pupillen besaß, sowie ein Cable Car, der aus 270 836 Streichhölzern (und 21 Tuben Klebstoff) angefertigt wurde. Der Cartoonist Ripley war selbst ein Unikum: Er besaß mehrere Luxuslimousinen, konnte aber selbst gar nicht Auto fahren. Während er zeichnete, trug er einen Kimono und ließ Eichhörnchen auf seinem Schreibtisch herumtollen.

Im **Wax Museum** können Sie Mohammed Ali und John Lennon antreffen. Unter den 200 Figuren sind Sportidole, Präsidenten, Geistliche und Filmstars von Marilyn Monroe bis Leonardo DiCaprio. Frankenstein lauert im Horrorkabinett, und im Palace of Living Art findet man Nachbildungen berühmter Gemälde. ■

The Cannery

MIT DIESEM KOMPLEX, IN DEM EINZELHANDELSGESCHÄFTE und Restaurants untergebracht sind, wurde zum ersten Mal ein ehemaliges Industriegebäude neuen Zwecken zugeführt. Ursprünglich handelte es sich um die Fabrik der California Fruit Canners Association (1907), die sich durch Del Monte zum größten Pfirsichkonservenhersteller der Welt entwickelte. 200 000 Dosen wurden hier täglich von Hand zusammengeschweißt! Während der großen Wirtschaftskrise musste das Unternehmen schließen. 1968 wurde das Backsteingebäude entkernt und ein Einkaufszentrum eingerichtet.

The Cannery
www.thecannery.com
Siehe Karte S. 102f
2801 Leavenworth St.
415/771-3112
CC: Powell-Hyde, Powell-Mason; Bus: 30, 47; Straßenbahn: F

Stöbern Sie in den Boutiquen des restaurierten Gebäudes nach Kleidung und Geschenken, nach raren Tonträgern, russischem Kunstgewerbe, Teddybären und vielen anderen Sammlerobjekten. Im Innenhof können Sie an einem Drink nippen und sich dabei an den Straßenkünstlern, Musikern, Jongleuren und Komikern ergötzen. Im oberen Stockwerk haben Sie eine gute Aussicht auf die Bucht. Sehenswert ist **Jack's Cannery Bar** mit den aus Eichenholz getäfelten Wänden und dem Kamin mit Schnitzereien, der aus einem von dem englischen Architekten Inigo Jones (1573–1652) entworfenen Herrenhaus stammt. Diese Einrichtung gehörte einst zu Randolph Hearsts Sammlung.

Neu ist eine Bauernmarkt, der europäische Wochenmärkte zum Vorbild hat, und der immer freitags und samstags abgehalten wird. An farbenfroh überdachten Ständen bieten die Händler eine reiche Auswahl an Früchten, Gemüse, Fisch, Käse und frisch gebackenem Brot an.

Sonntag findet ein Antikmarkt statt, der etwas an die Pariser Flohmärkte erinnert. Die Händler bieten vor allem Möbelstücke, Gemälde und andere Antiquitäten an. Im Sommer ist der Innenhof Schauplatz eines Open-Air-Filmfestivals. ■

Außenansicht der restaurierten Konservenfabrik

Straßenkünstler

Wie ganz Fisherman's Wharf ist auch die Cannery Schauplatz für Straßenmusikanten, Jongleure, Zauberer und Possenreißer. Großer Beliebtheit erfreute sich in den 70er Jahren die »lebendige Jukebox« – ein großer Karton. Wenn man eine Münze in den Schlitz warf, tauchte plötzlich ein zerzauster Typ mit einer Trompete aus einer Öffnung auf und spielte den gewünschten Titel. Wer »I Left My Heart in San Francisco« hören wollte, musste extra zahlen, weil der »lebendigen Jukebox« das Lied zunehmend zum Hals heraushing. ■

Hyde Street Pier

Visitor Center
www.nps.gov/safr
Siehe Karte S. 102f
Argonaut Hotel, 499 Jefferson St. an der Hyde St.
415/447-5000
Powell-Hyde, Powell-Mason; Bus: 15, 30, 41, 45; Streetcar: F

Hyde Street Pier
www.nps.gov/safr
Siehe Karte S. 102f
Beginn der Hyde St.
415/447-5000
$$$$ (Eintritt für die historischen Schiffe)
CC: Powell-Hyde, Powell-Mason; Bus: 15, 30, 41, 45; Streetcar: F

Maritime Museum
www.nps.gov/safr
Aquatic Park, 900, Beach St. an der Polk St.
415/561-7100
CC: Powell-Hyde, Powell-Mason; Bus: 15, 30, 41, 45; Streetcar: F

DIE HISTORISCHEN SEGELSCHIFFE, DIE HIER AN DER HÖLzernen Landungsbrücke vor Anker liegen, lassen vergangene Zeiten lebendig werden. Der Pier, einst Anlegestelle für Fährschiffe, ist heute Teil des Maritime National Historical Park von San Francisco. Die Schiffe sind die Highlights des National Maritime Museum, dessen Hauptgebäude zwei Blocks westlich beim Aquatic Park liegt.

In San Franciscos frühen Tagen erreichten Menschen und Waren die Stadt praktisch ausschließlich über das Meer. Zur Zeit des Goldfiebers segelten elegante Windjammer (große Segelschiffe) durch das Golden Gate. An Bord waren hoffnungsfrohe Goldsucher von der Ostküste, die eine 27 000 Kilometer lange Reise um Kap Hoorn in Kauf genommen hatten. (Der Rekord für die Strecke New York–San Francisco lag im Jahre 1850 bei 89 Tagen.) Während der 70er Jahre des 19. Jahrhunderts fuhren Lastschiffe mit Weizenladungen von San Francisco aus nach Europa. Reisende, die die Bucht in Richtung Norden oder Osten durchqueren wollten, benutzten Fähren – die einzige Möglichkeit 50 Jahre vor dem Bau der Golden Gate und der Bay Bridge.

DIE *BALCLUTHA*

Von den fünf historischen Schiffen, die man besichtigen kann, ist die *Balclutha* die Hauptattraktion. Der prächtige Rumpf des Schiffes, die drei Masten und die Ausstattung erinnern an die ruhmreichen Tage dieses Segelschiffes, das 1886 in Schottland gebaut wurde. Die 90 Meter lange *Baclutha* war ein Handelsschiff. 17-Mal umsegelte sie Kap Hoorn, brachte Kohle und Whisky von Europa und fuhr mit kalifornischem Weizen zurück. Von 1902–30 transportierte sie Fischer und Waren nach Alaska und kam mit Lachskonserven zurück. 1934 war die *Balclutha* kurz in dem Film *Meuterei auf der Bounty* zu sehen. Danach putzte ein Veranstalter sie zu einer Art Piratenschiff heraus und organisierte Kreuzfahrten an der Westküste. Schließlich endete das Schiff im schlammigen Flachland vor Sausalito, nördlich der Golden Gate Bridge. 1954 rettete das San Francisco Maritime Museum die *Baclutha* vor der Verschrottung. In 13 000 Arbeitsstunden wurde das Schiff von Freiwilligen restauriert.

ANDERE HISTORISCHE SCHIFFE

Das längste Holzschiff der Welt, die ***Eureka***, müssen Sie sich unbedingt anschauen. Der Schaufelraddampfer aus dem Jahre 1890 ist über 90 Meter lang. Man benötigte eine vierstöckige Dampfmaschine, um das Schiff anzutreiben, das bis zu 120 Automobile und 2300 Fahrgäste zwischen San Francisco und Sausalito hin und her transportierte. Im unteren Deck kann man Fahrzeuge aus den 20er und 30er Jahren des 20. Jahrhunderts besichtigen, als man nur mit der Fähre in die Stadt kommen konnte – Brücken gab es noch nicht.

Sie können auch die ***Alma*** aus dem Jahre 1891 besichtigen. Sie ist der letzte Schoner in der Bucht von San Francisco und transportierte einst Heu und Holz. Interessant sind außerdem der Schleppdampfer ***Hercules***.

Eppleton Hall heißt ein englischer, dampfbetriebener Schaufelrad-Schlepper von 1914, der einst Kohle nach Newcastle beförderte. Dringend auf seine Restaurierung im Jahr 2006 wartet ***C.A. Thayer***, ein

Schoner aus dem Jahre 1895. Es war das letzte kommerziell betriebene große Segelschiff an der Westküste

MARITIME MUSEUM UND VISITOR CENTER

Das Museum ist bekannt für sein modernes, stromlinienförmiges Design; es ähnelt einem Luxusdampfer, der am Aquatic Park vor Anker liegt. Zu den nautischen Elementen gehören »Decks« (drei übereinander) und Bullaugen. Gebaut wurde es von der WPA (*Works Projects Administration*), ebenso wie das Aquatic Park Casino (1939), ein öffentliches Bad. Von den Künstlern der WPA stammen außerdem ein Wandgemälde mit einer Unterwasser-Darstellung (Hilaire Hiler) und die Schnitzereien, die die Eingangstür zieren (Sargent Johnson).

Das Museum veranschaulicht San Franciscos Bedeutung als Seehafen. Zu den Exponaten gehören Galionsfiguren, Schiffsmodelle mit Segel und Dampfantrieb sowie die Harpune eines Walfängers, Schnitzereien aus Walknochen oder Elfenbein, der Anker des ersten amerikanischen Kriegsschiffes (*Independance*, 1812) und das älteste bekannte Foto von San Francisco. Das Visitor Center (im Haslett Warehouse von 1907) bietet Informationen und präsentiert interessante Ausstellungen. ■

Die schwindelerregende Aussicht von einem der Masten der *Balclutha*, dem wertvollsten Stück der nautischen Sammlung am Hyde Street Pier

Ghirardelli Square
www.ghiradellisq.com
Siehe Karte S. 102f
Zwischen Polk und Larkin Sts., Beach St. und North Point
415/775-5500
CC: Powell-Hyde, Powell-Mason; Bus: 10, 19, 41, 45; Straßenbahn: F

Ghirardelli Square

IM JAHRE 1964 WURDE GHIRARDELLIS EHEMALIGE SCHOkoladenfabrik in ein Einkaufszentrum mit Geschäften und Restaurants umfunktioniert – ein Konzept, das vielen anderen Restaurierungsprojekten der Stadt als Vorbild diente (z.B. Boston's Faneuil Hall Marketplace). Der mehrstöckige Komplex bietet eine großartige Aussicht auf die Bucht.

Die Erfolgsgeschichte begann, als Domingo Ghirardelli, Sohn eines berühmten Schokoladenfabrikanten aus Rapallo (Italien), 1852 nach San Francisco kam und sogleich anfing, Schokolade herzustellen. Vor allem fand er heraus, wie man das Kakaofett aus der Schokolade entfernen und den Rest zu einem köstlichen Pulver verarbeiten konnte, das *broma* genannt wurde. Dieses fand in Bäckereien und Molkereien Verwendung, außerdem konnte man daraus ein heißes Schokoladengetränk herstellen. 1885 verkaufte das Unternehmen 23 000 Kilo dieses Pulvers!

Um die expandierende Firma adäquat unterzubringen, kauften Domingos Söhne, nachdem dieser sich aus dem Geschäft zurückgezogen hatte, 1893 diesen Häuserblock, in dem seit 1864 u.a. die erste Wollfabrik untergebracht war.

Das große Ghirardelli-Firmenschild (8 m hoch, 50 m lang) wurde 1915 angebracht. Seitdem leuchtet es den Schiffen, die sich San Francisco nähern, schon von weitem entgegen.

Der malerische **Clock Tower** (1916) ist dem Schloss in Blois (Frankreich) nachempfunden. Der Landschaftsarchitekt Lawrence Halprin hat den Turm außen mit weißen Lichtern versehen und damit dem nächtlichen Stadtbild von San Francisco ein weiteres prägnantes Element hinzugefügt.

1962 zog Ghirardellis Unternehmen in ein neues Fabrikgebäude. Das historische Gebäude war damit in Gefahr, abgerissen zu werden, um einem Apartmentkomplex Platz zu machen. Matson Roth, Erbe des Schiffsunternehmens Matson, kaufte das Gebäude, um eine seiner Visionen zu verwirklichen. Er sorgte dafür, dass die alten Backsteinmauern und die Holzfußböden erhalten blieben und um neue Gebäude, kleine Anbauten sowie begrünte Terrassen ergänzt wurden. Heute findet man hier einige Dutzend Spezialgeschäfte. ■

In der Chocolate Manufactory am Ghirardelli Square kann man den Alcatraz Rock probieren (eine »Insel« aus Vanilleeis, die in einer »Bucht« aus Schlagsahne liegt und mit Schokolade von Ghirardelli sowie »Felsen« aus Nusskernen dekoriert ist)

Im Buena Vista Café steht die Zeit still. Hier wurde der erste Irish Coffee in den USA serviert

Weitere Sehenswürdigkeiten in Fisherman's Wharf

BUENA VISTA CAFÉ

Dies ist ein für San Francisco typisches Lokal, mit großen Fenstern und Steinfußboden. Das edwardianische Gebäude stammt aus dem Jahre 1911 – aber das ist nicht der Grund, warum dieses Café als historische Sehenswürdigkeit gilt. 1952 brachte der Journalist Stanton Delaplane aus Irland das Rezept für Irish Coffee mit. Im Buena Vista wurde dieses Getränk erstmals in den USA serviert. Es macht Spaß zuzuschauen, wie der Barkeeper zwölf oder mehr Gläser aneinander reiht und die irische Köstlichkeit mixt.

✉ 2765 Hyde St. ☎ 415/474-5044 🚌 CC: Powell-Hyde, Powell-Mason; Bus: 15, 30, 41, 45; Straßenbahn: F

MUSÉE MÉCANIQUE

Wie in einem altmodischen Wunderland kommt man sich beim Betrachten der 200 antiquarischen Spiele, Wahrsageautomaten, Krafttestapparate, Bildbetrachter und Orchesterautomaten vor. Unter den mechanischen Dioramen verblüfft vor allem eine detailreiche Karnevalsdarstellung sowie eine nostalgische Farm mit 150 beweglichen Figuren und Objekten. Alle Apparate sind funktionstüchtig.

Siehe Karte S. 102f ☎ 415/346-2000, www.museemecanique.com

🚌 CC: Powell-Hyde, Powell-Mason; Bus: 30, 41, 45; Streetcar: F

VICTORIAN PARK

Der Victorian Park ist eine mehr als zwei Hektar große, sorgfältig angelegte Grünanlage. Die Straßenlaternen und Bänke verleihen dem Park ein altmodisches Flair – man kann fast nicht glauben, dass die Anlage erst aus dem Jahre 1960 stammt! Gönnen Sie Ihren müden Gliedern eine Verschnaufpause, nachdem Sie kreuz und quer durch Fisherman's Wharf spaziert sind.

Siehe Karte S. 102f ✉ Hyde St. und Beach St. 🚌 CC: Powell-Hyde; Bus: 15, 30, 41, 45 ■

Westlich der Marina mit ihren Segelbooten und Parkanlagen verläuft die Küste um die Landspitze San Franciscos herum. Entlang dem Weg warten historische Gebäude, architektonische und kulturelle Sehenswürdigkeiten sowie eine zerklüftete Küstenlandschaft auf den interessierten Spaziergänger.

Die Marina und westlich davon

An der ehemaligen Festung der Stadt

Die Marina und westlich davon

EINE WUNDERSCHÖNE UND ERSTAUNLICH »UNSTÄDTISCHE« GEGEND SAN Franciscos erstreckt sich vom Stadtviertel Marina westlich bis zum Presidio und führt unterhalb der Golden Gate Bridge immer an der Pazifikküste entlang.

DER MARINA DISTRICT

In diesem Stadtviertel (von der Van Ness Avenue bis zum Presidio, zwischen Lombard Street und der Bucht) herrscht ein mediterranes Flair mit frischer Meeresbrise, Segelbooten und pastellfarbenen Häusern. Die Gebäude ahmen mediterrane Architektur nach, charakteristisch sind die Bögen und die roten Ziegeldächer.

Leider stehen sie auf unsicherem Grund – das zeigte das Erdbeben 1989, als zahlreiche Häuser absackten oder zusammenstürzten. Sie wurden auf einer Aufschüttung errichtet, die ursprünglich als Veranstaltungsort für die Panama-Pacific International Exposition im Jahre 1915 gedacht war. Schlamm wurde mit Erde, Sand und – Ironie des Schicksals – mit Bruchstücken von dem Erdbeben von 1906 vermischt. Diese Mixtur hielt dem Beben von 1989 nicht stand.

Zu den Besichtigungs-Highlights gehören der historische Armeeposten bei Upper Fort Mason sowie die Museen und Theater im Fort Mason Center. In Marina Green werden Hunde spazieren geführt. Eine Mole umschließt den Yachthafen. An ihrem Ende befindet sich ein Kunstwerk der besonderen Art: eine Wellenorgel, deren Pfeifen unter Wasser gurgeln und Matrosenlieder ertönen lassen.

An der Chestnut Street, westlich der Fillmore Street, finden Sie Einkaufsmöglichkeiten und ein reges Nachtleben. An der westlichen Ecke der Marina stößt man auf ein Relikt der Ausstellung von 1915, den Palace of Fine Arts. Dahinter befindet sich ein Wissenschaftsmuseum »zum Anfassen«, das Exploratorium.

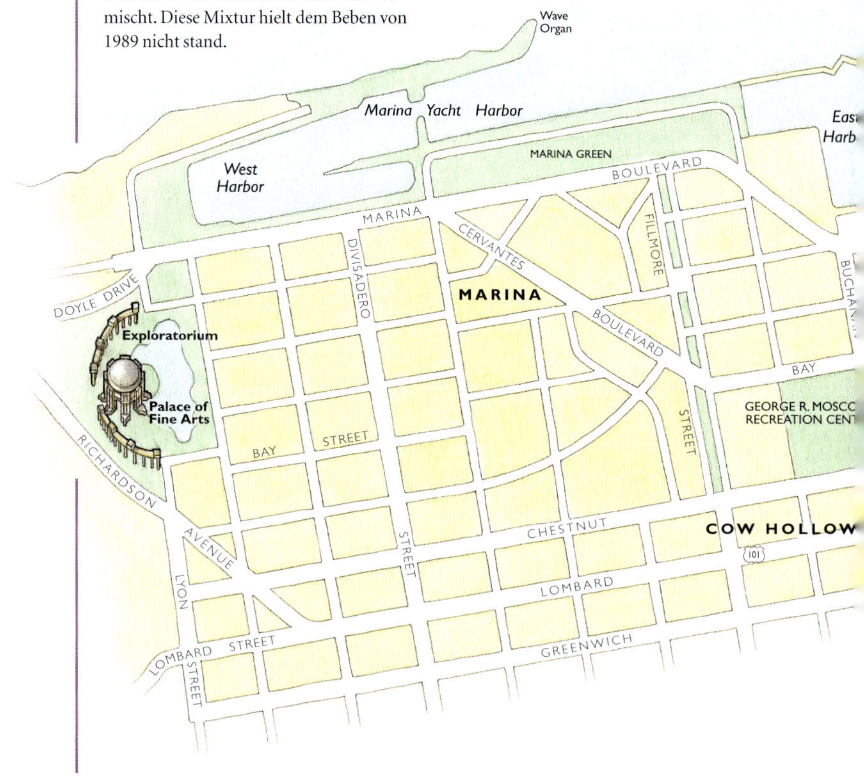

PRESIDIO

Diese Festung wurde 1776 von den Spaniern errichtet. Später wurde sie als amerikanischer Militärposten genutzt, und heute dient das Gebäude als typisches Beispiel amerikanischer Architektur aus der Mitte des 19. Jahrhunderts.

An einer Seite des Presidio nimmt die Golden Gate Bridge ihren Anfang, die sich über die offene Bucht spannt. Diese Hängebrücke aus dem Jahre 1937 ist nicht nur eine Glanzleistung der Ingenieurkunst, sondern auch ein Meisterwerk des Art déco.

Der malerische Golfplatz im Lincoln Park

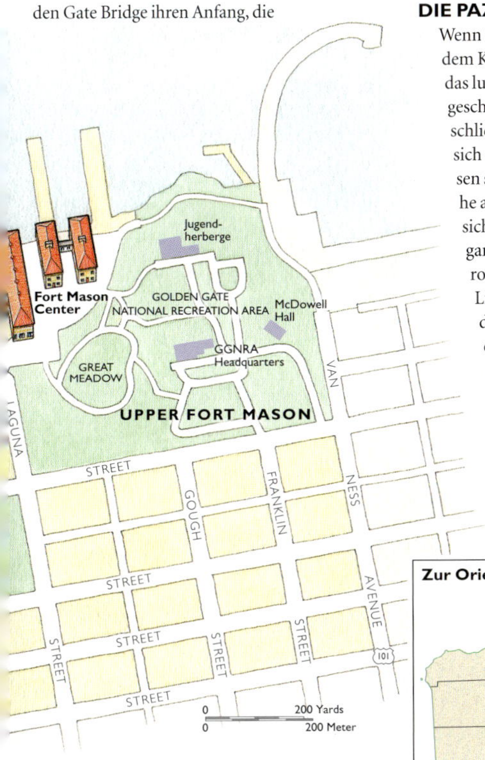

DIE PAZIFIKKÜSTE

Wenn Sie am Presidio vorbeigehen und dem Küstenverlauf folgen, erreichen Sie das luxuriöse Wohngebiet Sea Cliff, den geschützt gelegenen China Beach und schließlich Lands End, wo der Küstenpfad sich durch Waldgebiete und schroffe Felsen schlängelt, bis hinunter zu einer Reihe abgelegener Strände (seien Sie vorsichtig, wenn die Flut kommt!). Am Eingang zum Golden Gate steht ein rotweißer Leuchtturm, Mile Rock. Im Lincoln Park befindet sich der Palast der kalifornischen Ehrenlegion, der eine bedeutende Sammlung europäischer Kunst beherbergt. Der Palast bildet einen eleganten Hintergrund für den Golfplatz im Lincoln Park.

Im Cliff House kann man – wie schon seit 1863 – Speisen und Getränke zu sich nehmen und den Sonnenuntergang genießen. ■

Zur Orientierung

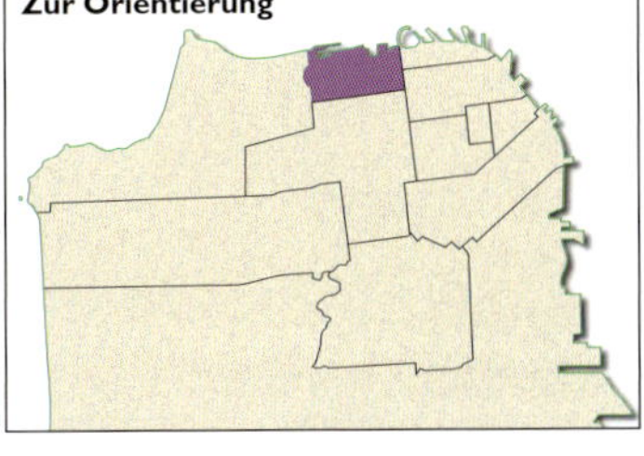

Fort Mason

Fort Mason
Siehe Karte S. 122f
Marina Blvd. bei Laguna St.
Bus: 22, 28, 30, 42, 47, 49

GGNRA Headquarters
www.nps.gov/goga
Fort Mason, Bldg. 201
415/561-4700

Fort Mason Center
www.fortmason.org
415/441-3400

FORT MASON UMFASST EINE FLÄCHE VON 36 HEKTAR ZWIschen Marina Green und dem Aquatic Park, die in zwei Bereiche aufgeteilt ist: Upper Fort Mason und Lower Fort Mason.

UPPER FORT MASON

Dieser Teil des Fort *(Eingang Ecke Bay und Franklin St.)* befindet sich auf einer Klippe über der Bucht. Der Militärposten ist von den Spaniern eingerichtet worden, die 1797 unten in der Bucht außerdem fünf Messingkanonen aufstellten, zum Schutz gegen Eindringlinge. Die Geschütze wurden jedoch nie benutzt.

Nachdem Kalifornien 1850 zum unabhängigen Staat erklärt worden war, wurde der Bereich US-amerikanisches Militärgebiet, was die Zivilbevölkerung jedoch nicht daran hinderte, hier mehr oder weniger illegal Häuser zu bauen. Einige dieser **Squatters' Houses** im neogotischen Stil säumen noch die Ostseite der Franklin Street.

Das Gebiet ist auch unter dem Namen »Black Point« bekannt, wegen der zahlreichen dunklen Lorbeerbäume, die auf der Klippe stehen. Während des Bürgerkrieges vertrieb die Union Army die Siedler und errichtete die Black Point Battery. Ein Teil davon ist restauriert worden, mit brusthohen Backsteinmauern und einer Kanone mit einem 30-Zentimeter-Kaliber, die eine 56 Kilo schwere Kugel mehr als drei Kilometer weit befördern konnte.

In einer ehemaligen **Klinik** aus dem Bürgerkrieg hat man eine Jugendherberge eingerichtet (*Tel. 415/771-7277*). In der **McDowell Hall** (1866) waren Generäle der Armee untergebracht, später befand sich hier der Offiziersclub. Die Festung erhielt ihren Namen 1882 nach Col. Richard Mason, Kaliforniens erstem Militär-Gouverneur. Nach dem Erdbeben und dem Großbrand von 1906 diente das Fort als Flüchtlingslager. Im Laufe der Zeit wurden die Militärgebäude abgerissen. 1972 wurde Fort Mason Teil der Golden Gate National Recreation Area (siehe S. 125). Die Zentrale der **GGNRA** befindet sich im ehemaligen Militärkrankenhaus: Hier erhält man Informationen über das Fort und die Nationalparks im Westen.

Zwischen dem Aquatic Park und Fort Point verläuft ein etwa sechs Kilometer langer Weg, die **Golden Gate Promenade**.

LOWER FORT MASON

1910–63 war dies der wichtigste Hafen in Kriegszeiten *(Zugang vom Marina Blvd. an der Buchanan St.)*.

Aus den Lagerhäusern und Piers ist inzwischen ein beliebtes Kulturzentrum geworden: das **Fort Mason Center** (siehe S. 142). 40 Organisationen bieten hier verschiedenste Aktivitäten an, von Kunstkursen bis hin zu Festivals. In der **Fort Mason Foundation** (*Building A*) finden Sie eine Übersicht über die Veranstaltungen. ■

Lower Fort Mason, ein Kulturzentrum mit herrlicher Aussicht

Marina Green

Marina Green
Siehe Karte S. 122f
Bus: 22, 28, 30

MARINA GREEN IST GLEICHSAM DER BEGRÜNTE HINTERHOF des Marina Districts. Es umfasst etwa vier Hektar Grünfläche, die sich entlang der Küste zwischen Scott und Webster Street erstreckt.

Das ehemalige Marschland (es wurde 1915 für die große Ausstellung aufgeschüttet) ist heute *der* Treffpunkt, um zu sehen und gesehen zu werden. Die Aussicht auf die Bucht ist einfach phantastisch! Viele nutzen die ständige Brise, um farbenprächtige Drachen steigen zu lassen.

Am Marina-Yachthafen hat der exklusive St. Francis Yachtclub seinen Sitz, den Willis Polk entworfen hat. Am Ende der Mole befindet sich die **Wellenorgel**, deren Pfeifen unter Wasser liegen und musikalische Klänge hervorbringen, sobald eine Welle ankommt. ■

Gehen Sie in der Grünanlage spazieren oder machen Sie ein Nickerchen (oben); Sie können auch die Golden Gate Promenade entlangradeln (unten)

Golden Gate National Recreation Area

Das Golden Gate National Recreation Area, kurz GGNRA genannt, steht unter der Aufsicht des National Park Service und umfasst insgesamt 30 750 Hektar mit allerlei Sehenswürdigkeiten, von Redwood-Wäldern über markante Landschaften bis hin zu alten Festungen.

Auch Alcatraz Island und das ganze Küstengebiet (Fort Mason, Marina Green, Crissy Field, Fort Point, Presidio, die Golden Gate Bridge, Baker und China Beach, Lands End, das Cliff House, Ocean Beach und Fort Funston) gehören dazu.

Auf der anderen Seite des Golden Gate geht die GGNRA in die Marin Headlands (East Fort Baker, Rodeo, Gerbode und Tennessee Valleys) und die Westküste über (Muir Woods, Muir Beach, Stinson Beach, Bolinas Lagoon, Olema Valley). ■

Palace of Fine Arts
Siehe Karte S. 122f
3601 Lyon St. am Marina Blvd.
Bus: 22, 28, 30, 41, 43, 45

Palace of Fine Arts

DIES IST DAS EINZIGE GEBÄUDE, DAS AN DIE PANAMA-PACIFIC International Exposition aus dem Jahre 1915 erinnert. Der Architekt Bernard Maybeck wollte die »Vergänglichkeit von Pracht und die Vergeblichkeit menschlichen Strebens zum Ausdruck bringen. Eine herrliche, klassische Ruine mit einem Säulengang, der die Leere umschließt ...«

Angeregt durch die Zeichnungen des italienischen Künstlers Giovanni Piranesi (18. Jh.) entwarf Maybeck einen Rundbau mit Bögen und einer 48 Meter hohen Kuppel. Es gab auch einen Säulengang mit korinthischen Säulen und eine Galerie.

Eigentlich hätte der Bau gar nicht stehen bleiben sollen. Das hölzerne Grundgerüst war mit einer Mischung aus Sackleinen und Mörtel bedeckt, die man beliebig formen konnte, die aber nicht sehr haltbar war. Das Ganze wurde mit einem Überzug versehen, der wie antiker Travertin-Marmor wirkte. Den Bewohnern von San Francisco gefiel dieser Palast so sehr, dass sie darauf bestanden, dass er nach dem Ende der Ausstellung dort stehen blieb. Mit der Zeit bröckelten jedoch die Wände ab und Statuen fielen von ihren Säulen. Mitte der 60er Jahre wurde der Palast abgerissen und aus Stahlbeton wieder aufgebaut. 1969 erweckte man auch die Galerie zu neuem Leben und richtete dort ein wissenschaftliches Museum ein, das Exploratorium. ■

Durch die Spiegelungen auf der Wasseroberfläche wirken der Rundbau und die Säulengänge des Palace of Fine Arts noch malerischer

Die Panama-Pacific International Exposition im Jahre 1915

Mit dieser Ausstellung feierte man die Eröffnung des Panamakanals, wollte aber gleichzeitig der ganzen Welt kundtun, dass San Francisco nach der schweren Katastrophe von 1906 wieder in vollem Glanz erstrahlte. Die Ausstellung fand im heutigen Marina District statt, wo gut 250 Hektar Küstengebiet aufgeschüttet wurden. Die Ausstellungshallen waren in zartem Pink gehalten und stellten die ganze Anmut der Beaux Arts in großem Stil zur Schau. Die Maschinenhalle war so riesig, dass der Pilot Lincoln Beachey mit einem Flugzeug durch das Gebäude fliegen konnte. Zahlreiche Besucher drängten sich in der Vergnügungszone, wo man eine zwei Hektar große Nachbildung des Panamakanals bewundern konnte.

Höhepunkt war der 130 Meter hohe »Tower of Jewels«; 100 000 bunte Glasperlen und Spiegel bedeckten seine Wände. Fast 19 Millionen Menschen besuchten die Ausstellung. ■

Exploratorium

DIE ZEITSCHRIFT *SCIENTIFIC AMERICAN* BEZEICHNETE DAS Exploratorium als bestes Wissenschaftsmuseum der Welt. Es wurde 1969 von Frank Oppenheimer gegründet, dessen Bruder – J. Robert – als »Vater der Atombombe« gilt. Wenn die Bombe die Schattenseite der Wissenschaft symbolisiert, so steht dieses Museum für die Sonnenseite. Hier soll die Welt für jedermann verständlich gemacht werden. An 600 Ausstellungsstücken warten zahlreiche Knöpfe und Hebel darauf, dass man sie in Gang setzt. Sie werden viel Gelächter und erstaunte Ausrufe hören – und das nicht nur von Kindern! 60 Prozent der 35 Millionen Menschen, die das Museum jährlich besuchen, sind Erwachsene.

Zentrales Thema der Ausstellung ist die menschliche Wahrnehmung. In einem Experiment wird die Luft von der Sonne »angestrichen«; in einem anderen Raum scheinen die Leute zu schrumpfen und wieder zu wachsen. Oder die eigene Stimme klingt plötzlich wie die eines quietschenden Streifenhörnchens. In dem abgedunkelten **Tactile Dome** müssen Sie Ihren Weg ertasten. Diesen Bereich hat August Coppola entworfen, der Bruder des Filmemachers Francis Ford Coppola.

Das Exploratorium spricht sowohl die kreativen Fähigkeiten als auch den Intellekt an. Dazu Oppenheimer: »Künstler und Wissenschaftler helfen uns, Erscheinungen in der Natur wahrzunehmen und zu schätzen, die wir mit der Zeit einfach nicht mehr wahrnehmen oder auf die uns nie jemand aufmerksam gemacht hat.« ■

Im Exploratorium lernen sowohl Kinder als auch Erwachsene, die Welt aus anderen Blickwinkeln zu sehen

Exploratorium

www.exploratorium.edu

✉ Hinter dem Palace of Fine Arts

☎ 415/561-0360 oder 415/561-0362 (Reservierungen für den Tactile Dome)

🕒 Geschl. Mo (außer an Feiertagen)

$ $$. Frei 1. Mi des Monats

🚌 Bus: 22, 28, 30, 41, 43, 45

Presidio

Presidio
www.nps.gov/prsf/home.htm
Siehe auch Karte S. 122f
Am Lincoln Blvd.
415/561-4323
Bus: 28, 29, 43, 82X

IM NORDOSTEN SAN FRANCISCOS BEFINDET SICH DIESE 600 Hektar große Oase mit Wäldern, Grasflächen und Felsklippen. Hier finden Sie Wanderwege, Strände und einige der schönsten Aussichtspunkte der Vereinigten Staaten. Das Presidio ist gleichzeitig ein Freilichtmuseum, wo Sie anhand von 477 historischen Bauwerken die Architektur des 19. Jahrhunderts bewundern können.

Presidio, von oben gesehen

Die militärische Vergangenheit dieses Gebiets begann im Jahre 1776, als Capt. Juan Bautista de Anza es zum spanischen Militärstützpunkt bestimmte. Zunächst erhielt dieser lediglich einen Zaun aus Baumstämmen, später ersetzte man die Umzäunung durch eine solide Mauer aus Adobe. Von diesem Außenposten ist jedoch niemals ein Schuss auf einen Feind abgefeuert worden, und übrig geblieben sind nur ein paar Mauerreste, die 1791 einmal zur Residenz eines Kommandanten gehört haben. Man kann sie im heutigen US-Offiziersclub im Main Post besichtigen.

Nachdem sich San Francisco durch den Goldrausch zu einer wichtigen amerikanischen Stadt entwickelt hatte, erhob die US-amerikanische Armee Anspruch auf das Presidio. Ein reiches Kalifornien musste auch verteidigt werden. Also wurde die Festung Fort Point auf den Ruinen des Castillo de San Joaquín errichtet, einem spanischen Artilleriestandort aus dem Jahre 1794. Während des Bürgerkrieges sollten die Backstein-

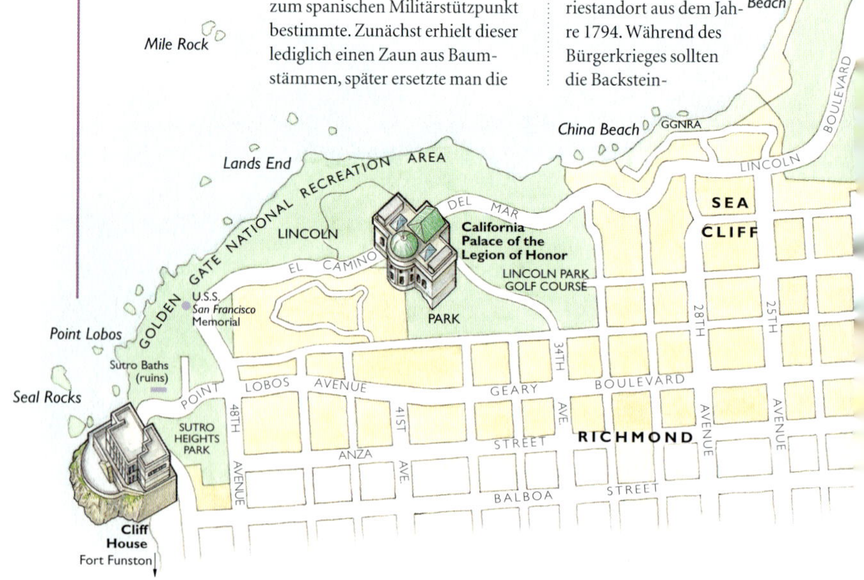

mauern gegen die Konföderierten schützen (die allerdings nie auftauchten).

Anfang des 19. Jahrhunderts waren im Presidio Soldaten, die in den Kriegen gegen die Indianer und gegen Spanien kämpften, untergebracht. Nach dem Erdbeben von 1906 fanden 16 000 Flüchtlinge Unterschlupf, später wurden hier Soldaten für den Ersten Weltkrieg ausgebildet.

Während des Zweiten Weltkrieges wurde das Presidio Hauptsitz der westlichen Kommandozentrale. Als diese 1994 ihre Arbeit einstellte, nahm die sechste US-Armee ihren Platz ein. Heute gehört das Presidio zur Golden Gate National Recreation Area.

MAIN POST

Dieses Gebäude war das Zentrum der Militärbasis, es spiegelt sehr anschaulich den architektonischen Wandel wider, der sich im Verlauf von einem Jahrhundert vollzog.

Visitor Center

✉ Officer's Club (Bldg. 50) bei der Moraga Ave.

☎ 415/561-4323

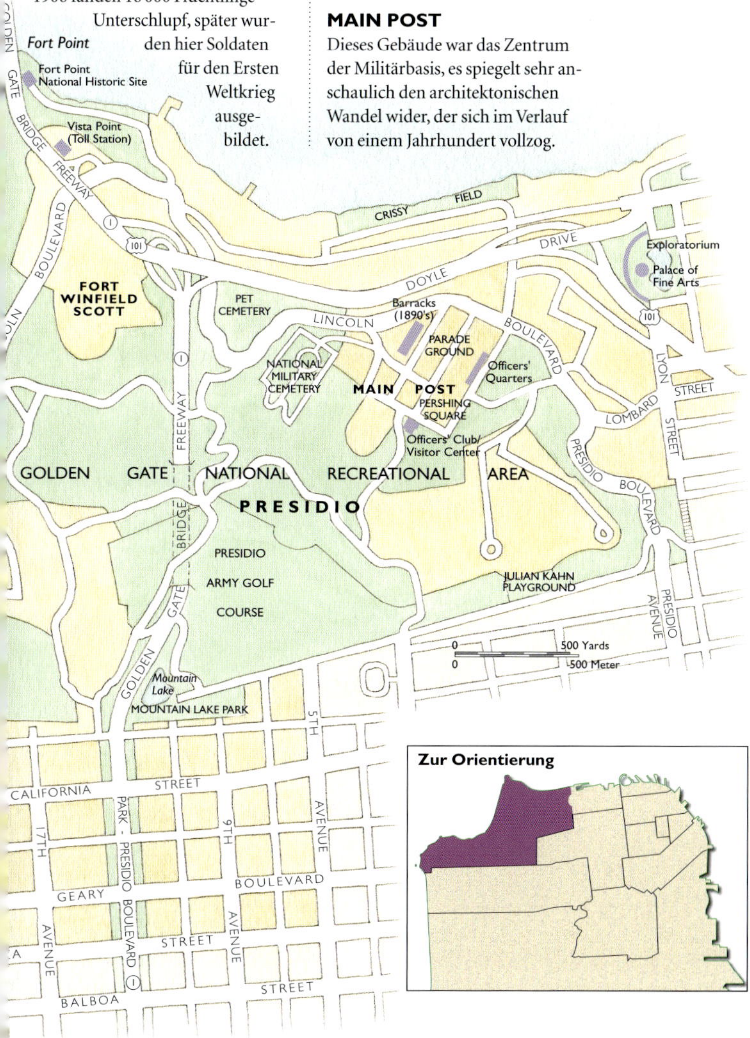

National Military Cemetery
✉ Lincoln Blvd. an der Sheridan Ave.

Pet Cemetery
✉ Beim Lincoln Blvd. an der McDowell Ave.

Crissy Field
www.crissyfield.org
☎ 415/561-4323

Gulf of the Farallones National Marine Sanctuary Visitor Center
www.farallones.org
✉ West Crissy Field, nahe Mason St. & Fort Point
☎ 415/561-6625
🕒 Geschl. Mo–Di

Starten Sie am **Visitor Center**, wo es Karten und Informationen gibt.

Am **Pershing Square** haben Archäologen Überreste der früheren spanischen Festung entdeckt, ein Schild markiert die nordwestliche Ecke des quadratischen Bauwerks aus Adobe. Hier befinden sich auch zwei Bronzekanonen (Anfang des 17. Jhs.), sie sind mit dem Wappen des spanischen Königs geschmückt. Der Fahnenmast bezeichnet die Stelle, wo einst das Haus des Brigadegenerals John J. Pershing stand . Hier wohnte er, bis seine Frau und seine Töchter bei einem Brand im Jahre 1915 ums Leben kamen. Pershing hatte während des Ersten Weltkrieges die Befehlsgewalt über das amerikanische Expeditionskorps in Europa.

An der südöstlichen Ecke des Main Post, entlang der Funston Avenue, steht eine Reihe von **Offiziershäusern**. Diese Häuser im viktorianischen Stil sind während des Bürgerkrieges erbaut worden. An der Funston Avenue und dem Presidio Boulevard gibt es mehrere viktorianische Häuser, die typische Elemente des Stick- und des Queen Anne-Stils (siehe S. 45) kombinieren. So findet man z. B. horizontale Linien und Dachziegel im Fischgrätmuster an einem Haus vereint. Die Häuser wurden 1885 für Offiziere höheren Dienstgrades erbaut.

Nördlich des Flaggenmastes steht ein weißes Blockhaus aus dem Jahre 1863, in dessen Mauern eine Kanonenkugel steckt.

Am Nordende der Graham Street befinden sich ehemalige Soldatenunterkünfte. Sie wurden nach dem Bürgerkrieg errichtet, als die Kompaniestärken von 75 auf 100 Mann erhöht wurden und somit plötzlich mehr Raumbedarf bestand. Gegenüber dem Hauptparadeplatz – ein Parkplatz, der irgendwann Grünfläche werden soll – befinden sich identisch erbaute Baracken aus der Zeit um 1890. Sie sind Beispiele für den ersten umfangreichen Einsatz von Ziegelstein in Presidio und zugleich ein Beleg für den Willen der U.S. Army, an diesem Ort länger bleiben zu wollen. Jeder Soldat besaß ein Bett und eine Truhe, jedoch keinerlei Privatsphäre.

DER NATIONALE SOLDATENFRIEDHOF

Dieses Areal, das bereits zur Zeit des Bürgerkrieges als Friedhof diente – wie einige Grabsteine belegen –, wurde 1884 zum nationalen Soldatenfriedhof bestimmt. Man findet hier bekannte Namen, wie etwa den des Brigadegenerals Frederick Funston, der für seinen Einsatz auf den Philippinen im Jahre 1899 die Tapferkeitsmedaille erhielt. Er hat auch wesentlich dazu beigetragen, die schwierige Situation nach dem Erdbeben 1906 zu bewältigen. Auch die Schauspielerin Pauline Cushman Fryer (60er Jahre des 19. Jhs.) liegt hier begraben. Sie hat auf ihrer Tournee in die Südstaaten für die Union Army spioniert.

Auf dem nahe gelegenen **Tierfriedhof** wurden Wachhunde des K9-Korps und später die Haustiere der ansässigen Familien beerdigt.

CRISSY FIELD

Dieser Küstenstreifen – ehemaliges Marschland, das für die Ausstellung 1915 aufgeschüttet wurde – diente 1919–36 als Militärflugplatz. Der National Park Service hat die Asphaltfläche in einen 40 Hektar großen Park umgewandelt, mit Dünen, Marschland und einer bei Joggern, Walkern und bummelnden Eltern mit Kindern sehr beliebten Uferpromanade. Das große Flugfeld wurde wiederhergestellt und dient nun als Erholungsfläche.

Ein altes Gebäude der Küstenwacht von 1890 wurde umgestaltet und beherbergt nun das **Gulf of the Farallones National Marine**

Sactuary Visitor Center. Es gibt detailliert Auskunft über das Schutzgebiet, das sich nördlich des Golden Gate erstreckt.

FORT WINFIELD SCOTT

Als entlang der Küste Verteidigungsposten errichtet wurden, wurde auch Fort Scott zur Aufnahme der Artillerie erbaut. Die Kasernen der Festung waren in Form eines Hufeisens angeordnet und im Revival-Stil mit weißen Wänden, bogenförmigen Eingangstoren und roten Ziegeldächern errichtet.

Die **Geschütze zur Verteidigung der Küste** wurden in den 90er Jahren des 19. Jahrhunderts aufgestellt, um das Golden Gate zu schützen. Sie befinden sich auf dem Weg zwischen Fort Point und Baker Beach (*Zugang vom Lincoln Blvd.*).

FORT POINT

Diese Festung, die man auch »Gibraltar des Westens« nennt, wurde 1861 fertig gestellt, um das Golden Gate zu verteidigen. In Fort Point gibt es 90 Waffenkammern, aber bereits Mitte der 80er Jahre des 19. Jahrhunderts waren die Waffen veraltet, und die Festung verkam. Heute gilt das Gebäude als Modell einer klassischen Festung aus der Zeit vor dem Bürgerkrieg und als sehenswertes Beispiel der Steinmetzkunst.

Bemerkenswert ist die Lage der Festung unter einem stählernen Bogen der Golden Gate Bridge. Durch diese Konstruktion ließ sich der Abriss des Forts vermeiden, der zur südlichen Verankerung der Brücke notwendig gewesen wäre.

BAKER BEACH

An diesem beliebtesten Strand der Stadt erwarten Sie Picknickplätze, Dünen und ein herrlicher Blick auf die Golden Gate Bridge. Auf den Klippen steht die **Battery Chamberlain** aus dem Jahre 1904 mit einem einziehbaren Geschützrohr. Die Lafette kann hinter einer Mauer verschwinden, damit der Feind sie nicht sieht. An Wochenenden kann man sich dies von einem Mitarbeiter des Nationalparks vorführen lassen. Schwimmen sollten Sie hier wegen der gefährlichen Strömungen nicht! Am nördlichen Teil des Strandes findet man oft FKK-Anhänger.

DIE NATUR

Der Wald des Presidio umfasst mehr als 200 000 Pinien, Zypressen und Eukalyptusbäume. In den Wäldern und an der Küste leben mehr als 170 Vogelarten. An der Küste gibt es ebenfalls viel zu entdecken: winzige Schnecken in den Flutbecken, aber auch 27 Meter lange Blauwale, die auf hoher See vorbeiziehen. ■

Der elf Hektar große Soldatenfriedhof

Fort Point
www.nps.gov/fopo
✉ Abseits des Lincoln Blvd.
☎ 415/556-1693
🕒 Geschl. Mo–Do

Baker Beach
✉ Lincoln Blvd. Nähe Bowley St.

Die berühmte Brücke (oben und rechts) überspannt das Golden Gate, die etwa 1,6 Kilometer breite Einfahrt in die Bucht von San Francisco

Golden Gate Bridge

DIE GOLDEN GATE BRIDGE ÜBERSPANNT DIE BUCHT VON San Francisco und verbindet die Stadt mit Marin County. Ob man die Brücke nun als technische Meisterleistung oder als Kunstwerk, als rot-orangefarbene Skulptur vor dem blauen Ozean und der grünen Landzunge betrachtet – beeindruckend ist sie in jedem Fall.

Die Golden Gate Bridge ist eine Hängebrücke. An zwei Türmen sind dicke Stahlseile befestigt, an denen die Straße aufgehängt ist. Diese einfache Idee geht auf die Vor-Eisenzeit zurück, als die Menschen noch Bambus und Kletterpflanzen als Seile benutzten.

Wenn man sich einmal die Maße dieses Bauwerks vor Augen hält, wird einem schier schwindelig. Sie ist 2700 Meter lang, die lichte Weite beträgt 1260 Meter. Bis 1964 war sie die längste Brücke der Welt, dann wurde die Golden Gate Bridge durch die Verrazano Narrow Bridge in New York mit 1278 Metern übertrumpft. Die Spannweite an beiden Seiten beträgt jeweils 337 Meter.

Die zwei Türme im Art déco-Stil sind 223 Meter hoch (57 Meter höher als das Washington Monument), was in etwa 48 Stockwerken entspricht. Zusammen haben die

Golden Gate Bridge
www.goldengatebridge.org
Siehe Karte S. 128f
Bus: 28, 29, 76

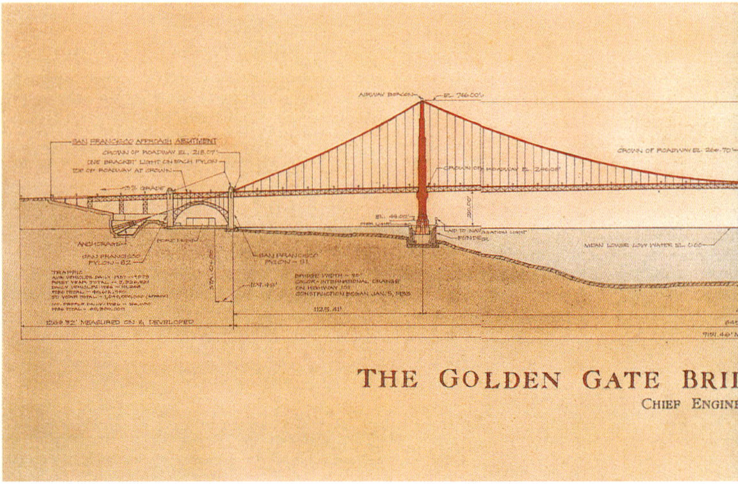

Wenn man den Teil mitrechnet, der unter Wasser liegt, so ist der südliche Turm der Brücke fast ebenso hoch wie die Transamerica Pyramid

Die Brücke von allen Seiten

An folgenden Stellen haben Sie einen guten Blick auf die Brücke:

Vista Point & Visitor Center (*beim Lincoln Blvd. bzw. der US 101*). An der Mautstelle finden Sie außerdem ein Souvenirgeschäft, eine Strauss-Statue und einen Querschnitt durch ein Stahlseil.

Fort Point (*vom Lincoln Blvd. aus*). Blick von unten, entlang der Seemauer.

Lands End *(Parkplatz am U.S.S. San Francisco Memorial)*. Blick auf die Brücke vom Westen aus.

Von Marin County aus:

Vista Point (*von der US 101 North aus*). Im Hintergrund das Presidio.

East Fort Baker (*US 101 North, Ausfahrt Alexander Ave.; bei der Bunker Rd. folgen Sie den Hinweisschildern »Bay Area Discovery Museum«*). Spektakulärer Blick von unten.

Conzelman Road (*US 101 North, Ausfahrt Alexander Ave.; links in die Bunker Rd., links in die McCullough Rd., links in die Conzelman Rd.*). Großartiger Blick von den Marin Headlands. ■

beiden Türme ein Gewicht von mehr als 40 000 Tonnen. Der Brückenpfeiler für den südlichen Turm musste etwa 400 Meter von der Küste entfernt ins Meer gebaut werden, auf einem Fundament, das 33 Meter unterhalb der Meeresoberfläche liegt. Die Arbeiter bauten dazu einen ovalen Schacht aus Beton. Der Schacht wurde ins Wasser gelassen, das Wasser abgepumpt, so konnte man das Fundament und den Pfeiler errichten. Den Schacht versah man nach Abschluss der Arbeiten mit Öffnungen, so dass das Meerwasser zirkulieren konnte.

Die beiden Stahlseile sind über die Türme geführt und am Ende jeweils in einem Betonblock verankert. Jede Verankerung kann einem Zug von 28 000 Tonnen standhalten. Die Stahlseile wiegen jeweils 11 000 Tonnen, haben einen Durchmesser

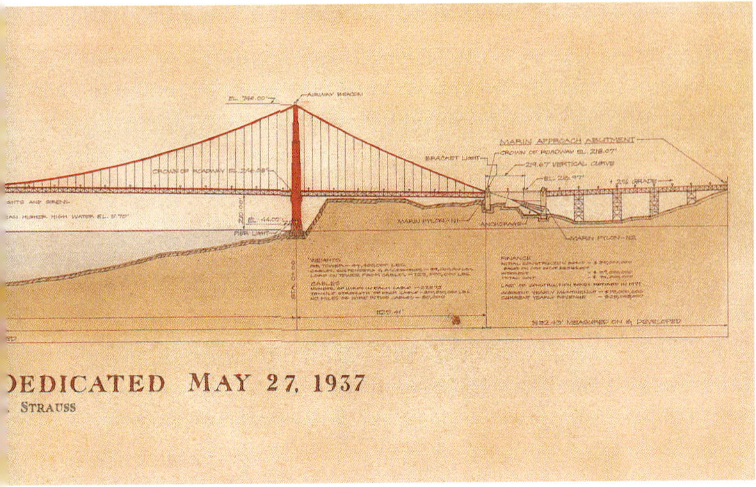

von 92 Zentimetern und bestehen aus 27 572 Einzeldrähten. Zusammen genommen haben die Drähte eine Gesamtlänge von 128 000 Kilometern, sie würden also dreimal um den Äquator reichen.

Bei starkem Wind oder einem Erdbeben kann die Schwankungsbreite bis zu acht Meter betragen. Die Straße verläuft im Durchschnitt 66 Meter über dem Meeresspiegel.

Seit ihrer Eröffnung im Jahre 1937 wird die Brücke regelmäßig neu gestrichen. Für den ersten Farbauftrag waren 222 000 Liter Farbe notwendig. Der auffallende Farbton nennt sich International Orange. Diese Farbe hat der beratende Architekt Irving Morrow als Alternative zu dem sonst üblichen faden Grau vorgeschlagen.

Der leitende Ingenieur Joseph Strauss musste eine Konstruktion entwickeln, die einer Brandung von bis zu hundert Kilometern pro Stunde, Wellen, stürmischen Winden und sogar Erdbeben standhalten konnte. Außerdem musste er den Widerstand der Southern Pacific Railroad Company überwinden, deren Fährbetrieb durch die Brücke empfindliche Einbußen erlitt. Der Bau dauerte vier Jahre (1933–37) und kostete 35 Millionen Dollar. Viele Tausend Menschen fanden so während der schweren Wirtschaftskrise einen Arbeitsplatz. Elf Menschen sind bei Unfällen ums Leben gekommen – eine dank der zahlreichen Sicherheitsvorkehrungen relativ geringe Zahl, vor allem wenn man bedenkt, dass seit der Eröffnung mehr als 1000 Menschen freiwillig von der Brücke in den Tod gesprungen sind. ■

Ununterbrochen fließt der Verkehr zwischen San Francisco und Marin County in beide Richtungen

San Francisco Headlands

Siehe Karte S. 122f und 128f
Bus: 18

DIE SAN FRANCISCO HEADLANDS ERSTRECKEN SICH VOM Baker Beach aus die Küste entlang. Es handelt sich um eine urtümliche Landschaft mit steilen Klippen und wilder Vegetation.

Angeblich sind chinesische Einwanderer am China Beach an Land geschmuggelt worden

Die einzig zivilisierte Region in den Headlands ist das Stadtviertel **Sea Cliff** (*vom El Camino del Mar aus an der 25th–27th Ave.*). Dieses Wohnviertel ist einzigartig, weil es direkt am Meer liegt. Ansonsten sind an der Küste nur Parks und öffentliche Strände. Viele der Häuser sind im mediterranen Stil gebaut und haben Meerblick.

Der feinsandige **China Beach** (*am Ende der Seacliff Ave.*) ist nach chinesischen Fischern benannt, die hier einst mit ihren Booten Rast machten und ihre Lager aufschlugen. Die Bucht ist windgeschützt und daher hervorragend zum Sonnen, Picknicken oder für ein (sehr kühles) Bad geeignet. Seien Sie vorsichtig mit dem Surfen, da die Winde hier unberechenbar sind.

Blick auf die Stadt vom Golfplatz im Lincoln Park

LANDS END

Dieses wilde Stück Land an der Küste zwischen Sea Cliff und Cliff House hat auch einen »gezähmten« Abschnitt, den **Lincoln Park**. Hier befand sich einst ein Friedhof, der 1909 nach den Plänen John McLarens (der auch den Golden Gate Park entwarf, siehe S. 156) in einen Golfplatz umgewandelt wurde. Der **California Palace of the Legion of Honor** (siehe S. 137) bietet eine Sammlung europäischer Kunstschätze.

Der Wanderweg **Coastal Trail** (*Zugang vom Palace oder dem Parkplatz am Merrie Way*) führt über die Landzunge, an Zypressen, Wiesen und steilen Klippen vorbei, mit großartigen Blicken auf die Meerenge. Er führt auch zum **Lands End Beach** hinunter. Ein Teil des Weges folgt den Schienen der Ferries & Cliff House Railroad (80er Jahre des 19. Jhs.), der ehemaligen Eisenbahnstrecke zur Küste.

Folgen Sie dem Pfad zu Fuß oder fahren Sie bis zum **Vista Point** und dem **U.S.S. San Francisco Memorial** (*vom El Camino Del Mar aus*). Dieses Schiff aus dem Zweiten Weltkrieg hat in der Schlacht bei Guadalcanal 45 Treffer erlitten, seine Kommandobrücke dient als Mahnmal. Vor der Küste sind viele Schiffe an den tückischen Felsen zerschellt. Einige Wrackteile sind vom Coastal Trail aus zu sehen. Weiter südlich befinden sich das **Cliff House**, **Sutro Heights** und **Sutro Baths** (siehe S.140ff). ■

California Palace of the Legion of Honor

Rodins *Denker* vor klassizistischen Kolonaden

DIE SOZIAL EINGESTELLTE ALMA DE BRETTEVILLE SPRECKELS überredete ihren Ehemann, einen Zuckermagnaten, den französischen Pavillon der Pacific-Panama International Exposition aus dem Jahre 1915 in ein Kunstmuseum umzuwandeln. (Der Pavillon war eine Nachbildung des Palais de la Légion d'Honneur in Paris von 1782.) Die von Säulen umstandenen Gebäudeflügel füllte die Philanthropin mit allerlei Kunstschätzen, darunter mehr als 80 Bronze-, Marmor-, Terrakotta- und Gipsskulpturen von Rodin. Viele erwarb sie direkt aus dem Atelier des Künstlers, einschließlich einer frühen Fassung der Skulptur *Der Denker* (1904).

Das Museum, das die im Ersten Weltkrieg gefallenen Kalifornier ehrt, wurde von George Applegarth 1924 entworfen und 1994 um ein Untergeschoss erweitert.

Die Räume 1, 2 und 3 widmen sich der mittelalterlichen europäischen Kunst nach dem Niedergang Roms im 5. Jahrhundert. Die Kunstwerke, zum Ruhme Gottes geschaffen, reichen von einem Reliquienschrein aus blauer Emaille aus dem französischen Limoges (etwa 1200) bis hin zu einer Alabasterschnitzerei, auf der Jesus dargestellt ist, wie er Adam und Eva einen Verweis erteilt (Spanien, 14. Jh.). An den Exponaten lässt sich sehr gut die stilistische Entwicklung von der Romanik (11./12. Jh.) zur Gotik (12.–16. Jh.) nachvollziehen.

Während der Renaissance (Raum 4 und 5) trat das menschliche Individuum in den Mittelpunkt der künstlerischen Darstellung. Schauen Sie sich die frühen Renaissance-Werke von Fra Angelico und anderen italienischen Malern an. Die Hoch-Renaissance (Tizian, Tintoretto) pflegte einen realistischen Stil, entwickelte sich aber hin zu einem Manierismus, der etwa in El

California Palace of the Legion of Honor

www.thinker.org/legion

- Lincoln Park, nahe 34th Ave. und Clement St.
- 415/750-3600
- Geschl. Mo
- $$ Mi frei
- Bus: 1, 18, 38

Grecos *Johannes der Täufer* (um 1600) deutlich wird.

Der »Vater der modernen Bildhauerkunst«, Auguste Rodin (Räume 8, 10 und 12), zeichnet sich durch eine neue psychologische Tiefe und Sinnlichkeit aus. Beachten Sie seine Skulptur *Der Kuss* (1886) und die Entwürfe der *Bürger von Calais* (1886).

Die holländische und flämische Sammlung aus dem 17. Jahrhundert (Räume 14 und 15) zeigen ein Porträt des Kapitäns Joris de Caulleri (1632), das der 26-jährige Rembrandt gemalt hat, sowie Werke von Van Dyck und Rubens.

In den Räumen 17 und 18 finden Sie europäische Kunst des 19. Jahrhunderts. Der künstlerische Wandel

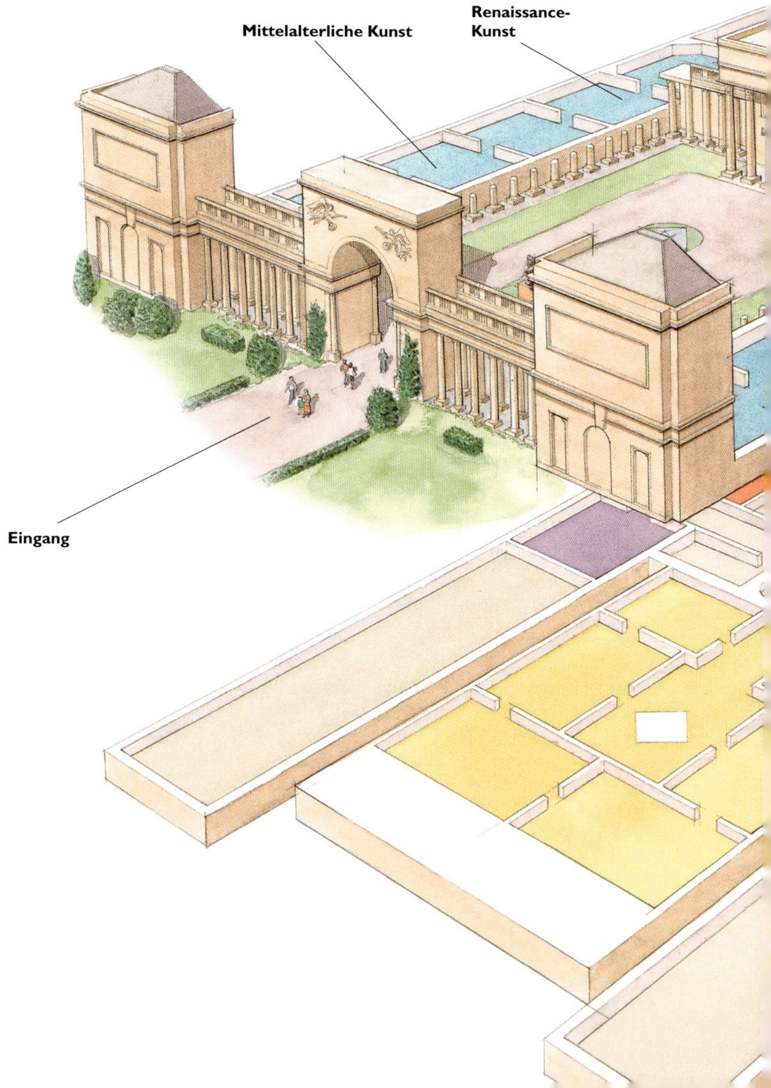

vom Romantizismus (Gericaults *Reiterportrait von Charles V.*, 1814) über den sozialen Realismus (Manets *Bei der Hutmacherin*, 1881) bis hin zu Impressionismus und Pointillismus (Seurrats *Der Eiffelturm*, 1889) reflektiert deutlich die schnelle gesellschaftliche Entwicklung.

Das 20. Jahrhundert (Raum 19) war in Europa von neuen Herausforderungen geprägt , die Darstellung von Form und Inhalt betreffend. Ein gutes Beispiel sind Monets *Seerosen* (etwa 1914–17), ein spätes Werk, das eine Naturszene in eine fast abstrakte Zusammenstellung von Farbtönen verwandelt. Auch Picassos *Stillleben mit Totenschädel, Porreestangen und Vase* (1945) sollten Sie nicht versäumen. ■

Viele Arbeiten von Rodin wurden vom Künstler selbst zur Verfügung gestellt

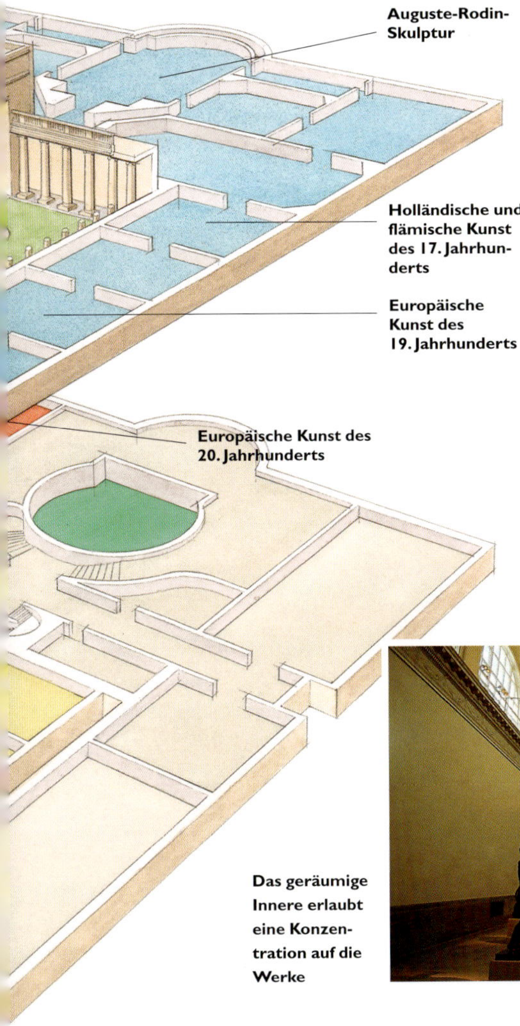

- **Kunstwerke verschiedener Epochen**
- **Florence Gould Theatre**
- **Constance & Henry Bowles Porcelain Gallery**
- **Achenbach-Stiftung für grafische Kunst**
- **Wechselnde Ausstellungen**
- **Andere Bereiche**

Das geräumige Innere erlaubt eine Konzentration auf die Werke

Cliff House, Sutro Heights und Sutro Baths

Cliff House
www.cliffhouse.com
1090 Point Lobos Ave.
415/386-3330
Bus: 18, 38

Sutro Heights Park
Eingänge 48th Ave. und Point Lobos Ave.

VON JEHER ZOG ES DIE BEWOHNER SAN FRANCISCOS NACH Westen, um einen Tag am Strand zu verbringen. Für sie wurde 1863 das Cliff House gebaut. Das unscheinbare Äußere täuscht, hier haben bereits amerikanische Präsidenten und Großindustrielle residiert. Später wurde das Haus ein eher anrüchiger Treffpunkt.

Im Jahre 1881 erschien Adolph Sutro auf der Bildfläche, ein Comstock-Millionär (siehe S. 27), der ein Zwölftel des Landes von San Francisco besaß. Er kaufte das Cliff House und verliebte sich in den Blick oben von der Klippe – die er daraufhin ebenfalls erwarb. Dort ließ er sein Haus, Sutro Heights, bauen und engagierte zehn Gärtner, die den sandigen Boden mit Rosen, kunstvollen Beeten und exotischen Bäumen bepflanzten. Außerdem ließ er europäische Skulpturen aufstellen, die für jedermann frei zugänglich waren. Die Gärten, der heutige **Sutro Heights Park**, werden von der GGNRA gepflegt.

Um den Menschen den Zugang zur Küste zu ermöglichen, ließ Sutro eine Eisenbahnlinie bauen. Die Fahrt kostete nur fünf Cents. Nachdem 1894 ein Feuer das Cliff House zerstört hatte, ließ Sutro es stilvoller wieder aufbauen. 1907 brannte es erneut ab. Das heutige **Cliff House** ließ Sutros Tochter 1909 im neoklassizistischen Stil erbauen.

Zwei steinerne Löwen bewachen den Eingang zum Sutro Heights Park

Es überstand die große Depression und beide Weltkriege unbeschadet und wurde mehrfach umgestaltet, bevor es 1977 Eigentum des National Park Services wurde. Durch eine komplette Renovierung entstand 2004 das Cliff House dann sozusagen zum vierten Mal. Dabei erhielt das Gebäude seinen ursprünglichen Charakter und seine neoklassizistische Würde von 1909 zurück. Gleichzeitig bekam es einen neuen Anbau, dessen Architektur an die der alten Sutro Baths erinnert. Vom Esszimmer aus bietet sich ein grandioser Blick auf den Strand, Seal Rock und die sanft geschwungenen Hügel von Marin County.

Wenn Sie vom Cliff House aus einen kleinen Spaziergang in Richtung Norden machen, kommen Sie zu den Überresten von **Sutro's Baths**, einer öffentlichen Badeanstalt. Sutro hat 250 000 Dollar für dieses gut einen Hektar große Bad ausgegeben, das im Jahre 1886 eröffnet wurde. Die Besucher konnten in sechs Salzwasserbecken schwimmen, das größte davon 90 Meter lang, die verschieden temperiert waren.

Ein Brunnen sorgte dafür, dass ständig frisches Wasser zulief. Es gab eine Wäscherei, die die ausgeliehenen Badeanzüge (20 000 pro Tag!) und Handtücher (40 000) reinigte. In drei Restaurants fanden gleichzeitig 1000 Menschen Platz. Als weitere Attraktionen gab es Schaukästen mit Kunstschätzen aus dem alten Ägypten und ein Amphitheater, in dem 3700 Zuschauer Platz fanden. Der Eintritt kostete nur zehn Cents, wer schwimmen wollte, zahlte 25 Cents. Die Einnahmen deckten bei weitem nicht die Kosten, daher verwandelten Sutros Erben 1937 das große Becken in eine Eislaufbahn. In den 60er Jahren des 20. Jahrhunderts wurde das Gebäude durch ein Feuer zerstört. ■

GGNRA Visitor Center

✉ Cliff House, 1090 Point Lobos Ave.

☎ 415/556-8642

Musée Méchanique

✉ Cliff House, 1090 Point Lobos Ave.

☎ 415/386-1170

Man kann sich heute nur schwer vorstellen, welch großartige Anlage diese Badeanstalt war

Religiöse Kunst im Mexican Museum in Fort Mason

Weitere Sehenswürdigkeiten

FORT MASON CENTER

Dieses Kulturzentrum beherbergt das **Cowell Theater** (*Pier 2, Tel. 415/441-3687, Theaterstücke, Tanz, Musik*), das **Magic Theater** (*Bldg. D, Tel. 415/441-8822, Werke von Sam Shepard und Nachwuchs-Bühnenschriftstellern*), das **Young Performers Theater** (*Bldg. C, Tel. 415/346-5550, Kinder und Berufsschauspieler arbeiten zusammen*) und das **Bay Area Theater Sports** (*Bldg. B, Tel. 415/474-8935, Improvisationen, Workshops*).

Es gibt auch Museen: das **San Francisco Museum of Craft & Folk Art** (*Bldg. A, Tel. 415/775-0991, historisches und modernes Kunsthandwerk verschiedener Kulturen*), das **Museo Italo-Americano** (*Bldg. C, Tel. 415/673-2200, italienische und italo-amerikanische Künstler*), die **San Francisco African-American Historical & Cultural Society** (*Bldg. C, Tel. 415/441-0640, Kultur, Kunstwerke und Kunsthandwerk*) und das **Mexican Museum** (*Bldg. D, Tel. 415/202-9700, mexikanische und südamerikanische Kunst, zieht aber Ende 2006 um ins Yerba Buena Center*). Die **National Maritime Library** (*Bldg. E, Tel. 415/561-7080*) widmet sich Segel- und Dampfschiffen vom Goldrausch bis nach dem Zweiten Weltkrieg. Auch das vegetarische Restaurant **Greens** (siehe S. 253) befindet sich hier. Informationen zu Fort Mason finden Sie auf S. 124.

✉ Lower Fort Mason, Marina Blvd. an der Laguna St. 🚌 Bus: 22, 28, 30, 42, 47, 49

Im Museum of Craft & Folk Art

PRESIDIO GOLF COURSE

Dieser etwa sechs Kilometer lange öffentliche 72-Par-Golfplatz befindet sich im Herzen von San Francisco. Als er 1895 auf dem damaligen amerikanischen Militärstützpunkt errichtet wurde, hatten nur Angehörige der Armee sowie Mitglieder eines kleinen privaten Clubs Zugang. Der Militärposten wurde 1995 geschlossen, das Gelände ging in den Besitz des National Park Service über. Dieser öffnete den Golfplatz für die Öffentlichkeit. Der Platz wird von einer privaten Gesellschaft betreut. Im Clubhaus der 18-Löcher-Anlage befindet sich das Presidio Café, das auch Gästen offen steht, die nicht Golf spielen.

www.presidiogolf.com ✉ 300 Finley Rd. ☎ 415/561-4653 (Golf), 415/561-4600 (Café) 🚌 Bus: 28, 29, 41, 43, 45 ■

Luxuriöse Villen und Apartmentblocks – so präsentiert sich Pacific Heights. Am südlichen Rand dieses gehobenen Wohnviertels liegt Japantown.

Pacific Heights und Japantown

Die japanische Gemeinde San Franciscos feiert das Kirschblütenfest

Pacific Heights und Japantown

PACIFIC HEIGHTS IST DIE BESTE ADRESSE IN SAN FRANCISCO. HIER IST ALLES geboten, was ein elitäres Wohnviertel ausmacht. Erstens: eine hervorragende Lage – oben auf dem Hügel zwischen Van Ness und Presidio Avenue, begrenzt durch California und Green Street. Zweitens: wunderschöne Häuser und Apartments. Und drittens: eine Aussicht, die eine Million wert ist (manchmal sogar mehrere Millionen …).

Das Viertel hat sich mit den öffentlichen Verkehrsmitteln entwickelt. Nach der Erfindung der Cable Cars fand in den 70er Jahren des 19. Jahrhunderts der erste Bauboom statt. Villen entstanden entlang der Van Ness Avenue, die zur breitesten Straße der Stadt ausgebaut wurde (37 m). In den 80er Jahren des 19. Jahrhunderts wurden vor allem rund um die beiden Parks – Lafayette und Alta Plaza – elegante Häuser im viktorianischen Stil errichtet, und viele weitere folgten. Oft wurden ganze Häuserreihen von Spekulanten nach ähnlichen Plänen gebaut. Die Besitzer suchten sich dann Schmuckelemente aus dem Katalog aus, um ihr Haus individuell zu gestalten. Während des Erdbebens und der Feuerkatastrophe im Jahre 1906 ließ Brigadegeneral Frederick Funston die Häuser auf der Ostseite der Van Ness Avenue sprengen. Dadurch konnte er verhindern, dass sich das Feuer weiter in Richtung Westen über die Stadt ausbreitete. Die Van Ness Avenue wurde später zu einer der Hauptgeschäftsstraßen.

Noch elitärer wurde Pacific Heights nach 1906, als wohlhabende Familien, deren Häuser in Nob Hill abgebrannt waren, hierher zogen und luxuriöse Villen bauten. Alle Stilarten

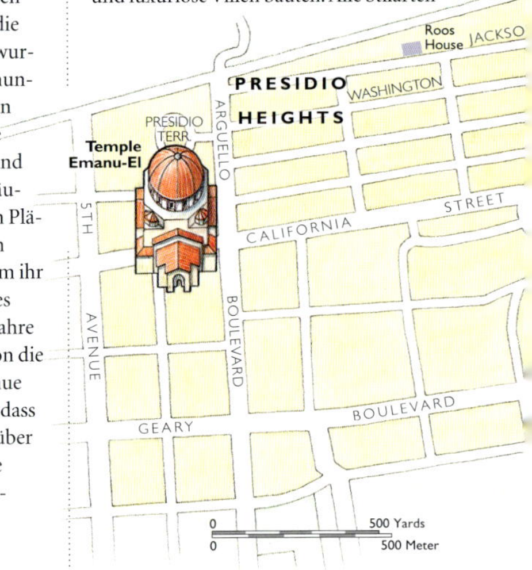

Das Eliteviertel Pacific Heights

sind vertreten: von der italienischen Villa bis hin zu riesigen Klötzen aus Backstein. In den 20er und 30er Jahren des 20. Jahrhunderts wurden im östlichen Teil von Pacific Heights viele alte Häuser durch Apartmentblocks ersetzt. An der Südseite der Presidio Avenue trifft man ebenfalls auf zahlreiche wunderschöne Häuser. Ein Highlight dieses Stadtviertels ist die schlichte, aber geschmackvolle swedenborgianische Kirche.

Zwischen Pacific Heights und Marina befindet sich Cow Hollow, eine Senke, in der einst zahlreiche Bauernhöfe standen, die im Laufe der Zeit durch viktorianische Häuser verdrängt wurden. In den 50er Jahre des 20. Jahrhunderts zogen nach und nach immer mehr Geschäfte und Restaurants in die altmodischen Häuser an der Hauptstraße ein.

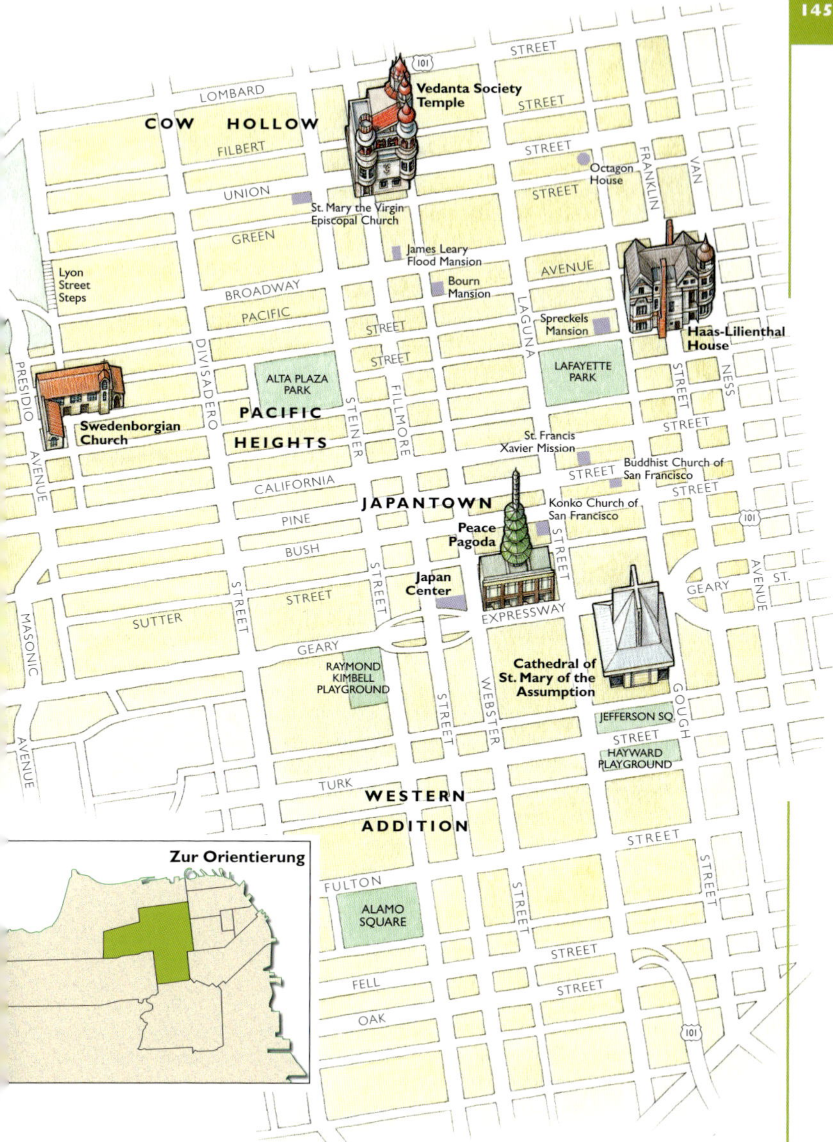

Südlich von Pacific Heights schließt das japanische Viertel, Nihonmachi (Japantown), an. Das Viertel war früher größer, aber während des Zweiten Weltkrieges wurden viele Japaner (zwei Drittel von ihnen waren amerikanische Staatsbürger) interniert.

In den 60er Jahren des 20. Jahrhunderts riss man im Rahmen der Stadtsanierung viele viktorianische Häuser, die verkommen waren, ab. Für 4000 Haushalte mussten neue Unterkünfte gefunden werden. Das JapanCenter wurde errichtet, außerdem Tempel und Kirchen. ■

Prächtige Villen

Haas-Lilienthal House
www.sfheritage.org
2007 Franklin St.
415/441-3000
Führungen Mi, Sa, So (Zeiten telefonisch erfragen)
$$
Bus: 1, 12, 19, 27, 47, 49

IN DEN MEISTEN FÄLLEN KÖNNEN SIE DIE LUXUSVILLEN IN Pacific Heights nur von außen bewundern, aber die teils sehr extravagante Architektur ist wirklich sehenswert.

HAAS-LILIENTHAL HOUSE

Dieses Haus können Sie besichtigen. Das stattliche graue Gebäude mit spitzen Giebeln, Erkerfenstern und einem Eckturm ist eine Mischung aus Queen-Anne- und Stick-Stil. In diesem Haus aus dem Jahre 1886 haben bis 1972 zwei Generationen derselben Familie gewohnt, heute ist es ein Museum und Sitz der Gesellschaft für architektonische Erhaltung. Das Gebäude ist eines der wenigen, die den Brand von 1906 überlebten; die anderen viktorianischen Häuser im östlichen Teil von Pacific Heights sind entweder abgebrannt oder abgerissen worden, um Platz für Apartments zu schaffen.

Das dreistöckige Haus wurde nach einem Entwurf von Peter Schmidt für William Haas gebaut, einem jüdischen Einwanderer deutscher Abstammung, der als Lebensmittel-Großhändler anfing und später zum Direktor der Wells Fargo Bank avancierte. (Seine jüngste Tochter heiratete Samuel Lilienthal.) Das Haus mit 24 Räumen auf 1000 Quadratmetern zeigt, welchen Lebensstil eine Kaufmannsfamilie der oberen Gesellschaftsschicht pflegte. Im Wohnzimmer, Esszimmer und einem Schlafzimmer stehen Möbelstücke verschiedener Stilrichtungen, die im Verlauf der 50 Jahre nach Errichtung des Hauses modern waren.

SPRECKELS MANSION

Nur wenige Häuser können es mit diesem palastartigen, im französischen Barockstil gehaltenen Gebäude aufnehmen (*2080 Washington St., privat*), das 1913 für Adolph Spreckels (den Sohn des Zuckermagnaten Claus Spreckels) und seine Frau, Alma de Bretteville Spreckels, gebaut wurde. Der Architekt war George Applegarth (er hat auch den California Palace of the Legion of Honor entworfen, den das Paar der Stadt stiftete). Heute lebt hier die Bestseller-Autorin Danielle Steel. Vorne im Hof sehen Sie einige luxuriöse Autos, die vielleicht den zahlreichen Kindern der Autorin gehören.

FLOOD MANSIONS

1912 nutzte der Sohn des Comstock-Silberkönigs James L. Flood seinen unendlichen Reichtum, um die **James Leary Flood Mansion** (*2222 Broadway, privat*) zu bauen. Heute ist das Gebäude Teil der Schools of the Sacred Heart. Die Architekten Bliss & Faville entwarfen die Villa im italienischen Renaissancestil. Ein Grundgerüst aus Stahl – das die Villa vor den Erschütterungen eines Erdbebens schützen sollte – ist mit Tennessee-Marmor umhüllt. Um sich ein Bild vom Lebensstil der Familie Flood zu machen, werfen Sie einen Blick durch die Eingangstür in die mit Marmor ausgekleidete Halle, die fast 45 Meter lang ist, und auf das Fenster am Ende, das ein großes Klavier rahmt.

Nachdem das Erdbeben von 1906 die Villa der Floods in Nob Hill zerstört hatte (heute befindet sich in dem wieder errichteten Gebäude der Pacific Union Club), zogen Flood und seine Frau zunächst in eine andere Villa, ebenfalls **Flood Mansion** genannt (*2120 Broadway, privat*). Floods Schwester Cora Jane (»Miss Jennie«), blieb bis 1924 in dem stattlichen Haus. Vier Jahre später wurde es Sitz der Sarah Dix Hamlin School.

Das edwardianische Haus mit 24 Räumen weist eine symmetrische Fassade mit ionischen Säulen, Pfeilern und Giebelfenstern auf. Eine Treppe aus Granit, die von zwei grauen Marmorlöwen bewacht wird, führt zu einer Eingangshalle, die mit Marmor und Mosaiken ausgestattet ist. Dahinter folgt eine zweistöckige Halle, die mit Eichenholz getäfelt und von einem Glasbaldachin überdacht ist. Beeindruckend sind vor allem das Solarium (heute Cafeteria der Schule) mit seinem Mosaikboden und der Chinesische Raum mit der Bambusdecke, dem roten Lack und den mit grüner Seide bespannten Wänden – eines der letzten Beispiele für eine Innendekoration, die unter den wohlhabenden Bewohnern San Franciscos einst sehr populär war. ■

Das Haas-Lilienthal Haus ist ein gutes Beispiel für den üppigen Stil, der die Häuser im viktorianischen Zeitalter auszeichnete

Über die Treppe an der Lyon Street lassen sich die steilen Hügel in Pacific Heights schnell bewältigen – außerdem hat man von hier eine Aussicht, die Millionen wert ist

Zwei Aussichtspunkte und eine Straße

Drei besondere Erlebnisse in Pacific Heights: Wenn Sie die Lyon Street Steps hinaufgehen *(Broadway zur Green St.)*, haben Sie einen prächtigen Blick auf die rot-orange Kuppel des Palace of Fine Arts, die blaue Bucht und die Grünflächen von Marin County. Eine andere herrliche Aussicht auf die Stadt haben Sie vom höchsten Punkt des Alta Plaza Park aus. Möchten Sie das Leben in diesem Stadtviertel kennen lernen, gehen Sie durch die Fillmore Street *(von der Jackson St. in Richtung Süden)*. ■

Presidio Heights

IN DIESEM STADTVIERTEL, DAS WESTLICH AN PACIFIC Heights anschließt, findet man ebenfalls zahlreiche, von Ultra-Reichen gebaute Luxusvillen. In auffälligem Kontrast dazu stehen jedoch zwei religiöse Gebäude, die es sich zu besichtigen lohnt.

Große elegante, Wohnhäuser säumen die Pacific, Jackson und Washington Street. Das **Roos House** (*3500 Jackson St.*) mit dunklem Fachwerk und schweren Blumenkästen stammt von Bernhard Mayeck. Im Eliteviertel **Presidio Terrace** (*abseits des Arguello Blvd., in der Nähe der Washington St.*) findet man auf Nr. 15 das Wohnhaus von Bakewell & Brown, auf Nr. 34 das von George Applegarth und auf Nr. 36 das von Julia Morgan. Die gehobene Gesellschaftsschicht von Presidio Heights erledigt ihre Einkäufe an einem ruhigen, vornehmen Abschnitt der Sacramento Street (*zwischen Lyon und Spruce St.*).

DIE SWEDENBORGIANISCHE KIRCHE

Die swedenborgianische Kirche aus dem Jahre 1895 ist ein architektonisches Schmuckstück. Man nennt sie auch »die Kirche des einfachen Lebens«. Die dahinter stehende theologische Lehre geht auf Emanuel Swedenborg (1688–1772) zurück. Der schwedische Wissenschaftler und Mystiker ist der Meinung, dass allem Lebendigen etwas Spirituelles innewohnt und dass die ganze Schöpfung eine Offenbarung Gottes ist. Seine Ideen beeinflussten den Transzendentalisten Ralph Waldo Emerson. Der Zen-Schüler D. T. Suzuki nannte Swedenborg den »Buddha des Nordens«, und einige seiner meditativen Übungen erinnern an Yoga.

Die Kirche wurde von dem Theologie- und Architekturkritiker Joseph Worcester geplant. A. Page Brown leitete das Projekt, und Bernhard Maybeck half bei der Gestaltung des Kircheninneren. Viele Paare in San Francisco wählen gerade diese Kirche für ihre Trauung.

Besucher betreten zunächst einen Garten, der von einer Mauer umgeben ist. Das Gebäude wirkt wie eine italienische Dorfkirche. Innen erinnert die Kirche an eine rustikale Waldhütte. Die Holzbalken sind in unbearbeitetem Zustand. Ein Kamin erfüllt den Raum mit Wärme und Waldgeruch. Die Gemeindemitglieder sitzen auf bequemen Stühlen aus Ahornholz mit Sitzen aus Korbgeflecht an Stelle von harten Kirchenbänken. (Diese Stühle inspirierten Gustav Stickley, seinen ganz eigenen Möbelstil zu entwickeln.) Vier Wandgemälde von William Keith stellen die Jahreszeiten im Norden Kaliforniens dar. Sie sind Ausdruck einer Wertschätzung der Komplexität und der Geheimnisse der Natur.

TEMPLE EMANU-EL

Angeregt durch die Hagia Sophia in Istanbul entwarfen Bakewell & Brown den Temple Emanu-El im Jahre 1926 für die jüdische Gemeinde in San Francisco. Die in Presidio Heights ansässige Gemeinde stammt aus dem Jahre 1850. Der leitende Architekt war Arthur Brown Jr., der auch für den Bau des War Memorial Opera House, der City Hall und des Coit Tower verantwortlich war. Das beeindruckendste Merkmal des Tempels ist die Kuppel, die bis zu einer Höhe von 45 Metern aufragt und von roten Terrakotta-Ziegeln

Swedenborgian Church
www.sfswedenborgian.org
✉ 2107 Lyon St. an der Washington St.
☎ 415/346-6466
Bus: 3, 12, 22, 24

Temple Emanu-El
✉ Arguello Blvd. an der Lake St.
☎ 415/751-2535
Bus: 3, 12, 22, 24

Die hölzerne Innenausstattung der Swedenborgian Church wirkt ruhig und zugleich heiter

bedeckt ist. Ein anderes wesentliches Element ist der Innenhof mit Kreuzgang. Hier hat man sich an den Gebäuden der Panama-Pacific International Exposition von 1915 orientiert, die ähnliche Innenhöfe und Kreuzgänge mit offenen Säulenreihen aufwiesen. Hier findet man in der Bibel erwähnte Pflanzen, etwa Dattelpalmen und Olivenbäume.

Die Decke in der Eingangshalle ist als sternenübersäter Himmel gestaltet. Im Tempelinneren, wo 1700 Menschen Platz finden, gibt es keine Säulen.

Die sagenumwobene Bundeslade, die die Thora enthält, befindet sich in einem vergoldeten Mosaikkasten unter einem Baldachin aus grünem Marmor. ■

Cow Hollow

IN DIESER SENKE AM FUSSE VON PACIFIC HEIGHTS STANden einst zahlreiche Bauernhöfe, die sich auf Milchwirtschaft spezialisiert hatten. Aber seinen Spitznamen erhielt das Tal wegen des Gestanks, den die Schlachthöfe und Gerbereien zu Beginn des 19. Jahrhunderts verbreiteten. Auf Initiative der Anwohner ließ die Stadt schließlich diese Betriebe schließen und die Mulde aufschütten.

In den 50er Jahren des 20. Jahrhunderts bezogen Antiquitätenhändler und Innenarchitekten die viktorianischen Häuser an der Union Street. Bald folgten Geschäfte, Restaurants und Bars. Heute ist die **Union Street** (*Steiner St. bis Van Ness Ave.*) lebhafte Einkaufsstraße.

An der Ecke Union und Steiner Street steht die Episkopalkirche **St. Mary's the Virgin**. Mit ihrem Garten im Innenhof, in dem noch eine ehemalige Kuhtränke zu sehen ist, wirkt sie wie eine Kirche auf dem Land.

Wenn Sie von der Union Street auf die Webster Street hinunterschauen, sehen Sie den alten **Vedanta Society Temple**. Das edwardianische Gebäude aus dem Jahre 1905 ist mit einer ostindischen Arkade, roten Zwiebeltürmen und anderen exotischen Elementen geschmückt. Die eklektische Mischung dekorativer Elemente soll den Grundgedanken der Vedanta widerspiegeln, dass es bei allen Religionen eigentlich um denselben Gott geht. Die Vedanta ist eine Glaubensrichtung des Hinduismus.

An der **Union Street Nr. 2040** stehen das viktorianische Wohnhaus und die Scheune des ersten in Cow Hollow ansässigen Bauern James Cudworth aus dem Jahre 1873. Heute sind hier Geschäfte und ein Restaurant untergebracht.

Sind Menschen gesünder, wenn sie in einem achteckigen Haus leben? Zumindest die Erbauer des **Octagon House** (1873) glaubten dies – vielleicht weil ein Haus mit mehr Seiten (und Fenstern) auch mehr frische Luft und Licht hereinlässt. Jedenfalls entstehen, wenn man ein achteckiges Haus in quadratische Räume einteilt, Dreiecke, die sich gut für Wandschränke oder Toiletten eignen. Das Haus ist heute Sitz der National Society of Colonial Dames of America in California und stellt Möbel und Kunstwerke aus der Kolonialzeit und der föderalistischen Periode aus, außerdem die Unterschriften von Thomas Jefferson, Benjamin Franklin und anderen, deren Namen auf der Unabhängigkeitserklärung erscheinen. ■

Cow Hollow

Siehe Karte S. 144f
Bus: 22, 41, 45

St. Mary the Virgin Episcopal Church

2325 Union St.
415/921-3665
Geschl. So

Vedanta Society Temple

2323 Vallejo St.
415/922-2323
Geschl. während der Gottesdienste

Octagon House

2645 Gough St.
415/441-7512
Geöffnet 2. So, 2. und 4. Do im Monat

Das Octagon House

Japantown

Japantown
Siehe Karte S. 144f
Zwischen Fillmore, Sutter, Geary & Laguna St.
Bus: 2, 3, 4, 22, 38

Japan Center
Geary St. von der Fillmore St. zur Laguna St.

JAPANTOWN IST DAS KULTURELLE ZENTRUM DER JAPANISCH-amerikanischen Gemeinde (aber nicht vorwiegend ein Wohnviertel wie Chinatown) und besteht im Wesentlichen aus zwei Abschnitten: dem Japan Center und der Buchanan (oder Nihonmachi) Mall.

Das **Japan Center** wurde im Rahmen der Stadterneuerung 1968 gebaut. Der zwei Hektar große Komplex ist sehr modern – Sie dürfen also nicht alte japanische Architektur erwarten. Sushi und Tempura hingegen können Sie hier nach Herzenslust essen, außerdem bieten die Geschäfte eine Fülle an japanischem Kunsthandwerk und Haushaltswaren. Für Unterhaltung ist ebenfalls gesorgt: Das Großereignis des Jahres ist das Kirschblütenfest im April. Sehenswert ist auch die etwa 30 Meter hohe **Peace Pagoda** mit fünf kupfernen Runddächern. Auf ihrer Spitze sind neun Ringe angebracht, die eine goldene Kugel tragen – das Symbol der Tugend.

Die nahe gelegene **Buchanan** oder **Nihonmachi Mall** (*Buchanan St. zwischen Sutter und Post St.*) ist eine gepflasterte Fußgängerzone, die von mit Stuck und Holz verzierten Häusern gesäumt wird. Die Brunnen und die Bänke stammen von der Bildhauerin Ruth Asawa.

Bei dem traditionellen Kirschblütenfest tragen die japanischen Frauen Original-Kimonos

KIRCHEN UND TEMPEL

Der **Sokoji-Soto Zen Buddhist Temple** spiegelt mit seiner schlichten Einrichtung und den Meditationskissen die Philosophie des Zen wider. Der Altar ist allerdings reich geschmückt und mit einer goldenen Buddhafigur ausgestattet.

Die Angehörigen der **Konko Church of San Francisco** glauben an ein universelles Urprinzip, das Aspekte von Mutter Erde und Vater Himmel kombiniert. Die Kirche basiert auf dem Shintoismus, ist jedoch unabhängig. Sie geht auf religiöse Offenbarungen zurück, die ein japanischer Bauer 1859 nach einer überstandenen schweren Krankheit hatte. Auf dem Holzaltar liegen Opfergaben als Zeichen der Ehrerbietung gegenüber dem Urprinzip und der Dankbarkeit für die Dinge, die das Leben erhalten. Über dem Altar symbolisiert eine goldene Scheibe das göttliche Licht (»Konko« bedeutet »goldenes Licht«).

Um die **Buddhist Church of San Francisco** aufzusuchen, müssen Sie in den zweiten Stock eines schlichten Gebäudes aus dem Jahre

Das Innere der Konko Church in San Francisco

1938 hinaufsteigen. In der *Stupa* werden berühmte Reliquien von Buddha aufbewahrt. Im Gebetsraum befinden sich mit Pfauen geschmückte Wandschirme und ein vergoldeter Altar, ergänzt durch westliche Elemente wie Bankreihen und eine Orgel.

In der **St. Francis Xavier Church** (*1801 Octavia St.*) mischt sich die Missionsarchitektur mit japanischen Stilmerkmalen. ■

Sokoji-Soto Zen Buddhist Temple
✉ 1691 Laguna St.
☎ 415/346-7540
🕒 Geschl. Mo

Konko Church of San Francisco
✉ 1909 Bush St.
☎ 415/931-0453

Buddhist Church of San Francisco
✉ 1881 Pine St.
☎ 415/776-3158
🕒 Mo–Fr 10–17 Uhr

St. Mary's Cathedral

GLEICH SÜDLICH VON JAPANTOWN BEFINDET SICH DIE dritte katholische Kirche San Franciscos (von Belluschi, Nervi, McSweeney, Ryan & Lee), die zwischen 1967 und 1970 entstand.

Einem außergewöhnlichen Entwurf folgend, der als hyperbolisch paraboloid bezeichnet wird, wölbt sich der Betonbau von den vier Ecken aus nach oben, wo er in einer Höhe von 57 Metern in einem Kreuz zusammenläuft. Der Bau ist in italienischen Marmor gehüllt und ruht auf Eckpfeilern, die einem Gewicht von 4530 Tonnen standhalten können, dabei aber an ihrer schmalsten Stelle einen Umfang von nur 60 Zentimetern haben. (Sie reichen 27 Meter ins Grundgestein hinunter.)

Im Kircheninneren sieht der Besucher vier Fensterstreifen aus Bleiglas, die bis zur Kuppel hinaufreichen. Die Farben des Glases symbolisieren die vier Elemente der Schöpfung: Erde (Grün), Luft (Gelb), Wasser (Blau) und Feuer (Rot). An der Stelle, an der sie sich hoch oben treffen, bilden die vier Glasstreifen ein goldenes Kreuz.

Der Altar der Kathedrale besteht aus einem massiven Stück Botticino-Marmor, das zehn Tonnen schwer ist. In einer Höhe von 22 Metern hängt darüber an goldenen Drähten ein Baldachin, dessen dreieckige Aluminiumstäbe im Licht funkeln. Sie symbolisieren die Liebe und Gnade Gottes. Die Skulptur, die Richard Lippold in dreijähriger Arbeit geschaffen hat (1967–70), ist 15 Stockwerke hoch. Ebenfalls bemerkenswert ist die Orgel mit 4842 Pfeifen, deren Klang die Kathedrale erfüllt. Die Brüder Ruffatti aus Padua (Italien) haben sie gebaut. ■

St. Mary's Cathedral
✉ 1111 Gough St.
☎ 415/567-2020

Genießen Sie ein japanisches Badeerlebnis in Kabuki Hot Springs

Weitere Sehenswürdigkeiten

LAFAYETTE PARK

Schließen Sie sich den Hundebesitzern an, die in diesem knapp fünf Hektar großen Park ihre Hunde spazieren führen. Erklimmen Sie den Hügel – mit 113 Metern haben Sie dieselbe Höhe wie Pacific Heights erreicht und werden mit einer wunderschönen Aussicht auf die Stadt und die Bucht belohnt.

Der Hügel war bereits 1855 als Park vorgesehen, wurde aber erst 1910 bepflanzt. Auf der Spitze stand einst die Villa eines Anwalts, der eine Gesetzeslücke ausfindig machte, um dieses Stück Land zu erwerben.

Karte S. 144f Zugang von der Sacramento und Octavia Street Bus: 1, 12

ALTA PLAZA PARK

Dieser Park wird vorwiegend von den Anwohnern genutzt, die hier Tennis spielen, ihre Kinder herumtoben lassen oder ihre Hunde spazieren führen. Hier können Sie sehen, wie die Reichen von Pacific Heights leben.

Karte S. 144f Zwischen Clay, Steiner, Jackson u. Scott Street Bus: 1, 3, 12, 22, 24

WEITERE HÄUSER

Prächtige Häuser können Sie hier überall sehen, vor allem wenn Sie sich dem Presidio über die **Jackson Street, Pacific Avenue** und den **Broadway** nähern.

Gegenüber dem terrassenförmig angelegten Alta Plaza Park befindet sich das ehemalige **Music and Arts Institute** (*2622 Jackson St.*). Es war 1894 das erste Projekt von Willis Polk in San Francisco und sieht aus wie eine toskanische Villa. Auch die prunkvolle **Bourn Mansion** (*2550 Webster St.*) stammt von Polk. Das Stadthaus aus dem Jahre 1896 entspricht mit seiner maßvollen Fassade aus grobem Ziegel dem Stil des Georgian Revival. Der Besitzer, William Bowers Bourn, investierte sein während des Goldrauschs erworbenes Vermögen in andere Unternehmen. Außer dieser Villa ließ er das Gut Filoli bauen (siehe S. 210) und die heutigen Christian Brothers Greystone Cellars in Napa Valley.

Karte S. 144f Bus: 3, 12, 22, 24

KABUKI HOT SPRINGS

Einen Block westlich von Japantown befindet sich ein traditionelles japanisches Bad mit Sauna, Dampf- und Schwimmbädern. Hier kann man sich einen Termin für Verwöhnbehandlungen wie Shiatsu-Massage geben lassen.

1750 Geary St. 415/922-6000

Bus: 2, 3, 4, 22, 38 ■

Die Flower-Power-Bewegung nahm ihren Ausgang rund um die bekannte Kreuzung Haight Street und Ashbury Street. Ganz in der Nähe finden sich schöne Grünanlagen und Museen im Golden Gate Park.

Haight-Ashbury und Golden Gate Park

Detail eines Wandgemäldes in Haight-Ashbury

Haight-Ashbury und Golden Gate Park

HAIGHT-ASHBURY UND DER GOLDEN GATE PARK, WESTLICH DER INNENSTADT gelegen, waren einst zum Teil illegal bewohnte öde Sanddünen. Als die Stadt das Land 1868 erstand, mäkelte eine Zeitung, dass es sich um eine Fehlinvestition handele – einen Haufen Sanddünen, auf denen der ständige Wind nichts gedeihen lassen würde. Als der Park aber erst einmal geschaffen worden war, gewann die Gegend immer mehr an Popularität. Haight-Ashbury trat als viktorianisches Wohnviertel in die Stadtgeschichte ein.

Der Niedergang der Gegend und die daraus resultierenden niedrigen Mieten zogen zuerst die *Beats* und dann die Hippies an. »The Haight« ist noch immer das Zentrum der städtischen Gegenkultur – voller tätowierter junger Menschen und Möchtegern-Hippies. Touristen stöbern auf der Suche nach psychedelischen Postern und Haschpfeifchen in nachgemachten *head shops* (siehe S. 162f), fast so, als handele es sich um heilige Reliquien des legendären *Summer of Love* von 1967.

Der Golden Gate Park ist eine der schönsten städtischen Oasen der USA und ihr größter innerstädtischer Park – über 400 Hektar von der Stanyan Street bis zum Ocean Beach. Die Einwohner sehen den Park als ihren Hinterhof an, was angesichts der Tatsache, dass in der am dichtesten besiedelten Stadt des amerikanischen Westens die Hinterhöfe (wenn es überhaupt welche gibt) meist sehr klein sind, durchaus nachvollziehbar ist. Im Park beruhigen die Einheimischen ihre von städtischer Hektik angegriffenen Nerven. Sie flanieren durch kleine Rhododendron-Täler, picknicken auf der Wiese, treiben Sport – von Frisbee bis hin zu Tennis – und besuchen großartige Museen.

Der Standort des Parks gehörte zu den »Outside Lands« – weglosen Sanddünen, die die Stadt nach juristischen Streitigkeiten mit illegalen Siedlern erstand. 1871 begann der neue Parkleiter William Hammond Hall damit, Sandgras, Gerste und wilde Lupinen zu pflanzen, um den Boden vor Wind zu schützen. Innerhalb weniger Jahre blühten entlang einer achtblöckigen Kutschenzufahrt (the Panhandle) zum Park und im östlichen Parkteil Bäume und Blumen.

1887 trat der legendäre John McLaren, ein Schotte, der in Edinburghs Royal Botanical Gardens gearbeitet hatte, Halls Nachfolge an. »Uncle John« war zielstrebig, barsch und sehr beliebt. Fast 56 Jahre lang legte er Wäldchen, Seen sowie Blumengärten an und zähmte win-

dige Dünen und noch windigere Politiker, die ihre eigenen Pläne für den Park hatten.

1894 fand im Park die California Midwinter Fair statt, um San Franciscos mediterranes Klima weltweit bekannt zu machen. Der Messeplatz wurde zu einem Musikplatz, dem Music Concourse, dem Zentrum der heutigen Museen im Park. An sonnigen Sonntagen genießen 100 000 Einwohner San Franciscos den Park. ■

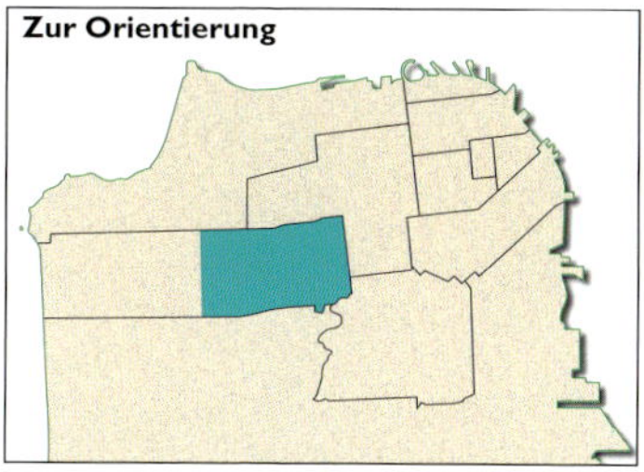

Frieden und Sonnenschein im Golden Gate Park

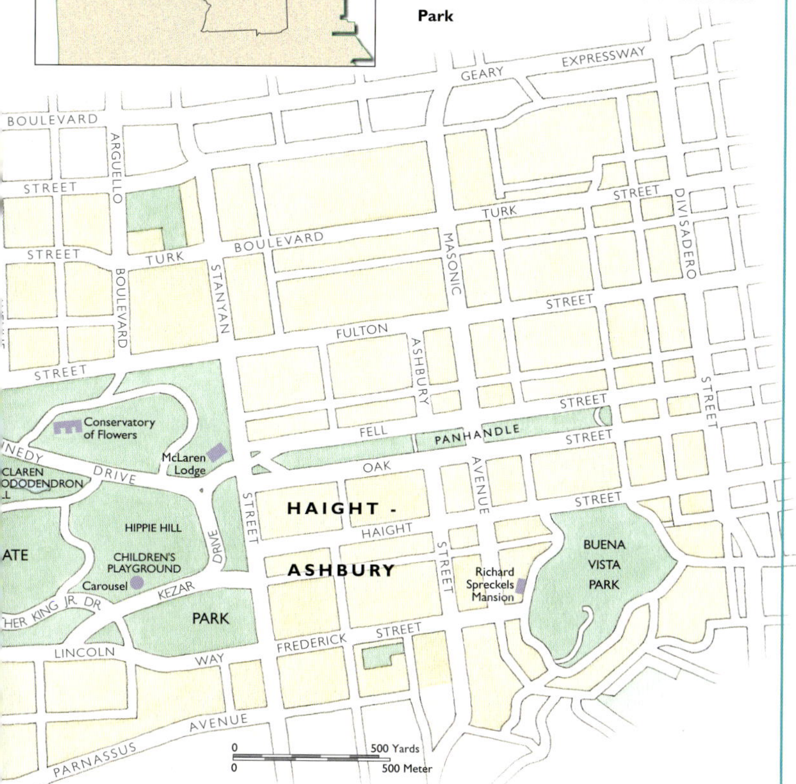

Haight-Ashbury

ALLGEMEIN VERBINDET MAN MIT HAIGHT-ASHBURY BLUMENKINDER IN Batikkleidern, die inmitten verdächtig duftenden Qualms das Friedenszeichen machen. (Ein Spitzname der Gegend ist »Hashbury«.) Das Viertel war die Heimat der Erfinder der psychedelischen Rockmusik, unter anderem der Bands Jefferson Airplane und Grateful Dead.

Das war nicht immer so. Um 1880 war dies lediglich eine Wohngegend in der Nähe des Golden Gate Park. Die Leute fuhren mit einer Kabelbahn über die Haight Street zu einem 1895 eröffneten Freizeitpark (the Chutes), um mit einer Gondel eine hundert Meter lange Rutschbahn hinunter in einen See zu fahren. Viktorianische Häuser entstanden in der Nähe des Panhandle und auf den vornehmeren Ashbury Heights. Nach dem Erdbeben von 1906 boomte das Viertel, weil es unbeschädigt geblieben war.

Mit der Weltwirtschaftskrise begann der Niedergang. Viktorianische Häuser wurden in mehrere Wohnungen aufgeteilt. In den 50er Jahren kamen arme Farbige und die aus North Beach vertriebenen *Beats*. Die 60er Jahre brachten Blumenkinder, bewusstseinsverändernde Drogen und freie Liebe. Am Ende des

»Kleingeld«

Einige Sprüche von Schnorrern auf der Haight Street:

1) Kleingeld für Alkohol!
2) Haben Sie etwas Geld, damit ich mir ein Segelschiff kaufen kann?
3) Hey, wie wär's mit einem 15 000-Dollar-Kredit über fünf Jahre zu zehn Prozent?
4) Ich brauche ein Ticket nach Indonesien, damit ich für 33 Dollar die Woche für Nike arbeiten kann.
5) Brauche Kleingeld für Gras.
6) Wenn erfolgslos: Scheiße! Du ruinierst meinen Tag, Alter! Mein ganzes Scheiß-Leben! ■

The Haight: Restaurierte viktorianische Häuser (ganz oben) und coole Läden auf der Haight Street (oben und rechts)

Jahrzehnts hatten harte Drogen, Kriminelle und Verrückte die Liebe jedoch vertrieben. Das Viertel war ein psychedelisches Ghetto.

Überraschenderweise kam das Viertel wieder auf die Beine, als Homosexuelle und erfolgreiche junge Leute die viktorianischen Häuser mit finanzieller Hilfe der Stadt restaurierten. Mehr als 1100 viktorianische Häuser sind erhalten geblieben, zumeist im Queen-Anne-Stil (siehe S. 45) mit aufwendigem Lebkuchen-Dekor und vielen Türmen. Auf der Haight Street gibt es eine Reihe interessanter Geschäfte, gute und preiswerte Restaurants und nostalgische Trips in die 60er Jahre. ■

Zu Fuß durch Haight-Ashbury

Diese Tour führt durch die Straßenszene von Haight Ashbury und bietet Rückblicke in die Hippie-Zeit. Auf dem Weg liegen einige schöne viktorianischen Häuser.

Beginnen Sie an der Kreuzung Haight und Stanyan Street. Hinter Ihnen im Golden Gate Park liegt **Hippie Hill**, wo sich in den 1960er Jahren die »Stämme« (siehe S. 162f) versammelten. Später lag hier ein wildes Lager, in dem ziellose Jugendliche auf Obdachlose trafen, bis sie 1997 vertrieben wurden.

Gehen Sie auf der **Haight Street** nach Osten und Sie lernen die Einheimischen kennen: in allen Regenbogenfarben gekleidete Hippies mit Stirnband, die Jahre nach dem Sommer der Liebe auf die Welt gekommen sind; weibliche Teenager mit Augen, die zu viel gesehen haben; ein schwarz gekleidetes Pärchen mit unzähligen Piercings; ein übrig gebliebenes Blumenkind mit verengten Pupillen und viele Schnorrer (siehe S. 158).

Die Haight Street wimmelt von Geschäften. Sie können Retro- oder aktuelle Mode, heilende Kristalle, Bücher, Hippie-Ausrüstung und psychedelische Poster (besonders von verstorbenen Rockstars) erstehen. Schauen Sie sich **Haight Street 1779–1783** an, das älteste Gebäude (1893) dieses Einkaufsviertels, **Haight Street 1775**, den Standort des »geldlosen« Ladens der *Diggers* (siehe S. 162f) und die Hausnummern **1677–1681**, ein Gebäude von 1904 im Pariser Stil.

Das **Red Victorian** ❶ (siehe S. 255) ist ein Hotel von 1904, das von Sami Sunchild als ein Schrein für den Sommer der Liebe betrieben wird. In einigen Zimmern finden sich Plakate und Perlen aus den 60er Jahren. In einem Toilettenkasten tummeln sich lebendige Goldfische. Die Art-nouveau-Fassade des Hauses **Haight Street 1660**, des Superba Theater von 1911, verbirgt heute Wasteland, ein Geschäft für authentische alte Kleidung. Die **Haight-Ashbury Free Medical Clinic** ❷ *(Clayton Street)* wurde 1967 von einem engagierten Arzt eröffnet, um schlechte LSD-Trips, Drogenmissbrauch, Geschlechtskrankheiten und andere Folgen des Hippie-Lebens zu behandeln.

Zwischen Cole und Clayton Street liegt auf der Haight Street der Chutes-Freizeitpark. Er zog seinerzeit mit einer Wasser-Rutschbahn, einem Zoo, einem Theater und weiteren Attraktionen das Publikum an. Das Haus **Haight Street 1535** beherbergte den Psychedelic Shop, der 1966 als erster *head shop* (siehe S. 162f) der Welt eröffnete. Gehen Sie an der Kreuzung Haight und Ashbury Street nach links und zwei Blocks in westlicher Richtung zur Oak Street und dem **Panhandle** ❸, einer acht Blocks umfassenden Grünfläche, die als Kutscheneinfahrt zum Park angelegt wurde. Hier führte die Oberschicht San Franciscos ihre feine Kleidung vor. Nach dem Erdbeben und Feuer von 1906 lebten hier 30 000 obdachlose Menschen in Zelten und Flüchtlingshütten. Heute ist es ein Park, der hinter seiner Schäbigkeit ein lebendiges Baummuseum verbirgt, unter ihnen die Pioniere, die gepflanzt wurden, um aus den windumtosten Dünen den Golden Gate Park entstehen zu lassen.

Gehen Sie an der Oak Street nach rechts und zur Masonic Avenue. Biegen Sie rechts ab und kehren Sie zur Haight Street zurück. Im Gebäude an der nordöstlichen Ecke lag das 1967 gegründete »Drogstore«-Café. Vorher war hier eine Apotheke, aber die Stadtväter ließen für das Hippie-Café den zweideutigen Namen »Drugstore« nicht zu.

Biegen Sie nach links auf die Haight Street ab und beachten Sie **Bound Together** *(1369 Haight Street)*, einen traditionsreichen anarchistischen Buchladen. An der Lyon Street können Sie einen Abstecher zur **Hausnummer 122** machen, wo die Rocksängerin Janis Joplin früher lebte.

Gehen Sie an der Kreuzung der Haight und der Lyon Street in den **Buena Vista Park** ❹ und den Pfad rechts hinauf. (Der Park hat einen Ruf als Homosexuellen-Treffpunkt, die zuweilen in den Büschen schlafen.) Die Aufforstung der 14 Hektar begann in den 80er Jahren des 19. Jahrhunderts, als Schulkinder Setzlinge des Philanthropen Adolph Sutro pflanzten. Um 1910 herum legte John McLaren (vom Golden Gate Park) hier Kiefern und Zypressen, Eukalyptusbäume und ein kleines Redwood-Wäldchen an.

Durchstreifen Sie den Park, steigen Sie zur **Buena Vista Avenue West** hinunter und gehen Sie den Hügel hinauf. An dieser Straße finden Sie Häuser aller Stilrichtungen, von Tudor über Queen Anne bis hin zum Modernismus. Das **Richard Spreckels Mansion** 5 *(737 Buena Vista Avenue West)* wurde 1897 für einen Neffen des Zuckerkönigs Claus Spreckels erbaut. Hier sollen unter anderem die Schriftsteller Jack London und Ambrose Bierce logiert haben.

Gehen Sie an der Java Street nach rechts und einen Block zur Masonic Avenue. Sie können einen kleinen Abstecher den Hügel hinauf zu einem von Bernard Maybeck entworfenen schindelgedeckten Haus *(1526 Masonic Avenue)* machen. Den Hügel hinunter finden Sie die **Eastlake Victorians** 6 *(1322–42 Masonic Avenue)*, eine Häuserreihe von 1891. Schauen Sie sich an der Waller Street auf jeden Fall die **Giebelhäuser** 7 *(1315–35 Waller Street)* von 1896 an, die zu den am schönsten verzierten in ganz San Francisco gehören. Auf Ihrem Weg die Waller Street weiter nach Westen können Sie einen südlichen Abstecher auf die Ashbury Street machen, zum **Grateful Dead House** 8 *(710 Ashbury Street)*, wo die Band im Oktober 1967 wegen Drogenbesitzes verhaftet wurde. Das Haus gehört zu einer Reihe von Queen-Anne-Häusern vom Ende des vorigen Jahrhunderts. ■

Die Haigh-Ashbury Free Medical Clinic versorgt immer noch die Bedürftigen der Gegend

Siehe Stadtteilkarte S. 156
- Haight und Stanyan St.
- 2,5 Kilometer
- 2 Stunden
- Haight Street
- Bus: 6, 7, 33, 37, 43, 66, 71; Straßenbahn: N

UNBEDINGT ANSEHEN

- Straßenleben auf der Haight Street
- Panhandle
- Buena Vista Avenue West
- Giebelhäuser auf der Waller Street

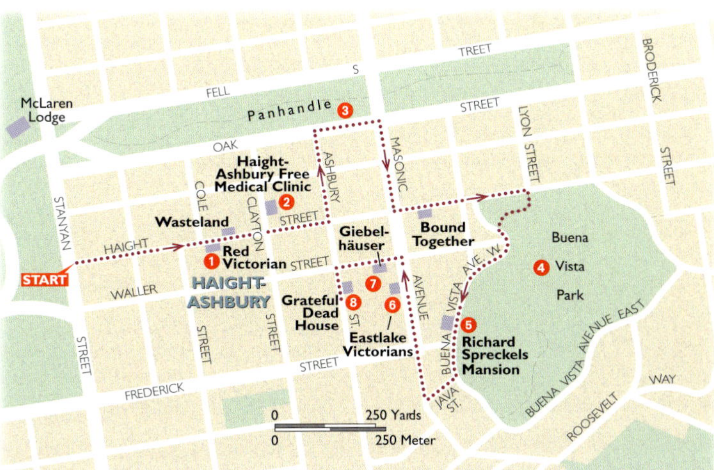

Hippies: Die Love-Generation

Bevor sie die USA erschütterten, ließen die gesellschaftlichen Schocks der Hippie-Zeit zunächst San Francisco erbeben. Abgestoßen von den etablierten Autoritäten und »dem System«, wandten sich die Hippies der Gemeinschaft, dem Frieden und der Liebe zu. Früh propagierten theatralische Anarchisten, die *diggers*, dass alle Güter frei sein sollten. Also eröffneten sie in Haight-Ashbury ein Geschäft, in dem kein Geld den Besitzer wechselte und die Kunden stattdessen gaben und nahmen.

Im Viertel lebten bereits vertriebene *Beats* aus den 50er Jahren, deren unkonventionelles Leben ansteckend war. Sie prägten den Begriff »Hippie«, womit sie Nachwuchs-*hipster* meinten, junge Leute, die unkonventionell sein wollten. Im September 1965 wurde das Wort im *San Francisco Examiner* erstmals gedruckt.

In Haight-Ashbury gab es für niedrige Mieten geräumige viktorianische Häuser. Einige Rockbands, z.B. Jefferson Airplane, zogen als »Familie« ein. Jungs ließen sich die Haare wachsen, und Mädchen kleideten sich in viktorianische Spitze und Samt aus Secondhand-Läden. Alle trugen indische »Liebesperlen«, legten Patschuliöl auf und experimentierten mit neuen Lebens- und Kunstformen. Bands wie Grateful Dead improvisierten frei. Psychedelische Plakate priesen in einem neuen Grafikstil Rockkonzerte an.

Das Hippie-Leben drehte sich um Idealismus und Musik mit einem Einsprengsel östlicher Mystik – aber auch um Marihuana, LSD und andere bewusstseinsverändernde Drogen und um neue sexuelle Freiheit. Ein berühmtes Album Janis Joplins sollte ursprünglich den vollen Titel *Sex, Dope, and Cheap Thrills* tragen. Das Cover stammte von Robert Crumb, San Franciscos Untergrund-Cartoonisten, dessen *Zap Comix* das Sex- und Drogenleben der Hippies lustvoll darstellten.

LSD (*acid*) war 1965 vom Romanautor Ken Kesey in die Szene eingeführt worden, dieser hatte es als Freiwilliger bei Experimenten der Stanford University kennen gelernt. Kesey veranstaltete mit seinen Merry Pranksters (»Lustige Schelme«) multimediale LSD-Happenings, auf denen die Frage »Bestehst du den Acid-Test?« gestellt wurde. Im Oktober 1966 wurde LSD in Kalifornien verboten. Hippies wurden zu Gesetzesbrechern. Im gleichen Monat eröffnete auf der Haight Street der Psychedelic Shop mit seinem Sortiment aus Hippie-Ausrüstung und Haschpfeifchen. Er war der erste *head shop* der Welt.

Hippie mit »Liebesperlen«

Im Januar 1967 versammelten sich Zehntausende Blumenkinder auf dem Poloplatz im Golden Gate Park zum »Human Be-In/Gathering of the Tribes«, auf dem Jefferson Airplane, der Dichter Allen Ginsberg und Timothy Leary, ehemals Harvard-Professor, nun LSD-Guru, auftraten. Dies war wahrscheinlich der größte Aufmarsch der Hippie-Kultur vor Woodstock.

Seltsamerweise nannte San Franciscos Polizeichef die Hippies als Erster *Love Generation*. Die Medien nahmen dies auf, und *Time* erklärte Haight-Ashbury zum »lebendigen Epizentrum von Amerikas Hippie-Bewegung«. Dies zog Horden wurzelloser Jugendlicher an, die Haight-Ashbury in ein solches Kuriositätenkabinett verwandelten, dass eine Bustour hierher offiziell *Hippie Hop* genannt wurde.

Die Idee des Sommers der Liebe von 1967 – eine Einladung an die Welt, am guten Leben teilzuhaben – war den Kaufleuten in Haight-Ashbury sehr sympathisch.

Ganz oben: Ken Keseys Merry Pranksters schmücken ihren Bus für ein LSD-Happening
Oben: Allen Ginsberg spricht 1967, begleitet von Hippies, zu dem Human Be-In von 1967

Der Summer of Love zog ernsthaft Suchende und so genannte »Plastik-Hippies« an, ebenso Wurzellose, Verrückte, Drogendealer und Kriminelle. Aus guten Schwingungen wurden schlechte. Im Oktober veranstalteten die *diggers* einen »Tod des Hippies«-Marsch. In den frühen 70er Jahren brachte billiges Heroin Sucht, Straßenkriminalität, Gewalt und Tod. Die Love Generation war vorbei, die Hippie-Bewegung tot.

Dennoch gab es Errungenschaften: Die amerikanische Gesellschaft wurde Nonkonformisten gegenüber toleranter. (In San Francisco kam dies in der offenen Akzeptanz der Homosexuellen zum Ausdruck.) Wo es diese Toleranz gibt, lebt auch die ursprüngliche Hippie-Idee von »Frieden und Liebe« weiter. ■

Spielende Kinder am Musikpavillon

Golden Gate Park East

NICHT JEDE STADT RÜHMT SICH EINES FÜNF KILOMETER LANGEN UND KNAPP einen Kilomter breiten Spielplatzes. Um einen solchen handelt es sich beim Golden Gate Park. Es gibt etwa 20 Eingänge, und zwei Straßen führen an ihm entlang, der John F. Kennedy Drive und der Martin Luther King Jr. Drive. (An Sonn- und den meisten Feiertagen ist der Kennedy Drive zwischen Kezar und Transverse Drive für Autos gesperrt.)

Besorgen Sie sich Informationen und Karten im Hauptquartier hinter dem Osteingang *(Ecke Fell und Stanyan Street)*, das die **McLaren Lodge** *(Ecke John F. Kennedy Drive und Stanyan Street; Tel. 415/831-2700, geschl. Sa–So)* einnimmt, die 1897 von Edward R. Swain gebaut wurde. In diesem eleganten maurisch-gotischen Gebäude mit groben Sandsteinwänden und roten Ziegeldächern lebte der langjährige Parkdirektor John McLaren. Ein Besucherzentrum liegt im Westteil des Parks (siehe S. 177).

Ein kostenloser Shuttleservice *(Mai–Okt. an Wochenenden u. feiertags)* führt von der McLaren Lodge zur Ocean Bay am westlichen Parkende und hält dabei an 15 sehenswerten Plätzen. Die nachfolgend genannten Sehenswürdigkeiten sind der Strecke gemäß von Ost nach West aufgelistet.Routenkarten gibt es im Park und im Internet (www.goldengatepark-concourse.org).

Der **Kinderspielplatz** war der erste öffentliche Spielplatz (1888) in den USA. In der Nähe können Sie die bemalten Pferde, Kamele und Drachen des wunderschön restaurierten Herschell-Spillman-Karussells (1912) besichtigen. Das **Conservatory of Flowers** (siehe S. 165) ist ein viktorianischer Glaspalast voller tropischer Pflanzen. Weiter westlich erstreckt sich die **John McLaren Rhododendron Dell**. Frühlingsblumen rahmen hier eine Statue des Parkdirektors ein.

Der nahe gelegene Music Concourse ist ein formaler Landschaftsgarten mit Platanen und Springbrunnen.

An ihn grenzen das M.H. de Young Museum (siehe S. 166ff) und die California Academy of Sciences (siehe S. 169ff, Neueröffnung 2008). An einem Ende steht der **Spreckels Temple of Music** (1899), ein von Claus Spreckels gestifteter Musikpavillon im Stil der italienischen Renaissance aus Colusa-Sandstein und mit Reliefs von Robert Aitken geschmückt. Er ist die Heimat des ältesten städtischen Orchesters des Landes. ■

Conservatory of Flowers

DAS ÄLTESTE GEWÄCHSHAUS DER WESTLICHEN HEMISPHÄRE ist ein lebendes Museum mit tropischen Pflanzen – von Palmen über Orchideen bis hin zu verschiedenen Fleisch fressenden Arten.

Conservatory of Flowers

www.conservatoryofflowers.org

Siehe Karte 156f

JFK Dr., Golden Gate Park

415/666-7001

$$

Bus: 5, 7, 21, 33, 44, 71; Straßenbahn: N

Das Gewächshaus, der meistbesuchte Ort im Golden Gate Park, wurde 1879 errichtet; die Bauteile kaufte man den Erben des reichen Geschäftsmanns James Lick ab. Heute sind hier 1500 Pflanzenarten aus mehr als 50 Ländern zu bewundern, darunter die beste öffentliche Sammlung von Dracula-Orchideen.

Das Gewächshaus war von 1995 bis 2003 geschlossen, denn es mussten die Schäden repariert werden, die ein Sturm von 120 Stundenkilometern hinterlassen hatte. Heute umfängt das Treibhaus seine Besucher mit der sprichwörtlichen Flower-Power von San Francisco – ein farbenfroher Trip in die Regenwälder von Costa Rica, in das dampfende Herz des Kongo und zu den Philippinen - und das alles unter einem Glasdach.

Es gibt fünf Ausstellungsräume. Unter der Kuppel des Raumes mit Pflanzen aus dem tropischen Tiefland fällt leichter Regen auf einen Baldachin aus Palmen und die gigantischen Blätter eines jahrhundertealten rotblättrigen Philodendron. Zu sehen sind auch Farnpalmen sowie moderne, kommerziell genutzte Pflanzen wie Kakao, Kaffee und Vanille.

Im Ostflügel – hier ist das tropische Hochland zu Hause - ist die Luft dann kühler; Orchideen wachsen an der Borke von knorrigen Bäumen zwischen Farnen und Kletterpflanzen. In den viktorianisch anmutenden Ausstellungsvitrinen werden wertvolle Orchideenarten präsentiert. Im Raum der Wasserpflanzen plätschert es dann leise und beruhigend; es beeindrucken Riesenlilien und schwimmende Blüten. Eine Wasserlilienart hat Blätter, die es auf fast zwei Meter Größe bringen.

Im Westflügel sind die Topfpflanzen untergebracht, dazu Blumenausstellungen je nach Jahreszeit, außerdem gibt es einen Raum für Sonderausstellungen. ■

Eine breite Blumenallee führt zum Conservatory of Flowers

M.H. de Young Memorial Museum

M.H. de Young Memorial Museum
www.deyoungmuseum.org
Siehe Karte S. 156f
75 Tea Garden Dr., Golden Gate Park
415/863-3330
Di–So 9.30–17 Uhr, Fr 9.30–20.45 Uhr
$$. 1. Mi frei
Bus: 5, 21, 38, 44, 71; Straßenbahn: N

DAS ÄLTESTE MUSEUM SAN FRANCISCOS STELLT DIE UMfassendste Sammlung amerikanischer Malerei an der Westküste aus. Das Originalgebäude war von einem Erdbeben in Mitleidenschaft gezogenen worden. Seit Sommer 2005 ist die Sammlung in einem Neubau mit modernster Ausstattung zu sehen.

Alles begann damit, dass M. H. de Young, der Herausgeber des *San Francisco Chronicle*, der Stadt half, das Kunstgebäude der California Midwinter Fair von 1894 als Museum zu kaufen. De Young besorgte selbst die Erwerbungen – anfangs nicht immer kenntnisreich. Sein Hang zum Kuriosen spiegelte sich in Rüstungen, Bildern und Gegenständen aus dem Südpazifik, einer ägyptischen Mumie, Vogeleiern, Handschellen und sogar Reproduktionen. Eine seiner frühen Erwerbungen, John Vanderlyns *Marius meditiert auf den Trümmern von Karthago* (1807), das im Pariser Salon von 1808 eine Goldmedaille gewann, bildete den Nukleus der Sammlung amerikanischer Kunst.

1919 zog das Museum in ein Gebäude im spanischen Stil. In den 30er Jahren richtete es sich neu auf die hohen und angewandten Künste aus. 1932 veranstaltete es die *Group f.64*-Ausstellung von Fotografen aus der Bay Area – u.a. Edward Weston und Ansel Adams (siehe S. 40).

Wichtige Schenkungen brachten dem Museum europäische Werke. Als es sich 1972 mit dem California Palace of the Legion of Honor (siehe S. 137) zum Fine Arts Museum of San Francisco zusammenschloss, wanderten die europäischen Werke in den Palace. 1979 stiftete John D. Rockefeller III. mehr als hundert amerikanische Werke und katapultierte das M.H. de Young so in die erste Liga. Weiteren Schenkungen waren die H. McCoy-Jones-Sammlung (Teppiche und Stickereiarbeiten aus dem Nahen Osten und Zentralasien) sowie die Wagner-Sammlung (Wandgemälde aus dem mexikanischen Teotihuacan).

AMERIKANISCHE MALEREI

Mehr als 200 Gemälde geben einen Überblick über die amerikanische Kunst bis zur Mitte unseres Jahrhunderts. Das älteste Gemälde ist *Die Mason-Kinder* (1670), das drei Bostoner Kinder der Oberklasse darstellt. (Die Zahlen über ihren Köpfen geben ihr Alter an.) Zu den bemerkenswerten Porträtmalern gehören

Die Architektur des neuen M.H. de Young Museums

Die beachtliche Sammlung amerikanischer Kunst beinhaltet über 200 Werke der Kolonialzeit bis ins 20. Jahrhundert, darunter die »Bootsleute auf dem Missouri« von George Caleb Bingham (1846)

der Autodidakt John Singleton Copley (*Mary Turner Sargent*, 1763), Gilbert Stuart (für sein Porträt George Washingtons bekannt), John Singer Sargent, der begehrteste Porträtist seiner Zeit (*Esstisch bei Nacht*, ca. 1880) und Mary Cassatt, die Verbindungen zu den französischen Impressionisten hatte und mit einem Porträt ihrer Mutter (1889) vertreten ist.

Das Museum zeigt Landschaften von Albert Bierstadt (*Kalifornischer Frühling*, 1875), Frederic Edwin Church (*Regenzeit in den Tropen*, 1866) und William Keith, der die Natur des Westens malte.

Weniger majestätische Genrebilder schildern das tägliche Leben. Ein Höhepunkt ist George Caleb Binghams *Bootsleute auf dem Missouri* (1846), das drei Flößer zeigt, die Holz an vorbeifahrende Dampfschiffe verkaufen. Die Männer sind in kühnen Farben vor dem Hintergrund einer subtil gemalten dunstigen Landschaft gemalt. Winslow Homers *Die helle Seite* (1865) und das Meisterwerk *Der Mittag des Eisenarbeiters* (1880) von Thomas Anschutz sind weitere Genrearbeiten.

Regionale Kunst wird durch Grant Woods *Mittagessen der Drescher* (1934) repräsentiert, das ein Bauernhaus als Ausschnittzeichnung mehrerer Zimmer zeigt. Das Gemälde wirkt bemerkenswert modern, verweist aber auch auf Triptychen der italienischen Renaissance. John Langley Howards *Embarcadero und Clay* (1935) zeigt alte Autos und ein Hotel in San Francisco.

Raphaelle Peales kleines Bild *Brombeeren* (1813) ist eines der ersten amerikanischen Stillleben. Eine Galerie weiterer Stillleben präsentiert den unheimlich realistischen *Trompeterschwan* (1900) von Alexander Pope und William M. Harnetts *Nach der Jagd* (1885), auf dem eine Tür mit Eisenscharnieren zu sehen ist, an der ein Gewehr, ein Pulverhorn und Wild hängen. John Frederick Petos *Der Pokal, nach dem wir alle trachten* (1900) ist in seiner Präsentation der Realität – oder des Irrealen – fast holografisch.

Das frühe 20. Jahrhundert ist durch Gemälde wie Georgia O'Keeffes *Petunien* (1925) repräsentiert. Künstler aus der Mitte des Jahrhunderts, wie Richard Diebenkorn (*Sitzende Frau*, 1965) und Bay-Area-Künstler wie Wayne Thiebaud, sind ebenfalls ausgestellt.

Die Skulpturen-Sammlung umfasst unter anderem William Wetmore Storys *König Saulus* (1882) und Frederic Remingtons *Der Mustang-Zureiter* (1895), eine Bronzearbeit mit für die malerischen Arbeiten des Künstlers typischen Details.

ANGEWANDTE KUNST

Ein Esszimmer aus der Zeit Georgs III. im Adams-Stil, ein Salon aus einem Haus aus Massachusetts von 1805, Tapeten von Joseph Dufour, eine in Philadelphia gefertigte Kommode von 1780, Silberarbeiten von Paul Revere und Shaker-Stühle repräsentieren das frühe amerikanische Kunsthandwerk. Das Kunsthandwerk des frühen 20. Jahrhunderts wird durch eine Stickley-Anrichte aus Eiche mit gehämmerten Metallteilen und ein Fenster von Frank Lloyd Wright mit einem stilisierten Fenstermotiv in klarem, farbigem und schillerndem Glas (1904) vertreten. Es ist ebenfalls ein Greene-and-Greene-Stuhl aus Mahagoni mit Elfenbein, Kupfer, Zinn, Korallen und Perlmutt ausgestellt.

Bestandteil der Museumskollektion ist ein rot glasierte Tongefäß in Form eines knieenden Kriegers

TEXTILIEN

In einem Rotationssystem werden Teile der Sammlung aus Teppichen und Stickereiarbeiten aus dem Nahen Osten und Zentralasien gezeigt, darunter anatolische Kelims. Es handelt sich um flach gewebte Wolltextilien, die als Bodenbedeckung, Wandbehang und Überdecken dienen. Weitere Höhepunkte sind die *Suzanis*, Stickereiarbeiten aus Samarkand, Buchara und Taschkent.

OZEANISCHE KUNST

Ozeanische Kunstwerke aus der California Midwinter Fair von 1894 gingen in die ursprüngliche Sammlung ein. Unter ihnen ist der Bug eines aus Holz und Muscheln gefertigten Maori-Kanus aus Neuseeland (19. Jh.). Ebenfalls bemerkenswert: eine Rolle Federgeld von der Insel Nindu aus der Santa-Cruz-Inselgruppe, eine seltene Navigationsfigur von den Karolinen Mikronesiens und ein etwa drei Meter hoher Hauspfahl aus der Iatmul-Kultur Papua Neu-Guineas.

AFRIKANISCHE KUNST

Das Afrika jenseits der Sahara wird durch Stücke wie eine Machtfigur aus dem Kongo und geschnitzte Kornspeichertüren aus Mali vertreten. Eine mit weißem Kaolin bemalte Helmmaske des Fang-Volkes aus Gabun kam während der Initiation in die Ngil-Gesellschaft zum Einsatz. Luba-Figuren aus Zaire gehörten zu den frühesten afrikanischen Skulpturen, die moderne Künstler inspirierten.

SÜD- UND MITTEL-AMERIKANISCHE KUNST

Schöne Stücke repräsentieren die Zeit von 1200 v. Chr. bis zum 16. Jahrhundert, darunter beeindruckende Wandgemälde aus Teotihuacan und eine Mundmaske (200–600 n. Chr.) aus der peruanischen Nazca-Kultur. Die Moche-Kultur (400 v. Chr.–600 n. Chr.) produzierte Keramikbehälter, die mit überraschend naturalistischen und ausdrucksvollen Figuren geschmückt waren. Aus Mexiko stammen die Colima-Tiere und -Figuren aus Keramik, die als Grabbeigaben die Toten in das Leben nach dem Tod begleiten sollten. Es werden auch Werke der Azteken, der Olmeken und der Mayas gezeigt. Aus Britisch-Kolumbien stammt ein Tsimshian-Totempfahl aus Zedernholz (spätes 19. Jh.). ■

California Academy of Sciences

Diese Eidechse aus Brasilien zählt zu den 281 000 Arten, die in der Reptilien-Abteilung vertreten sind

DAS ERSTE WISSENSCHAFTLICHE INSTITUT IM WESTEN (1853) ist in einen Übergangsbau *(875 Howard St., im Süden der Market Street)* umgezogen, bis 2008 am Golden Gate Park das spektakuläre neue Gebäude eröffnet wird. Die Akademie ist das einzige kombinierte Aquarium, Planetarium und Museum für Naturgeschichte des Landes und plant, in seinen neuen Räumlichkeiten die traditionelle Präsentation der Exponate zu revolutionieren – mit getrennten Sälen für die verschiedenen Wissenschaftszweige und geografischen Regionen sowie integrierten Ausstellungen.

Die neue Akademie will sogar die Natur mit in das Bauwerk integrieren, nämlich anhand von einem »lebenden Dach«, auf dem einheimische Pflanzen wachsen, sowie einer welligen Gebäudestruktur, die in der Landschaft draußen Assoziationen an Hügel wecken soll. Die Akademie wurde von dem Architekten und Pritzker-Preis-Gewinner Renzo Piano entworfen und soll den Besuchern die Augen für die Welt der Natur öffnen. In dem auf mehreren Eben angelegten Regenwald

California Academy of Sciences

www.calacademy.org

✉ vorläufige Adresse bis 2008: 875 Howard St. (siehe S. 190)

☎ 415/321-8000

$ $$

Schildkröten (oben) und Treiberameisen (unten) sind nur zwei von den Lebewesen in der California Academy of Science

kann man einmal eine Reise vom Boden des Regenwalds bis hinauf zum Blätterdach unternehmen und mit den Pflanzen, Insekten, Reptilien und Amphibien, die hier leben, auf Tuchfühlung gehen. Das neue **Steinhart Aquarium** soll einen rund 950 000 Liter umfassenden Habitat mit einem lebendigen Korallenriff präsentieren, während das neue **Morrison Planetarium** eine Reise an die Grenzen von Ort und Zeit bietet.

ANFÄNGE

Die Akademie hat es weit gebracht seit ihren Anfängen nach dem Goldrausch in Kalifornien, als eine Gruppe Naturfreunde sich allwöchentlich in einem kleinen Büro in San Francisco traf, um wissenschaftliche Arbeiten zu präsentieren. Sie entwickelte sich zu einem Museum für Tiere und allerlei »Kuriositäten« (ausgestorbene Riesentauben, zottige Mammuts) und zog dann 1916 in den Golden Gate Park um. Inzwischen besitzt die Akademie über 18 Millionen Pflanzenarten, Tiere, Fossilien und Artefakte für wissenschaftliche Studien.

ÜBERGANGSBAU

Das vorübergehende Zuhause der Akademie in der Innenstadt zeigt die Welt der Natur in einem urbanen Ambiente. An die 5400 Kreaturen aus dem Steinhart Aquarium wurden hierher umquartiert. Durch die Art der Präsentation kann der Besucher die Technik kennen lernen, mit der die Temperatur und der Salzgehalt des Wassers im Becken geregelt werden. Ein Becken mit lebenden Korallen gleich bei den Treppen gestattet es dem Besucher, die verschiedenen Ebenen genauer zu betrachten, wenn er nach oben steigt, um Riff-Fische in Augenschein zu nehmen.

In der Abteilung Naturgeschichte sind unter anderem eine Schlangenallee und ein Zentrum für Naturkundler mit interaktiven Exponaten sowie »Astrobiologie – Leben der Extreme« geboten; hier stehen Organismen im Mittelpunkt, die unter extremen Bedingungen überleben können. ■

Die neue California Academy of Science soll 2008 ihre Tore öffnen; zu ihr gehören ein Planetarium, ein Dachgarten sowie ein Regenwald auf vier Ebenen in Form einer Halbkugel, wie in diesem Modell dargestellt

Entspannen Sie mit Tee und Glückskeksen inmitten blühender Bäume

Japanese Tea Garden

AN EINEM RUHIGEN TAG WERDEN SIE SICH IN DIESEM GARten voller Kirschbäume, Teiche und Bonsai-Bäume in eine ruhige Ecke der alten japanischen Stadt Kyoto versetzt fühlen. In typisch japanischer Tradition fängt der Garten den Geist der Natur auf begrenztem Raum ein. Seine Ruhe ist stilisiert, ein Ausdruck hoher Kunst.

Der älteste japanische Garten der USA geht auf die California Midwinter Fair von 1894 und einen Vorschlag des Kunsthändlers George Turner Marsh zurück, der japanische Gärten bewunderte. Der Gärtner Makoto Hagiwara pflegte den Garten 30 Jahre lang. Von 1895 bis 1942 lebte er mit seiner Familie in dem Garten und kümmerte sich dabei fürsorglich um die Pflanzen und die Parkausstattung. Kommen Sie im März, wenn die Kirschbäume blühen, oder im Herbst, wenn die Ginkgos gelb blühen.

In der japanischen Gartenkunst besitzen viele Pfanzen Symbolkraft. Kiefern etwa – häufig gewunden oder beschnitten –stehen für das würdige hohe Alter, Schwarzkiefern verkörpern dabei das männliche, Rotkiefern das weibliche. Chrysathemen sind übrigens das Symbol des Kaiserhauses.

Sie betreten den zwei Hektar großen Garten durch ein zeremonielles Tor aus japanischer Hinoki-Zypresse. Verschlungene Wege ermöglichen abwechslungsreiche Blicke auf das Blattwerk.

Die **Moon Bridge** wölbt sich über einen Teich und bildet mit ihrem Spiegelbild einen Kreis, der den Vollmond symbolisiert. Die **Pagode** mit ihren fünf Dächern wurde 1915 für die Panama-Pacific International Exposition gebaut. In der Nähe liegt die **Peace Lantern** aus grüner Bronze, ein Symbol der Freundschaft, das von japanischen Schulkindern zur Feier des amerikanisch-japanischen Friedensvertrages von 1951 gestiftet wurde.

In dem beliebten **Tee-Pavillion** servieren Kellnerinnen in Seidenkimonos duftenden Tee und Glückskekse. Makoto Hagiwara erfand diese 1909, und sie wurden später von chinesichen Restaurants übernommen. In der Nähe sitzt ein bronzener **Buddha**, der 1,5 Tonnen wiegt und 1790 in Japan gegossen wurde. Er heißt Amazarashi-No-Hotoke (»Der Buddha, der bei Sonne und Regen ohne Schutz dasitzt«).

Es gibt ferner einen **Zen-Garten** zum Meditieren. Nagao Sakurai entwarf ihn 1953. ■

Japanese Tea Garden

Siehe Karte S. 156f
Hagiwara Tea Garden Dr., Golden Gate Park
415/666-7024
$; 8.30–18 Uhr
Führungen: Mai–Okt. Sa–Mo u. Mi 14 Uhr; Nov.–Apr. So u. Mi 14 Uhr
Bus: 5, 44, 71; Straßenbahn: N

Strybing Arboretum und Botanical Gardens
www.strybing.org
Siehe Karte S. 156f
9th Ave. am Lincoln Way, Golden Gate Park
415/661-1316
Tel. Auskunft für Führungen
Bus: 44, 71; Straßenbahn: N

Strybing Arboretum und Botanical Gardens

DIESER ORT IST UNSCHLAGBAR ALS URBANE OASE ODER Freiluft-Klassenzimmer für Pflanzenliebhaber. Das mediterrane Klima San Franciscos ermöglicht hier auf 22 Hektar, mehr als 7000 Varietäten seltener Pflanzen aus der ganzen Welt großzuziehen. Sowohl die Baumschule als auch der Botanische Garten gehen auf eine Stiftung der Philanthropin Helene Strybing aus dem Jahr 1940 zurück.

Kinder und Gänse genießen den Botanischen Garten gleichermaßen

Um eine zentrale Wiese liegen Spezialsammlungen, darunter eine typische kalifornische Wiese oder ein asiatischer Nebelwald. Der **Cape Province Garden** ist ein Glanzpunkt. Er vertritt Südafrikas Kap der Guten Hoffnung, das ein eigenes Florenreich darstellt. Zu den von dort stammenden Pflanzen gehören Proteengewächse und leuchtende orange Aloen.

Der **australische Garten** zeigt so ungewöhnliche Pflanzen wie die Kängurupfote mit ihren gelben, grünen und roten Blüten. Aus Chile stammen Lilien in leuchtenden Farben.

In **Kalifornien** steht ein Wäldchen aus Redwood-Bäumen, die mehr als hundert Jahre alt sind. Im japanischen Moon-Viewing Garden spiegeln sich in einem Teich bei Tag Ahornbäume und bei Nacht der Mond. Im **New World Cloud Forest** finden sich farbenfrohe Passions-Gewächse und Baum-Gänseblümchen mit bemerkenswert großen Blättern.

Atmen Sie im **Garden of Fragrance** die aromatischen Düfte von Rosmarin, Salbei und Lavendel ein. Der Garten wurde für blinde und sehbehinderte Besucher eingerichtet. Viele Vögel kommen hierher, auch deshalb hat die Statue des heiligen Franziskus hier den richtigen Standort. Die Beete sind mit Steinen eines Klosters aus dem 12. Jahrhundert eingefasst, die William Randolph Hearst in Spanien kaufte.

Die zum Garten gehörende **Helen Crocker Russell Library of Horticulture** bietet mit ihren 18 000 Bänden Hilfe bei botanischen Forschungen und enthält botanische Kunstwerke. ■

Der Chinese Moon Pavilion am Stow Lake ist ein kleines Juwel

Golden Gate Park West

WESTLICH DER MUSEEN ERSTRECKT SICH DER GOLDEN GATE PARK BIS ZUM Meer. Das zurückhaltend gestaltete Gebiet dient der Erholung unter freiem Himmel. Künstliche Einrichtungen simulieren idyllische Ländlichkeit.

Der 1893 angelegte **Stow Lake** eignet sich für einen Spaziergang oder eine Bootsfahrt. Er fasst 60 Millionen Liter Wasser und mündet in das Bewässerungssystem des Parks. Der See umgibt **Strawberry Hill**, eine bewaldete Insel, die sich auf fast 150 Meter erhebt und der höchste Punkt im Park ist. (Zu Anfang hieß der Hügel »die Insel«, weil er die einzige bewachsene Stelle in einem Sandmeer war. Heute ist er eine richtige Insel.) Man kann Paddel-, Ruder- und kleine Motorboote mieten. Zwei Brücken führen zu dem etwa 1,5 Kilometer langen Pfad um die Insel. Er führt zum **Chinese Moon Pavilion**, der 1981 von San Franciscos Partnerstadt Taipeh gestiftet wurde. Der achteckige, grün gedeckte Pavillon soll Ruhe und die Kontemplation in der Natur (einschließlich des Mondes) ermöglichen. In der Nähe fallen die Kaskaden der 1890 vom Eisenbahnbaron Collis P. Huntington gestifteten **Huntington Falls** über 30 Meter ab.

Wenn Sie Strawberry Hill hinaufgehen, werden kalifornische Wachteln Ihren Weg kreuzen. Halten Sie Ausschau nach neuseeländischen Teebäumen, die im Frühling weiße Blumen tragen und häufig eingesetzt werden, um sandige Gebiete zu bepflanzen. Der Gipfel des Hügels ist meist friedlich und bietet einen schönen Blick auf Park, Stadt und Bucht.

Nördlich des Sees wurde das **Prayer Book Cross** nach dem Vorbild eines keltischen Kreuzes auf der schottischen Insel Iona aus Sandstein gehauen. Unterhalb fallen die **Rainbow Falls** einen Felsen hinab. In den 30er Jahren wurden durch verborgene Lampen Regenbogen in der Gischt hervorgerufen.

Die **Portals of the Past** am friedlichen Lloyd Lake sind eine klassizistische Kolonnade, die vorher als Eingang zum Towne-Haus auf Nob Hill diente. Neben dem alten Polofeld, das heute für Bahn- und Feldsport genutzt wird,

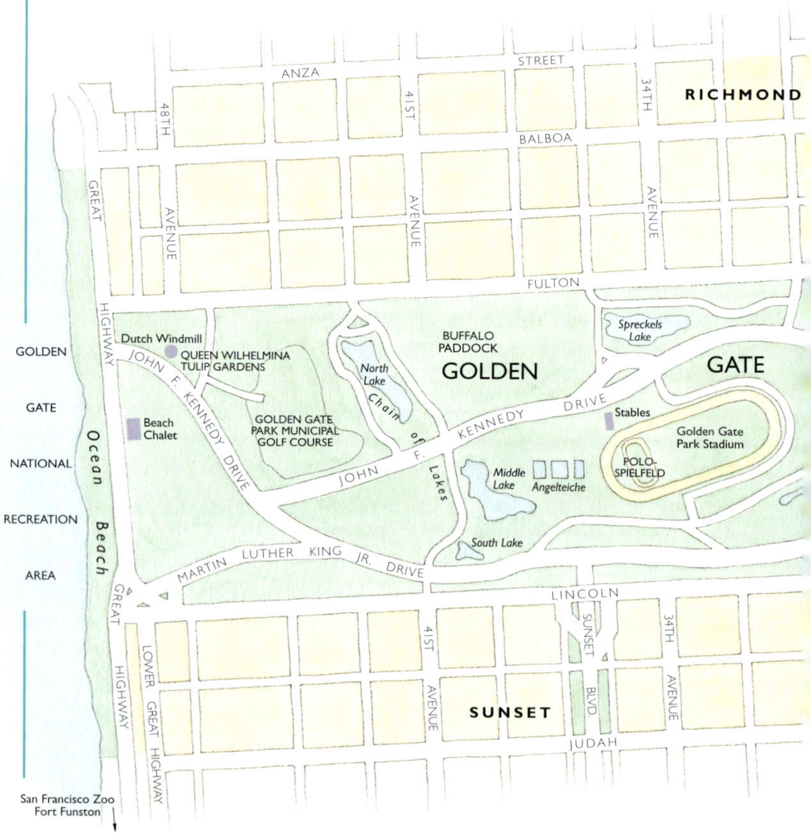
ANZA
STREET
48TH
41ST
34TH
RICHMOND
BALBOA
GREAT
AVENUE
AVENUE
AVENUE
FULTON
HIGHWAY
Dutch Windmill
QUEEN WILHELMINA
TULIP GARDENS
BUFFALO
PADDOCK
GOLDEN
GATE
Spreckels
Lake
North
Lake
Chain of Lakes
JOHN F. KENNEDY DRIVE
Stables
Golden Gate
Park Stadium
POLO-
SPIELFELD
Beach
Chalet
GOLDEN GATE
PARK MUNICIPAL
GOLF COURSE
Middle
Lake
Angelteiche
South Lake
MARTIN LUTHER KING JR. DRIVE
GOLDEN
GATE
NATIONAL
RECREATION
AREA
Ocean
Beach
GREAT
LINCOLN
SUNSET
41ST
34TH
LOWER GREAT HIGHWAY
HIGHWAY
AVENUE
BLVD.
AVENUE
SUNSET
JUDAH
San Francisco Zoo
Fort Funston

Golden Gate Park West

Siehe auch Karte S. 156f

Beach Chalet Besucherzentrum

1000 Great Hwy.

415/751-2766

Bus: 5

Der Bison, eines der größten nordamerikanischen Landtiere, symbolisiert den amerikanischen Westen

liegen Ställe. Der nahe **Spreckels Lake** ist bei Modellbootfreunden beliebt. Weiterhin gehören Angelteiche, ein Dressurring und ein Golfplatz zum Freizeitangebot.

Sehen Sie sich unbedingt den **Buffalo Paddock** an, Heimat einer kleinen Herde buschiger amerikanischer Bisons. Die ersten wurden 1890 aus Montana hierher gebracht. An der Westgrenze des Parks blühen im **Queen Wilhelmina Tulip Garden** im Februar und März 10 000 Tulpen. Die angrenzende **Dutch Windmill** (1903) pumpte einst über 100 000 Liter Wasser pro Stunde in das Bewässerungssystem des Parks. Sie hat Flügel, die über 30 Meter messen.

Das **Beach Chalet** liegt am Great Highway zwischen Park und Ozean und beherbergt ein Besucherzentrum, das Informationen und Karten bereithält. Das Gebäude im spanischen Kolonialstil war der letzte Entwurf (1925) des Architekten Willis Polk. Im oberen Stockwerk ist ein Restaurant, im Keller sind Umkleideräume untergebracht. In den 30er Jahren eröffneten zwei Schwestern im ersten Stock einen Tearoom und schirmten ihre Orientteppiche sorgfältig vor den sandigen Füßen der Badegäste ab. Dann begann 1936 der französische Modedesigner Lucien Labaudt, der San Franciscos feine Gesellschaft einkleidete, die kahlen Wände des ersten Stocks mit Wandgemälden über die heitere Seite des Lebens in San Francisco zu schmücken. (Sie werden seine Sorgfalt bei der Darstellung von Kleidung bemerken.) In einem Strandbild spielen Kinder im Sand, eine Frau benutzt eine gefaltete Zeitung als Sonnenhut, und Würstchen brutzeln über einem Feuer. Labaudt malte gerne seine Frau und Freunde in solche Bilder hinein. Während des Zweiten Weltkrieges logierte das Militär in dem Gebäude, das danach eine Bar und Gemeinschaftshalle wurde. Heute befinden sich im zweiten Stock ein Restaurant und eine Brauereiwirtschaft *(Tel. 415/386-8439)* mit Blick auf das Meer. ■

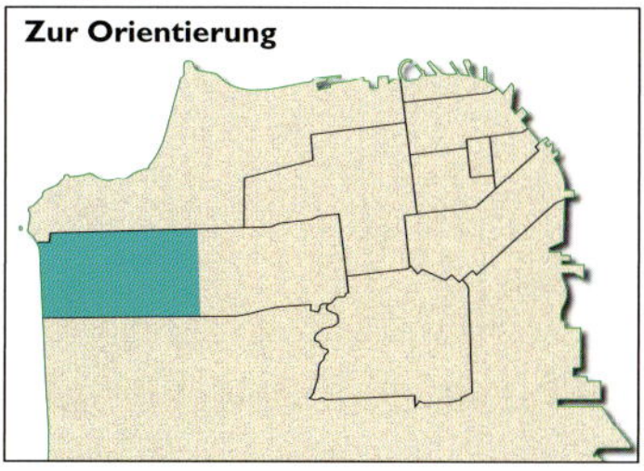

Weitere Sehenswürdigkeiten südlich des Parks

FORT FUNSTON

Fort Funston ist ein Küstenpark am Südende des Ocean Beach. Er gehört zum GGNRA (siehe S. 125). Unter Hängegleitern gilt er auf Grund der stabilen Küstenwinde und Dünen von mehr als 60 Metern Höhe als eines der besten Fluggebiete (Saison: Ende März–Okt.). Eine Aussichtsplattform bietet einen spektakulären Blick. In den nördlichen Kliffen nisten Schwalben (April–Juli). Halten Sie am Strand Ausschau nach Seeigeln und Muscheln.

Das Fort ist nach Frederic Funston benannt, dem General, der 1906 die Rettungsarbeiten nach dem Erdbeben und dem Feuer befehligte. Die Batterie Davis (1938) besaß zwei 16-Zoll-Kanonen mit einer Reichweite von über 50 Kilometern. Es war die erste Küstenbatterie, die geschützt in Kasematten lag. Durch die Fortschritte der Luftfahrt waren Batterien zu diesem Zeitpunkt leichte Ziele geworden. Nike-Raketen schützten die Küste von den 50er Jahren bis zur Schließung des Forts 1963. Heute beherbergen die Kasernen ein Umwelterziehungs-Zentrum – ein gutes Beispiel für »Schwerter zu Pflugscharen«.

✉ Neben dem Skyline Boulevard (California 35), 400 m südlich vom John Muir Drive ☎ 415/239-2366 🚌 Bus: 18

OCEAN BEACH

San Franciscos längster Strand erstreckt sich vom Cliff House (siehe S. 140f) aus nach Süden entlang dem **Sunset District**, einem sehr gepflegten Wohnviertel, auf einst wilden Sanddünen erbaut. Der Strand gehört zur GGNRA (siehe S. 125) und bietet schöne Spaziergänge. Das Wasser jedoch ist gefährlich; Strömungen haben Menschen selbst in flachem Wasser fortgerissen.

Viele Schiffe erlitten am Ocean Beach Schiffbruch, und Plünderungen wurden bei den Einheimischen fast zum Freizeitspaß. 1887 kamen 50 000 Menschen zu einem Wrack in der Nähe des Cliff House, um Souvenirs aufzulesen. Achten Sie neben der Ortega Street auf die Überreste der 1878 gestrandeten *King Phillip*.

☎ 415/239-2366 🚌 Bus: 5, 18, 23, 31, 38, 48, 71; Straßenbahn: L, N

SAN FRANCISCO ZOO

San Franciscos Zoo liegt nahe dem Südende des Ocean Beach und widmet sich der Arterhaltung. Besucher können aus Baumgipfelhöhe herumtollende Lemuren beobachten. Pinguine vergnügen sich in einem Pool, während Koalas in einem Eukalyptuswäldchen dösen. Schimpansen und Orang Utans durchstreifen den Affenwald. Giraffen, Zebras, Antilopen und Straußen hat man eine Savanne nachgebildet – all das ist schön von Plattformen oder einem Tunnel in der Mitte des Areals aus zu sehen. Um 14 Uhr (außer montags) werden die Raubkatzen gefüttert.

www.sfzoo.org ✉ Sloat Boulevard neben Great Highway. ☎ 415/753-7080 $ $$ 🚌 Bus: 18, 23; Straßenbahn: L ■

Ein Hängegleiter hebt an den Kliffen von Fort Funston ab

Das Civic Center ist Sitz der Stadtregierung und bedeutender kultureller Institutionen. Der südlich anschließende ehemalige Industriebezirk SoMa hat sich durch eine lebendige Kunstszene und Stadtentwicklungsprojekte stark verändert.

Civic Center und SoMa

San Francisco Museum of Modern Art

Civic Center und SoMa

BEIDE BEZIRKE ILLUSTRIEREN UNTERSCHIEDLICHE CHARAKTERISTIKA SAN Franciscos. Das Civic Center, der Sitz der Stadtregierung, vereinigt die wohl großartigste Kombination von Kultureinrichtungen in den ganzen USA mit dem städtischen Palast der City Hall. Im Gegensatz hierzu war die Gegend South of Market (daher der Name SoMa), die von der Market Street, dem Embarcadero und der Berry Street begrenzt wird, mit ihren breiten Straßen und großen Häuserblocks, die 1847 nach einem klaren Plan angelegt wurden, immer als Industriegebiet geplant.

Das Erdbeben und Feuer von 1906 eröffnete durch die Zerstörung weiter Teile San Franciscos die Gelegenheit, den Burnham Plan (siehe S. 31), einen Entwurf für eine schönere Stadt, umzusetzen. Zunächst wurde nur die City Hall verwirklicht. Während die Regierung die Sache schleifen ließ, wurden Wohn- und Geschäftshäuser wieder entlang den alten Straßenführungen errichtet. Später wurde das Civic Center weiter ausgebaut, der große Plan für die Stadt setzte sich jedoch nicht durch.

Ein Zufluchtsort für Kinder

Das ursprüngliche Rathaus, das unter einer früheren korrupten Stadtregierung aus minderwertigen Baustoffen errichtet worden war, brach in dem Beben wie ein Kartenhaus zusammen. 1915 errichtete die rührige Administration von Bürgermeister James »Sunny Jim« Rolph Jr. die neue City Hall. Das Opernhaus, die Konzerthalle und weitere öffentliche Gebäude folgten. Heute ist das Civic Center ein politisches und kulturelles Zentrum, wie die Anwerbung des riesigen Asian Art Museum aktuell demonstriert.

Überraschenderweise lebten die Reichen ursprünglich in SoMa und tranken ihren Tee in

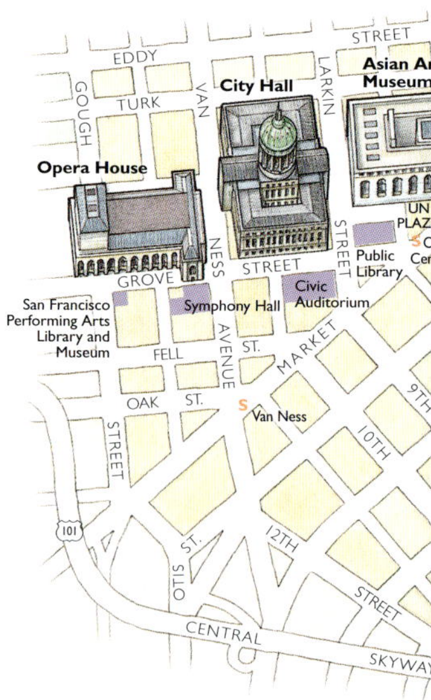

Wohnhäusern auf Rincon Hill oder in Stadthäusern um den South Park. Aber die Entwicklung der Kabelbahn um 1870 zog die Reichen nach Nob Hill. Nun prägten Arbeiterfamilien, Lagerhäuser, Fabriken, Sägemühlen, Eisenwerken und Werften den District.

Nach 1906 erschienen billige Hotels und Pensionen auf der Bildfläche, in denen Rentner und Gelegenheitsarbeiter, Vagabunden und Alkoholiker lebten. 1936 wurden auf Rincon Hill Häuser abgerissen, um Platz für die Bay Bridge zu machen. In der Mitte der 50er Jahre hegte die Stadt Pläne, einen Teil des Bezirks zu Gunsten von Stadtentwicklungsprojekten abzureißen. Als man 1967 versuchte, Hunderte von Bewohnern von hier umzusiedeln, verzögerten Gerichtsverfahren das Projekt um ein ganzes Jahrzehnt. Schließlich wurden kostengünstige Unterkünfte als Teil des großzügigen Yerba-Buena-Gardens-Plans festgelegt. Das Moscone Center öffnete 1981 seine Pforten.

In den 80er Jahren blühte in SoMa eine alternative Kunstszene. Maler, Musiker und Tänzer verwandelten Lagerhäuser in Ateliers und Wohnungen, ihnen folgte die Öffnung kleiner Galerien: Plötzlich waren schäbige Spelunken unter Künstlern angesagt. Als 1993 die Yerba Buena Gardens und 1995 das neue San Francisco Museum von Modern Art eröffneten, war der kulturelle Würfel gefallen. ■

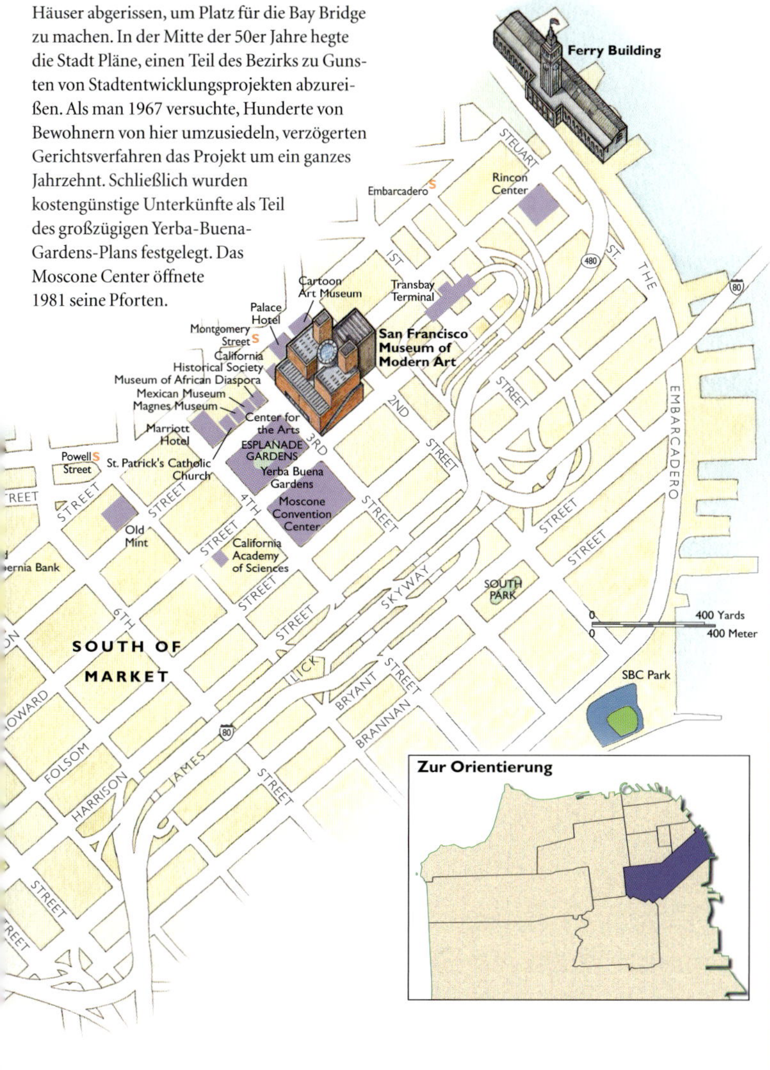

Civic Center und Umgebung

DIE CIVIC CENTER PLAZA, DIE SICH NACH OSTEN ZUR CITY Hall hinzieht, wurde in ihren ursprünglichen Zustand mit einem langen Rasenstück und Reihen englischer Platanen zurückversetzt. Heute finden hier große politische Kundgebungen statt.

Bill Graham Civic Auditorium
- 99 Grove St.
- 415/974-4060
- Bus: 5, 19, 21, 26, 42, 47; Straßenbahn: J, K, L, M, N; BART: Civic Center

San Francisco Main Public Library
http://sfpl.lib.ca.us
- 100 Larkin St.
- 415/557-4400
- Geschl. Fr & So vormittags; Führungen; wegen Öffnungszeiten bitte anrufen
- Bus: 5, 19, 21, 26, 42, 47; Straßenbahn: J, K, L, M, N; BART: Civic Center

San Francisco Performing Arts Library & Museum
www.sfpalm.org
- 401 Van Ness Ave., 4th fl.
- 415/255-4800
- Bibliothek geschl. So–Di; Museum geschl. So–Mo
- BART: Civic Center

Das **Bill Graham Civic Auditorium** wurde 1915 nach einem Entwurf von Arthur Brown Jr. für die Panama Pacific International Exposition an der Südseite der Plaza erbaut. Heute ist es ein Veranstaltungsort der Spitzenklasse.

Östlich der Plaza befinden sich – beide im Beaux-Art-Stil – das Asian Art Museum im umgestalteten **Old Library Building** und die beeindruckende **San Francisco Main Public Library** (1995) von Pei Cobb Freed & Partners. Diese haben bei der Gestaltung der zur Plaza gerichteten Fassade die Konventionen der Beaux-Arts-Archtitektur postmodern verfremdet, sich aber gleichzeitig in das nahe gelegenen historischen Gebäudeensemble einfügt, indem sie Granit aus dem gleichen Steinbruch verwendeten. Die Rückseite ist jedoch zeitgenössisch, dekonstruktivistisch und kantig.

Zwischen den Bibliotheksgebäuden liegt an der Fulton Street das 1894 von Frank Happersberger gebaute **Pioneer Monument**. Skulpturen zeigen einen Klosterbruder mit einem bekehrten Indianer und erfolgreiche Goldgräber, während Bronzetafeln Figuren aus der kalifornischen Geschichte zeigen.

Unmittelbar östlich erinnert die unscheinbare **United Nations Plaza** an die Abfassung der UN-Charta im War Memorial Opera House und die Unterzeichnung im Veterans Building 1945. Die Säulen tragen die Namen von Mitgliedsstaaten. Mittwochs und Sonntag morgens findet hier ein farbenfroher **Bauernmarkt** statt.

Die **Old Hibernia Bank** *(Ecke Jones und McAllister Street, nahe Market Street, nicht öffentlich zugänglich)*, 1892 von dem örtlichen Architekten Albert Pissis erbaut, gilt als eines der hübschesten klassizistischen Bauwerke der Stadt. Die Bankhalle weist kunstvolle Stuckarbeiten, Marmor und Buntglasfenster auf, das Gebäude ist allerdings ein Poli-

zeirevier. (Der **Tenderloin District**, ein zwielichtes Gebiet, erstreckt sich von der Jones Street nach Osten. Seien Sie vorsichtig und meiden Sie die Gegend bei Nacht.)

Westlich der Civic Center Plaza und der Civic Hall stehen auf der anderen Seite der Van Ness Avenue zwei fast identische Gebäude, beide zu Ehren der Soldaten des Ersten Weltkriegs 1932 von Arthur Brown Jr. entworfen. Im rechts gelegenen **Veterans Building** finden kleinere Konzerte und Vorlesungen im Herbst Theater statt. Das **War Memorial Opera House** (siehe S. 263) mit seinen 3100 Plätzen bietet San Franciscos gefeierten Opern- und Ballettensembles eine Bühne. Auf der Van Ness Avenue weiter südlich liegt an der Grove Street die 1980 in geschwungenem Glas und Granit erbaute **Louise M. Davies Symphony Hall** (siehe S. 263). Das Haus ist nicht nur die Heimat des städtischen Sinfonieorchesters, es besitzt auch eine computergesteuerte Orgel mit 9235 Pfeifen.

Wenn Sie sich für die Bühne interessieren, sollten Sie in der **San Francisco Performing Arts Library und Museum** vorbeischauen, um Bücher, Plakate und Theaterprogramme zu sehen, die das um 1850 beginnende Theaterleben dokumentieren. ■

Veterans Building

✉ 401 Van Ness Ave.
☏ 415/621–6600
🕒 Geschl. Sa–So; Führungen Mo
🚌 Bus: 5, 19, 21, 42, 47; Straßenbahn: J, K, L, M, N

Die City Hall ist nach dem Erdbeben 1989 sorgfältig restauriert worden

City Hall

Die prächtig restaurierte vierstöckige City Hall ähnelt einem klassischen Tempel

NACH DER BESCHÄDIGUNG DES RATHAUSES DURCH DAS Beben von 1989 investierte San Francisco 300 Millionen Dollar in den Wiederaufbau und den Erdbebenschutz. Das zwei Häuserblocks einnehmende Bauwerk ist das größte Gebäude der Welt, das nicht auf dem Boden steht. Seine Fundamente ruhen auf »Basis-Isolatoren«, riesigen Scheiben aus Metall und Gummi, die die Stöße eines Bebens absorbieren sollen.

City Hall
Siehe Karte S. 180f
Polk St. zwischen Grove St. und McAllister St. Führungen ab Eingang Van Ness Ave.
415/554-4933
Bus: 5, 9, 19, 21, 47, 49; BART: Civic Center
Geschl. So; Führungen Mo–Fr 10 Uhr, 12 und 14 Uhr, Sa 12.30 Uhr; vorherige telefonische Anfrage ist sinnvoll

Der 1915 errichtete Bau hat zwei Flügel mit Kolonnaden, die über eine Rotunde mit einer Kupferkuppel verbunden werden. Die Kuppel ähnelt der des Petersdoms und erhebt sich auf knapp 110 Meter, gut zehn Meter höher als das Capitol in Washington – worauf Bürgermeister Rolph (siehe S. 184) stets stolz hinwies. Mit diesem Gebäude drückte San Francisco aus, dass es nicht länger eine Stadt am Rande der Zivilisation war.

Der Entwurf von Arthur Brown Jr. war durch seine Studien an der École des Beaux-Arts in Paris beeinflusst. Er weist klassische Elemente wie dorische Säulen und Giebeldreiecke mit Steinmetzarbeiten auf; die Figuren von Henri Crenier über dem Eingang an der Polk Street stehen für Kaliforniens Landwirtschaft, seine Reichtümer (links) und Navigationskünste (rechts). Sie symbolisieren zugleich die Rolle des Staates als Bindeglied zwischen den eigenen Reichtümern und den Handelsinteressen des Restes der Welt.

Im Inneren der Rotunde glänzt ein Marmorboden im Schein von Glaslaternen in kunstvollen Metallfassungen. Stuckarbeiten schmücken Decke und Wände. Die Rotunde erhebt sich über vier Stockwerke zu einem Ring korinthischer Säulen und der hohen Kuppel (die eigentlich aus drei Kuppeln besteht). Wichtige Zeremonien werden auf dem Absatz der monumentalen Treppe abgehalten.

Die Treppe hinauf liegt der Raum des Board of Supervisors, so wunderschön, dass Sie fast Politiker werden wollen! Eichengetäfelte Wände glänzen unter einer blassgrünen und goldenen spanischen Decke. Die Computerschirme an den Tischen wirken anachronistisch. Die Installation moderner Elektronik war aber ein integraler Teil des Neuaufbaus.

In dem eine Treppe höher liegenden Büro des Bürgermeisters erschoss der ehemalige Stadtrat Dan White 1978 Bürgermeister George Moscone und Stadtrat Harvey Milk, den ersten homosexuellen Politiker der Vereinigten Staaten, der sich geoutet hatte. ■

Asian Art Museum

MIT 15000 OBJEKTEN, DIE 6000 JAHRE GESCHICHTE UND über 40 Länder Asiens abdecken, ist dieses Museum das größte in den USA für asiatische Kunst. Das Museum eröffnete 1966, um die von dem Chicagoer Industriellen Avery Brundage (1887-1975) gestiftete Sammlung der Öffentlichkeit zugänglich zu machen. Brundage war auch Präsident des Internationalen Olympischen Komitees. Er begann seine Sammlertätigkeit in den 1920-er Jahren, nachdem diverse Reisen sein Interesse an asiatischer Kunst geweckt hatten.

Asian Art Museum
www.asianart.org
Siehe Karte S. 180f
200 Larkin St.
415/581-3500
Geschl. Mo
$$. 1. Di frei
Bus: 5, 19, 21, 26, 47; BART: Civic Center

In den Ausstellungsräumen des Museums sind 2500 Objekte der Sammlung zu sehen; alle bedeutenden Kulturen Asiens werden vorgestellt, wobei das Hauptgewicht auf folgenden Themenbereichen liegt: die Entwicklung des Buddhismus, Handel und Kulturaustausch durch Pilger, Reisende und Heere sowie Glaube und Riten. Die Räume sind in folgender Reihenfolge zu besichtigen:

INDIEN

Indien ist mit Kunstwerken vertreten, die von Tempelskulpturen bis zu Miniaturmalerei, von Holzschnitzerei bis zu Rollbildern mit Kalligrafien reichen.

Religiöse Statuen aus verschiedenen Materialien wie Bronze, Holz, Stein und Ton sind die Höhepunkte dieser Sammlung. Ein geschnitzter Boddhisattva Maitreya (2.–3. Jh.) repräsentiert ein erleuchtetes Wesen (Boddhisattva); er kam aus der Region Gandhara. Ein gemeißelter Ganesha (13. Jh.) aus Stein stellt den von den Hindus verehrten Gott der Weisheit und des Wohlstands mit einem Elefantenkopf dar. Ein Raum widmet sich der Kunst der Sikh, die einzige Ausstellung dieser Art in der westlichen Welt.

DIE WELT DER PERSER UND WEST-ASIEN

Die Kunstwerke aus dieser Region – Iran, Irak, Afghanistan, Turkmenistan, Usbekistan – beginnen mit Keramik aus der Jungsteinzeit (Hirsche, Fabelwesen) bis hin zu farbenprächtiger islamischer Keramik, Schmuck, Architekturornamenten, Bronzen, Miniaturgemälden, Jadegefäßen und Manuskripten.

SÜDOST-ASIEN

In diesen Räumen finden sich Objekte aus Thailand, Kambodscha, Burma, Laos, Vietnam, Indonesien, Malaysia und den Philippinen. Aus Thailand stammen Keramiken und eine bemerkenswerte Gemäldesammlung, außerdem eine umfangreiche und vielfältige Sammlung von krises (Schwerter). Viele sind kunstvoll verziert oder mit Edelsteinen besetzt und somit ebenso gefährlich wie schön anzusehen. Ein besonders herrliches Objekt ist eine goldene Plakette mit einer eingravierten Widmung (vermutlich 8. oder 9. Jh.) aus einem Hindutempel in Kambodscha; er wurde als Aufenthaltsort Gottes auf Erden betrachtet und symbolisierte den Mikrokosmos des Universums. Angkor Wat ist mit vielen Stein- und Bronzeobjekten vertreten. Shiva und Uma (11. Jh.) sind Beispiele für die kunstvollen Skulpturen, die die Khmer des Königreichs Angkor schufen, um ihre Tempel zu verzieren. Die Khmer kombinierten ihre Religion mit Elementen aus dem Hinduismus und Buddhismus. Präsentiert werden außerdem Textilien, Schmuck, Keramik, Terracotta-Objekte und Gemälde.

Bronzefigur aus Thailand aus dem 7. bis 8. Jahrhundert: Mahakaruna Lokeshvara

Darstellung der buddhistischen Gottheit Simhavaktra Dakini aus dem 18. Jahrhundert in den Sälen zur Welt des tibetischen Buddhismus und des Himalaya

DIE BUDDHISTISCHE WELT DER TIBETER – DER HIMALAYA

Aus Tibet stammen seltene Rollbilder aus den Klöstern Shalu und Ngor. Ein Blitz und eine Glocke aus vergoldetem Metall (15. Jh.) sind Objekte, die im tibetischen Buddhismus bei Gebeten und Ritualen Verwendung finden. Eine Figur aus lackiertem Holz, Simhavaktra Dakini (18. Jh.), stellt eine tanzende Wächterin aus dem Vajrayana-Buddhismus mit Löwengesicht dar, die den Sterblichen den Pfad der Tugend weist. Im tantrischen Buddhismus Tibets rufen rituelle Objekte aus menschlichen Knochen in Erinnerung, dass das Leben kurz und der Tod unvermeidlich ist.

Zu den Arbeiten aus Nepal gehören farbenfrohe Baumwoll-Mandalas und buddhistische Skulpturen.

CHINA

Da Avery Brundage die Kunst aus China in den Mittelpunkt seiner Sammlung stellte, werden viele Bronzen, Keramiken, Kalligrafien, Skulpturen und Gemälde aus diesem Land gezeigt. Historisch bedeutend sind Orakelknochen aus der Jungsteinzeit, die erstmals in der Geschichte Chinas Schriftzeichen aufweisen. Ebenso interessant ist das älteste chinesische Lackgefäß mit dem Stempel (1 n.Chr.) des Künstlers.

Die Sammlung von fast 300 rituellen Bronzen aus China gilt als die beste außerhalb Asiens. Der älteste chinesische Buddha (338 n.Chr.) gilt als Höhepunkt; die sitzende, vergoldete Bronzefigur markiert die Weiterentwicklung des indischen Stils, der in der frühen buddhistische Kunst Chinas noch

dominierte. Der Buddhismus breitete sich gegen Ende der Han-Dynastie (220 n.Chr.) aus und durchdrang die 2000 Jahre alte chinesische Kultur. Während der Kriege und Hungersnöte war der Buddhismus attraktiv, denn er versprach ein Ende des ewigen Kreislaufs des Leidens.

Zu den rituellen Bronzegefäßen der Shang-Dynastie (1122–1028 v.Chr.) zählt ein Nashorn; seine wirklichkeitsgetreue Gestalt wird funktional geschickt als Weingefäß genutzt. Die Keramik reicht von einer irdenen Kanne aus der Jungsteinzeit (2500–1500 v.Chr.) bis hin zu Stücken aus der Song-Dynastie (960–1279) mit Seladon-Glasur. Eine Grabfigur der Tang-Dynastie (618-907) stellt ein Kamel mit dreifarbiger sancai-Glasur dar. Die Tang-Dynastie entwickelte das Porzellan, eine harte, weiße, durchsichtige Keramik; sie wird aus reinem Ton gebrannt und dann mit einer Glasur versehen. Das erste blau-weiße Porzellan aus China stammt von der frühen Ming-Dynastie (1368–1644).

Zur Sammlung gehören auch bemalte Fächer und Kalligrafien auf Papier aus der Ming-Zeit. Für Rollbilder verwendete man Texturen und Tinte in verschiedenen Farbtönen.

Bei den Besuchern des Museums beliebt sind die Objekte aus Jade, einem Mineral, dessen Eigenschaften Konfuzius (551–479) mit denen eines echten Gentleman verglich: »Ihr Glanz und ihre Brillanz stehen für die das Weiß der Reinheit. Ihre Festigkeit und extreme Härte stehen für die Sicherheit des Geistes. Ihre Kanten, die nicht schneiden, obwohl sie scharf scheinen, stehen für die Gerechtigkeit... Ihre inneren Fehler, die sich ob ihrer Durchsichtigkeit stets offenbaren, gemahnen an die Ernsthaftigkeit. Ihre schimmernde Helligkeit verkörpert den Himmel.«

Unter den über 200 Stücken aus Jade in dieser Sammlung findet sich als Glanzstück ein cong aus der späten Jungsteinzeit (3100–2200 v. Chr.), eine kurze Röhre, außen quadratisch und innen rund, die vermutlich bei Ritualen zur Anbetung der Erde benutzt wurde. Die seltene bi-Scheibe (2500 v. Chr.) hat eine runde Form mit einem Loch in der Mitte; sie symbolisiert den Himmel.

Die Sammlung enthält viele Jade-Stücke der Qing-Dynastie (1644–1911) zu zeremoniellen Zwecken, darunter eine Darstellung der „Drei Segnungen" als Früchte (19.Jh.): eine Buddha-Hand-Zitrone (Segnung), ein Pfirsich (langes Leben) und ein Granatapfel (Fruchtbarkeit, symbolisiert durch die Kerne). Ein Räuchergefäß mit zehn Musikern aus kunstvoll gearbeiteter, durchsichtiger, weißer Jade wurde in den 1930-er Jahren für den Verkauf im Ausland gefertigt.

Zu der Sammlung gehören außerdem Gemälde und Kalligrafien, Textilien sowie Objekte aus Emaille, Elfenbein, Bambus, Glas und Horn.

KOREA

Die ältesten Exponate dieser Sammlung sind zwei Schieferdolche (600 und 500 v.Chr.) aus der Bronzezeit. Weitere bedeutende Stücke sind Buddhastatuen aus Bronze, Gefäße aus Ton und Steingut sowie Rollbilder.

Ein Tongefäß in Form einer Ente, vermutlich für rituelle Zwecke oder Beerdigungen gedacht, steht für die Drei Königreiche (57 v. Chr.–668), eine Epoche, die für ihre phantasievollen Ton- und Steingutobjekte bekannt war.

Das japanische Gewand schmückt ein fließendes Muster aus Schmetterlingen und Gräsern; es wurde von einem Schauspieler in dem Noh-Schauspiel Schmetterling (Kocho) getragen

Das Königreich Silla (668–935) repräsentiert das goldene Zeitalter der buddhistischen Kunst. In der Hauptstadt Kyongju soll es so viele Tempel wie Sterne am Himmel gegeben haben, und Pagoden so zahlreich wie ein Schwarm Gänse Tiere zählt. Eine große vergoldete Bronzefigur des Amitaba Buddha – der Buddha des ewigen Lebens und des unendlichen Lichts – ist bemerkenswert.

Die fromme buddhistische Koryo-Danastie (935–1392) brachte prächtige Gemälde hervor wie den Buddha Amitaba mit den acht großen Bodhisattvas, während die nachfolgende Choson-Dynastie sich dem nüchternen Neo-Konfuzianismus verschrieb. Das Porträt des Sosan Taesa (spätes 16. Jh.) – Tinte und Farben auf Seide – zeigt einen elegant gekleideten Mönch, der die Einheit von Konfuzianismus, Buddhismus und Taoismus lehrt.

Zu dieser Sammlung gehören auch Gemälde unterschiedlichster Stilrichtungen, nämlich höfische, gelehrte, buddhistische und folkloristische Themen, außerdem Lackarbeiten und Textilien.

JAPAN

Kein Museum in den USA bietet einen umfassenderen Überblick über japanische Kunst, darunter rituellen Glocken aus Bronze, vergoldete Buddhas aus Holz, Lackfiguren, glasiertes Steingut, Porzellan, Rollbilder, seltene bemalte Paravents und netsuke-Schnitzereien.

Der Stehende Krieger aus Steingut (6. Jh.) trägt eine Tunika, bauschige Hosen und einen Helm; er diente als Grabbeigabe, um die hohe wirtschaftliche und soziale Position des Verstorbenen zu verdeutlichen. Unter den glasierten Steingutarbeiten sollte man nach einer Teeschale mit Drachenmedaillon (Mitte des 17. Jhs.) von Nonomura Ninsei Ausschau halten, einem der ersten Künstler, der seine Arbeiten mit einem eigenen Siegel versehen hat. In der großen Schale blieb der Tee für die Gäste im Winter länger warm, und das Gefäß ist zum Teil auch so schwarz wie eine Winternacht. Ein weiteres Glanzlicht ist die Flasche mit Glasurspritzern (1960-er Jahre) von Kanjiro Kawai; seine Experimente mit der Technik machten ihn als Künstler schnell berühmt. Später wandte er sich dann dem mingei-Stil zu, der traditionelle Handwerkskunst und einfache Verzierungstechniken aufgriff. Als man Kawai einmal fragte, wie er die drei Schichten Glasur auf die Flasche gekriegt habe, sagte er, »eine unsichtbare Macht habe ihm geholfen.«

Unter den Paravents des Museums ist vor allem Der Weg durch den Berg Utsu (18. Jh.) bemerkenswert; dargestellt ist eine Szene aus den Geschichten der Ise, eine lyrisch-romantische Erzählung aus dem 10. Jahrhundert. Die Sammlung von Bambuskörben ist die größte und schönste außerhalb Japans. ■

Yerba Buena Gardens

YERBA BUENA GARDENS IST EIN AUFSTREBENDES VIERTEL in SoMa. Ein Zwei-Milliarden-Dollar-Sanierunsprojekt wurde für eine Gegend konzipiert, deren Einwohnerschaft von Arbeitern bis zu Obdachlosen reicht. Es war ein Viertel voller Hotels mit Zimmern für sieben Dollar die Woche und billiger Bars. Heute leben hier immer mehr Angestellte, und die Yerba Buena Gardens beherbergen das San Francisco Museum of Modern Art (SFMoMA), das Moscone Center, das Yerba Buena Center for the Arts und das Children's Center.

Das Yerba Buena Center an der Mission Street zwischen 3rd und 4th Street steht auf dem unterirdischen Moscone Center. Ein ovaler Garten zieht Spaziergänger und Ausflügler an. Weil das Dach des Moscone Center keine schwere Erde tragen kann, wurden unter der Grasoberfläche Blöcke aus Kunststoffschaum gelegt. Leider sind der »Garten« und seine Plaza zu offensichtlich Menschenwerk, vermitteln den Eindruck, als sei jeder Grashalm mit dem Zirkel geplant worden.

Wenn Sie den Garten von der Mission Street aus betreten, sehen Sie ein **Denkmal für Martin Luther King Jr.**, einen breiten künstlichen Wasserfall und eine Grotte mit in Granit- und Glastafeln gemeißelten Zitaten des Bürgerrechtlers: »Wir werden nicht zufrieden sein, bis Gerechtigkeit herabfließt wie Wasser und Rechtschaffenheit wie ein mächtiger Strom.« Eine Promenade und Cafés liegen auf einer Terrasse oberhalb des Wasserfalls.

An der nordöstlichen Seite des Komplexes steht das innovative **Center for the Arts** *(701 Mission Street, Tel. 415/978-2787, Führungen erster Do 18 Uhr, geschl. Mo)*. Sein **Galleries & Forum Building** *(Gallerien $$, am ersten Di des Monats frei)* wurde 1993 von Fumihiko Maki erbaut. Von innen rahmen die Fenster in der Art der traditionellen japanischen Architektur sorgfältig ausgewählte Blicke ein. Das Schwergewicht liegt auf hiesigen Künstlern und ethnischen Gruppen. Im benachbarten **Center for the Arts Theater** *(700 Howard Street, Tel. 415/978-2787)*, das 1993 von James Stewart Polshek gebaut wurde, vermitteln industriell aussehende offene Balken und Lichttechnik das Gefühl, Sie säßen hinter einer Bühne.

Yerba Buena Gardens
www.yerbabuenaarts.org
Siehe Karte S.180f
Zwischen Market, Harrison, 2nd und 5th Street
415/541-0312 für Führungen
Bus: 9, 12,14, 15, 30, 38, 45, 76; BART: Embarcadero, Montgomery, Powell St.

»Gerechtigkeit fließt wie Wasser« zu Ehren von Martin Luther King Jr.

California Academy of Sciences
✉ vorläufige Adresse bis 2008: 875 Howard St.
☎ 415/750-7145

Ebenfalls auf das Moscone Center gebaut, besitzt das **Children's Center** eine überdachte große Eislaufbahn *(Tel. 415/820-3521)*, eine Bowlingbahn *(Tel. 415/820-3521)* und ein Multimedia-Kunstatelier namens Zeum *(Tel. 415/820-3351)*, in dem Kinder sich an dem kreativen Umgang mit Computern versuchen können. Auf dem **Looff Carousel** *(Ecke 4th und Howard Street)* von 1906, ursprünglich im Playland at the Beach, wirbeln 62 fröhlich bemalte Giraffen, Pferde und andere Holztiere in einem bei Nacht erleuchteten Glaspavillon.

Ein Neon-Kunstwerk im Yerba Buena Center for the Arts, das zeitgenössische und kühne Arbeiten zeigt

Stoppen Sie beim Gebäude der California Academy of Sciences (siehe S. 169), in das Tausende von Meerestieren und der Ausstellungsbetrieb vorübergehend verlegt worden sind.

In der Umgebung der Yerba Buena Gardens liegen weitere Museen. Das **Ansel Adams Center for Photography** *(250 4th Street, Tel. 415/495-7000, geschl. Mo, $)* besitzt fünf Ausstellungsräume, die von den Friends of Photography unterhalten werden. Einer ist Adams' Schwarz-weiß-Aufnahmen der westamerikanischen Landschaft gewidmet, in Wechselausstellungen wurden Fotografen wie Elliott Erwitt und Annie Leibowitz vorgestellt.

Neu in der museenreichen Umgebung ist das **Museum of the African Diaspora** *(90 New Montgomery St. im St. Regis Museum Tower, Tel. 415/358-7200, www.museumoftheafricandiaspora.org, geschl. So-Di, $)*, das die Leistungen der Menschen afrikanischer Abstammung in aller Welt beleuchtet.

Das **Mexican Museum** ist 2006 in ein neues Pueblo-ähnliches Gebäude auf der Mission Street in der Nähe des Yerba Buena Center gezogen. Das **Contemporary Jewish Museum** *(121 Steuart St., Tel. 415/591-8800, www.thecjm.org, geschl. Fr-Sa, $)* bietet Wechselausstellungen zum jüdischen Leben.

Nur wenige Museen hoffen, dass ihre Besucher über Exponate lachen. Anders das **Cartoon Art Museum** *(655 Mission Street, Tel. 415/227-8666, geschl. Mo, $$)*, dessen Ausstellungen häufig aus einem Bestand von 11 000 Zeitungen, Comics und Zeichentrickfilmen immer neu zusammengestellt werden.

Die **St. Patrick's Catholic Church** *(756 Mission Street)* aus roten Ziegeln stammt von 1909 und wurde von irischen Einwanderern finanziert; im Inneren finden sich Marmor aus Connemara in Irland und Buntglasfenster zu keltischen Themen. Im Hintergrund erhebt sich das schicke **Marriott Hotel**.

Die **California Historical Society** *(678 Mission Street, Tel. 415/357-1848, geschl. So–Do, $, www.calhist. org)* stellt seine Ausstellungen aus der eigenen Sammlung zusammen. Diese umfasst Gemälde von Künstlern wie Albert Bierstadt und William Keith, Möbel, Silber und Kleider, Fotos zu Kaliforniens Geschichte und Briefe von Goldgräbern. ■

Wie eine moderne Skulptur in der Stadt setzt sich das SFMoMA aus einfachen geometrischen Formen zusammen

San Francisco Museum of Modern Art

DAS MUSEUM SELBST IST VIELLEICHT SEIN EIGENES SCHÖNSTES Exponat. Mario Bottas Entwurf ist eine Vielzahl geometrischer Formen. Drei große, fensterlose Blocks liegen hinter einer Ziegelsteinfassade. Oben erhebt sich ein zentraler Zylinder mit Streifen schwarzen und silbergrauen Granits.

Der Turm ist schräg abgeschnitten, so dass ein Oberlicht entsteht, das größer als das westliche Rosettenfenster von Notre Dame in Paris ist. Das Licht fällt in ein zentrales Atrium. Die oberen Stockwerke sind über eine Treppe zugänglich, ein stählerner Übergang verläuft in 25 Meter Höhe unter dem Oberlicht. Natürlich mögen nicht alle diese Architektur. Ein Kolumnist entschuldigte sich für seine Aussage, das Oberlicht sehe aus wie der Schornstein eines Ozeanriesen. »Der Bau sieht eher wie ein riesiger Toaster aus, der gerade einen Käse-

San Francisco Museum of Modern Art

www.sfmoma.org

Siehe Karte S. 180f

151 Third Street

415/357-4000

Geschl. Mi

$$. Am 1. Di des Monats frei

Bus: 5, 9, 12, 14, 15, 30, 38, 45

Die weitläufigen Ausstellungsräume (oben) passen zum auffallenden Design des Gebäudes (unten)

toast ausspuckt«, korrigierte er sich. Der Kunstkritiker Robert Hughes (*Time*) fragte: »Warum ein ganzes Erdgeschoss ohne Platz für ein Bild oder eine Skulptur?«

Der erste Stock ist Exponaten aus der ständigen Sammlung vorbehalten, der zweite Fotografien und anderen Arbeiten auf Papier. Das obere Stockwerk zeigt wechselnde Ausstellungen und großformatige zeitgenössische Kunst aus der Museumssammlung.

Das Museum wurde 1935 gegründet. Damals logierte es im War Memorial Veterans Building im Civic Center. In den 40er Jahren ermöglichte es Jackson Pollock seine erste große Solo-Ausstellung und erwarb sein frühes Meisterwerk *Die Hüter des Geheimnisses* (1943). Das Museum stellte weitere Gründungsmitglieder des Abstrakten Expressionismus aus: Arshile Gorky, Clyfford Still, Mark Rothko und Robert Motherwell, zu einem Zeitpunkt, als sie noch keine Namen hatten. Das Museum baute seine Sammlung immer weiter aus und zog 1995 in das neue Gebäude mit 15 000 Quadratmetern Ausstellungsfläche.

GLANZPUNKTE

Das SFMoMA besitzt 20 000 Kunstwerke aus dem 20. Jahrhundert. Die Stücke werden in einer Art Rotationsverfahren gezeigt, doch die herausragenden Werke sind fast immer zu sehen.

Die Galerien im zweiten Stocks zeigen Gemälde und Skulpturen. Der frühe Modernismus ist durch Cézanne, Brancusi, Gris, Picasso und Matisse vertreten, dessen *Frau mit Hut* (1905) das berühmteste Bild des Museums ist. Es ist ein klassisches Beispiel des Fauvismus, eines Malstils aus dem Frankreich des frühen 20. Jahrhunderts mit lebhaften Farben und starken, häufig verzerrten Formen.

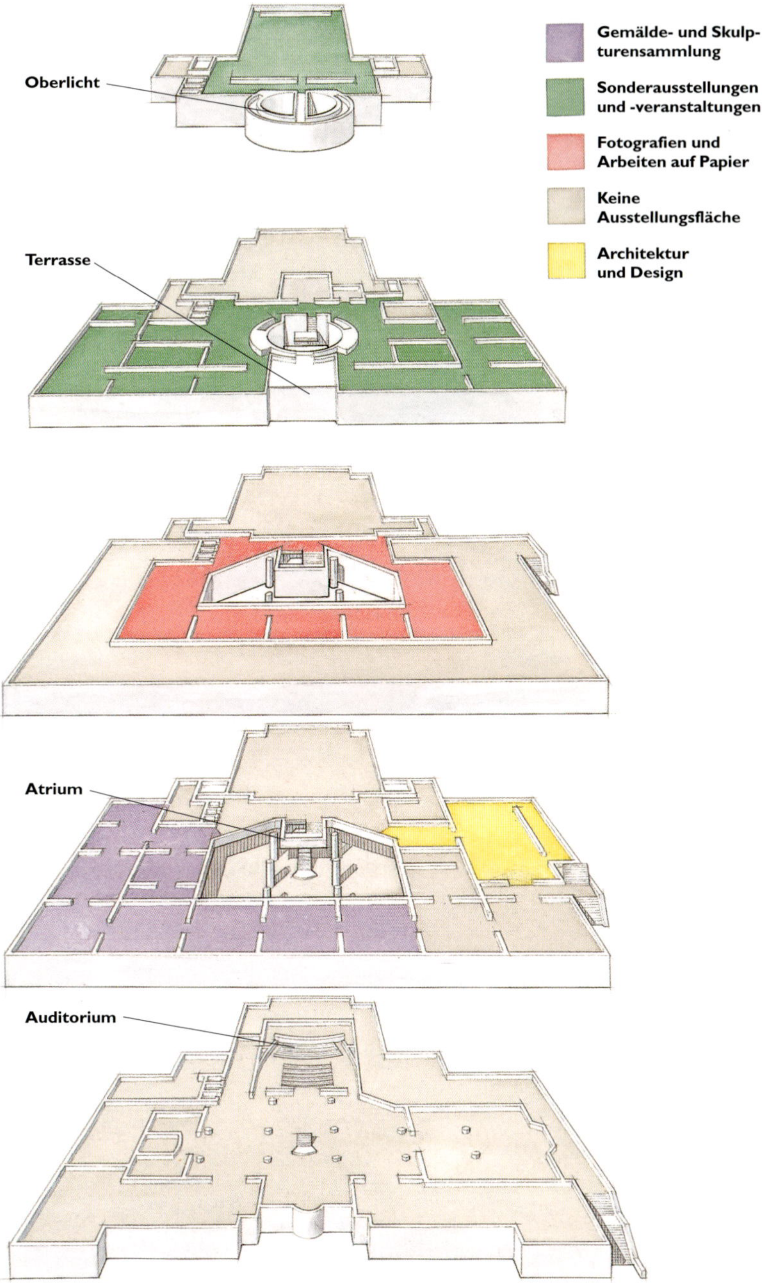
Gemälde- und Skulpturensammlung
Sonderausstellungen und -veranstaltungen
Fotografien und Arbeiten auf Papier
Keine Ausstellungsfläche
Architektur und Design
Oberlicht
Terrasse
Atrium
Auditorium

Exponate und Ausblick wetteifern im SFMoMA miteinander

Ebenso vertreten sind die modernistische mexikanische Malerei (Rivera, Tamayo), der Abstrakte Expressionismus (hier werden Sie vermutlich *Hüter des Geheimnisses* sehen), gegenständliche Kunst aus der Bay Area (Joan Brown, *Noel in der Küche*, 1964) und zeitgenösssische Kunst (Warhol, Polke, Koons).

Zu den wichtigeren Neuerwerbungen gehören Robert Rauschenbergs *Ausradierte Zeichnung von De Kooning* (1953), in dem er die Zeichnung des anderen Malers, und symbolisch die Methoden des Abstrakten Expressionismus, auszulöschen suchte. Rauschenbergs konzeptueller *Abdruck eines Autoreifens* (1953) entstand, indem sein Komponisten-Freund John Cage ein Auto, auf dessen Reifen Rauschenberg immer wieder Tinte auftrug, über Papier fuhr. Das über sieben Meter lange Papier wird wie eine japanische Schriftrolle präsentiert.

Das Museum besitzt ferner René Magrittes Meisterwerk *Persönliche Werte* (1952) sowie Piet Mondrians unvollendetes *New York City III* (1942–44), das noch immer die Klebebandstreifen aufweist, die der Künstler benutzte, um die Anordung seiner vertikalen und horizontalen Linien zu verbessern, bevor er sie in Öl malte.

Andy Warhols *Rote Liz* (1963) ist ein frühes Porträt Elizabeth Taylors in Lila, Schwarz und Türkis vor rotem Hintergrund. Im zweiten Stock befinden sich außerdem wechselnde Ausstellungen zu Architektur, Möbeln und Design mit Werken von Bernard Maibeck, Willis Polk, Frank Lloyd Wright und Frank Gehry. Zu den Höhepunkten zählt ein kompletter Konferenzraum von Charles und Ray Eames sowie mehr als 400 Rock'n'Roll-Plakate.

Im dritten Stock werden Beispiele aus der umfassenden fotografischen Sammlung gezeigt, die mit den 40er Jahren des 19. Jahrhunderts beginnt und alle wichtigen Entwicklungen der Fotografie bis zum heutigen Tag illustriert. Sie können Aufnahmen von Alfred Stieglitz, Edward Weston, Ansel Adams und europäischen Avantgardisten der 20er und 30er Jahre ebenso wie die konzeptuelle Arbeit von Duane Michaels und die Manipulationen von Ray Metzker sehen. Die elektronischen Kunstformen werden durch Videos und Computerarbeiten repräsentiert. Der vierte und der fünfte Stock sind für große – zumeist zeitgenössische – Kunstwerke ausgelegt, seien es experimentelle Installationen oder Werke aus der ständigen Sammlung, die nur hier ausgestellt werden können. ■

Ferry Building & Umgebung

DAS 2003 ZU EINEM ÖFFENTLICHEN LEBENSMITTELMARKT umgebaute, fast 200 Meter lange, ehrwürdige Ferry Building erinnert an die Markthallen Europas. Es bietet Geschäfte, Restaurants und Freiluftstände. Nachdem die Mauern und die Marmorböden renoviert wurden, ist es wieder möglich, sich an die Zeiten zurückzuerinnern, als das Ferry Building der zweitwichtigste Transitterminal der Welt war.

Das **Ferry Building** (1898) von Arthur Page Brown ist immer noch ein schöner Anblick, besonders in nächtlicher Beleuchtung. Sein über 70 Meter hoher Glockenturm von Willis Polk überstand die Erdbeben von 1906 und 1989, obwohl seine vier Uhren jeweils stehen blieben. Die Fährverbindungen konnten den Bau der Bay Bridge in den 1930er Jahren jedoch nicht überleben. Inzwischen jedoch nimmt der Fährverkehr wieder zu. Werktags nutzen rund 12 000 Pendler die Marin- und die East Bay-Verbindung. Hinter dem Gebäude steht eine bronzene **Statue von Mahatma Gandhi** von 1988.

Wichtige Gebäude

One Market *(an der Steuart Street)* verbindet die klassizistische Fassade des Hauptquartiers der Southern Pacific Railroad mit Bürotürmen. Das **Rincon Center** *(101 Spear Street)* hat das modernistische Rincon Annex Post Office (1940) integriert. Innen stellen kühne Wandgemälde (1940) von Anton Refregier San Franciscos Vergangenheit dar. Das **Pacific Telephone and Telegraph Building** *(140 New Montgomery Street)* brachte 1925 New Yorks Finesse in die Stadt. Die Lobby weist Wände aus schwarzem Marmor sowie eine chinesische rote Stuckdecke mit asiatischen Mustern auf. Das **Pacific Bell Museum** ist der Telekommunikation gewidmet, die Exponate reichen von der ersten Telefonzelle der Stadt bis zur modernen Satellitentechnologie.

Highlights sind Telefone von den 1910er bis zu den 1970er Jahren, gläserne Isolatoren, die inzwischen begehrte Sammlerobjekte sind, und einer Ausstellung, die das alte Telephone Office von Chinatown zum Thema hat – mitsamt der roten Dienstkleidung eines »Operators«, der sich den Namen jedes Kunden merken musste, weil sich die Chinesen nicht gern auf eine Nummer reduzieren lassen wollten. ■

Ferry Building
www.ferrybuildingmarketplace.com
- Am Fuße der Market St.
- Führungen Sa, So, Di abends durch Stadtführer (www.sfcityguides.org)
- Bus: 1, 14, 32; Straßenbahn: F, J, K, L, M, N; BART: Embarcadero

Pacific Bell Museum
- 140 New Montgomery St.
- 415/542-0182
- Geschl. Fr–Mo

Das jüngst renovierte Ferry Building im nächtlichen Glanz

Weitere Sehenswürdigkeiten

BAY BRIDGE

Die Bay Bridge, die hinter der eleganten Golden Gate Bridge stets nur die zweite Geige spielt, wurde 1936 als die längste Stahlkonstruktion der Welt eröffnet. Die 70 Millionen Dollar teure Brücke ist 13,5 Kilometer lang – etwa sieben verlaufen davon über dem Wasser – und damit siebenmal so lang wie ihre Rivalin.

Die beiden Teilbrücken treffen sich in der Mitte der Bucht auf der Yerba-Buena-Insel, wo die Autos einen Tunnel passieren.

Täglich fahren 250 000 Autos auf zwei Ebenen über die Brücke. Auf der oberen (Richtung Westen) muss man eine Mautgebühr zahlen, für die man durch einen tollen Blick entschädigt wird. Das Erdbeben von 1989 ließ einen Teil der oberen Ebene auf die untere herabstürzen. Nach nur einem Monat konnte der Betrieb jedoch wieder aufgenommen werden.

Keine Fußgänger

Die Giants haben ein neues Stadium in SoMa

OLD UNITED STATES MINT

Die alte Münze wurde 1874 gebaut, als ihre Vorgängerin nicht mehr in der Lage war, die Reichtümer aus Nevadas Comstock Lode zu verarbeiten. (Zeitweise befanden sich hier etwa 30 Prozent der Goldreserven der USA.) Das klassizistische Bauwerk besitzt ein solides Granitfundament und dorische Säulen. Hier wurden Unmengen Silberdollars mit einem S als Münzmarke (für San Francisco) geprägt, die unter Numismatikern sehr beliebt sind. Das Gebäude überstand das Feuer von 1906, weil Angestellte beim Löschen halfen und so 200 Millionen Dollar in Gold und Silber vor dem Schmelzen bewahrten. 1937 wurde der Betrieb eingestellt und das Gebäude zu einem nationalen Geschichtsdenkmal erklärt.

88 5th St. Nicht öffentlich zugänglich
Bus: 14,26, 27; Straßenbahn: J, K, L, N

SOUTH PARK

Dieser 1855 von dem Engländer George Gordon gegründete Park hatte Londoner Vorbilder: Jeder Bewohner der um den langen ovalen Park angelegten Stadthäuser besaß einen Schlüssel zum Parktor. Nach dem Niedergang des Viertels in den 70er Jahren des 19. Jahrhunderts etablierten sich Pensionen und Maschinenhallen.

Das immer noch industriell geprägte Viertel wird auch von Designern und Galerien, Restaurants und Bars immer mehr beinflusst. Die Fans, die zu dem **SBC Park** – dem San Francisco Giants-Baseballstadion – an der Bucht am Rande des Embarcadero strömen, werden das ihre zur Veränderung des Viertels beitragen.

King und Third St., nahe China Basin
510/762-2277 (Tickets),
http://sanfrancisco.giants.mlb.com

TREASURE ISLAND

Diese durch einen Damm mit der Yerba-Buena-Insel verbundene 160-Hektar-Insel wurde 1939 für die Ausstellung Golden Gate International angelegt. Später wollte die Stadt hier einen Flughafen bauen, aber die Marine übernahm sie im Zweiten Weltkrieg für Ausbildungszwecke. Der Marinestützpunkt schloss 1997. In letzter Zeit sind einige Hangars für die Filmindustrie umgebaut worden.

Gegenwärtig wird heftig diskutiert, auf der Insel einen Freizeitpark, ein Frauengefängnis oder erschwinglichen Wohnraum anzulegen. Ein Problem: Die Insel ist etwa eineinhalb Meter gesunken, so dass Teile der Insel bei Flut unter Wasser stehen.

Neben der Bay Bridge an der Ausfahrt Treasure Island/Yerba Buena
Nicht öffentlich zugänglich ■

Beide Bezirke sind auf Grund ihrer Vitalität und ihres unterschiedlichen Charakters gleichermaßen einen Besuch wert. Mission District ist das wichtigste hispanische Viertel, während Castro District das Zentrum der Homosexuellen der Stadt ist.

Mission District und Castro District

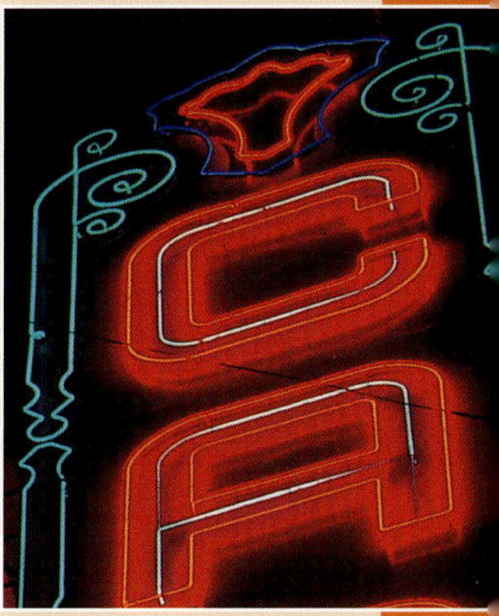

Die Leuchttafel des Castro Theater

Mission District und Castro District

WEDER DER EINE NOCH DER ANDERE STADTTEIL LIEGEN AN DER BUCHT oder auf einem der Hügel mit Panoramablick, die im Süden liegenden Distrikte waren rückständige, vom Tourismus kaum berührte Viertel. Ihre Authentizität, Vitalität und die Bodenständigkeit der Bewohner lohnen dennoch einen Besuch.

Innerhalb der Stadt hat der etwas schäbige Mission District *(ungefähr von der 14th Street, Potrero Avenue, 25th Street und Church Street begrenzt)* die höchste Konzentration an hispanischen Bewohnern, diese stammen primär aus Mexiko und Mittelamerika. Es ist wohl kein Zufall, dass diese Einwanderer gerade im wärmsten Stadtteil, dessen Hügel den Nebel fern halten, landeten. Auf der Straße können Sie die südländische Küche riechen, kleine Märkte besuchen, die tropische Früchte, Chilis und getrocknete Bohnen verkaufen Aus den Läden schallt Salsa-Musik, die Passanten sprechen zumeist Spanisch.

Die hispanischen Wurzeln gehen bis 1776 zurück, als Pater Francisco Palou erstmals die Messe in diesem Tal feierte. 1791 schlossen die Franziskaner (mit indianischer Arbeitskraft) den Bau der Mission Dolores ab, die dem Viertel den Namen gab. Nachdem die Mission nach 1830 säkularisiert worden war, ließen kalifornische Rancher ihr Vieh im Tal grasen.

Nach dem Goldrausch ließen sich Einwanderer aus Deutschland und Skandinavien, gefolgt von Italienern und Iren nieder. (Schon bald hatte der damals als »Mish« bekannte Distrikt seinen eigenen Brooklyn-Akzent.) In den 20er Jahren setzte eine Rückkehr zu den hispanischen Wurzeln ein, als Mexikaner auf der Flucht vor der heimischen Revolution hier eine neue Heimat fanden. In den 60er Jahren verstärkte sich die Einwanderung aus Lateinamerika. 1990 hatte mehr als die Hälfte der Bevölkerung hispanische Wurzeln.

Im Castro District ist die Straßenszene die Hauptattraktion. In den 70er Jahren begannen Homosexuelle hierhin zu strömen. Damals verabschiedete San Francisco die Gay Bill of Rights gegen Diskriminierung, und die Homosexuellen beschlossen, ihre sexuelle Orientierung nun offen zur Schau zu stellen.

Der Castro ist eine hügelige Gegend mit schönen viktorianischen Häusern und liegt wegen des Fehlens größerer Transitstraßen ein wenig isoliert. Die Zuzügler restaurierten die alten Häuser liebevoll, feierten die ganze Nacht und eröffneten Geschäfte. Harvey Milk aus dem Castro District wurde

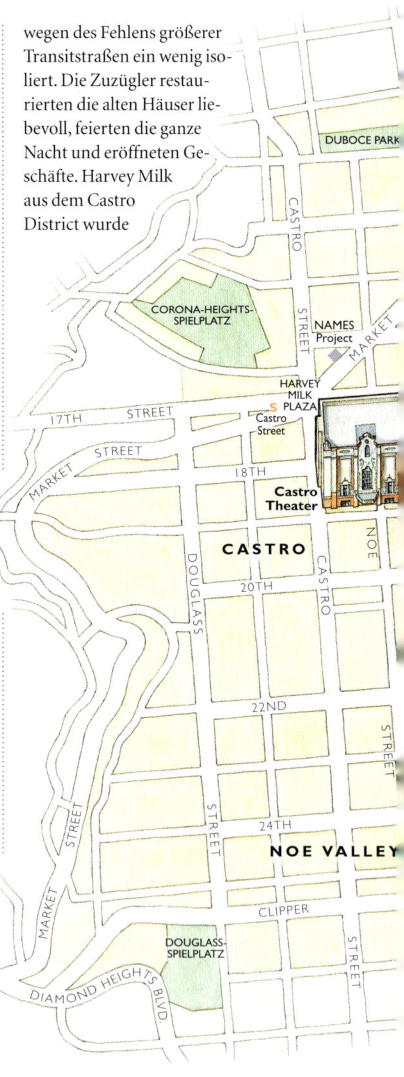

als erster bekennender Homosexueller in ein politisches Amt gewählt. 1978 verstärkten das Attentat auf ihn und der anschließende Mordprozess das homosexuelle politische Bewusstsein. Heute leben in San Francisco mehr als 120 000 Schwule und Lesben. Der Castro District ist ihre heimliche Hauptstadt. ■

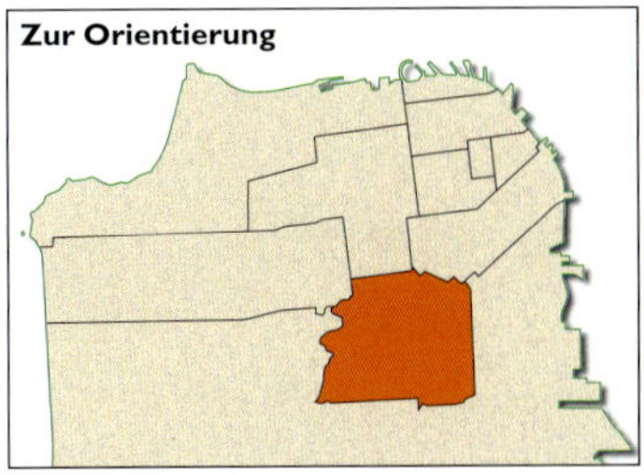

Mission Dolores erinnert an die einfachen Anfänge der Stadt

Mission Dolores

SAN FRANCISCOS ÄLTESTES GEBÄUDE (1791 VOLLENDET) verströmt die Atmosphäre der Vergangenheit. Hinter der Holztür der Kapelle dämpfen dicke Adobe-Wände den Lärm der Außenwelt. Weihrauch steigt zu einer mit grauen, weißen, roten und ockerfarbenen Zickzackstreifen verzierten Balkendecke auf.

Mission Dolores

Siehe Karte S. 198f
16th Street und Dolores Street
415/621-8203
$
Bus: 14, 22, 33, 49; Straßenbahn: J; BART: 16th St. oder 24th St.

Die sechste der 21 franziskanischen Missionen zwischen San Diego und Sonoma heißt offiziell Mission San Francisco de Asis. Sie wurde 1776 etwa zwei Blocks weiter östlich, nahe einem kleinen Fluss, gegründet, den die Spanier Nuestra Señora de los Dolores (»Unsere Dame der Trauer«) nannten. Dieser gab auch der Mission ihren Namen. Pater Francisco Palou entwarf die Adobe-Kapelle. Das Dach wird noch von den ursprünglichen Redwood-Stämmen getragen, die mit ungegerbtem Leder zusammengebunden sind (und später durch Stahl verstärkt wurden). Der barocke *reredos* (Schmuckaltar) wurde 1796, die beiden vergoldeten Seitenaltäre 1810 aus Mexiko hierher gebracht.

Vor der Nordtür zeigt ein für die Golden Gate International Exposition von 1939 angefertigtes **Diorama**, wie der Missionshof 1799 aussah. Von hier können Sie einen Abstecher in die benachbarte Gemeindekirche von 1918 machen, die 1952 vom Papst zu einer **Basilika** erklärt wurde. Das große Buntglasfenster zeigt Franz von Assisi.

Im Missionsmuseum ist ein Teil der Betonverkleidung der Wand entfernt worden, so dass man die ursprünglichen Adobe-Ziegel aus Lehm und Stroh sehen kann. Es werden religiöse Objekte aus der Missionszeit gezeigt sowie ein Buch, in dem die auf dem Friedhof begrabenen Menschen verzeichnet sind. Etwa 5500 Indianer liegen hier in unmarkierten Gräbern. Ehrenplätze haben der erste mexikanische Gouverneur von Alta California, Capt. Luis Antonio Arguelle, und Pater Palou. Eine Statue zeigt Junípero Serra, den Gründer des Missionsnetzes.

DIE UMGEBUNG DER MISSION

Wohnhäuser und eine Reihe mexikanischer, peruanischer, kubanischer und brasilianischer Restaurants, in denen man einfach, aber gut essen kann, machen aus der Umgebung der Mission ein lebendiges Stadtviertel. Feste werden hier oft gefeiert: Cinco de Mayo (erstes Mai-Wochenende), Festival de Carnaval (Volkstrauertag-Wochenende) und Dia de los Muertos (Allerheiligen, 1. Nov.).

John McLaren (siehe S. 156f) pflanzte 1910 südlich der Mission auf der Dolores Street Palmen. Der **Mission Dolores Park** *(18th bis 20th Street)* war bis 1905 der Standort zweier jüdischer Friedhöfe. (Um diese Zeit herum wurden die Verstorbenen aus San Francisco hinter die Stadtgrenzen nach Colma umgebettet.) Vom Park aus kann man die Hochhäuser des Bankenviertels sehen. An der Ecke *18th* Street steht die Mission High School, 1926 von John Reid erbaut, dessen *Mission-revival*-Architektur – weiße Wände, rote Ziegeldächer, Arkaden – damals und heute in Kalifornien beliebt war und ist.

Die **Liberty Street** *(Teil des Liberty Hill Historic District zwischen Dolores, Mission, 20th und 23rd Street)* ermöglicht einen Spaziergang durch verschiedene viktorianische Architekturstile. Beachten Sie die Hausnummern 159 (1878, italienische Art), 123 (1890er Jahre, Queen Anne) und 111–121 (um 1880, Stick-Stil).

Einige Blocks weiter östlich auf der **Valencia Street** *(16th bis 22rd Street)* trifft sich eine unkonventionelle, multikulturelle und zum Teil feministisch-lesbische Subkultur in Kaffeehäusern und Bars, Secondhand-Läden und progressiven Buchläden.

Wenn Sie lateinamerikanisches Straßenleben sehen wollen, gehen Sie zur **24th Street** *(Mission Street bis Potrero Avenue)*. Kleine Restaurants wenden sich an die Einheimischen (aus Mexiko und Guatemala), es duftet nach frischen *churros* (wie frittierte *donuts*), Latino-Musik dröhnt aus Plattenläden, und Geschäfte bieten Kaktusblätter (*nopales*) und Chilis an. In der Nähe der Bryant Street liegt die bekannte **Galeria de la Raza**, die Latino-Kunst anbietet. ■

Pater Junípero Serra, der Gründer des Missionssystems

Galeria de la Raza
✉ 2857 24th St.
☎ 415/826-8009

Buntglasfenster an der Mission Dolores

»Ich bin allein«

Schauen Sie von der Missionsstation über die Dolores Street auf die ehemalige Notre Dame School und versetzen Sie sich in die Zeit zurück, als sie Teil des Lagers war, in dem die Indianer während ihrer Missionierung leben mussten. Von ihrem eigenen Volk getrennt, zum Bleiben an einem Ort gezwungen, wo sie nicht sein wollten, und europäischen Krankheiten ausgesetzt, gaben die Indianer schnell nach. 1850 gab es am Ort nur noch einen Indianer. »Ich bin alles, was von meinem Volk übrig geblieben ist«, sagte er. »Ich bin allein.« ■

Wandgemälde in Mission

Wandgemälde, eine alte lateinamerikanische Tradition, verleihen den Straßen des Mission District Farbe. Einige illustrieren das Alltagsleben, die Familie, Arbeit und Spiel. Andere ermöglichen Gruppen ohne Zugang zu den Medien, ihre politischen Ansichten auszudrücken oder die Kämpfe und Erfolge ihrer Völker darzustellen. Etwa 200 Wandgemälde schmücken die verschiedensten Gebäude, darunter Garagen, Schulen und Banken.

Wandgemälde werden in San Francisco mindestens seit den 30er Jahren angefertigt, als der bekannte mexikanische Maler Diego Rivera Werke am San Francisco Art Institute und der Pacific Exchange schuf. Einen wichtigen Einfluss hatte David Alfaro Siqueiros (1896–1974), der in Wandgemälden politischen Protest und Revolution zum Ausdruck brachte. In den 60er Jahren perfektionierte er die Technik seiner Freiluft-Gemälde

Wandgemälde im Mission District

Einige Wandgemälde sind von der Stadt auf Grund ihres kulturellen Wertes gesponsert worden, während andere spontan und ohne Auftrag entstanden.

Das **Precita Eyes Mural Arts Center** *(2981 24th Street an der Harrison Street, Tel. 415/285-2287, www.precitaeyes.org)* verkauft eine »Mission Mural Walk Map« und bietet geführte Rundgänge an. Die Filiale an der Precita Avenue *(348 Precita Avenue, Tel. 415/285-2311)* veranstaltet Seminare.

Wandgemälde und ihre Standorte

Balmy Alley *(neben 24th Street zwischen Harrison Street und Treat Avenue)*: Farbenfrohe Wandgemälde mit Titeln wie *Indianeraugen* auf Garagentoren, Zäunen und Wänden spiegeln lateinamerikanische Interessen wider. Andere Wandgemälde sind eher im Reich der Phantasie angesiedelt. Die ersten wurden von Schulkindern gemalt; in den 80er Jahren schuf eine Gruppe namens PLACA fast 30 Werke. Leider sind einige mit Gang-Graffitis übersprüht worden. Die Gasse ist häufig menschenleer; seien Sie also vorsichtig.

Carnaval Mural *(Ecke 24th Street und Van Ness Avenue)*: Das Carnaval-Fest (Volkstrauertag-Wochenende) zelebriert überschwenglich die lateinamerikanische und die karibische Kultur.

BART Station Mural *(Ecke 24th und Mission Street)*: Durch die Darstellung von 1975 wird zum einen gegen die Sondersteuer, die für San Franciscos schnellen Nahverkehr erhoben wurde, zum anderen gegen die Bedrohung des Mission District durch große Bauprojekte protestiert.

500 Jahre Widerstand (Ecke 24th und Florida Street): Die Studie über ethnische und wirtschaftliche Auseinandersetzungen zeigt Menschen wie Mexikos Pater Miguel Hidalgo und Martin Luther King.

Inspiriere zum Aufstieg: Carlos Santana zu Ehren (Ecke 22nd Street und Van Ness Avenue): Dieses von der Stadt finanzierte farbenfrohe Wandgemälde ehrt den großen Latino-Rockgitarristen. Es zeigt Musiker und eine aztekische Pyramide vor der Transamerica Pyramid – die Begegnung zweier Welten.

Baum der Neuen Welt (Mission Playground, 19th Street, nahe der Valencia Street): Ein Baum mit einem Mann, einer Frau und Kindern beschwört die Vision eines Eden vermischter Kulturen.

Standorte weiterer Wandgemälde: Mission Cultural Center *(2868 Mission Street)*; Taquería San Francisco *(Ecke 24th und York Street)*; Cesar Chavez Elementary School *(Ecke 22nd und Shotwell Street)*; Little Hollywood Launderette *(Ecke Market und Laguna Street)*. ■

Castro District

Castro District
Siehe Karte S. 198f
Bus: 24, 33, 35, 37;
Straßenbahn: F

DER CASTRO IST DAS »PINKFARBENE« HERZ VON SAN FRANCISCOS schwuler und lesbischer Bevölkerung. Dieses von Market Street, Noe Street, 20th Street, Diamond Heights Boulevard und 17th Street begrenzte Viertel sieht nicht viel anders aus als andere wohlhabende Gegenden, vor allem im Hinblick auf das Straßenbild. Bei besonderen Anlässen zeigt sich das spezielle Lokalkolorit: Am ersten Oktober-Sonntag nehmen nietenbesetzte Motorradfahrer, Cowboys und *drag queens* an der Castro Street Fair teil.

Doch in den 80er Jahren verdarb AIDS die Partystimmung. Soziale Einrichtungen gesellten sich zu den Bars. Doch trotz der akuten Bedrohung dominierten Optimismus und gute Laune. Man spürt dies an jedem Samstag, wenn die Einheimischen ihre Wochenendbesorgungen machen. Oder sehen Sie sich einen Film im Castro Theater an, wo das Publikum oft seine eigene Schau abzieht.

Castro, die schrillfarbenfrohe Hauptstraße des homosexuellen Lebens in San Francisco

In diesem Stadtteil werden Sie definitiv Dinge sehen, die es nicht alle Tage zu sehen gibt. Eine bequeme Einführung ist die **Cruisin' the Castro Tour**.

Die **Castro Street** *(Market Street bis 19th Street)* ist die Hauptstraße des Viertels. Die an der lebhaften Kreuzung mit der Market Street liegende **Harvey Milk Plaza** ist nach dem 1977 gewählten ersten offen homosexuellen Stadtrat San Franciscos benannt. Milk betrieb im Castro einen Kameraladen, auf dessen Schild es hieß: »Ja, wir sind sehr offen.« Er wurde 1978 ermordet. Bei Protestaktionen und Feierlichkeiten kommt der Verkehr hier gewöhnlich zum Erliegen. Die Plaza dient auch als Eingang zum unterirdisch liegenden Station der Muni Metro. Die Bäume an der Straße sind kanarische Palmen, die anlässlich der Eröffnung der Straßenbahnlinie F Mitte der 90er Jahre gepflanzt wurden.

An der **Market Street** *(Castro Street bis Church Street)* verkaufen Geschäfte modische Kleidung, Möbel, Hausrat, homosexuelle Literatur, Designerblumen und vieles mehr.

Die Nachbarschaft und zehntausende Besucher treffen sich alljährlich im Juni zur **San Francisco Lesbian, Gay, Bisexual,**

Crusin' the Castro Tour

www.cruisinthecastro.com

☎ 415/255-1821 für Reservierungen

$ $$$$$ Beinhaltet Essen und den Eintrittt ins Castro Theater

Das Castro Theater

Transgender Pride Parade & Celebration *(Tel. 415/864-3733, www.sfpride.org)*. Die eintägige extravagante Veranstaltung beginnt mit einer Parade, zu deren Hauptakteuren Bikerinnen vom San Francisco Women's Motorcycle Contingent – einer Gruppe von mehr als 500 so genannter »Dykes on Bikes« – gehören, außerdem leicht »sonderbare« Cheerleader und Medienleute, aber auch Poltiker und Prominente lassen sich gerne blicken. Die Veranstaltung setzt sich mit einer Feier in einem abgesperrten Gebiet rund um das Civic Center fort – auf zahlreichen Bühnen und an vielen Ständen, mit Musik, Speisen und Getränken.

Das **Castro Theater**, auf der Castro Street nahe der 17th Street, ist ein klassisches Kino von 1922 mit einer pinkfarbenen Neonreklame, eine Art Leuchtfeuer für den Castro. Das von Timothy Pflueger im Stil des spanischen Revival entworfene Gebäude besitzt eine reichgeschmückte Fassade. Die Leuchtreklame und das Festzelt wurden 1973 hinzugefügt. Das Innere des 1450-Sitze-Kinos mit seiner an ein Beduinenzelt erinnernden Stuckdecke, Wandbehängen, Seilen und Kordeln wird häufig mit Tausendundeiner Nacht verglichen. Eine Wurlitzer-Orgel fährt bei Vorstellungen aus dem Orchestergraben hoch, häufig wirkt das Publikum selbst mit. Das Kino zeigt unabhängige, Stumm- und homosexuelle Kultfilme und ist einer der Standorte des San Francisco Film Festival.

Südlich der Castro Street liegt um die 18th Street herum das **Dorfzentrum**, hinter der 20th Street können Sie eine Reihe viktorianischer Häuser besichtigen.

Wenn Sie der Castro Street weiter zur 24th Street folgen, erreichen Sie **Noe Valley**, eine wichtige Einkaufsgegend. Unmittelbar südlich vom Castro District zieht das ruhige Noe Valley – eingegrenzt von 20th, Dolores, 30th und Douglas Street – mit seinen viktorianischen Häusern erfolgreiche junge Leute mit Familie an. Diese neuen Anwohner verdrängen zunehmend die hier lebenden Hippies.

Das Alltagsleben konzentriert sich an der 24th Street, wo Mütter mit Kinderwagen flanieren und Buchläden und Cafés zu finden sind. Versuchen Sie sich an der Ecke 24th und Noe Street, in den 40er Jahren des vorigen Jahrhunderts zurückzuversetzen, als die Adobe-Ranch von José de Jesús Noe, dem letzten mexikanischen Bürgermeister, der herausragende Bau war. Die Ranch war Mittelpunkt des 1600 Hektar großen Besitzes von Noe und umfasste unter anderem den Castro District.

Seine heutige Gestalt bekam das Viertel, nachdem im Jahr 1887 eine Cable-Car-Linie über den Hügel der Castro Street eingerichtet wurde. ■

Castro Theater

✉ 429 Castro St.
☎ 415/621-6120
Bus: 24, 33-Stanyan, 35, 37; Straßenbahn: F, K, L, M

Noe Valley

Bus: 24, 48; Straßenbahn: J

Wenn Sie vom städtischen San Francisco genug haben, können Sie problemlos reizvolle Landschaften und Städte besuchen, die völlig anders sind.

Ausflüge

Wilder Senf blüht in den Weinbergen

Ausflüge

VON SAN FRANCISCO AUS BIETEN SICH GROSSARTIGE AUSFLUGSZIELE MIT kulturellen Highlights und Naturwundern. Und Sie müssen jedoch nicht nur besichtigen, sondern können auch aktiv werden.

SÜDEN UND OSTEN

Der Campus der Stanford University und ein ländliches Anwesen namens Filoli, das von einem Goldrausch-Millionär geschaffen wurde, liegen auf der San-Francisco-Halbinsel. Im Silicon Valley, dessen Hügel einst mit Obstplantagen überzogen waren, liegen heute rund um San Jose Industrieparks, in denen Chips und Software produziert werden. Zu den Touristenattraktionen der Stadt gehören das Tech Museum of Innovation und das unheimliche Winchester Mystery House.

Weiter südlich gilt die Halbinsel Monterey als einer der schönsten Küstenabschnitte der Welt. In Montereys Altstadt finden Sie spanische Adobe-Bauten sowie Cannery Row, einst die Heimat des Romanciers John Steinbeck und heute ein leider sehr kommerzialisiertes touristisches Ziel. Das innovative Monterey Bay Aquarium rühmt sich eines fast fünf Millionen Liter fassenden »Ozeans« und beherbergt etwa 360 000 Meeresbewohner. Carmel-by-the-Sea, der Inbegriff von »malerisch«, bietet märchenhafte Häuschen, gute Restaurants, Galerien und Kaliforniens schönste Missionsstation. Ganz in der Nähe locken am Point Lobos die zerklüftete Küste, sonnenbadende Seelöwen und windumtoste Klippen mit Zypressen.

Östlich von San Francisco, in Oakland, können Sie dem Ufer des Lake Merritt zum Oakland Museum of California folgen, das den Goldstaat mit Hilfe von geschichtlichen Zeugnissen, naturkundlichen Exponaten und Kunst vorstellt. Das berühmte liberale Berkeley (Geburtsort der Studentenbewegung der 60er Jahre) ist der Nukleus der University of California (30 000 Studenten) und bietet ein lebhaftes Straßenleben, Cafés, Restaurants und kulturelle Aktivitäten.

NORDEN

Auf der anderen Seite der Golden Gate Bridge liegt in Marin County Sausalito, eine kleine Hafenstadt mit gediegener Atmosphäre und mediterranem Flair. Jenseits des trendigen Mill Valley stehen die tausend Jahre alten Bäume von Muir Woods, und noch weiter liegt der baumbewachsene Gipfel des Mount Tamalpais, an dem das Mountainbiking erfunden worden sein soll. An der Pazifikküste finden Sie Strände, Lagunen und die 27 000 Hektar große Point Reyes National Seashore.

NORDOSTEN

Dies ist Kaliforniens Weinland: Im Sonoma und im Napa Valley, südlich von Marin County, liegen mehr als 250 Weinbaubetriebe, von denen viele Führungen und Weinproben anbieten. Innovative Restaurants und gemütliche Bars komplettieren das Bild. Die Stadt Sonoma besitzt eine alte spanische Mission, eine Plaza, alte Hotels und eine Reihe historischer Bauwerke. In der Nähe ist auf Jack Londons Ranch der persönliche Besitz des Autors von *Ruf der Wildnis* ausgestellt. Im Napa Valley liegen Calistoga mit seinen Thermalquellen und St. Helena, das Zentrum für die Besichtigung der Weinkeller.

DAS LAND ERKUNDEN

Der Yosemite National Park in der Sierra Nevada ist ein erhabenes Königreich aus Granitfelsen, Gipfeln, alten Wäldern, Wasserfällen und Wildblumenwiesen. Hier steht auch die Ahwahnee Lodge (1927), wohl das großartigste rustikale Hotel in einem Nationalpark. Der weiter im Norden gelegene Hochgebirgssee Lake Tahoe ist so tief, dass sein Wasser ganz Kalifornien etwa 30 Zentimeter unter Wasser setzen würde. Der See liegt zwischen zwei Gebirgszügen. Hier gibt es für jeden etwas – bewaldete Ufer, Bergpfade, Skigebiete, historische Sehenswürdigkeiten und Spielcasinos an der zu Nevada gehörenden Küste. Wegen ihrer Entfernung von San Francisco eignen sich diese Ziele eher für ein Wochenend- als für einen Tagesausflug. ■

Die Insel Fanette liegt wie ein Juwel in den tiefblauen Gewässern des Lake Tahoe

Filoli
www.filoli.org
211 4B
86 Cañada Rd., Woodside
650/364-8300
Geschl. Mo und Nov.–Mitte Feb. Führungen
$$

San Francisco Peninsula und Silicon Valley

SAN FRANCISCO LIEGT AN DER NORDSPITZE DER HALB-insel, die Ozean und Bucht trennt. Dieser nur einige Kilometer breite Landstrich ist dicht besiedelt, viele namhafte Firmen und Institutionen haben hier ihren Sitz.

Gartenarbeit auf Filolis

Stanford University
www.stanford.edu
211 4B
Palm Dr., Palo Alto
650/723-2560 (Führungen)
Führungen 11 Uhr und 15.15 Uhr; außer Mitte Dez. bis 1. Woche Januar

Silicon Valley & San Jose
211 4C
San Jose Besucher-informationszentrum
408 Almaden Blvd., www.sanjose.org
408/295-9600
Geschl. So
$

FILOLI

William Bowers Bourn II., der Goldminenerbe und Konsumgütermagnat, baute **Filoli**, ein 43-Zimmer-Anwesen (1917) im Stil des Georgian Revival. Mit seinen Verandatüren und Deckenfriesen gehört es zu den großen amerikanischen Landhäusern. Filolis reizender Garten wirkt wie eine Reihe von Räumen, die abwechslungsreich mit Blumen und Blattwerk dekoriert sind. Es können Führungen arrangiert werden (rufen Sie vorher an). Was vielleicht nicht jeder weiß: Die TV-Serie *Denver Clan* wurde hier gedreht. Fahren Sie von San Francisco aus auf der I-280 nach Süden, biegen Sie an der Ausfahrt Edgewood Road rechts ab und dann noch einmal rechts auf die Cañada Road.

STANFORD UNIVERSITY

In den 80er Jahren des 19. Jahrhunderts wandelte der Eisenbahnmagnat Leland Stanford seine Pferdefarm in eine seinem an Typhus gestorbenen Sohn gewidmete Universität um. Die Anlage wurde von Frederick Law Olmsted geplant, der auch New Yorks Central Park entwarf. Im Herzen des geräumigen Campus liegt der romanische **Innenhof**, eine Bogen-Arkade aus Sandstein-Lehrsälen mit rotem spanischen Ziegeldächern. Am Eingang kann man sich an einem Stand, der auch Startpunkt der Besichtigung ist, kostenlose Pläne des Geländes besorgen. Die **Memorial Church** (1903) mit ihren byzantinischen Bibel-Mosaiken und Buntglasfenstern dominiert den Hof.

Um einen Eindruck von der berühmten Universität und den sie umgebenden eichenbewachsenen Hügeln zu bekommen, sollten Sie mit dem Aufzug *($)* den über 85 Meter hohen **Hoover Tower** hinauffahren. In der Lobby sind Erinnerungsstücke an den Stanford-Absolventen Herbert Hoover ausgestellt. Halten Sie auf dem Campus nach Kunstwerken von Henry Moore und Alexander Calder Ausschau. Der **Rodin Sculpture Garden** enthält mehr als 20 Werke Rodins – u. a. *Höllentor* – und liegt neben dem **Leland Stanford Jr. Museum**. Achten Sie auf den Goldbolzen, den Leland Stanford einschlug, um 1869 die transkontinentale Eisenbahn zu vollenden.

Um nach Stanford zu gelangen, fahren Sie auf der U.S. 101 nach Süden bis zur Ausfahrt Embarcadero und dann weiter Richtung Westen.

Wenn Sie nicht den Wagen nehmen wollen, benutzen Sie den Caltrain zu Palo Alto’s California Avenue oder Downtown. Von dort fahren rot-weiße Shuttlebusse zum Campus.

SILICON VALLEY

Das weltberühmte Silicon Valley war in den 60er Jahren der Geburtsort des Technologie-Booms und der auf Silizium-Chips basierenden Halbleiterindustrie. Seine Hauptstadt **San Jose** *(ca. 80 Kilometer südöstlich von San Francisco)* begann ihre Existenz 1777 als Agrarzentrum für die Versorgung nahe gelegener spanischer *presidios* (Militärstützpunkte) und war später Kaliforniens erste Hauptstadt. Das **Tech Museum of Inno-**

Das Tech Museum of Innovation transportiert komplexe Wissenschaft in die Alltagswelt

Tech Museum of Innovation
www.thetech.org
✉ Market St. und Park Ave. San Jose
☎ 408/294-8324
🕒 Geschl. an Feiertagen

Rosicrucian Egyptian Museum & Planetarium
www.egyptianmuseum.org
✉ 1342 Naglee Ave.
☎ 888/726-5673
$ $$

Winchester Mystery House
www.winchestermysteryhouse.com
🚌 211 4C
✉ 525 S. Winchester Blvd.
☎ 408/247-2101
$ $$$$

Children's Discovery Museum of San Jose
www.cdm.org
✉ 180 Woz Way
☎ 408/298-5437
🕒 Geschl. Mo
$ $

San Jose Museum of Art
www.sjmusart.org
✉ 110 S. Market St.
☎ 408/271-6840
🕒 Geschl. Mo

vation spiegelt das Ethos von Silicon Valley: Es preist sich als Freizeitpark für das Gehirn an und bietet vier interaktive Ausstellungsräume (teilweise wurde es mit Hilfe von Forschern wie Astronaut Buzz Aldrin und Physiker Stephen Hawking entwickelt). Besucher können unter anderem virtuelle Achterbahnen entwerfen, 3-D-Computerporträts von sich selbst anfertigen und mit Hilfe eines Simulators die Schwerelosigkeit erfahren. Auch ein IMAX-Kino gehört zum Museum.

Das **Rosicrucian Egyptian Museum & Planetarium** weist eine geheimnisvolle Atmosphäre auf. Es präsentiert Architektur aus dem Tempel von Karnak und stellt mumifizierte Priester (und Katzen), Amulette und ägyptischen Schmuck sowie die Nachbildung eines 4000 Jahre alten Felsengrabes aus.

Das **Winchester Mystery House**, ein viktorianisches 160-Zimmer-Anwesen, bietet Treppen bis zur Decke, auf blanke Wände öffnende Türen und ein Tiffany-Fenster mit einem Spinnennetz-Muster. Es heißt, ein Medium habe der Erbin Sarah Winchester prophezeit, ihr Mann sei von den Geistern der durch Winchester-Gewehre umgekommenen Menschen getötet worden. Sie solle für jeden Geist ein Zimmer bauen, dann werde sie so lange leben, wie die Bauarbeiten andauern. So wurde Tag und Nacht von 1884 bis zu Sarahs Tod 1922 gearbeitet. Ein Museum stellt Winchester-Waffen aus.

Im **Children's Discovery Museum of San Jose** können Kinder mit 150 interaktiven Exponaten Erfahrungen sammeln. Das **San Jose Museum of Art** stellt Werke dieses Jahrhunderts aus dem Whitney Museum of American Art aus, die von Edward Hoppers realistischen Arbeiten bis zu den frühen modernistischen Werken Georgia O'Keeffes, der bekanntesten Malerin aus New Mexico, reichen. Das **San Jose Historical Museum** nimmt eine Fläche von zehn Hektar ein und zeigt schön restaurierte Häuser und kleine Wirtschaftsbetriebe aus dem 19. Jahrhundert. Der Kunst- und Unterhaltungsbezirk in der Innenstadt heißt **SoFA** (South First Area) und umfasst fünf Blocks der South First Street südlich der San Carlos Street und nördlich des Gore Park. ■

Halbinsel Monterey

NUR AN WENIGEN ORTEN VERSCHMELZEN NATUR UND Geschichte so harmonisch wie auf dieser Halbinsel etwa 190 Kilometer südlich von San Francisco. (Die Natur hat hier Vorrang: Jeder, der erwischt wird, wenn er einen Monarchen-Schmetterling gefährdet, bekommt eine 1000-Dollar-Geldstrafe. In Carmel-by-the-Sea sind die Landschaft verschandelnde Leuchtreklamen und Plakatwände verboten.) Es gibt ein Aquarium der Weltklasse, exzellente Restaurants und gemütliche Kneipen sowie 18 Golfplätze, darunter den weltberühmten Pebble Beach.

MONTEREY

Monterey war unter spanischer, mexikanischer und amerikanischer Herrschaft Hauptstadt Kaliforniens und pflegt ihre Altstadt voller Adobe-Gebäude.

Der **Monterey State Historic Park** enthält mehrere der im Folgenden beschriebenen sechs Gebäude. Das **Custom House** (1827), Kaliforniens ältestes öffentliches Bauwerk, stellt frühe Handelswaren aus. Das **Maritime Museum of Monterey** im Stanton Center dokumentiert die Geschichte der örtlichen Seefahrt mit Modellen und der Linse eines Fresnel-Leuchtturms von 1887, die fast 40 Kilometer weit schien. Die **Royal Presidio Chapel** *(Ecke Church und Figueroa Street)* von 1795 aus Stein und Adobe ist Montereys ältestes Bauwerk. In der an Neuengland erinnernden **Colton Hall** *(559 Pacific St.)* wurde 1849 Kaliforniens erste Verfassung entworfen. Zu den bemerkenswerten Häusern gehört auch **Larkin House** (110 Calle Principal) aus dem Jahr 1835, ein Beispiel für den Kolonialstil Montereys, der spanische Adobe-Konstruktionen und neuenglisches Design verband. Heute ist es ein Museum. Im **Robert Louis Stevenson House** *(530 Houston Street, geschl. Mo, Mi)*, einem Adobe-Bau aus den 30er Jahren des 19. Jahrhun-

Auf der Cannery Row steht dieser Dosenabfüllbetrieb von 1920

San Jose Historical Museum
www.historysanjose.org
✉ Kelley Park, 1650 Senter Rd.
☎ 408/287-2290
🕒 Geschl. Mo
$ $$ an den Wochenenden

Monterey County Convention & Visitors Bureau
www.montereyinfo.org
☎ 831/649-1770

Monterey State Historic Park
www.mbay.net/~mshp
✉ 20 Custom House Plaza
☎ 831/649-7118

Maritime Museum of Monterey
☎ 831/373-2608
$ $

Monterey Bay Aquarium
www.mbayaq.org
886 Cannery Row
831/648-4800 oder 800/756-3737 (Ticket-Vorverkauf)
$$$$

Cannery Row
www.canneryrow.com
831/649-6690

derts, hatte der schottische Autor 1879 ein Zimmer gemietet, während er um Fanny Osbourne warb.

Das außergewöhnliche **Monterey Bay Aquarium** offenbart Einblicke in die Welt der Meere. Highlights sind Quallen, die wie lebende Kunstwerke wirken, ein Kelpwald, der bis zu 15 cm pro Tag in die Höhe wachsen kann, und außerdem Sonnenbarsche mit 1,5 Tonnen an Gewicht. Eine neue Ausstellung präsentiert rare Haiarten.

Die Flutwelle des Tourismus hat die **Cannery Row** überschwemmt. Wo früher Sardinen in Dosen abgefüllt wurden, tummeln sich heute T-Shirt-Läden und Süßigkeitenverkäufer. Von den 20er bis zu den 50er Jahren (als die Sardinenbestände erschöpft waren) war dies ein Industriegebiet, das John Steinbeck als »ein Gedicht, ein Gestank, ein schriller Lärm, ein bestimmtes Licht ... ein Traum« (*Straße der Ölsardinen*, 1945) charakterisierte. Verehrer Steinbecks sollten eine Wallfahrt zum **Pacific Biological Laboratory** *(800 Cannery Row)* unternehmen, das von Steinbecks Freund und Protagonisten Ed »Doc« Ricketts geleitet wurde.

Suchen Sie die nahe gelegene Fisherman's Wharf, ein Pier mit Läden und Fischlokalen, auf, wenn Sie an einer weniger künstlichen touristischen Erfahrung interessiert sind. ■

Monterey bietet in seinem Aquarium sowohl lehrreiche Unterhaltung (links) als auch landschaftliche Schönheit (unten)

Die Carmel Mission ist gründlich restauriert worden

Carmel-by-the-Sea

CARMEL, EINE KÜNSTLERKOLONIE, DIE SICH ZU EINEM teuren Ferienort entwickelt hat, besitzt mit baumgesäumten Straßen, netten Läden und Lokalen an der Ocean Avenue sowie einem weißen Sandstrand an einer türkisblauen See (in der Schwimmen sehr gefährlich ist) eine gradezu dörfliche Atmosphäre.

Die stimmungsvolle **Mission San Carlos Borroméo de Carmelo** hat Sandsteinwände, einen Glockenturm mit maurischer Kuppel und reizvolle Gärten. Die 1797 fertig gestellte Station fängt die Romantik des alten Kalifornien ein. Pater Junípero Serra, der Gründer des kalifornischen Missionssystems, hatte hier sein Hauptquartier und liegt hier begraben. Der Dichter Robinson Jeffers entwarf **Tor House** nach dem Vorbild einer Tudor-Scheune, die er in England gesehen hatte. Der Granit wurde von Pferden aus der unten liegenden Bucht heraufgeschafft. Jeffers errichtete auch den **Hawk Tower**.

Der **17 Mile Drive** führt von hier aus durch den über drei Hektar großen Del Monte Forest und an sündhaft teuren Häusern und legendären Golfplätzen (Pebble Beach, Spyglass Hill, Cypress Point) sowie einer zerklüfteten Küste vorüber. Die häufig fotografierte Lone Cypress steht auf einem Felsvorsprung.

Einer der faszinierendsten Orte an der kalifornischen Küste, **Point Lobos State Reserve** *(Tel. 831/624-4909, $)* schützt Felsenklippen, Gezeitentümpel, Wiesen und Wälder aus Monterey-Zypressen sowie einen 300 Hektar großen Meeresabschnitt, eines der ersten Unterwasser-Naturschutzgebiete Kaliforniens. Schauen Sie sich die Seehunde und -löwen und die verspielten Seeotter an. ■

Carmel-by-the-Sea Besucherinformation

- 211 IC
- San Carlos St. zwischen Fifth und Sixth St.
- 831/624-2522

Mission San Carlos Borroméo de Carmelo

- 3080 Rio Rd.
- 831/624-3600

17 Mile Drive

- Carmel Gate: Hwy. 1; Pacific Grove Gate: Hwy. 68 West

Tor House und Hawk Tower

- 26304 Ocean View Ave.
- 408/624-1813
- Geöffnet Fr und Sa
- $$

Das Sather Gate und der Campanile der University of California at Berkeley

Berkeley

1873 ALS »ATHEN DES WESTENS« GEGRÜNDET, PRÄGT DIE University of California at Berkeley auch heute noch die Stadt. Die Bucht und die zerklüfteten Hügel bilden die Kulisse für eine lebhafte urbane Szene.

Die Stadt wurde 1866 nach dem irischen Prälaten George Berkeley (Urheber des Redewendung »Der Weg des Reiches führt nach Westen«) benannt.

In der gastronomischen Welt war Alice Waters' **Chez Panisse** (siehe S. 258) der Geburtsort der kalifornischen Küche. Die Telegraph Avenue wimmelt von Studenten, Hippies (alt und neu), Obdachlosen, Tätowierten und Gepiercten. Händler bieten Kunsthandwerk und Batikkleidung feil.

UNIVERSITY OF CALIFORNIA

Mit 465 Gebäuden auf 540 Hektar ist dies ein großer Universitätscampus.

Berkeley Besucherinformation
www.berkeleycrb.com
- 211 5B
- 2015 Center St.
- 510/549-7040 oder 800/847-4823
- Geschl. Sa–So
- BART: Downtown Berkeley

Hearst Memorial Mining Building in Berkeley

University of California Besucherzentrum
www.berkeley.edu
✉ 101 University Hall, Oxford St. bei der University Ave.
☎ 510/642-5215

Museum of Paleontology
✉ Valley Life Sciences Bldg.
☎ 510/642-1821

Phoebe Hearst Museum of Anthropology
✉ Kroeber Hall
☎ 510/642-3682
🕘 Geschl. Mo–Di
$ $

Berkeley Art Museum
✉ 2626 Bancroft Way
☎ 510/642-0808
🕘 Geschl. Mo–Di
$ $$

Bancroft Library
✉ Doe Library (Nebengebäude)
☎ 510/642-3781
🕘 Geschl. So

Lawrence Hall of Science
✉ Centennial Dr.
☎ 510/642-5132
$ $$

First Church of Christ Scientist
✉ 2169 Dwight Way
☎ 510/845-7199
🕘 Geöffnet 1. So (nur für Führungen)

Orientieren Sie sich mit Hilfe einer im Besucherzentrum erhältlichen Broschüre, die Vorschläge für einen Rundgang gibt. Cal, wie sie abgekürzt genannt wird, wurde 1873 gegründet; sie war die erste Hochschule im kalifornischen Universitätssystem. Heute bildet sie 30 000 Studenten aus und unterhält hochklassige Graduiertenprogramme. Während der 60er Jahre geriet sie als Geburtsstätte des Free Speech Movement und Zentrum des Anti-Vietnam-Protestes in die Schlagzeilen.

Die Demonstrationen fanden auf der Sproul Plaza statt, noch heute ein Ort für Protestler, Prediger, Straßenkünstler und verschiedene Verrückte. Es gibt sogar eine »extraterritoriale Zone«, einen Kreis von etwa 15 Zentimetern Durchmesser, der zu einer Zone außerhalb jeglicher Autorität erklärt wurde.

Das aus Granit und Bronze bestehende **Sather Gate** ist der feine Vordereingang der Universität. Wenn Sie Cal aus der Vogelperspektive sehen wollen, fahren Sie mit einem Aufzug *($)* auf den knapp 100 Meter hohen **Campanile** (oder Sather Tower), den John Galen Howard 1914 entwarf. Der Glockenturm aus weißem Granit ist von Venedigs Piazza San Marco inspiriert.

Museen dokumentieren den wissenschaftlichen Rang der Universität. Das **Museum of Paleontology** besitzt bekannte Ausstellungsstücke, darunter das vollständige Skelett eines Tyrannosaurus Rex.

Das **Phoebe Hearst Museum of Anthropology** stellt Artefakte aus Kalifornien, Peru, Ägypten, dem europäischen Mittelmeerraum und Objekte aus, die mit Ishi, dem letzten Yahi-Indianer, in Verbindung gebracht werden. Das **Berkeley Art Museum** widmet sich asiatischen und modernen Künstlern, vor allem dem abstrakten Expressionisten Hans Hofmann. Das **Pacific Film Archive** gleich gegenüber führt unabhängige, klassische und Filme aus aller Welt vor. Die **Bancroft Library** zählt zu ihren Schätzen aus dem amerikanischen Westen das Goldkorn, das den kalifornischen Goldrausch ausgelöst haben soll, sowie viele von Mark Twains Papieren. Die **Lawrence Hall of Science** zeigt Hologramme, arbeitet mit Lasern und interaktiven Exponaten.

WEITERE SEHENSWÜRDIGKEITEN IN BERKELEY

Der **People's Park** *(östlich der Telegraph Avenue zwischen Dwight und Haste Street)* unmittelbar außerhalb des Campus war eine Freifläche, die 1969 von Studenten bepflanzt wurde. Es gab Zusammenstöße mit der Nationalgarde, als die Universität die Fläche bebauen wollte. Auf der anderen Straßenseite steht die **First Church of Christ Scientist**, die 1910 von Bernard Maybeck entworfen wurde. Man hat die von Glyzinien bewachsene Kirche mit einer »japanischen Pagode in einem Gruselwald« verglichen. ■

Oakland

Oaklands farbige Vergangenheit wird im First & Last Chance Saloon lebendig

DIE NACH IHREN EICHENWÄLDERN BENANNTE STADT wurde 1869 die westliche Endstation der transkontinentalen Eisenbahn. Ab 1930 verband die Bay Bridge Oakland mit San Francisco, die Stadt erlebte durch die Kaiser-Werft im Zweiten Weltkrieg einen wirtschaftlichen Boom. In den nachfolgenden zwei Jahrzehnten erschütterten Rassenkonflikte (Oakland ist die Geburtsstätte der Black Panthers) und Verbrechen die Stadt. 1989 brach ein Teil der I-880 während des Loma-Prieta-Erdbebens zusammen.

Heute sieht es auf Grund restaurierter Wohn- und Geschäftshäuser, eines Touristenzentrums am Jack London Square, eines guten Regionalmuseums und des wirtschaftlichen Erfolgs des Hafens von Oakland, der etwa 30 Kilometer an Liegeplätzen und Terminals umfasst, für die Stadt wieder besser aus. Oaklands großer Anteil an schwarzer Bevölkerung brachte durch Stars wie MC Hammer und Tupac Shakur eine eigene Rap-Schule hervor.

Freunde viktorianischer Architektur sollten durch **Old Oakland** *(zwischen Washington Street und Broadway, 8th bis 10th Street)* spazieren, die einstige Innenstadt. Heute sind in den Gebäuden Geschäfte und Cafés untergebracht. Einige viktorianische Häuser wurden beim Bau der I-990 in den **Preservation**

Oakland Convention & Visitors Bureau
www.oaklandcvb.com
211 5B
463 11th Street
510/839-9000
BART: 12th St./City Center

Oakland Museum of California
www.museumca.org
1000 Oak St. bei 10th St.
510/238-2200 oder 888/625-6873
Geschl. Mo–Di
$$
BART: Lake Merritt

Park *(zwischen Castro Street und Martin Luther King Jr. Drive, 12th bis 14th Street)* verlegt. Sie können das **Pardee Home Museum** *(Ecke 11th und Castro Street, Tel. 510/444-2187, geschl. So–Di und Do, nur nach Vereinbarung, $)* besuchen, ein Haus von 1868 im italienischen Stil, das von einem frühen Bürgermeister Oaklands gebaut wurde.

Das **Paramount Theater** *(2025 Broadway, Tel. 510/465-6400, Führungen 1. und 3. Sa, $)*, ein klassisches Art-déco-Kino, besitzt eine Fassade mit einem Wandbild aus Kacheln, auf denen Marionetten dargestellt werden. Innen finden sich Basrelief-Krieger und -Jungfrauen, eine Glasskulptur und ein Frauensalon in schwarzem Lack.

Am Ufer des **Lake Merritt** (früher ein Morast) liegen Gärten, ein Pfad und der fast 50 Hektar große **Lakeside Park**.

JACK LONDON SQUARE

Die Touristenattraktion ist auch als **Jack London Waterfront** bekannt und blickt auf den Hafen. Der Autor von *Ruf der Wildnis*, der den Großteil seines Lebens in Oakland verbrachte, wird hier ausgeschlachtet. Als Junge verkaufte London Zeitungen in **Heinold's First & Last Chance Saloon** *(56 Jack London Square, Tel. 510/839-6761)*, der 1883 mit Holz eines Walfängers gebaut wurde. Sein Boden hat sich durch das Beben von 1906 geneigt. 1897 lebte London als Goldgräber am Yukon in der **Jack London Cabin**, die inzwischen an den Platz verlegt und mit einer Buchhandlung versehen worden ist. Das »schwimmende Weiße Haus« von Franklin D. Roosevelt, die über 50 Meter lange ***Potomac*** *(Tel. 510/627-1215, Führungen Mi, Fr und So, $)*, liegt in der Nähe. Weitere Attraktionen:

Lake Merritt (unten) und das Paramount Theater (rechts oben) sind Schmuckstücke Oaklands

Restaurants, Hotels, Kinos und der sonntägliche Bauernmarkt.

OAKLAND MUSEUM OF CALIFORNIA

Das ausgezeichnete Regionalmuseum ist in einem innovativen Bau (1969) über drei Ebenen von Kevin Roche untergebracht. Der Bau ist so konstruiert, dass das Dach der einen Ebene jeweils der Garten und die Terrasse der nächsten Ebene ist. Das Museum deckt Natur, Geschichte und Kunst Kaliforniens ab.

Dioramen in der **Hall of California Ecology** (erste Ebene) ermöglichen einen simulierten Spaziergang durch Kalifornien. Topografische Modelle verdeutlichen die Merkmale jeder Zone, während andere Exponate über das Zusammenleben von Pflanze und Tier in den jeweiligen Landschaft-

Der Hafen von Oakland ist ein wichtiger Container-Umschlagplatz

Der Garten des Oakland Museum of California

abschnitten informieren. Die **Aquatic California Gallery** ist dem Leben in Kaliforniens Gewässern gewidmet, dazu zählen nicht nur Ozean, Flüsse, Seen und Ästuare, sondern auch heiße Quellen und Schneefelder.

Die **Cowell Hall of California History** (zweite Ebene) illustriert durch Handwerkserzeugnisse, Werkzeuge, Kleidung, Möbel, Geräte, Schmuck, Spiele und Fahrzeuge die indianische, spanisch-mexikanische und amerikanische Periode Kaliforniens. Man sieht unter anderem ein Prüfbüro aus der Zeit des Goldrausches und eine Pumpe aus dem Feuer von 1906.

Die **Gallery of California Art** (dritte Ebene) stellt Gemälde, Skulpturen, Drucke, Illustrationen, Fotografien und angewandte Kunst zu kalifornischen Themen aus. Die Sammlung umfasst die gesamte Geschichte des Staates, von Skizzen früher Künstler-Pioniere bis hin zu großen Panorama-Landschaftsbildern wie Albert Bierstadts Ansichten des Yosemite Valley. Thomas Hill und William Keith sind weitere hier vertretene Landschaftsmaler des 19. Jahrhunderts. Das stilistische Spektrum reicht von Impressionismus über Abstrakten Expressionismus und die gegenständliche Malerei der Bay-Area-Maler (David Park, Richard Diebenkorn, Elmer Bischoff) bis hin zur Pop-Art.

CHABOT SPACE AND SCIENCE CENTER

Anfang 2000 öffnete das **Chabot Space and Science Center** *(10000 Skyline Boulevard, Tel. 510/336-7300, www.chabotspace.org, geschl. Mo und Di, $$)* mit Attraktionen wie dem größten öffentlichen Teleskop der USA und einem der modernsten Planetarien der Welt. Angeschlossen ist ein 2,5 Hektar großes Umwelterziehungszentrum mit Naturlehrpfad und anderen naturwissenschaftlichen Exponaten. ■

Marin County

AUF KALIFORNIENS SOZIOLOGISCHER KARTE IST MARIN County sanft gelb und sonnig grün eingezeichnet. Die Einheimischen sind bekannt dafür, dass sie heiße Bäder, Massagen und natürlich sich selbst lieben. Sie sind immer noch scharf auf organische Nahrungsmittel und modische spirituelle Bewegungen. Aber es ist mittlerweile auch ein Ort schnurrender BMWs und großen Reichtums. Die Grundstückspreise gehören zu den höchsten der USA.

Marin Countys Sonnenschein und friedliche Schönheit ziehen kreative Geister, aber auch Geschäfte der gehobenen Preisklasse und Restaurants für die wohlhabende Bevölkerung an den Ort. Gleichzeitig stehen 40 Prozent der Fläche von Marin County unter Naturschutz, u.a. Muir Woods und die Point Reyes National Seashore. Wichtige Städte sind Sausalito, das trendige Mill Valley, das exklusive Ross und das pragmatische San Rafael (Heimat des **Marin County Civic Center** von Frank Lloyd Wright).

MARIN HEADLANDS

Jenseits der Golden Gate Bridge liegt eine Welt abseits des urbanen Lebens. Auf rund 5000 Hektar finden Sie geschwungene Küstenhügel mit langen Wander- und Mountainbikestrecken, spektakulären Ausblicken und alten Militäranlagen.

East Fort Baker wurde in einer Bucht unter der Golden Gate Bridge angelegt, um die nahe gelegene Meerenge zu schützen. Seine Batterie Yates (1905–46) besaß sechs Schnellfeuergeschütze, um fremde Schiffe (die nie erschienen) abzuwehren. Sehen Sie den Schiffen zu, die das Golden Gate passieren. Lime Point (westlich der Festung) bietet einen besonders guten Blick. Jüngere Kinder haben viel Spaß im **Bay Area Discovery Museum**, dessen interaktive Lehrstunden in Geschichte und Ökologie einen Meerestunnel zum Hindurchkrabbeln beinhalten.

Die Conzelman Road führt vom Golden Gate aus an den Kliffen entlang nach Westen und bietet spektakuläre Blicke. Nach knapp drei Kilometern führt eine Feuerwehrzufahrt zu **Hawk Hill**, an dem im Herbst 20 000 Raubvögel auf ihrem Flug entlang der Küste vorüberfliegen. Achten Sie auf Rotmilane, Truthahngeier und Wanderfalken.

Die Conzelman Road führt weiter nach Point Bonita, wo ein knapp ein Kilometer langer Marsch Sie nach Land's End bringt. Hier warnt das 1855 erbaute **Point Bonita Lighthouse** *(geschl. Di–Fr)* bei Nebel Schiffe vor der gefährlichen Felsenküste. Einst wurde alle 30 Minuten eine Kanone abgeschossen; heute erledigt ein automatisches Licht die Arbeit.

Marin County
224 E2

Marin County Convention & Visitors Bureau
www.visitmarin.org
1013 Larkspur Landing Circle, Larkspur
415/925-2060

Bay Area Discovery Museum
www.baykidsmuseum.org
224 F2
East Fort Baker
415/339-3900
Geschl. Mo
$$

Marin Headlands Besucherzentrum
Fort Barry Chapel, Field & Bunker Rds.
415/331-1540

Ein Künstler versucht, die Marin Headlands im Bild einzufangen

Nike-Raketenstation
☎ 415/331-1453
🕒 Geschl. Sa–Di (außer 1. So)

Sausalito
🗺 224 F2

Besucherinformation
✉ 780 Bridgeway Ave.
☎ 415/332-0505
$ $$ für Fähre
⛴ Fähre: 30 Minuten ab Fährhaus am Fuße der Market St. oder Fisherman's Wharf (Tel. 415/923-2000)

In Fort Barry erläutert das **Marin Headlands Visitor Center** die Geschichte der Gegend. In der Nähe liegt die einzige restaurierte **Nike-Raketenstation** der USA, diese war zwischen 1954 und 1974 Teil des Verteidigungssystems im Kalten Krieg. Zu sehen ist Rakete in Startposition, von der Sprengkopf und Triebwerk entfernt wurden. Die fünf Tonnen schwere Nike Hercules erreichte eine Höchstgeschwindigkeit von 5000 Stundenkilometern und eine Reichweite von 150 Kilometern. Das System wurde durch Interkontinentalrakteten abgelöst.

SAUSALITO

Der mediterran wirkende Ferienort liegt an steilen Hügeln über einem malerischen Yachthafen. Die Touristen konzentrieren sich am Bridgeway . Das Publikum ist bunt gemischt.

Hunderte Hausboote liegen am Gate 5 und weiteren Anlegestellen in der Nähe. Nach dem Zweiten Weltkrieg gab es in der Bay Area ein Überangebot an Schiffen, die unternehmenslustige Einheimische in Hausboote umwandelten und so eine Künstlerkolonie schufen, in der unter anderem der Zen-Philosoph Alan Watts lebte. Heutzutage wohnen auch junge Geschäftsleute auf Hausbooten, eine Alternative zu den hohen Hauspreisen.

Im **Bay Model Visitor Center** *(2100 Bridgeway Blvd., Tel. 415/332-3871)* findet man in einem Lagerhaus ein riesiges Modell der Bucht von San Francisco, das 600 Quadratkilometer auf gut einem halben Hektar nachbildet.

Wissenschaftler untersuchen mit seiner Hilfe die Auswirkungen von Überschwemmungen, Dürreperioden und Bauprojekten.

Sausalito entstand als Fährhafen nach San Francisco. Eine Fahrt mit der Fähre (siehe S. 224) ist nach wie vor ein schönes Erlebnis.

Hausboote in Sausalito

ANGEL ISLAND STATE PARK

Die nördlich von Alcatraz gelegene Insel *(Tel. 415/435-1915, Fähre von San Francisco oder Tiburon)* bietet viel Landschaft und Geschichte und eignet sich gut für Wanderungen, Mountainbiking, Picknicks und Sonnenbäder an den Stränden. Vom Gipfel des 240 Meter hohen **Mount Livermore** hat man einen herrlichen Panoramablick.

Die vom Seefahrer Juan Manuel de Ayala 1775 Isla de Los Angeles getaufte Insel war schon eine spanische Viehfarm, US-Militärbasis, Quarantänestation und das »Ellis Island des Westens«, d.h. ein Durchgangslager für 175 000 chinesische Einwanderer zwischen 1910 und 1940. Auf einer **Straßenbahnfahrt** *($$$)* oder einem Spaziergang um die Insel (8 km) werden Sie historische Sehenswürdigkeiten und Kasernen sowie Aussichtspunkte und Strände sehen. An der **China Cove** enthält eine Einwanderungsbaracke ein kleines Museum.

MUIR WOODS NATIONAL MONUMENT

An den über den Panoramic Highway zugänglichen unteren Hängen des Mount Tamalpais liegt der letzte

Muir Woods National Monument
www.nps.gov/muwo
☎ 415/388-2596
$ $

Mount Tamalpais State Park
224 D2–D3
Besucherinformation
☎ 415/388-2070
$ $$ (Parkplatz)

Stinson Beach
224 D2
☎ 415/868-1034

Audubon Canyon Ranch
www.egret.org
✉ 4900 Calif. Hwy. 1
224 D3
☎ 415/868-9244
Geöffnet Mitte März–Mitte Juli, Sa–So
$ Spende erwünscht

Muir Woods

Redwood-Urwald der Bay Area. Einige Bäume hier sind mindestens tausend Jahre alt. Der Wald birgt Farne, einen Bach mit Flusskrebsen und Lachsen sowie zahllose Wanderwege. (Je weiter Sie sich vom Parkplatz entfernen, desto weniger Menschen werden Sie begegnen – eine Grundregel in allen beliebten Parks.) Die Cathedral Grove und die Bohemian Grove besitzen die größten Bäume. Die höchsten erreichen über 77 Meter, die dicksten einen Durchmesser von über vier Metern. Redwood-Bäume, die größten Lebewesen der Welt, gibt es in Kalifornien schon seit 140 Millionen Jahren. Sie wuchsen schon zu Zeiten der Dinosaurier.

MOUNT TAMALPAIS STATE PARK

Der höchste Punkt in Marin County ist ein luftiges Reich voller Eichen mit einem Wegenetz von über 300 Kilometern. Ein 400 Meter langer Weg führt vom Parkplatz am East Peak zu einer Feuerwehr-Beobachtungsstation auf dem 785 Meter hohen östlichen Gipfel. Von hier aus können Sie die Bay Area und den Pazifik (an einem sehr klaren Tag auch die 300 Kilometer weiter östlich liegende Sierra Nevada) sehen.

PAZIFIKKÜSTE

Der an der California 1 gelegene **Stinson Beach** rühmt sich eines fast fünf Kilometer langen Sandstrandes, an dem man gefahrlos baden kann. Im Dorf bekommt man gute Sandwiches. Unmittelbar nördlich können Sie an der **Bolinas Lagoon** Reiher, Wasservögel und Seehunde auf Pickleweed Island beobachten. Vogelfreunde können an der Audubon Canyon Ranch, einem 400 Hektar großen Schutzgebiet an der Lagune, 115 verschiedenen Vogelarten zusehen. Im Frühling nisten Reiher in den Redwood-Bäumen. Am Nordende der Bolinas Lagoon sollten Sie versuchen, die Straße nach **Bolinas** zu finden; die Einheimischen sind schon seit Jahrzehnten um ihre Privatsphäre be-

müht, indem sie die Hinweisschilder entfernen. Der Ort ist ein friedliches inzwischen teures Städtchen mit einem schönen Strand.

POINT REYES

Am Point Reyes, wo das Land steil zum Meer abfällt, hat man das Gefühl, am Rand der Welt zu stehen. In einer gewissen Weise stimmt das auch, da die Halbinsel durch den berüchtigten San-Andreas-Graben vom Festland getrennt ist.

Gut 25 Hektar wilder Schönheit umgeben steile Klippen, eine Felsenküste mit dröhnender Brandung und verborgenen Stränden, offene Wildblumenwiesen und windumtoste Hügel. Das Gebiet steht als **Point Reyes National Seashore** unter Naturschutz. Unmittelbar neben der California 1 verschafft Ihnen das **Bear Valley Visitor Center** nahe Olema einen guten Überblick. Sie können auf einem Lehrpfad dem San-Andreas-Graben folgen. Das Leben der Miwok-Indianer ist in Redwood-Rindenhäusern und einer unter der Erde liegenden Sauna nachgebildet.

Etwa 24 Kilometer weiter westlich bietet der **Drakes Beach**, unmittelbar neben dem Francis Drake Boulevard, einen windgeschützten Strand und ein Besucherzentrum mit Exponaten zum Thema Ozean und den Entdeckungsreisen des 16. Jahrhunderts.

Der Boulevard führt weiter zur Spitze von Point Reyes und dem **Point Reyes Lighthouse** (1870). Der Leuchtturm ist ein idealer Aussichtspunkt, um die durchziehenden Grauwale zu beobachten (Ende Dez. bis Ende April). Eine Ausstellung widmet sich Walen und Leuchtturm-Ausrüstung, unter anderem ist eine riesige Fresnel-Linse ausgestellt. Bringen Sie wegen des kühlen Windes eine Jacke mit und seien Sie sich bewusst, dass Sie 309 Stufen bewältigen müssen. ■

Haus in Bolinas

Point Reyes National Seashore
224 B4–B5

Besucherinformation
Bear Valley Rd., Point Reyes Station
415/464-5100

Point Reyes Lighthouse
224 A4
415/669-1534
Geschl. Di–Mi

Der Zug der Grauwale

Jedes Jahr wandern 18 000 Grauwale von Alaska an der kalifornischen Küste entlang nach Baja California, wo sie sich paaren und Jungtiere zur Welt bringen. Ihre fast 20 000 Kilometer lange alljährliche Reise ist die längste in der gesamten Tierwelt. Die Wale schwimmen etwa acht Kilometer pro Stunde und legen pro Tag rund 130 Kilometer zurück. Sie können einen Wal an dem Wasserdampf erkennen, den er ausstößt. Grauwale können etwa 15 Meter lang und 45 Tonnen schwer werden. ■

Napa Valley

Napa Valley
233 D1

Napa Valley Conference & Visitors Bureau
www.napavalley.org
1310 Napa Town Center, Napa
707/226-7459

Charles Krug
233 B3
2800 Main St., St. Helena
707/967-2200

Beringer Vineyards
233 B3
2000 Main St., St. Helena
707/963-4812

Hess Collection Winery
233 C2
411 Redwood Rd., Napa
707/255-1144

DIESES TAL 80 KILOMETER NÖRDLICH VON SAN FRANCISCO bringt Weine der Weltklasse hervor. Das ist aber nicht der einzige Grund, warum Leser der Zeitschrift *Wine Spectator* die Gegend noch vor Burgund, der Region Bordeaux und der Toskana zur »beliebtesten Weinregion für den Urlaub« gewählt haben. Das von den Bergen der Coast Range begrenzte Gebiet ist im Spätwinter mit gelben Senfblumen überzogen. Malerisch gelegene Weingüter bieten Weinproben an. Charles Krug gründete 1861 den ersten Weinbaubetrieb; heute gibt es davon mehr als 300. Die Weinernte ist im August.

Die Attraktivität wird durch Spitzenrestaurants und Wein-Kunstgalerien noch gesteigert. In Napa Valley herrscht weltweit der dichteste Heißluftballonverkehr. Dem Aufstieg bei Sonnenaufgang folgt üblicherweise ein Champagner-Brunch. Es gibt zehn professionelle Golfplätze, besonders den **Silverado Country Club** *(1600 Atlas Peak Road, Napa, Tel. 707/257-0200).* Calistogas Thermalquellen ziehen schon ein Jahrhundert lang Besucher an.

Das Napa Valley erstreckt sich geographisch vom Fuß des 1325 Meter hohen Mount St. Helena nach Süden. Der fruchtbare, poröse Boden und das trockene mediterrane Klima schaffen ideale Bedingungen für den Weinbau. Viele gefeierte Weinkeller (Beringer, Beaulieu, Charles Krug, Robert Mondavi) liegen an der California 29, die die wichtigen Städte miteinander verbindet: Napa, Yountville, Oakville, Rutherford, St. Helena und Calistoga (siehe Karte S. 233). Der Highway ist häufig verstopft, vor allem im Frühling, im Herbst und an den Wochenenden. Der östlich gelegene **Silverado Trail** ist eine ruhigere und weniger verkehrsreiche Alternative. Der **Napa Valley Wine**

Train *(Tel. 707/253-2111 oder 800/427-4124, $$$$$)* fährt seine Passagiere auf einer dreistündigen Rundreise von Napa nach St. Helena in Speise- und Salonwagen von 1915–1950, in denen Gourmetküche und einheimische Weine serviert werden. Der Zug befährt eine 1864 errichtete Bahnstrecke.

WEINKELLER IM NAPA VALLEY

Charles Krug, 1861 gegründet und heute von der Familie Peter Monavi betrieben, ist der älteste, die **Beringer Vineyards** sind der älteste ununterbrochen betriebene Weinkeller (1876) im Tal. Die Weine reifen in Kellern, die 300 Meter tief in den Hügel hineingetrieben wurden.

Gute zeitgenössische Kunst ergänzt das Weinerlebnis in der **Hess Collection Winery**. **Domaine Chandon** produziert Perlweine nach klassischer *methode champenois*, die einen zweiten Gärungsprozess in der Flasche anschließt und Anfang des 17. Jahrhunderts vom blinden Benediktiner Dom Perignon erfunden wurde.

Die Führungen der **Robert Mondavi Winery** reichen von einem einstündigen Überblick bis zu einer vierstündigen »Weinkellerführung für Fortgeschrittene«. Ganzjährig werden Konzerte veranstaltet. Jung und Alt treffen im **St. Supéry Wine Discovery Center & Winery** aufeinander. Das moderne Wine Visitor Center informiert über die Weinherstellung. Daneben gibt es ein komplett mit Möbeln aus der Zeit eingerichtetes viktorianisches Herrenhaus im Queen-Anne-Stil. Der **Niebaum-Coppola Estate** erstreckt sich um einen steinernen Weinkeller namens Inglenook aus dem Jahr 1882. Der Betrieb gehört heute dem Regisseur Francis Ford Coppola, der Exponate zur Weinherstellung und zum Filmemachen ausstellt.

Schramsberg Vineyards, die erste auf einem Hügel gelegene Kellerei im Tal (1862), produziert Perlweine. Nach einem Besuch schrieb Robert Louis Stevenson 1880 in *The Silverado Squatters* über den Weinkeller und seinen Gründer Jacob Schram. Um die **Sterling Vineyards** zu besuchen, fahren Sie

Spätwinter im Napa Valley

Domaine Chandon
- 233 C2
- 1 California Dr., Yountville
- 707/944-2280

Robert Mondavi Winery
- 233 C3
- 7801 St. Helena Hwy., Oakville
- 707/226-1335

St. Supéry Wine Discovery Center & Winery
- 233 C3
- 8440 St. Helena Hwy., Rutherford
- 707/963-4507

Niebaum-Coppola Estate
- 233 C3
- 1991 St. Helena Hwy., Rutherford
- 707/968-1100

Im Speisewagen des Napa Valley Wine Train

Schramsberg Vineyards
233 B4
1400 Schramsberg Rd., Calistoga
707/942-2414

Sterling Vineyards
233 B4
1111 Dunaweal Ln., Calistoga
707/942-3344

Napa Valley Museum
www.napavalleymuseum.org
55 Presidents Circle, Yountville
707/944-0500
Geschl. Di
$

mit einer Gondelbahn vom Parkplatz auf eine etwa 100 Meter hohe Kuppe.

NAPA UND YOUNTVILLE

Napa entstand als Frachthafen für die Weine des Tals am Napa River. Die Altstadt hat die größte Ansammlung alter Gebäude aus der Zeit vor 1906 in Kalifornien.

Die nach George Yount, der 1833 den ersten Weinberg im Tal anlegte, benannte Kleinstadt **Yountville** wendet sich mit Gasthäusern, Geschäften und Restaurants an ein gut betuchtes Publikum. Das **Napa Valley Museum** erläutert den Weinherstellungsprozess und illustriert die verschiedenen kulturellen, u. a. indianischen Einflüsse auf das Tal.

ST. HELENA

Das Zentrum der Weinregion wurde 1853 gegründet. Einige Geschäfte und Restaurants an der historischen Main Street liegen in Gebäuden aus der Zeit vor der Jahrhundertwende. Straßenlaternen wurden unmittelbar nach ihrer Vorführung auf der Panama-Pacific International Exposition von 1915 im Ort installiert.

Fans von Robert Louis Stevenson sollten keinesfalls das **Silverado Museum** auslassen, das seine alten Spielzeugsoldaten sowie handgeschriebene Manuskriptseiten, Briefe, Fotos und Erstausgaben zeigt. Stevenson schrieb unter anderem *Die Schatzinsel* und *Dr. Jekyll und Mr. Hyde*. 1880 verbrachte er mit seiner Braut Fanny Osbourne seine Flitterwochen in einer Hütte auf dem Mount St. Helena (siehe Robert Louis Stevenson State Park).

Im **Culinary Institute of America**, das in den ehemaligen Greystone Cellars (1889 gebaut und

einst von den Gebrüdern Christian betrieben) zukünftige Küchenchefs ausbildet, können Sie die »Hausaufgaben« essen.

Speisen Sie in einem Gourmet-Tempel, in dem Köche aus dem Institut arbeiten, oder wandeln Sie durch den Kräutergarten.

Im **Bale Grist Mill State Historic Park** dreht sich ein Wasserrad mit elf Metern Durchmesser. Die 1847 von Dr. Edward Turner Bale gebaute Mühle mahlte das Korn der umliegenden Farmer. Man kann den ursprünglichen Mahlstein in Aktion sehen und das frisch gemahlene Mehl kaufen.

CALISTOGA UND UMGEBUNG

Das am Nordende des Tals gelegene Calistoga ist für seine Thermalquellen und gesunden Schlammbäder bekannt. Kurbetriebe gibt es hier seit 1859, als Kaliforniens erster Millionär, Sam Brannan, eine Ferienanlage für die Reichen San Franciscos aufbaute. Der Legende zufolge rührt der Name der Stadt von einem Bankett her, an dem das Original Brannan nach hohem Alkoholkonsum aufstand und seine Anlage zum »Saratoga of California« erklärte – zumindest wollte er das sagen. Heraus kam aber »Calistoga of Sarafornia«.

Das **Sharpsteen Museum** erweckt diese Zeit mit Hilfe von Dioramen, die von einem Disney-Künstler geschaffen wurden, sowie einem zeitgenössisch möblierten Cottage zum Leben.

Der **Old Faithful Geyser of California**, einer von weltweit drei Geysire, die nach einem festen Rhythmus »spucken« (in diesem Fall alle 14 Minuten), schießt Wasser und Dampf 20 Meter hoch in die Luft. Dabei schießen jeweils etwa 15 000 Liter schwefelhaltigen Wassers mit einer Temperatur von 177 °C hervor.

Der **Petrified Forest**, ein weiteres Naturwunder, geht auf einen Ausbruch des Mount St. Helena vor etwa drei Millionen Jahren zurück. Entwurzelte Bäume wurden unter Asche und Lava begraben und anschließend von Wasser und Silizium durchdrungen. In den folgenden Jahrtausenden versteinerten die Bäume. Einer von ihnen misst 33 Meter.

Der **Robert Louis Stevenson State Park** ist ideal für eine erfrischende Wanderung, tolle Ausblicke oder die Beschäftigung mit der Geschichte. Ein Pfad führt zu einer aufgegebenen Silbermine, in deren Nähe Stevenson 1880 seine Flitterwochen verbrachte. Der Pfad führt bis zum Gipfel (1325 m), von dem aus Sie das Napa Valley, den Pazifik, die Bay Area und (bei klarem Wetter) die Sierra Nevada sehen können. ■

Silverado Museum
✉ 1490 Library Ln., St. Helena
☎ 707/963-3757
🕒 Geschl. Mo

Culinary Institute of America
✉ 2555 Main St., St. Helena
☎ 707/967-1010

Bale Grist Mill State Historic Park
✉ 3369 St. Helena Hwy. North, St. Helena
☎ 707/942-4575
🕒 telefonisch erfragen
$ $

Sharpsteen Museum
www.sharpsteen-museum.org
✉ 1311 Washington St., Calistoga
☎ 707/942-5911

Old Faithful Geyser of California
www.oldfaithfulgeyser.com
Ⓝ 233 A4
✉ 1299 Tubbs Ln.
☎ 707/942-6463
$ $$

Petrified Forest
www.petrifiedforest.org
Ⓝ 233 A4
✉ 4100 Petrified Forest Rd.
☎ 707/942-6667
$ $

Robert Louis Stevenson State Park
Ⓝ 233 A5
☎ 707/942-4575

Weine aus dem Napa Valley und dem Sonoma Valley: Tipps für Weinproben

Die hiesigen Weine genießen weltweit einen guten Ruf. Jede Region produziert spezifische Sorten, wobei unterschiedliche Reben verwandt werden.

Cabernet Sauvignon nimmt unter Rotweinen die Spitzenposition ein. Der Wein hat ein vollmundiges fruchtiges Aroma, aber auch die nötige Balance, die das Tannin hervorbringt. Der immer beliebter werdende Merlot ist ein sanfter Rotwein mit vollem Fruchtaroma. Er hinterlässt einen wunderbar samtigen Nachgeschmack.

Für Kaliforniens Pinot Noir werden die gleichen Reben wie für französischen Burgund verwendet. Der hiesige Wein hat aber eine hellere Farbe und einen leichteren Körper sowie einen fruchtigeren Geschmack.

Chardonnay, Kaliforniens bester Weißwein, besitzt eine samtige Textur und einen an Äpfel und Birnen erinnernden Geschmack. Wenn der Wein in Eichenfässern gereift ist, kann er auch einen butterähnlichen Geschmack mit Spuren von Vanille und Nelken aufweisen.

Die meisten Weinkeller bieten Führungen und Weinproben an

WEINPROBEN LEICHT GEMACHT

Es gibt keinen Grund, sich von einer Flasche Wein ins Bockshorn jagen zu lassen – vor allem, wenn man ihre Geheimnisse leicht entschlüsseln kann. Benutzen Sie Ihre Sinne.

Aussehen

Das Aussehen verrät viel über einen Wein. Ein Weinkenner hält das auf dem Tisch stehende Glas am Stiel und schwenkt den Wein. Wenn der Wein die Innenseite des Glases herunterläuft, zeigen sich Streifen oder Säulen. Daran, ob der Wein langsamer und in klarer Struktur herunterläuft, kann man erkennen, ob er dickflüssig und gehaltvoll ist oder eben nicht (was ein Anzeichen dafür ist, dass er dünn und für den Weinkenner weniger interessant ist).

Jede Weinsorte besitzt eine ideale Farbe. Chardonnay sollte tiefgold sein; wenn er blass ist, schmeckt er wahrscheinlich schwach und wässerig. Die Angestellten informieren Sie bei einer Weinprobe über die jeweils ideale Farbe.

Geruch

Ein weiterer Grund, warum man den Wein schwenkt, ist, ihn mit Luft zu mischen, die den Alkohol verflüchtigt und chemische Bestandteile freilegt, die Sie riechen können. Die menschliche Nase kann in Wein Tausende unterschiedlicher Gerüche unterscheiden. Zur Begrifflichkeit: Als »Aroma« wird der Geruch der Rebe selbst bezeichnet. »Bouquet« bezieht sich auf die Gerüche, die durch den Prozess der Weinherstellung entstehen (durch Hefe aus dem Gärungsprozess, die Eichenart der Fässer).

Geschmack

Die menschlichen Geschmacksnerven können nur vier Geschmacksrichtungen unterscheiden: süß (Zungenspitze), sauer (Ränder), salzig

(Mitte) und bitter (Hinterzunge). Um die Süße zu schmecken, ziehen Sie einen Schluck Wein die Mitte Ihrer Zunge hinauf. Wein schmeckt ab einem Restzuckergehalt von 0,7 süß, darunter »trocken« (d.h. zuckerfrei). Lassen Sie einen anderen Schluck an den Rändern Ihrer Zunge vorbeifließen und Sie schmecken die Säure, die einem Wein Herbheit und Leben verleiht; ein Wein ohne saure Komponenten ist »schlaff«. Ein harmonischer Wein weist eine angenehme Mischung aus Säure, Zucker und weiteren Bestandteilen auf. Man entkorkt eine Flasche Wein rechtzeitig vor dem Servieren. Dies sorgt dafür, dass sich chemische Gerüche verflüchtigen und Sauerstoff hinzugefügt wird, der die Geschmacksrichtungen sanfter macht und verschmelzen lässt.

Textur

Wärmen Sie einen Schluck Wein einen Moment in Ihrem Mund an und beurteilen Sie anschließend sein Gewicht oder seinen »Körper« – wie dick oder dünn er sich anfühlt. Manche Weine besitzen eine Textur, die Kenner mit Worten wie »samtig« beschreiben. Vor allem in Rotweinen kann man das trockene, runzelige Gefühl der Tannine identifizieren, natürliche Konservierungsstoffe, die die Schale der Trauben hervorbringt ■

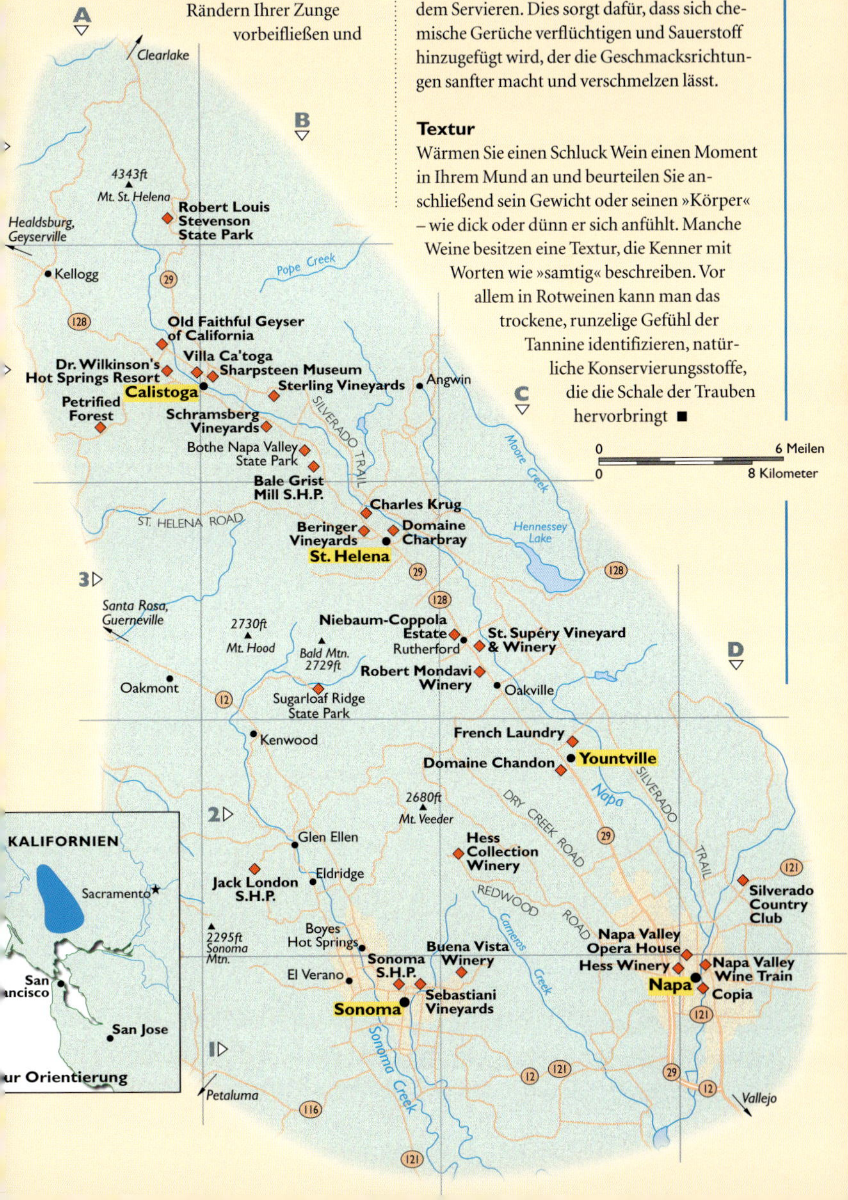

An der Mission San Francisco Solano markiert die Glocke den Verlauf des El Camino Real, der Straße, die einst alle kalifornischen Missionen verband

Sonoma Valley

DAS SONOMA VALLEY IST DIE GEBURTSSTÄTTE DER kalifornischen Weinindustrie, Produzent von Spitzenweinen und nach wie vor entspannter und bodenständiger als das trendige Napa Valley. Hier wird von Tomaten bis zu Weihnachtsbäumen alles Mögliche angebaut.

Sonoma Valley
233 B1-B2

Sonoma Valley Besucherinformation
www.sonomavalley.com
453 First St. East
707/996-1090

Sonoma State Historic Park
233 B1
707/938-1519
$

Die Stadt **Sonoma** datiert von 1823, als Priester hier eine Mission gründeten. Weinreben wurden erstmals 1825 gepflanzt, sie stammten aus der franziskanischen Mission. In großem Stil begann 1857 der ungarische Adlige Agoston Haraszthy mit dem Weinbau, als er Reben aus der Alten Welt zu seinem Weinberg in Sonoma brachte.

SONOMA STATE HISTORIC PARK

Die **Sonoma Plaza** ist der größte hispanische Platz in Kalifornien und Teil des Sonoma State Historic Park. In der nordöstlichen Ecke der Plaza hält eine Bronzefigur eine Flagge, um an einen zusammengewürfelten Haufen Amerikaner zu erinnern, die im Juni 1846 die Bear Flag Revolt anzettelten. Dreißig Männer ritten nach Sonoma, nahmen den mexikanischen General Vallejo gefangen und erklärten Kalifornien zu einer unabhängigen Republik, ohne einen Schuss abgegeben zu haben. Ihre Flagge zeigte einen roten Stern und Streifen, einen nicht sonderlich gut gemalten Grizzlybären und die handgeschriebenen Worte »Republik Kalifornien«. Die neue Repu-

Sebastiani Vineyards
233 B1
389 4th St. East, Sonoma
707/938-5532

Buena Vista Winery
18000 Old Winery Rd., Sonoma
707/252-7117

Jack London State Historic Park
2400 London Ranch Rd., Glen Ellen
707/938-5216
$

blik bestand nur 25 Tage, bis US-Truppen die mexikanische Hauptstadt Kaliforniens, Monterey, stürmten und Anspruch auf Kalifornien erhoben. In Sonoma nahmen die *Stars and Stripes* den Platz der Bärenflagge ein. Der Bär schmückt aber noch heute die kalifornische Flagge.

Die **Mission San Francisco Solano** *(Ecke Spain und 1st Street an der nordöstl. Ecke der Plaza)* war das letzte Glied in der Kette von 21 franziskanischen Stützpunkten in Kalifornien. Sie lag am nördlichen Ende des El Camino Real, der »Königsstraße«, die die Missionsstationen verband. Die Mission in Sonoma ist die einzige, die nicht unter spanischer, sondern unter mexikanischer Herrschaft errichtet wurde (1822 trat Spanien Kalifornien an Mexiko ab).

Heute sind die neben der Adobe-Kapelle gelegenen Quartiere der Pater (1825) die ältesten Gebäude in Sonoma. Ende des 19. Jahrhunderts geriet die Mission in Schwierigkeiten und wurde verkauft. Im Laufe der Jahre diente sie als Scheune, Weinkeller und Schmiede. Mit der Restaurierung wurde 1903 begonnen.

Auf der anderen Seite der First Street East liegen die **Sonoma Barracks** (1841), die zuerst mexikanische und dann amerikanische Soldaten beherbergten. Im Inneren können Sie heute ein Geschichtsmuseum, einen nachgebildeten Schlafraum und einen Film über General Vallejo sehen. Nebenan steht das **Toscano Hotel**, eine ehemalige Pension. In der Nähe *(133 Spain Street East)* befindet sich die **Blue Wing Inn**, die 1840 aus Adobe-Ziegeln gebaut wurde.

Etwa 800 Meter von der Plaza entfernt erreicht man über die Spain Street West General Vallejos Haus **Lachryma Montis** *(Ecke Spain Street West und 3rd Street West)*, das illustriert, wie sich der mexikanische Kommandeur der amerikanischen Herrschaft anpasste. Er zog aus seinem Adobe-Haus an der Plaza aus und baute 1851 dieses Haus im neuenglischen Stil mit Giebeldach und schmuckvollem Dachvorsprung. Das Lagerhaus, in dem Vallejo Wein und Oliven lagerte, ist heute ein Museum.

HISTORISCHE WEINKELLER

Sebastiani Vineyards umfasst einen Teil des Missions-Weinberges. Dieser 1904 gegründete Betrieb ist einer von Kaliforniens ältesten Weinkellern im Familienbesitz; er stellt eine große Auswahl an handgeschnitzten Weinfässern aus, einige aus der Mitte des vorigen Jahrhunderts. 1857 begann Graf Agoston Haraszthy in der heutigen **Buena Vista Winery** mit der Produktion von Spitzenweinen. Weinproben finden im steinernen Press House (1862) statt, das Kaliforniens ältestes Kellereigebäude sein soll.

VALLEY OF THE MOON

Zehn Minuten nördlich von Sonoma liegt **Glen Ellen**, wo der **Jack London State Historic Park** den Autor von *Ruf der Wildnis* und vielen anderen Büchern ehrt. Jack London zog auf die 335 Hektar große Beauty Ranch, als er »von Städten und Menschen« genug hatte. Nach Stationen als Autor, Seeman, Goldgräber, sozialistischer Agitator und Abenteurer wandte er sich hier der Landwirtschaft zu. Besuchen Sie das **House of Happy Walls** (1919 von Londons Witwe erbaut), um Erinnerungsstücke zu besichtigen, darunter südpazifisches Kunsthandwerk, eine Schreibmaschine und Ablehnungsschreiben von Verlagen. Die Londons hatten vorher **Wolf House** gebaut, das durch ein geheimnisvolles Feuer zerstört wurde, noch bevor sie einzogen. Seine Steinwände stehen noch immer. London schrieb in seinem Roman *Mondtal* (1913) über Glen Ellen. ■

Yosemite National Park
www.nps.gov/yose

Besucher-information
✉ Headquarters, Yosemite National Park
☎ 209/372-0200 (24-Stunden-Ansage mit Wetter- und Ausflugsbedingungen); 800/436-7275 (Reservierungen für Camper
$ $

Yosemite National Park

ZU DEN HIGHLIGHTS EINES BESUCHS DES NATIONAL-parks zählen das Yosemite Valley, die Mammutbaum-Wälder und die Hochsierra. Man kann Wasserfälle aufsuchen, Granitfelsen erklimmen, unter dem Himmelsdach zelten, auf Wildblumenwiesen picknicken oder nur ehrfurchtsvoll die grandiose Landschaft bestaunen.

YOSEMITE VALLEY

Die mächtige Granitfestung wird von Kliffen und runden Kuppen begrenzt. Das über zehn Kilometer lange Tal wurde durch Gletscher geschaffen, zu erkennen an der dafür charakteristischen U-Form (Flusstäler haben eine V-Form). **El Capitan**, einer der größten freistehenden und mit 990 Metern Höhe der größte ungebrochene Monolith der Welt, trotzte den Kräften, die das ihn umgebende Terrain erodierten.

Curry Village bietet Essen, Unterkunft und Camping. Von hier fahren Züge zu den beiden Wasserfällen **Vernal Fall** (97 m) und **Nevada Fall** (181 m). Der **Mirror Lake** reflektiert ein silbriges Spiegelbild der ihn umgebenden Kliffe, ein bei Fotografen beliebtes Motiv. (Fotografieren Sie an einem windlosen Morgen oder im abendlichen Mondlicht. Der See ist im Frühling und Frühsommer mit Wasser gefüllt.)

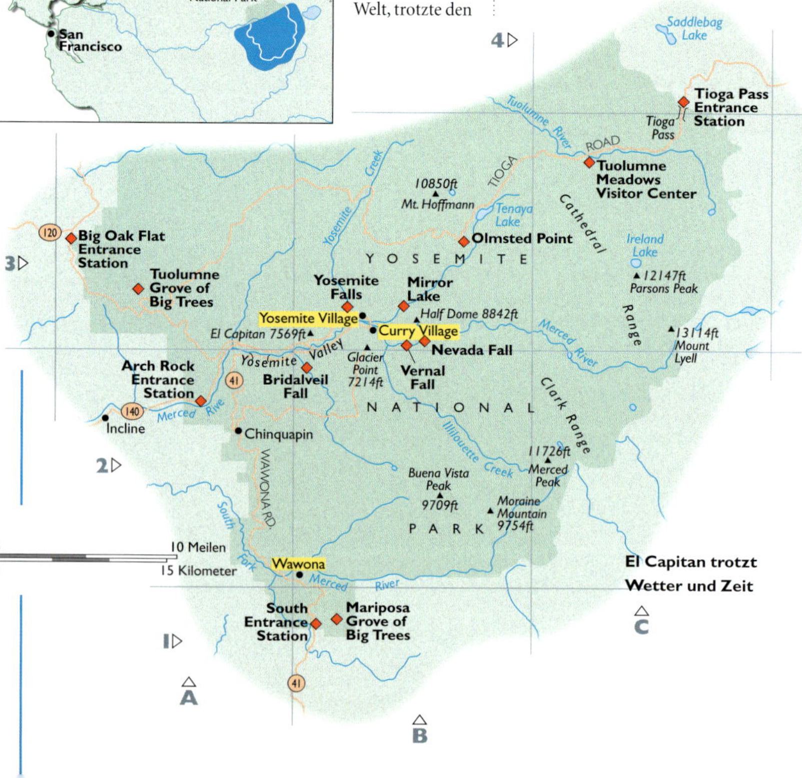

El Capitan trotzt Wetter und Zeit

Mariposa Grove of Big Trees

236 BI

Geschl. Mitte Sept.–Mitte Mai

Bahn ab Besucherinformation

$ (für Bahn)

Oberhalb des Sees erhebt sich 1450 Meter über dem Talboden der legendäre **Half Dome**.

Yosemite Village beherbergt das Hauptquartier des Nationalparks, Restaurants, Geschäfte und das **Valley Visitor Center**. Besorgen Sie sich hier eine Karte.

Die Architektur der **Ahwahnee Hotel** (siehe S. 259) von 1927 reicht an die majestätische Landschaft heran. Architekt Gilbert Stanley Underwood verlangte für diesen großartigen, aber gleichzeitig rustikalen Bau zehn Millionen Pfund örtlichen Granit und »Redwood«-Balken (tatsächlich gefärbter Beton). Das Innere schmücken stilisierte Muster von indianischen Korbwaren mit einem Hauch Art déco. Der Speisesaal besitzt Fenster vom Boden bis zur Decke mit Blick auf das Valley.

Nehmen Sie die kostenlose Bahn vom Besucherzentrum zu einem der größten Wasserfälle der Erde. Die **Yosemite Falls** fallen in drei Stufen 740 Meter herab. (Schon der Lower Fall ist mit über 97 Metern doppelt so hoch wie die Niagara-Fälle.) Im Frühling und Frühsommer donnert hier das Schmelzwasser herunter. Im Herbst ist der Wasserfall häufig trocken, als ob jemand den Wasserhahn zugedreht hätte.

Besuchen Sie auch die **Tuolumne Grove of Big Trees** (am Westende der Tioga Road), einen Wanderweg durch Mammutbäume, Ponderosa-Kiefern und Weihrauch-Zedern.

WAWONA ROAD

Fahren Sie auf der Wawona Road in südlicher Richtung aus dem Tal heraus und Sie sehen die **Bridalveil Falls**, die knapp 190 Meter von einem Hängetal abfallen, das sich hoch über dem heutigen, einst von Gletschern erodierten Talboden befindet. Fahren Sie die Glacier Point Road zum erhabenen **Glacier Point** hinauf, der einen in der Welt einzigartigen Blick ermöglicht. Vor Ihnen liegen Half Dome und die drei Wasserfälle Vernal, Nevada und Yosemite, tief unter Ihnen am Fuße eines fast 980 Meter hohen Kliffs blicken Sie auf das Yosemite Valley. Versetzen Sie sich in die Zeit zurück, als für Besucher unten in Curry Village jede Nacht ein »Feuerfall« inszeniert wurde: Ein Freudenfeuer wurde über den Rand gestoßen, und eine Kaskade aus Funken und Flammen fiel in die Tiefe.

Historische Hütten, eine überdachte Brücke von 1875, ein altes Gefängnis – all dies gehört zum **Pioneer Yosemite History Center** (in Wawona, südlich des Parks an der Wawona Road), das das Leben im 19. Jahrhundert in diesem Tal illustriert. In der **Mariposa Grove of Big Trees** sind manche der Bäume fast 3000 Jahre alt. Diese so genannten Mammutbäume – einige mehr als eine Million Kilogramm schwer – sind die größten Lebewesen der Welt. Der **Grizzly Giant**, 2700 Jahre alt, ist mit seinem Umfang von über 29 Metern der größte Baum im Yosemite National Park. Seine 64 Meter erheben sich so weit über den Wald, dass er in einem einzigen Sturm sechsmal vom Blitz getroffen wurde. Sie gelangen vom Besucherzentrum mit der Bahn oder zu Fuß hierher.

TIOGA ROAD

Die Tioga Road führt über die Hochebene nach Osten. Halten Sie am **Olmsted Point**, wo ein Pfad zu einem Aussichtpunkt über Half Dome und Tenaya Lake führt.
In den **Tuolomne Meadows** (2615 m) windet sich der Tuolomne River durch sommerliche Blumenwiesen. Es gibt ein **Besucherzentrum** und Wege zur Pacific Crest sowie John-Muir-Wege. Die Straße überquert den 3033 Meter hohen Tioga Pass, bevor Sie aus dem Park herausführt. ■

Lake Tahoe

DER AUF 1900 METERN ZWISCHEN DEN GIPFELN DER SIERRA Nevada und der Carson Range liegende Lake Tahoe überspannt die Grenze zwischen Kalifornien und Nevada. Der See erreicht eine Tiefe von 502 Metern.

South Lake Tahoe Visitors Authority
www.bluelaketahoe.com
✉ 169 Highway 50
☎ (775)588-5900

North Lake Tahoe Resort Association
www.mytahoevacation.com
✉ 380 N. Lake Blvd., Tahoe City
☎ 530/583-3494 oder 888/434-1262

U.S. Forest Service Visitor Center
Karte: 239 B2
✉ Calif. 89, nahe Fallen Leaf Rd.
☎ 530/543-2674
Geschl. Nov.–Mai

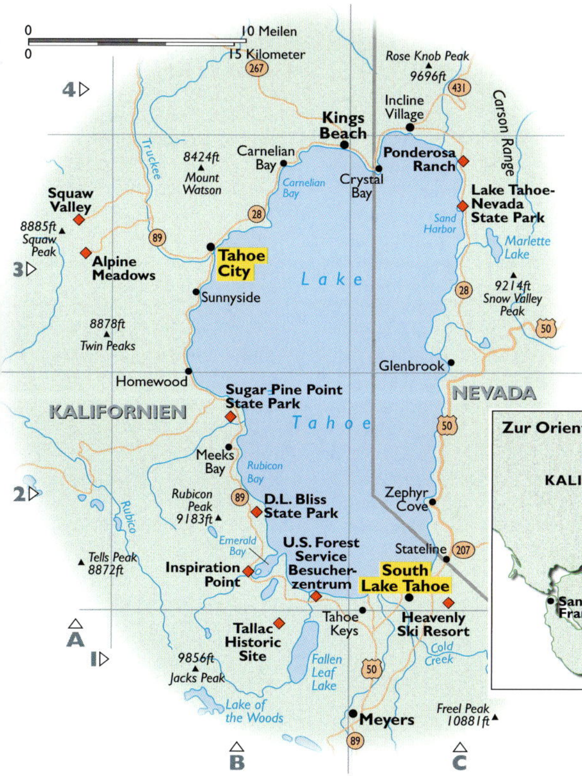

Lake Tahoe bietet für jeden etwas: Im Sommer sind Wandern und Mountainbiking auf den Hügeln und Bootfahren beliebte Aktivitäten. Im Winter wird Ski gefahren.

SEHENSWÜRDIGKEITEN UND AKTIVITÄTEN

South Lake Tahoe ist die größte Siedlung am See. Die Bahn am **Heavenly Mountain Resort** bietet einen großartigen Blick auf den See, den Mark Twain als »das schönste Bild, das die ganze Welt zu bieten hat« bezeichnete. Die Bahn steigt 600 Meter zum Monument Peak hinauf.

Wenn Sie von hier aus im Uhrzeigersinn um den See herumlaufen, kommen Sie an folgenden Sehenswürdigkeiten vorbei:

Heavenly Mountain Resort Gondola
Karte: 239 C2
✉ US 50 (knapp westlich der Bundestaatsgrenze)
☎ 775/586-7000
$ $$$$$

Tallac Historic Site
☎ 503/541-5227
Geschl. Sept.–Mitte Juni
$–$$ (Führungen)

Vikingsholm Mansion
☎ 503/525-7232
Geschl. 1.–30. Mai
$

D.L. Bliss State Park
239 B2
☎ 503/525-7277
$$

Sugar Pine Point State Park
239 B2
☎ 530/525-7982
Geschl. Mitte Sept.
$$

Ehrman Mansion
☎ 530/525-7982
Geschl. Labor Day–Memorial Day
$

Gatekeeper's Museum und Marion Steinbach Indian Basket Museum
130 W. Lake Blvd., Tahoe City
☎ 530/583-1762
Geschl. Okt.–Mai, Führungen nach Anmeldung April–Sept.
$

Watson Cabin Museum
560 N. Lake Blvd., Tahoe City
☎ 530/585-8717
Geschl. Labor Day–Mitte Juni

Am **U.S. Forest Service Visitor Center** können Sie unter die Oberfläche des Taylor Creek sehen, ohne nass zu werden: Die Fenster einer »Flussprofil-Kammer« zeigen Lachse, Forellen und andere Bachbewohner bei ihrem natürlichen Verhalten. Die **Tallac Historic Site** schützt rustikale Häuser, die von wohlhabenden Leuten aus San Francisco gebaut wurden. Das älteste ist der schindelgedeckte **Pope Estate** (1894), der immer noch seine Kofferdecke und Wandtäfelung besitzt.

Der hölzerne **Baldwin Estate** (1921) beschwört die rustikale Eleganz eines frühen Sommerhauses herauf; es zeigt Exponate zur Kultur der Washoe-Indianer und zur Lokalgeschichte. **Emerald Bay** ist das beliebteste Fotomotiv am See; machen Sie Ihre Bilder vom **Inspiration Point** von der Calif. 89 aus. Lora Josephine Knights **Schloss Vikingsholm** steht hier, zufälligerweise an einer Bucht, die einem Fjord ähnelt. Das Schloss im skandinavischen Stil (1929) hat 38 Zimmer und ein Grasdach, auf dem Wildblumen blühen. Das Schloss ist nur über einen 1,5 Kilometer langen Fußweg zu erreichen. Im grünen Wasser liegt **Fanette**, die einzige Insel im See.

Der **D.L. Bliss State Park** umfasst mit der Rubicon Bay einen schönen Strand, einen Leuchtturm vom Anfang des 20. Jahrhunderts und den 130 Tonnen schweren Balancing Rock.

Sugar Pine Point State Park schützt 800 Hektar mit Kiefern, Weihrauchzedern und anderen Arten. Ein Finanzmagnat aus San Francisco errichtete das **Ehrman Mansion**. Sie können an einer Führung (Eichentäfelung, Steinkamin, Möbel aus den 30er Jahren) teilnehmen. Der am See gelegene Rasen eignet sich gut für ein Picknick.

Bei **Tahoe City** treffen Sie auf den Truckee River, den Ausfluss des Sees. Schauen Sie sich den Fluss von der **Fanny Bridge** aus an. Tahoe City ist das Einfallstor zu den Skigebieten **Alpine Meadows** und **Squaw Valley** (Schauplatz der Olympischen Winterspiele von 1960). Erinnerungen an die Pionierzeit und indianisches Kunsthandwerk werden in **Gatekeeper's Museum und Marion Steinbach Indian Basket Museum** ausgestellt. Washoe-Indianer kamen oft in die Stadt, um den Mahlstein vor dem heutigen **Watson Cabin Museum** (1909) zu benutzen, dem ältesten Gebäude der Stadt. ■

Einzigartiger Lake Tahoe

- Der größte Hochgebirgssee der USA ist 35 Kilometer lang und 19 Kilometer breit. Er fasst 175 Billionen Liter. Wenn Sie das Wasser ausgießen würden, würde es ganz Kalifornien 30 Zentimeter hoch bedecken.
- Mehr als 60 Flüsse münden in den See, aber nur einer wird von ihm gespeist, der Truckee River. Der See verliert viel Wasser durch Verdunstung; wenn das täglich verdunstende Wasser aufgefangen würde, könnte es den Tagesbedarf einer Stadt wie Los Angeles decken.
- Man nimmt an, dass das Wasser zu 99,7 Prozent rein ist, etwa wie destilliertes Wasser. Es ist so klar, dass ein Teller noch 25 Meter unter der Wasseroberfläche sichtbar wäre. Diese legendäre Klarheit wird jedoch durch Sediment getrübt, das in den See hineingewaschen wird, seit Land für Baumaßnahmen gerodet wurde. ■

Reiseinformationen

Die Lombard Street bei Dämmerung

REISEINFORMATIONEN

REISEPLANUNG

Das San Francisco Convention & Visitors Bureau (Lower Level, Hallidie Plaza, 900 Market St., Tel. 415/391-2000; Bandansage zu Veranstaltungen, Tel. 415/391-2001) ist die wichtigste Quelle für Informationen, Stadtpläne und Broschüren. Die Website des Büros (siehe unten) bietet Besucherinformationen sowie einen Buchungsservice. Fragen Sie (per Website oder telefonisch) nach.
Das *San Francisco Magazine* bringt regelmäßig Restaurantführer und Ausgaben von *Best Of San Francisco* heraus. Bestellen Sie per Telefon mit Ihrer Kreditkartennummer (Tel. 415/398-2800).

NÜTZLICHE WEBSITES

www.onlyinsanfrancisco.com
San Francisco Convention & Visitors Bureau
www.citysearch7.com
CitySearch
www.sanfran.com
San Francisco Magazine
www.sfgate.com
San Francisco Chronicle

REISEZEIT / KLIMA

Das Wetter ist in San Francisco das ganze Jahr über mild. Das Temperaturspektrum reicht normalerweise von 5 bis 21 Grad Celsius. Das Wetter kann sich innerhalb eines Tages jedoch mehrmals ändern. An manchen Sommertagen klettert das Thermometer auf 27 Grad, der Sommer ist aber gleichzeitig die nebligste Jahreszeit. Von November bis März fallen die meisten Niederschläge. Seien Sie gerüstet: Bringen Sie Pullover und Jacken mit und lassen Sie reine Sommerkleidung zu Hause. (Wegen der Hügel brauchen Sie auch gutes Schuhwerk.)

Die meisten Touristen kommen im Juli und August. Für diese Zeit sollten Sie weit im Voraus Ihr Zimmer reservieren und auf Menschenschlangen an Sehenswürdigkeiten und Cable-Car-Haltestellen gefasst sein. Außerhalb der Saison sollten Sie sich antizyklisch verhalten: Die Stadt sollten Sie am Wochenende besuchen (wenn die Geschäftsreisenden weg sind und die Hotelpreise oft sinken), die Ferienorte wie Carmel und Napa Valley unter der Woche (wenn sie weniger überfüllt sind).

FESTE

FEBRUAR

Chinese New Year (Tel. 415/982-3000) Der Termin des chinesischen Neujahrsfestes variiert und kann auch spät im Januar liegen. Bei diesem Anlass können Sie in San Franciscos Chinatown z.B. eine Parade mit Feuerwerk, einen langen tanzenden Drachen und den Umzug Miss Chinatown USA sehen.

MÄRZ

St. Patrick's Day Parade (Tel. 415/584-6373) Eine Parade die Market St. hinunter, zu Ehren des irischen Nationalheiligen.

APRIL

San Francisco International Film Festival (Tel. 415/931-5000). Filme und Videos aus vielen Ländern werden an verschiedenen Stätten vorgeführt.
Cherry Blossom Festival (Japan Center, civic Center, Tel. 415/563-2313) Parade, Vorführungen, Essen, Handwerk, Kampfsport. Manchmal im August.

Mai

Carnaval San Francisco (Tel. 415/920-0125; www.carnavalsf.com) Ein zweitägiges lateinamerikanisches Festival mit Tanz und Musik samt großer Parade im Mission District.
Cinco de Mayo (Mission District, Tel. 415/826-1401) Zweitägige Feier des mexikanischen Sieges in Puebla mit Parade, Ausstellungen traditionellen mexikanischen Kunsthandwerks, Essen und Musik.
Bay to Breakers Race (Tel. 415/359-2800; www.baytobreakers.com) Etwa 80 000 Teilnehmer laufen mit oder zeigen einfach verrückte Kostüme. Der Wettlauf startet im Financial District und führt durch den Golden Gate Park nach Ocean Beach.

JUNI

Union Street Arts Festival (Union St. von Gough bis Steiner, Tel. 800/310-6563).
Dipsea Race (Tel. 415/331-3559; www.dipsea.org) Ein etwa 11,5 km langer Wettlauf von Mill Valley über Muir Woods und um den Mount Tamalpai herum nach Stinson Beach (Tel. 415/331-3550).
North Beach Festival (Tel. 415/989-2220) Musik, Essen und Kreidezeichnungen auf Asphalt im Gebiet von North Beach.
Lesbian, Gay, Bisexual, Transgender Pride Celebration (Tel. 415/864-3733; www.sfpride.org) Marsch durch den Castro District die Market St. hinunter zur Civic Center Plaza, mit zahlreichen Veranstaltungen (u. a. einem beliebten Filmfestival im Castro Theater).
Juneteenth Festival (Fillmore St. und Kimball Park, Tel. 415/931-2729) Afroamerikanisches Kulturereignis mit Parade und Filmfest.

JULI

Cable Car Bell-Ringing Championship Auf dem Union Square wird tatsächlich gewetteifert!
San Francisco Marathon (Tel. 415/284-9653) Die Route führt durch die Stadt.

SEPTEMBER

Shakespeare in the Park (Tel. 415/422-2222; www.sfshakes.org) Die Aufführungen im Golden Gate Park können auch schon im August beginnen.
San Francisco Blues Festival (Tel. 415/979-5588; www.sfblues.com) Open-Air-Festival in Fort Mason und auf der Justin Herman Plaza.
San Francisco Opera Eröffnungsabend (War Memorial Opera House, Tel. 415/864-3330; www.sfopera.com) Gala mit Ball.

OKTOBER
Castro Street Fair (Tel. 415/841-1824) Im Bereich Castro und Market Street.
San Francisco Jazz Festival 8. (Tel. 415/39-5655; www.sfjazz.org) Mehrere Veranstaltungsorte. Auch Frühlingkonzerte von März–Juni.
Italian Heritage Parade and Festival (Tel. 415/703-9888) Findet am **Columbus Day** statt. Parade, Segnung der Flotte und Straßenstände in der Gegend von Fisherman's Wharf in North Beach.
Halloween (www.halloweensf.com) Großereignis für Homosexuelle im Castro District und am Civic Center.

NOVEMBER
Day of the Dead (Tel. 415/826-8009) Mexikanisches Fest mit Parade und weiteren Aktivitäten im Mission District.

VOM FLUGHAFEN IN DIE STADT

San Francisco International Airport (Tel.650/821-8211; www.flysfo.com) wird von 50 großen Airlines angeflogen und liegt 22 km südlich der Stadt neben der US 101 (Bayshore Fwy.). Infomationen über den Weitertransport (Shuttles, Busse, Taxen. Limousinen) gibt es unter Tel. 415/817-1717. Die Station der BART-Schienenverkehrs (Bay Area Rapid Transit, Tel. 415/989-2278; www.bart.gov) nach San Francisco befindet sich im 3. Stockwerk des International Terminal und ist von jedem Terminal aus per Air Train Shuttle (gratis, bis Haltestelle Garage G/BART Station) ereichbar. BART-Verbindungen verkehren bis Mitternacht. SFO-Airporter-Busse (Tel. 650/624-0500) pendeln zwischen Flughafen und Innenstadt (5-23 Uhr). Taxis nach San Francisco kosten ca. 45 $ und können von mehreren Fahrgästen geteilt werden. Vom kleineren Oakland International Airport (Tel. 510/563-3300), etwa 27 km von San Francisco in der East Bay gelegen, bestehen BART-, Shuttle- und Taxiverbindungen (ca. 50-60 $). Amtrak-Züge (Tel. 800/872-7245; www.amtrak.com) starten/enden am Bahnhof Oakland an der 245 2nd Street auf dem Jack London Square.

UNTERWEGS IN SAN FRANCISCO

ÖFFENTLICHE VERKEHRSMITTEL IN SAN FRANCISCO

Informationen erhalten Sie unter www.transit.511.org oder bei Anruf aus der Bay-Region gebührenfrei unter 511, von anderswo unter 888/500-INFO, oder (lokal) gebührenpflichtig unter 415/817-1717.
Die San Francisco Municipal Railway, kurz Muni (Tel. 415/673-6864; www.sfmuni.com), betreibt Busse, Straßen- und Kabelbahnen. Die Gelben Seiten enthalten Informationen zum Netz; Routenpläne bekommt man für 2 $ an Zeitungsständen. Das Busnetz ist am besten ausgebaut und am bequemsten. Die Busnummern und Endhaltestellen erscheinen an der Vorderseite. Haltestellen werden durch Schilder und Straßenmarkierungen angezeigt. Muni-Metro-Straßenbahnen fahren in der Innenstadt unter-, sonst oberirdisch; es gibt sechs Linien, die F-Market fährt mit historischen Wagen auf der Market Street von der Castro Street zum Embarcadero und zur Fisherman's Wharf.

Cable Cars (im Text mit CC abgekürzt) fahren auf drei Routen: Die Powell-Hyde- und Powell-Mason-Linien starten an der Powell und Market Street nahe dem Union Square; die Erste endet am Victorian Park nahe dem Maritime Museum, Letztere in der Nähe von Fisherman's Wharf an der Bay und der Taylor Street. Die California-Street-Linie folgt von der Market Street aus der California Street bis zur Van Ness Avenue. Tipps: Steigen Sie längs der Fahrtstrecke zu und nicht an den Endhaltestellen, wo es immer voll ist.. Die Powell-Hyde-Linie bietet den steilsten Aufstieg (auf der Hyde Street zwischen Chestnut und Bay Street).

Die Fahrpreise betragen 1,25 $ für Busse und Bahnen (Kinder und Senioren 35 Cent). Mit einem Ticket kann man zweimal umsteigen. In Cable Cars kostet die Einzelfahrt 2 $. Ein Muni Passport, gültig für alle Linien (auch Cable Car), kostet 9 $ für einen, 15 $ für drei und 20 $ für sieben Tage.

Umgebung von San Francisco Bay Area Rapid Transit, kurz BART (Tel. 415/989-2278; www.bart.gov) ist eine moderne Zuglinie mit acht Bahnhöfen in San Francisco und 29 in der East Bay. Fahrkarten kosten maximal 1,30 $ in der Stadt und 5 $ zur East Bay.

Taxis Taxis kosten 2,85 $ für die erste Meile (1,6 km) und 2 $ für jede weitere Meile. Das übliche Trinkgeld beträgt 15 Prozent. Bitten Sie Ihr Hotel oder das Restaurant, ein Taxi zu rufen. Wenn Sie selbst anrufen, sollten Sie es bei Yellow Cab (Tel. 415/626-2345), Veteran's Cab (Tel. 415/ 552-1300) oder Luxor Cab (Tel. 415/282-4141) versuchen.

Fähren Die Fähren steuern viele Punkte in der Bucht an. Die Blue & Gold Fleet (Pier 41 und Ferry Building, Tel. 415/705-5555, www.blueandgoldfleet.com) fährt Oaklands Jack London Square, Angel Island, Sausalito, Tiburon und Vallejo an. Die Golden Gate Ferry (hinter Ferry Building, Tel. 415/923-2000, www.goldengateferry.org) fährt nach Sausalito und Larkspur.

Außerhalb der Stadt Golden Gate Transit (Ecke 1st und Mission Street, Tel. 415/923-2000; www.goldengate.org) betreibt Busse über die Golden Gate Bridge nach Marin und Sonoma County. Caltrain (Ecke 4th und King Street, Tel. 800/660-4287 oder 415/817-1717; www.caltrain.com) unterhält

Zugverbindungen zwischen San Francisco und San Jose.

GEFÜHRTE WANDERUNGEN

Kontaktieren Sie die San Francisco Public Library's City Guides für kostenlose, geführte Wanderungen (Zeitplan: Tel. 415/557-4266 oder www.sfcityguides.org).

MIT DEM AUTO

Vergessen Sie's: Der Verkehr hier ist wie eine Zwangsjacke! Falls Sie diesem Rat nicht folgen wollen, einige Tipps: Gewähren Sie als Autofahrer Fußgängern und Cable Cars Vorfahrt. Sichern Sie an Hügeln Ihre Räder: Stehen Sie bergaufwärts, drehen Sie sie zur Straße, bergabwärts zur Bordsteinkante. Dies erspart Ihnen einen Strafzettel.
Farbige Markierungen an der Bordsteinkante signalisieren Parkregelungen: Rot (absolutes Halteverbot), Grün (10 Minuten erlaubt), Gelb (Ladezone; Parken nach 18 Uhr erlaubt), Weiß (nur zum Zu- und Aussteigen), Blau (Behindertenparkzone), Abschleppzone (Parken hier kostet einen Strafzettel zuzüglich Abschleppgebühren).
Parkgaragen gibt es an den wichtigen Sehenswürdigkeiten: Fisherman's Wharf (665 Beach nahe Hyde Street), Union Square (333 Post Street, Ecke Mason & Ellis Street, 123 O'Farrell Street), Embarcadero Center (250 Clay Street), SoMa (833 Mission Street), Chinatown (433 Kearny Street, 733 Kearny Street) und North Beach (735 Vallejo Street). Achtung: Planen Sie im Voraus, weil öffentliche Garagen teuer sind und sich rasch füllen.

Alle großen Autoverleihfirmen unterhalten in der Stadt und am Flughafen Niederlassungen. Sie erhalten die Telefonnummern unter 800/555-1212 (kostenlos) oder in den Gelben Seiten.
Der 49-Mile Drive, gekennzeichnet durch blauweiße Möwen-Zeichen, führt Sie durch San Francisco an landschaftlichen und historischen Highlights vorbei.

PRAKTISCHE TIPPS

SICHERHEIT

Obwohl San Francisco als recht sicher gilt, sollten Sie dennoch vorsichtig sein und bei Nacht folgende Gegenden meiden: Tenderloin (ein Gebiet nahe Union Square etwa zwischen Larkin Street, Mason Street, O'Farrell Street und Market Street), Western Addition (westlich vom Civic Center und südlich von Japantown) sowie Mission District (östlich der Valencia und nördlich der 16th Street). Abgelegene oder schlecht beleuchtete Gebiete sollten Sie grundsätzlich nicht zu Fuß durchqueren.
Befolgen Sie die üblichen Vorsichtsmaßnahmen:
- Geben Sie Ihre Taschen am Flughafen, im Bus, Taxi oder am Bahnhof nur autorisierten Personen bzw. dem Taxifahrer.
- Achten Sie, besonders in Menschenmengen, auf Ihre Umgebung.
- Führen Sie keine großen Geldbeträge mit sich bzw. zeigen Sie sie nicht. Tragen Sie Ihre Brieftasche in Ihrer Vordertasche oder benutzen Sie einen Geldgürtel.
- Benutzen Sie keine Geldautomaten, wenn keine Menschen in der Nähe sind.
- Leisten Sie Dieben keinen Widerstand und verständigen Sie anschließend die Polizei unter 911.
- Lassen Sie keine Wertsachen im Wagen. Bewahren Sie Dinge im Auto so auf, dass sie nicht sichtbar sind. Wenn Ihr Wagen aufgebrochen wird, rufen Sie die Crime Victims Hot Line unter 800/842-8467 an.

ERDBEBEN

Unwahrscheinlich, aber im Falle des Falles treten Sie unter eine Tür oder ducken sich unter einen Tisch und halten sich vom Fenster fern. Im Freien sollten Sie sich von Gebäuden, Bäumen und Stromleitungen entfernen.

EINRICHTUNGEN FÜR BEHINDERTE

Allgemeine Informationen bekommt man über eine Bandansage des San Francisco Convention & Visitors Bureau unter 415/392-0328. Das Independent Living Resource Center erreicht man unter 415/543-6222 oder (Bandansage) 415/543-6698.
Muni betreibt mehr als 30 Linien, die für Behinderte geeignet sind (Tel. 415/673-6864). Informationen über geeignete Busse und Fähren nach Marin County befinden sich im Golden Gate Transit's *Welcome Aboard*-Handbuch (Tel. 415/923-2000, Bandansage 415/257-4554).
Parkzonen für Behinderte sind durch Schilder und blaue Bordsteine gekennzeichnet. Es ist gesetzlich geregelt, dass Gebäude teilweise für Behinderte zugänglich sein und Behinderten-Toiletten aufweisen müssen.

IM NOTFALL & GESUNDHEIT

- Die Polizei, Notärzte und Feuerwehr erreichen Sie unter 911 (kostenlos).
- 24-Stunden-Notaufnahmen gibt es im St. Francis Memorial Hospital (900 Hyde St., Tel. 415/353-6000), im Medical Center an der University of California, San Francisco (505 Parnassus St., Tel. 415/476-1037) und im San Francisco General Hospital (1001 Potrero Ave., Tel. 415/206-8111).
- Kliniken, die Sie ohne Voranmeldung aufsuchen können, sind u. a. das Physician Access Center (26 California St., Tel. 415/397-2881). Die mehrsprachige Traveler Medical Group (490 Post St., Tel. 415/981-1102) macht Hausbesuche in Hotels. Die San Francisco Dental Society hat einen Überweisungsservice für zahnärztliche Behandlungen (Tel. 415/421-1435).
- Apotheken: Walgreen betreibt 24-Stunden-Apotheken: 3201 Divisadero St. (Tel. 415/931-6417) und 498 Castro St. (Tel. 415/861-3136). Die Four-Fifty Sutter Pharmacy (Tel. 415/392-4137) und die St. Francis Medical Center Pharmacy (Tel. 415/776-4650) bringen Medikamente ins Hotel.

HOTELS & RESTAURANTS

Egal, ob Sie auf dem vornehmen Nob Hill, in der Nähe des Union Square oder in einem preiswerten Motel an der Lombard Street oder einem viktorianischen Bed and Breakfast wohnen – Ihr Hotel wird nicht weit von den Attraktionen entfernt liegen. Bequeme Buchungen (vor allem zu Stoßzeiten) sind bei San Francisco Reservations (Tel. 510/628-4450 oder 800/677-1570; www.hotelres.com) möglich. Zimmer können auch beim San Francisco Convention & Visitors Bureau (Tel. 888/782-9673; www.sfvisitor.org) reserviert werden.

Essengehen ist eine wichtige Attraktion in San Francisco. (Die Leser des Magazins *Bon Appetit* nominieren San Francisco regelmäßig zur »Favorite American City for Dining Out«.) Mehr als 3300 Restaurants bieten kalifornische Küche, französische Kochkünste, Grillgerichte, Burgers und Tacos, leckere Speisen aus Italien, Lateinamerika und unzähligen anderen Regionen.

PREISKATEGORIEN

HOTELS
Preiskategorien für ein Doppelzimmer pro Nacht ohne Frühstück:

$$$$$	über 300 $
$$$$	200–300 $
$$$	150–200 $
$$	100–150 $
$	unter 100 $

RESTAURANTS
Preiskategorien für ein Drei-Gänge-Menü ohne Getränke:

$$$$	über 50 $
$$$	35–50 $
$$	15–35 $
$	unter 15 $

BENUTZERHINWEIS

Die Hotels und Restaurants sind nach Stadtvierteln und weiter alphabetisch innerhalb ihrer Preiskategorien sortiert. Ruhetage von Restaurants sind vermerkt, sollten aber telefonisch überprüft werden; Reservierung wird empfohlen. Die meisten Hotels und manche Restaurants bieten Parkmöglichkeiten, Sie sollten aber auch dies erfragen. Erkundigen Sie sich auch nach Einrichtungen für Behinderte. Die meisten Hotels verfügen über Raucher- und Nichtraucherzonen.

In Spitzenrestaurants ist das Mittagessen meist mindestens 25 Prozent billiger als das Abendessen. Einige bieten Festpreismenüs. In allen Restaurants in San Francisco ist Rauchen verboten.

FINANCIAL DISTRICT

HOTELS

MANDARIN ORIENTAL
$$$$$
222 SANSOME ST., 94104
TEL. 415/276-9888
FAX 415/433-0289
www.mandarinoriental.com
Dieses luxuriöse Hotel mit großartigem Blick auf die Stadt nimmt elf Stockwerke des dritthöchsten Gebäudes der Stadt ein, das aus zwei durch eine Glasbrücke verbundenen Türmen besteht. Faxgeräte im Zimmer und Top-Service.
158 Service Alle gängigen Kreditkarten

PALACE
$$$$$
2 NEW MONTGOMERY ST., 94105
TEL. 415/512-1111
FAX 415/543-0671
www.sfpalace.com
Dieses prachtvolle alte Haus (1909) beherbergt auch das berühmte Restaurant Garden Court. Es besitzt eine elegante Bar mit einem tollen Maxfield-Parrish-Wandgemälde. Swimmingpool mit Glasdach. Geräumige Zimmer mit antiken Möbeln.
552 Service Alle gängigen Kreditkarten

HYATT REGENCY
$$$$
5 EMBARCADERO CENTER, 94111
TEL. 415/788-1234
FAX 415/398-2567
www.hyatt.com
Dieses Hotel ist berühmt für seine hohe Atrium-Lobby, die über 17 Stockwerke reicht, und die Glasaufzüge. Viele Zimmer haben Blick aufs Wasser, die Ausstattung ist aber eher nüchtern. Das Hotel liegt am Ende der Cable-Car-Linie California Street.
805 Service Alle gängigen Karten

OMNI
$$$-$$$$
500 CALIFORNIA ST., 94104
TEL. 415/677-9494
FAX 415/273-3038
www.omnihotels.com
Bei der California Cable Car-Linie, zwei Blöcke von Chinatown entfernt gelegen, verströmt dieses »Mini-Ritz« in einem Gebäude von 1926 üppigen Luxus, z. B. mit Betttüchern aus 330-fädiger ägyptischer Baumwolle und Annehmlichkeiten wie Highspeed-Internet und Voicemailverbindungen.
362 Service Alle gängigen Karten

RESTAURANTS

AQUA
$$$$
252 CALIFORNIA ST.
TEL. 415/956-9662
Gefeierte, kreative Fisch- und Meeresfrüchte-Küche. Die Spezialität ist gegrillter Thunfisch mit Gänseleberpastete in Pinot-Noir-Sauce. Probiermenü und Dessert-Kostproben.
180 Service
Geschl. Sa mittags u. So
Alle gängigen Karten

ONE MARKET RESTAURANT
$$$$
1 MARKET ST.
TEL. 415/777-5577
Saisonale Gerichte mit Zutaten frisch vom Lande,

serviert in einem riesigen Speisesaal. Empfehlung: Caesar Salad, Austernsuppe, »Mahi Mahi« mit Mandelbröseln und Zitronensoße.
Geschl. 14–17.30 Uhr
Alle gängigen Kreditkarten

RUBICON
$$$$
558 SACRAMENTO ST.
TEL. 415/434-4100
www.sfrubicon.com
Zählt Francis Ford Coppola und Robin Williams zu seinen Gästen. Das Restaurant mit Ziegelstein- und Holzinterieur bietet Gerichte à la carte und Festpreismenüs (z. B. knusprige Rochenflügel mit Rüben, Sojabohnen, Cashewnüssen und Wein-Ingwer-Butter) sowie ausgezeichnete Weine.
100 Service
Mittagessen: nur Mi, Geschl. So abends Alle gängigen Kreditkarten

TOMMY TOY'S CUISINE CHINOISE
$$$$
655 MONTGOMERY ST.
TEL. 415/397-4888
Beliebt bei Gästen, die den eleganten Service, das chinesische Dekor und das Festpreismenü schätzen, das chinesische und französische Elemente vereint. Eine Spezialität: Fischcremesuppe in einer Kokosnuss mit Blätterteig.
168 Service Geschl. Sa u. So mittags Alle gängigen Kreditkarten

THE WATERFRONT RESTAURANT
$$$$
PIER 7, THE EMBARCADERO
TEL. 415/391-2696
Zeitgemäßes Restaurant mit ausgezeichnetem Blick auf die Bay Bridge. Die Speisekarte betont vor allem das Seafood, Steaks und Koteletts. Besonders empfehlenswert sind das Huhn aus dem Holzofengrill und die Pastagerichte.
160 Service Alle gängigen Kreditkarten

KOKKARI
$$$
200 JACKSON ST.
TEL. 415/981-0983
www.kokkari.com
Meeresfrüchte, Fisch- und Fleischgerichte im Ambiente eines griechischen Landgasthofes (Feuerstelle, Holzarbeiten, Blumen) bietet das Kokkari. Bemerkenswert sind das Moussaka und die gegrillten Lammkoteletts mit Zitronen-Oregano-Vinaigrette.
185 Service Geschl. Sa mittag, So Alle gängigen Kreditkarten

PIPERADE
$$$
1015 BATTERY ST.
TEL. 415/391-2555
www.piperade.com
Baskische Gerichte von Gerald Hirigoyen, serviert in einem schlichten Ambiente. Typische Gerichte sind Fisch und Krebsfleisch in Roter-Pfeffer-Soße und geschmortes Kalbsbries mit Madeira.
60 Geschl. Sa mittags, So Alle gängigen Kreditkarten

PLOUF
$$$
40 BELDEN PL.
TEL. 415/986-6491
Dieser lässige Treffpunkt mit Innen- und Außengastronomie ist auf Austern und Muschelgerichte mit verblüffenden Soßen spezialisiert. Auch die Vorspeisen, etwa die speckumhüllten Jakobsmuscheln, sind großartig.
000 Service Geschl. Sa mittags, So Alle gängigen Kreditkarten

TADICH GRILL
$$$
240 CALIFORNIA ST.
TEL. 415/391-1849
Dies ist das älteste bestehende Restaurant San Franciscos (seit 1849). Gute Fischgerichte, u. a. Seezunge, und die berühmte Tartarsauce.
120 Geschl. So
MC, V

YANK SING
$$$
101 SPEAR ST.
TEL. 415/957-9300
49 STEVENSON ST..
TEL. 415/541-4949
www.yanksing.com
Das Personal beider Lokale wird Ihnen die Speisen auf den Teewagen erklären; beachten sie die Pekingente mit Frühlingszwiebeln und Pflaumensauce, Salate mit Pasteten und Avocado vom Grill mit Curryhuhn-Füllung.
Spear St. 248, Stevenson St. 92 Geschl. abends
MC, V

UNION SQUARE UND NOB HILL

HOTELS

HUNTINGTON HOTEL
$$$$$
1075 CALIFORNIA ST., 94108
TEL. 415/474-5400
FAX 415/474-6227
www.huntingtonhotel.com
Eleganz und makelloser Service verbinden sich mit einer freundlichen Atmosphäre. Zimmer mit Blick auf Nob Hill und Antikmöbeln. Man kann sich Gerichte vom Restaurant Big Four (siehe S. 250) aufs Zimmer bringen lassen. Das hoteleigene Nob Hill Spa verfügt über gut ausgestattete Behandlungsräume und einen gigantischen Innenpool.
135 Service
Alle gängigen Karten

RITZ-CARLTON
$$$$$
600 STOCKTON ST., 94108
TEL. 415/296-7465
FAX 415/291-0288
www.ritzcarlton.com/hotels/san_francisco
Die Lobby ist glänzender Auftakt des renovierten neoklassizistischen Gebäudes aus dem Jahre 1909. Elegante Zimmer und hervorragender Service (Zimmermädchen kommen zweimal täglich, mehrsprachige 24-Stunden-Rezeption). Man

kann seinen Tee in der Lobby Lounge einnehmen.
336 Service Alle gängigen Karten

THE FAIRMONT
$$$$-$$$$$
950 MASON ST., 94108
TEL. 415/772-5000
FAX 415/772-5013
www.fairmont.com
Klassisches, an das alte San Francisco erinnernde Nob-Hill-Hotel von 1907. Opulente Lobby mit vergoldeter Kassettendecke und Marmorsäulen. Die Turmzimmer haben den besten Blick.
600 Service Alle gängigen Karten

MARK HOPKINS INTER-CONTINENTAL
$$$$-$$$$$
1 NOB HILL, 94108
TEL. 415/392-3434
FAX 415/421-3302
www.markhopkins.net
Ein Wahrzeichen von Nob Hill. Geräumige, elegant möblierte Zimmer mit Marmorbad. Die berühmte »Top of the Mark«-Cocktailbar im Art-déco-Stil bietet einen großartigen Panoramablick.
380 Service Alle gängigen Karten

STANFORD COURT
$$$$$
905 CALIFORNIA ST., 94108
TEL. 415/989-3500
FAX 415/391-0513
www.renaissancehotels.com/Sfosc
Der Hofeingang und die Buntglaskuppel sind beeindruckend. Handtuchwärmer und Fernseher im Bad, Zeitung und Kaffee vor Ihrer Tür. Das renommierte Restaurant Fournou's Ovens gehört zum Hotel.
393 Service Alle gängigen Kreditkarten

CAMPTON PLACE
$$$$$
340 STOCKTON ST., 94108
TEL. 415/781-5555
FAX 415/955-5536
www.camptonplace.com
Intimes Luxushotel mit beeindruckender Architektur, hervorragendem Service, stilvollen Zimmern, allerlei Annehmlichkeiten (Frotteebademäntel, französische Seife) und einem gefeierten Restaurant (siehe S. 250).
110 Service Alle gängigen Kreditkarten

CLIFT
$$$$
495 GEARY, 94102
TEL. 415/775-4700
FAX 415/441-4621
www.clifthotel.com
Das klassische Hotel ist unter dem neuen Inhaber Ian Schrager zeitgemäß renoviert worden; auch die Zimmerannehmlichkeiten wurden erhöht (Phillipe Starck Bäderinventar). In der Redwood Room Cocktail Lounge von 1933, deren Einrichtung aus einen einzigen Baum gestaltet wurde, befinden sich interessante »Digitalgemälde«.
363 Service Alle gängigen Kreditkarten

MONACO
$$$$
501 GEARY BLVD., 94102
TEL. 415/292-0100
FAX 415/292-0111
www.monaco-sf.com
Dieses aufwendige Beaux-Arts-Wahrzeichen von 1910 präsentiert sich ganz im Stil der 30er Jahre. Die Rezeption erinnert an den Rumpf eines Dampfschiffs. Im Foyer gibt es einen zweistöckigen französischen Kamin. Zimmer mit Himmelbetten und Bambusschreibtischen.
201 Service Alle gängigen Karten

PRESCOTT
$$$$
545 POST ST., 94102
TEL. 415/563-0303
FAX 415/563-6831
www.prescotthotel.com
Ein Hotel mit tadellosem Service, Zimmerdekor von Ralph Lauren und Kirschholzmobiliar. Gäste können Cocktails und Hors d'oeuvres von Wolfgang Puck's benachbartem Restaurant Postrio genießen (auch Zimmerservice; siehe S. 250).
164 Service Alle gängigen Kreditkarten

SAN FRANCISCO HILTON & TOWERS
$$$
333 O'FARRELL ST., 94102
TEL. 415/771-1400
FAX 415/771-6807
www1.hilton.com
Dafür, dass es mit Tagungsteilnehmern gefüllt und Großstadtgeschäftigkeit verströmt, sind die Angestellten des Hotels ausgesprochen freundlich. Turmzimmer haben große Fenster und (insbesondere von Turm I aus) phänomenalen Blick auf die Stadt.
1895 Service Alle gängigen Kreditkarten

WESTIN ST. FRANCIS
$$$$ (Turm $$$$$)
335 POWELL ST., 94102
TEL. 415/397-7000
FAX 415/774-0124
www.westin.com
Grande Dame von 1904 am Union Square. Hauptgebäude mit geschmackvollen Zimmern. Turmzimmer bieten besseren Blick, sind aber weniger stilvoll. US-Präsidenten und Könige haben in der Compass-Rose-Bar Drinks genommen.
1192 Service Alle gängigen Kreditkarten

HOTEL DIVA
$$$
440 GEARY ST., 94102
TEL. 415/885-0200
FAX 415/885-8842
www.hoteldiva.com
Futuristische italienische Betten aus rostfreiem Stahl. Zimmer u. a. mit Computerterminals und Videorecordern.
111 Service Alle gängigen Kreditkarten

DONATELLO

$$$

501 POST ST., 94102
TEL. 415/441-7100
FAX 415/885-8844

Große Zimmer mit hohen Decken, teils mit Terrassen und schöner Aussicht. Alle mit Marmorwaschbecken und eleganter Einrichtung.

94 Alle gängigen Kreditkarten

HANDLERY UNION SQUARE

$$$

351 GEARY BLVD., 94102
TEL. 415/781-7800
FAX 415/781-0216
www.handlery.com

Hotel mit Dekoration in neutralen Farben. Der neuere Club-Trakt bietet phantasievolle Zimmer, viele mit Blick auf den Pool und besonderen Annehmlichkeiten.

377 Alle gängigen Kreditkarten

HOTEL TRITON

$$$

342 GRANT AVE., 94108
TEL. 415/394-0500
FAX 415/394-0555
www.hoteltriton.com

Dieser Designer-Spielplatz bietet u.a. ein Foyer mit seltsamen pastellfarbigen Schnörkeln an den Wänden, auf den Kopf gestellten Säulen und zeitgenössischen Möbeln. Postmoderne Zimmer mit interessant bemalten Wänden, CD-Spielern, Nintendo-Spielen. Besondere »EcoRooms« mit umweltfreundlicher Ausstattung. Die Gäste sind extravagant und kunstinteressiert.

140 Service Alle gängigen Kreditkarten

NOB HILL LAMBOURNE

$$$

725 PINE ST., 94108
TEL. 415/433-2287
FAX 415/433-0975
www.nobhillambourne.com

Europäischer Stil in Verbindung mit amerikanischem Komfort und Wellnessmotto (asiatischer Massageraum, »gesundes« kontinentales Frühstück etc.).

20 Service Alle gängigen Kreditkarten

VILLA FLORENCE

$$$

225 POWELL ST., 94102
TEL. 800/535-4411
FAX 415/397-1006
www.villaflorence.com

Gemeinschaftsräume im italienischen Stil, Zimmer in warmen Farben und Streifendekor. Liegt an der Cable-Car-Linie Powell Street und neben dem beliebten italienischen Restaurant Kuleto's, das ein Café im Foyer betreibt.

183 Alle gängigen Kreditkarten

VINTAGE COURT

$$$

650 BUSH ST., 94108
TEL. 415/392-4666
FAX 415/433-4065
www.vintagecourt.com

Ausstattung erinnert an Weingüter. Abends Gratis-Wein am Kamin. Nebenan befindet sich das gefeierte Restaurant Masa's (siehe S. 251), das Reservierungen von Hotelgästen bevorzugt behandelt.

107 Service Alle gängigen Kreditkarten

WARWICK REGIS

$$$

490 GEARY BLVD., 94102
TEL. 415/928-7900
FAX 415/441-8788
www.warwicksf.com

Nettes Hotel mit Himmelbetten, antiken Möbeln, Kaminen und französischem Flair.

80 Service Alle gängigen Kreditkarten

WHITE SWAN INN

$$$

845 BUSH ST., 94108
TEL. 415/775-1755
FAX 415/775-5717
www.jdvhospitality.com

Die dunkle Holzvertäfelung, die Teppiche mit Blumenmustern, die Bibliothek und der Nachmittagstee erinnern an Londoner Luxushotels. Zimmer mit bequemen Himmelbetten und Kaminen. Hausgemachtes Frühstück.

26 Alle gängigen Kreditkarten

ANDREWS

$$

624 POST ST., 94109
TEL. 415/563-6877
FAX 415/928-6919
www.andrewshotel.com

Dieses Gebäude von 1905 rühmt sich eines alten Aufzugs. Kleine Zimmer mit pfirsichfarbenen Wänden und geblümten Vorhängen, die europäisch anmuten. Preiswert. Kontinentales Frühstück wird ans Zimmer gebracht.

48 Alle gängigen Kreditkarten

CARLTON

$$

1075 SUTTER ST., 94109
TEL. 415/673-0242
FAX 415/673-4904
www.carltonhotel.com

Mit handbemalten marokkanischen Tischen, perlenverzierten Lampen und hölzernen Markisen mutet es wie ein altes San Franciscoer Anwesen an. Viele Zimmer haben Aussicht; spezielle Suiten für Familien.

161 Alle gängigen Kreditkarten

THE CARTWRIGHT

$$

524 SUTTER ST., 94102
TEL. 800/919-9779
FAX 415/398-6345
www.cartwrighthotel.com

Relativ kleine Zimmer mit antiken Möbeln und blumengemusterte Stoffen.

114 Alle gängigen Kreditkarten

CHANCELLOR HOTEL

$$$

433 POWELL ST., 94102
TEL. 415/362-2004
FAX 415/362-1403
www.Chancellorhotel.com

Preiswertes Hotel an der Cable-Car-Linie Powell Street. Zurückhaltend dekoriert mit immer noch hübschen alten Details.
137 P Service
Alle gängigen Kreditkarten

GALLERIA PARK
$$$
191 SUTTER ST., 94104
TEL. 415/781-3060
FAX 415/433-4409
www.galleriapark.com
Hotel im europäischen Stil in einem Prachtbau von 1911. Lobby mit Art-nouveau-Elementen. Zimmer in kräftigen Farben mit gestreiften Wänden. Dachgarten mit Joggingbahn.
177 P Service
MC, AE, V

INN AT UNION SQUARE
$$
440 POST ST., 94102
TEL. 415/397-3510
FAX 415/989-0529
www.unionsquare.com
Stilvolles kleines Gästehaus. Einfallsreiche Details, etwa Frühstücksräume in jedem Stock, Gratis-Regenschirme, 24-Stunden-Rezeption und Daunenkissen. Verschiedene Raumdekors. Rauchen verboten.
30 P Alle gängigen Kreditkarten

JULIANA
$$
590 BUSH ST., 94108
TEL. 415/392-2540
FAX 415/391-8447
www.julianahotel.com
Hotel mit freundlichem Personal, komfortablem Foyer und Zimmern in gemütlichen Farben. Abends Wein am Kamin.
107 Alle gängigen Kreditkarten

KENSINGTON PARK
$$
450 POST ST., 94102
TEL. 415/788-6400
FAX 415/399-9484
www.Kensingtonparkhotel.com
Stilvolles Hotel mit geräumigen Zimmern und Bädern mit Marmor und Messing. Teilt sich das Foyer mit dem Theater on the Square. Im Nachbarhaus das Spitzenrestaurant Farallon (siehe S. 250).
90 P Service
Alle gängigen Kreditkarten

MAXWELL
$$
386 GEARY BLVD., 94102
TEL. 415/986-2000
FAX 415/397-2447
www.maxwellhotel.com
Stilvolles Hotel im Theater District mit Zimmern im viktorianischen Art-déco-Stil.
153 Alle gängigen Kreditkarten

MONTICELLO INN
$$
127 ELLIS ST., 94102
TEL. 886/778-6169
FAX 415/398-2650
www.monticelloinn.com
Ausstattung im Kolonialstil mit Kaminen, Bibliothek und blumendekorierten Zimmern.
91 P Service
Alle gängigen Kreditkarten

NOB HILL INN
$$
1000 PINE ST., 94109
TEL. 415/673-6080
FAX 415/673-6098
www.nobhillinn.com
Altmodisches Bed and Breakfast mit viktorianischem Mobiliar. Obwohl mit Antiquitäten und Gemälden gefüllt, werden auch günstigere kleinere Zimmer angeboten.
21 Alle gängigen Kreditkarten

PETITE AUBERGE
$$
863 BUSH ST., 94108
TEL. 415/928-6000
FAX 415/673-7214
www.jdvhospitality.com
Intimes Gästehaus im französisch-ländlichen Stil. Frühstück im Wintergarten. Viele Zimmer mit Kamin.
26 P Service
Alle gängigen Kreditkarten

HOTEL REX
$$
562 SUTTER ST., 94102
TEL. 415/433-4434
FAX 415/433-3695
www.thehotelrex.com
Dieses dem Manhattaner Algonquin Hotel nachgebildete Haus ist mit alten Büchern, Ledersesseln und Schreibtischen ausgestattet. Zimmer mit Arbeiten lokaler Kunsthandwerker und bequemen Matratzen.
94 Alle gängigen Kreditkarten

SAVOY
$$
580 GEARY BLVD., 94102
TEL. 415/441-2700
FAX 415/441-0124
www.thesavoyhotel.com
Wie ein kleines französisches Landhotel gestaltet. Mit Daunenbetten. Liegt im Theaterviertel.
83 P Alle gängigen Kreditkarten

SERRANO
$$$
405 TAYLOR ST., 94102
TEL. 415/885-2500
FAX 415/474-4879
www.serranohotel.com
Obwohl es mit hellen Farben und reichlich Exotika ausstaffiert ist, verströmt das Hotel aus den 1920er Jahren Spanischen Kolonialstil.
236 P Service
Alle gängigen Kreditkarten

HOTEL UNION SQUARE
$$
114 POWELL ST., 94102
TEL. 415/397-3000
FAX 415/399-9484
www.hotelunionsquare.com
Dieses 1915 für die Panama-Pacific Exposition erbaute Hotel hat man gewagt zeitgemäß verschönert. Eine Besonderheit sind die lohnenswerten Dachzimmer mit Aussichtsflächen.
131 P Alle gängigen Kreditkarten

YORK HOTEL
$$
940 SUTTER ST., 94109
TEL. 415/885-6800
FAX 415/885-2115
www.yorkhotel.com
Kleines Hotel, im europäischen Stil eingerichtet. Früher eine Spelunke mit unterirdischen Fluchtwegen bei Razzien. Alfred Hitchcock drehte hier Szenen für *Vertigo*.
96 Service
Alle gängigen Karten

ADELAIDE HOSTEL
$
5 ISADORA DUNCAN COURT (ABS. TAYLOR ST.), 94102
TEL. 415/359-1915
FAX 415/276-2366
Liegt ruhig in einer Sackgasse. Bei europäischen Gästen sehr beliebt. Kleine einfache Zimmer. Etagenbäder.
18 AE, MC, V

HALCYON
$
649 JONES ST., 94120
TEL. 415/929-8033
FAX 415/441-8033
www.halcyonsf.com
Dieses sehr preiswerte, renovierte Hotel bietet Zimmer mit Bad, Mikrowelle und Kühlschrank. Wochen-Pauschalangebote sind möglich.
25 V MC

CORNELL HOTEL DE FRANCE
$
715 BUSH ST., 94108
TEL. 415/421-3154
FAX 415/399-1442
www.cornellhotel.com
Backsteingebäude von 1910, Innenausstattung im provencalischen Stil. Das Wochen-Pauschalangebot ist sehr günstig. Rauchen verboten.
60 Alle gängigen Kreditkarten

GOLDEN GATE
$
775 BUSH ST., 94108
TEL. 415/392-3702
FAX 415/392-6202
www.goldengatehotel.com
Gemütliches Hotel von der Jahrhundertwende, mit Korbmöbeln. 14 Zimmer mit Bad. Kleines Frühstück.
25 Alle gängigen Kreditkarten

SAN FRANCISCO RESIDENCE CLUB
$
851 CALIFORNIA ST., 94108
TEL. 415/421-2220
FAX 415/421-2335
Pension im europäischen Stil, Familienbetrieb, mit Preisen pro Tag, Woche oder Monat. Zimmer mit/ohne Bad möglich. Einige mit schönem Blick auf die Bucht. Hausmacher-Mahlzeiten inbegriffen. Sonniger Garten.
83 Keine Kreditkarten

RESTAURANTS

BIG FOUR
$$$$
1075 CALIFORNIA ST.
TEL. 415/771-1140
www.huntingtonhotel.com
Dieses Restaurant, eines der besten der Stadt, ist im Huntington Hotel untergebracht und serviert ausgezeichnete amerikanische Gerichte.
60 Geschl. Sa u. So mittags Alle gängigen Kreditkarten

CAMPTON PLACE RESTAURANT
$$$$
340 STOCKTON
TEL. 415/781-5555
www.camptonplace.com
In einem eleganten, in warmen Erdtönen gehaltenen Speisesaal werden tolle französisch beeinflusste Gerichte serviert, z.B. Hummer aus Maine mit Briescannelloni und Spargel á la Maltaise.
70 Service
Geschl. So mittags
Alle gängigen Kreditkarten

FARALLON
$$$$
450 POST ST.
TEL. 415/956-6969
www.farallonrestaurant.com
Das für Pat Kuleto's Meeres-Fantasiedekor (Lampen in Quallengestalt, leuchtende Säulen aus Kelp) bekannte Restaurant serviert Küche der Küste, Fleischgerichte und exzellente Desserts.
225 Service
Geschl. So mittags
Alle gängigen Kreditkarten

FLEUR DE LYS
$$$$
777 SUTTER ST.
TEL. 415/673-7779
www.fleurdelyssf.com
Höchst beachtlich hinsichtlich seiner französischen Küche, serviert in einer ebenfalls erlesenen Umgebung. Kostprobemöglichkeiten und vegatarische Gerichte.
80 Service
Geschl. mittags und So
Alle gängigen Kreditkarten

MASA'S
$$$$
648 BUSH ST.
TEL. 415/989-7154
Masa's bietet eine moderne französische Gerichtevielfalt mit saisonalen Zutaten in einem gestylt-minimalistischen Ambiente.
120 Service
Geschl. mittags, So u. Mo, ersten zwei Wochen im Jan. und Woche des 4. Juli
Alle gängigen Kreditkarten

MILLENNIUM
$$$$
580 GEARY ST.
TEL. 415/345-3900
www.millenniumrestaurant.com
Biodynamisch-vegane Gourmetspeisen. Empfehlung: würzig gebratene marokkanische Pilze, Kichererbsen-Rauke-Salat, Apfel-Kurkuma-Chutney.
150 Service Geschl. mittags Alle gängigen Kreditkarten

POSTRIO
$$$$
545 POST ST.
TEL. 415/776-7825
E-MAIL mail@postrio.com
www.postrio.com

Zeitgemäße amerikanische Küche. Alles wird im Hause zubereitet – von der Pasta bis zum Räucherlachs.
180 Service Alle gängigen Kreditkarten

LE COLONIAL
$$$
20 COSMO PL.
TEL. 415/931-3600
www.lecolonialsf.com
Französisch-vietnamesische Küche in 1920er Jahre-Atmosphäre unter Deckenventilatoren und Palmwedeln. Gerichtevielfalt von Kammuschel-Ingwer-Häppchen bis zur Pekingente mit Granatapfelglasur. Lounge im Obergeschoss (mit Veranda).
320 Service Geschl. mittags Alle gängigen Kreditkarten

HOTELS

GRANT PLAZA
$
465 GRANT AVE., 94108
TEL. 415/434-3883
FAX 415/434-3886
www.grantplaza.com
Eines der besten Angebote der Stadt. Neben dem Union Square nahe dem Eingang zu Chinatown. Einfache, aber nett eingerichtete Standardzimmer.
72 Alle Kreditkarten

RESTAURANTS

GREAT EASTERN
$$
649 JACKSON ST.
TEL. 415/986-2500
Lebhaftes Lokal mit preiswertem Fisch, frisch aus den Bassins an der Wand.
250 AE, MC, V

HOUSE OF NANKING
$$
919 KEARNY ST.
TEL. 415/421-1429
Die Sechuan-Küche hier ist so gut, dass selbst die Einheimischen trotz der Dekoration und des manchmal unfreundlichen Personals kommen.
45 MC, V

HENRY'S HUNAN
$
924 SANSOME ST.
TEL. 415/956-7727
674 SACRAMENTO ST.
TEL. 415/788-2234
Beliebte Restaurants mit vernünftigen Preisen. Hunans Küche ist scharf und rauchig.
30 Geschl. Sa, So AE, MC, V

LUCKY CREATION
$
854 WASHINGTON ST.
TEL. 415/989-0818
Dieses kleine chinesische Lokal serviert ausgezeichnete vegetarische Gerichte.
35 Geschl. Mi MC, V

NORTH BEACH, TELEGRAPH HILL UND RUSSIAN HILL

HOTELS

HOTEL BOHÈME
$$$
444 COLUMBUS AVE., 94133
TEL. 415/433-9111
FAX 415/362-6292
www.hotelboheme.com
Das Hotel stellt Gedichte von Ginsberg und Kunst aus den 50er Jahren aus. Ruhig, mit modernem Komfort. Rauchen verboten. Ein Hotelparkplatz ist in unmittelbarer Nähe vorhanden.
15 Alle gängigen Kreditkarten

WASHINGTON SQUARE INN
$$$
1660 STOCKTON ST., 94133
TEL. 415/981-4220
FAX 415/397-7242
www.wsisf.com
Gemütliches Gästehaus mit europäischer Ausstattung. Die meisten Zimmer gehen auf den Park (teilweise ohne Bad). Restaurants und Geschäfte in der Nähe. Kleines Frühstück, Nachmittagstee.
16 Alle gängigen Kreditkarten

RESTAURANTS

ENRICO'S SIDEWALK CAFÉ
$$$
504 BROADWAY
TEL. 415/982-6223
www.enricossidewalkcafe.com
Die Terrasse ist ideal, um Leute zu beobachten und italienische Gerichte, Tapas und Seafood zu essen.
110 Service AE, MC, V

CAFE JACQUELINE
$$$
1454 GRANT AVE.
TEL. 415/981-5565
Kleines, auf fabelhafte Soufflés (z.B. schwarzer Trüffel und Hummer oder Lachs und Spargel) spezialisiertes Lokal.
24 Geschl. mittags und Mo u. Di Alle gängigen Kreditkarten

MOOSE'S
$$$
1652 STOCKTON ST.
TEL. 415/989-7800
www.mooses.com
Hübscher Anlaufpunkt mit Blick auf den Washington Square Park. Moose's serviert kalifornische Gerichte aus frischen Zutaten.
100 Geschl. So–Mi mittags Alle gängigen Kreditkarten

YABBIES COASTAL KITCHEN
$$$
2237 POLK ST.
TEL. 415/474-4088
Yabbie ist australisch für Flusskrebs und eine Spezialität des Hauses. Küche der Pazifikküste und Bar.
50 D, MC, V

CAFFE SPORT
$$
574 GREEN ST.
TEL. 415/981-1251
Großartige Pasta und Fischgerichte in festlicher Atmosphäre. Freundlicher Service.
45 Geschl. So u. Mo Keine Kreditkarten

IL FORNAIO
$$
1265 BATTERY ST.
TEL. 415/986-0100
Beliebte *trattoria*. Am Wochenende Brunch.
280 Service Alle gängigen Kreditkarten

L'OSTERIA DEL FORNO
$$
519 COLUMBUS AVE.
TEL. 415/982-1124
Die winzige Küche serviert köstliche, original norditalienische Speisen. Nur Barzahlung.
28 Keine Kreditkarten

ROSE PISTOLA
$$
532 COLUMBUS AVE.
TEL. 415/399-0499
Landesweit gerühmte genuesische und ligurische Küche. Ausgezeichnete Fischgerichte, Holzofenpizza und Spanferkel.
135 Service Alle gängigen Kreditkarten

SUSHI GROOVE
$$
1916 HYDE ST.
TEL. 415/440-1905
Liebevoll präsentierte Sushi, Fisch und Salate in kunstvollem kleinen Speisesaal.
50 Geschl. mittags
AE, MC, V

TOMMASO'S
$$
1042 KEARNY ST.
TEL. 415/398-9696
Tommaso's serviert seit den 1930er Jahren dünne knusprige Pizza aus dem Backsteinofen.
60 Geschl. mittags u. Mo Alle gängigen Kreditkarten

MARIO'S BOHEMIAN CIGAR STORE
$
566 COLUMBUS AVE.
TEL. 415/362-0536
Bei den Einheimischen beliebtes Lokal. Bekannt für die Focaccia-Sandwiches und den Cappuccino.
65 MC, V

MO'S GOURMET HAMBURGERS
$
1322 GRANT AVE.
TEL. 415/788-3779
Die Burger zählen zu den besten der Stadt. Auch gute Steaks und Hähnchen.
40 MC, V

FISHERMAN'S WHARF

HOTELS

ARGONAUT HOTEL
$$$
495 JEFFERSON ST, 94109
TEL 415/563-0800
FAX 415/563-2800
www.argonauthotel.com
Das auffallend neugestaltete Hotel hat die alten Ziegelmauern und Holzbalken des alten Gebäudes von 1909 bewahrt. Das einstige Lagerhaus ist heute ein Hort der Ruhe inmitten des Trubels von Fisherman's Wharf.
252 und 13 Suiten
Service

TUSCAN INN
$$$
425 NORTH POINT ST., 94133
TEL. 415/561-1100
FAX 415/561-1199
www.tuscaninn.com
Europäisch anmutendes Ambiente. Im Foyer werden kostenlos Morgenkaffee und Biscotti sowie abends Wein gereicht. Kleine, üppig dekorierte Zimmer. Sie können in der italienischen Trattoria essen.
221 Service
Alle gängigen Kreditkarten

WHARF INN
$$
2601 MASON ST., 94133
TEL. 415/673-7411
FAX 415/776-2181
www.wharfinn.com
Dieses motelähnliche, hübsch modernisierte Gästehaus mit kostenloser Parkmöglichkeit ist ruhiger und persönlicher als die üblichen Unterkünfte der Gegend. Kostenlose Parkmöglichkeiten.
51 Alle gängigen Kreditkarten

SAN REMO
$
2237 MASON ST., 94133
TEL. 415/776-8688
FAX 415/776-2811
www.sanremohotel.com
1906 für obdachlose Erdbebenopfer erbaut, weisen die Zimmer dieses Hotels noch Elemente des damaligen Einrichtungsstils auf. Es gibt Etagenbäder (außer im Penthouse mit tollem Blick, das man weit im Voraus buchen muss). Sie sind aber makellos sauber.
62 Alle gängigen Kreditkarten

RESTAURANTS

DER BESONDERE TIPP

RESTAURANT GARY DANKO
Das Restaurant des gleichnamigen Chefs/Besitzer bietet moderne kalifornisch-französische Küche und zählt zu den besten der Stadt. Das Festpreismenü, das Sie nach Kategorien zusammenstellen können, bietet Gerichte wie zitronenwürzige Entenbrust mit Entenhaschee und Rhabarberkompott. Speisen, Einrichtung und der aufmerksame Service fügen sich zu einem denkwürdigen Essenserlebnis.
$$$$
800 NORTH POINT ST.
TEL 415/749-2060
www.garydanko.com
65 Service Alle gängigen Kreditkarten

A. SABELLA'S
$$$
2766 TAYLOR ST., 3RD FL.
TEL. 415/771-6775
www.asabellas.com
Gute Fischgerichte, schöner Blick auf den Kai. Wählen Sie Schalentiere direkt aus dem Bassin.
150 Alle Kreditkarten

ALIOTO'S NO. 8
$$$
8 FISHERMAN'S WHARF
TEL. 415/673-0183
Das älteste Restaurant in dieser Gegend (30er Jahre) bietet eine schöne Aussicht, frischen Fisch und Sizilianisches.
300 Alle Kreditkarten

MCCORMICK & KULETO'S
$$$
900 NORTH POINT ST., GHIRARDELLI SQ.
TEL. 415/929-1730
www.mccormickandkuletos.com
Einrichtung mit Ozeanbezug, Blick auf die Bucht, Fisch- und Schalentiergerichte. Die Crab Cake Lunge bietet übrigens Seafood zu kleineren Preisen.
475 Alle gängigen Kreditkarten

MARINA DISTRICT

HOTELS

HOSTELLING INTERNATIONAL FISHERMAN'S WHARF
$
FORT MASON; BLDG 240, 94123
TEL. 415/771-7277
FAX 415/771-1468
www.norcalhostels.org
Diese in einem renovierten Gebäude aus dem Bürgerkrieg untergebrachte Unterkunft verfügt über separate Schlafsäle für Männer und Frauen, eine Küche und einem Gemeinschaftsbereich mit Kamin, Piano und Billardtisch.
Schlafsäle mit 162 Betten, 4 Privatzimmer MC, V

MARINA INN
$
3110 OCTAVIA, 94123
TEL. 415/928-1000
FAX 415/928-5909
www.marinainn.com
Bezahlbares Hotel im europäischen Stil mit Kiefernholzbetten, Blümchentapeten und für Familien geeigneten Suiten. Kleines Frühstück inbegriffen.
40 Alle gängigen Kreditkarten

RESTAURANTS

GREENS
$$$
BLDG. A, FORT MASON CTR.
TEL. 415/771-6222
Für seine hervorragende vegetarische Küche und gute Weinkarte bekannt. Luftiger Speisesaal mit Blick auf die Bucht. Sonntags Brunch.
130 Geschl. So abends u. Mo mittags D, MC, V

MAMACITA
$$
2317 CHESTNUT ST.
TEL. 415/346-8496
Mexikanische Gerichte, darunter eine vorzügliche Mole und Meeeresfrüchte-Tacos.
85 AE, MC, V

PACIFIC HEIGHTS UND JAPANTOWN

HOTELS

HOTEL DRISCO
$$$$
2901 PACIFIC AVE., 94115
TEL 415/346-2880
FAX 415/567-5537
www.hoteldrisco.com
Das 1903 erbaute Hotel der gehobenen Preisklasse bietet Buchtblicke und zählte schon Präsident Eisenhower zu seinen Gästen. Parkplätze hat es keine.
48 Alle gängigen Kreditkarten

THE MAJESTIC
$$$
1500 SUTTER ST., 94109
TEL. 415/441-1100
FAX 415/673-7331
www.thehotelmajestic.com
Gästezimmer mit Antiquitäten, Himmelbetten und Marmorbädern mit Badewannen auf Füßen. Mehrere Zimmer haben einen Kamin. Abseits vom Downtowntrubel.
57 Service Alle gängigen Kreditkarten

ARCHBISHOP'S MANSION
$$$
1000 FULTON ST., 94117
TEL. 415/563-7872
FAX 415/885-3193
www.sanfrancisco.com/archmansion
Dieses Pfarrhaus von 1904 verfügt über ein Buntglas-Oberlicht, Kristallleuchter, Himmelbetten, französische Antiquitäten und große Badewannen. Liegt gegenüber der oft fotografierten »Postcard Row«, einer Reihe viktorianischer Häuser am Alamo Square.
15 Alle gängigen Kreditkarten

LAUREL INN
$$$
444 PRESIDIO AVE., 94115
TEL. 415/567-8467
FAX 415/928-1866
www.thelaurelinn.com
Nüchtern gestylt. Überdachte Parkmöglichkeiten, teilweise Kochnischen und Ausblicke, am Rande von Pacific Heights und in angenehmer Nachbarschaft. Im Haus befindet sich auch die angesagte, schicke G Bar cocktail lounge.
49 Alle gängigen Kreditkarten

QUEEN ANNE HOTEL
$$$
1590 SUTTER, 94109
TEL. 415/441-2828
FAX 415/775-5212
www.queenanne.com
Dieses Hotel von 1890 hat ein Eichen-Zedern-Foyer und viele Zimmer verfügen über einen Kamin oder Blick auf die Bucht.
48 AE, MC, V

MIYAKO RADISSON
$$$$
1625 POST ST., 94115
TEL. 415/922-3200
FAX 415/921-0417
www.miyakohotel.com
Ruhiges, luxuriöses Hotel mit japanischem Garten und Koi-Teich. Viele japanische Zimmer mit Futon-Betten,

aber auch viele im westlichen Stil.
218 Service Alle Kreditkarten

UNION STREET INN
$$$
2229 UNION ST., 94123
TEL. 415/346-0224
FAX 415/992-8046
www.unionstreetinn.com
Das luftige, gemütliche und historisch ausgestattete Bed & Breakfast in einem Gebäude von 1904 verfügt über einen Duftgarten und bietet komplettes Frühstück..
7 Ae, MC, V

RESTAURANTS

CAFÉ KATI
$$$
1963 SUTTER ST.
TEL. 415/775-7313
www.cafekati.com
Phantasievoll präsentierte Fusion westlicher und östlicher Küche. Die Kunstwerke an den Wänden sind käuflich.
70 Geschl. mittags u. Mo AE, MC, V

ELITE CAFÉ
$$$
2049 FILLMORE ST.
TEL. 415/346-8676
Cajun- und kreolische Küche mit Rippchen, deftigen Eintöpfen und »Höllenaustern« in einer schwärzlich-krümeligen Panade.
85 Geschl. mittags Alle Kreditkarten

MERENDA
$$$
1809 UNION ST.
TEL 415/346-7373
Eine romantische Stimmung herrscht in dieser Trattoria, in der es beispielsweise Kartoffelgnocchi mit Ragout als Festpreisdinner gibt.
42 So–Do mittags AE, MC, V

PLUMPJACK
$$$
3127 FILLMORE ST.
TEL 415/563-4755
Ein Lichtpunkt in Cow Hollow mit amerikanisch-kalifornischer Küche: Krabbenkuchen, Heilbutt mit Kartoffelbrei und dem beliebten »Devil's Food Cake«.
55 Service Geschl. Sa–So mittags Alle gängigen Kreditkarten

CLEMENTINE
$$–$$$
126 CLEMENT ST.
TEL 415/387-0408
Erlesene saisonale französische Küche. Hauptgerichte wie in Honig geröstete Wachtel und Steinpilzravioli und wunderbare Nachspeisen. Etwas außerhalb von Pacific Heights in Richtung Richmond District gelegen.
49 Geschl. mittags und Mo AE, MC, V

CASSIS BISTRO
$$
2120 GREENWICH ST.
TEL. 415/292-0770
Günstiges französisches Bistro in einem Wohnviertel.
45 Geschl. mittags u. Mo Keine Kreditkarten

CHEZ NOUS
$$
1911 FILLMORE ST.
TEL 415/441-8044
Kleine Tellerchen (im Tapa-Stil) mit italienischen, griechischen, spanischen und französischen Speisen, serviert in einem meist brechend vollen Speisesaal.
42 MC, V

FLORIO
$$
1915 FILLMORE ST.
TEL 415/775-4300
www.floriosf.com
Ein gastliches Nachbarschaftsbistro, in dem Sie bei angenehmen Essen (Seafood und Gerichte wie Wildpilzravioli) verweilen können.
64 Geschl. mittags AE, MC, V

ISOBUNE SUSHI
$$
1737 POST ST.
TEL. 415/563-1030
Nicht die besten Sushi der Stadt, aber witzig, weil das Angebot in kleinen Booten in einem Kanal um die runde Theke an Ihnen vorüberfährt.
34 MC, V

LA MEDITERRANEE
$$
2210 FILLMORE ST.
TEL 415/921-2956
www.lamediterranee.net
Preiswerte mediterrane Kost. Populär: ein Sortiment zehn »tapaartiger« Speisen und als Dessert Datteln mit Nüssen in Blätterteig.
45 AE, MC, V

PERRY'S
$$
1944 UNION ST.
TEL. 415/922-9022
Einst eine der ersten Single-Bars. Gegrilltes Fleisch und Sandwiches.
235 Alle gängigen Kreditkarten

SANPPO
$$
1702 POST ST.
TEL. 415/346-3486
Dieses kleine Restaurant serviert eine gute Auswahl japanischer Standardgerichte und phantasievoller Variationen.
45 Geschl. Mo MC, V

DOIDGE'S CAFÉ
$
2217 UNION ST.
TEL. 415/921-2149
Frühstück und Brunch in geschmackvoller Umgebung. Gute Standardgerichte wie Pfannkuchen, französischer Toast und Omelett.
43 Nur zum Frühstück u. Brunch MC, V

MIFUNE
$
1737 POST ST.
TEL. 415/922-0337
Günstige, leckere heiße oder kalte Nudeln.
82 Alle gängigen Kreditkarten

HAIGHT-ASHBURY & GOLDEN GATE PARK

HOTELS

VICTORIAN INN ON THE PARK
$$$
301 LYON ST., 94117
TEL. 415/931-1830
FAX 415/931-1830
Viktorianisches Haus am Panhandle des Golden Gate Park. Einige Zimmer mit Kamin und Terrasse.
12 Alle gängigen Kreditkarten

RED VICTORIAN BED, BREAKFAST & ART
$$
1665 HAIGHT ST., 94117
TEL. 415/864-1978
FAX 415/863-3293
www.redvic.com
Batikstoffe und alte Rockplakate erinnern an die Hippie-Zeit der 60er Jahre. Etagenbäder (außer in sechs Zimmern). Frühstück. Kein Fernsehen. Rauchen verboten.
18 AE, MC, V

STANYAN PARK
$$
750 STANYAN ST., 94117
TEL. 415/751-1000
FAX 415/668-5454
www.stanyanpark.com
Viele Zimmer in dem restaurierten viktorianischen Gebäude mit Kamin, einige Suiten mit Küche, Wohn- und Speisezimmer. Rauchen verboten.
36 Alle gängigen Kreditkarten

RESTAURANTS

EOS
$$$
901 COLE ST.
TEL. 415/566-3063
www.eossf.com
Gelungene Verbindung kalifornischer und asiatischer Küche, z. B. Süßwasserkrabben mit Curry und Kartoffelkuchen oder Hähnchengerichte aus dem Tontopf.
125 Geschl. mittags
Alle gängigen Kreditkarten

CHA CHA CHA
$$
1801 HAIGHT ST.
TEL. 415/386-5758
Die Karte dieser populären Tapas-Bar, die karibische, kreolische und mexikanische Küche serviert, wechselt täglich. Exotische Gerichte wie kubanischer Schweinebraten und in Bananenblättern gebackener Fisch.
100 Alle gängigen Kreditkarten

THEP PHANOM
$$
400 WALLER ST.
TEL. 415/431-2526
Wahrscheinlich das beste Thai-Restaurant in San Francisco.
49 Geschl. mittags
Alle Kreditkarten

CIVIC CENTER UND SOMA

HOTELS

FOUR SEASONS
$$$$$
757 MARKET ST., 94103
TEL 415/633-3000
FAX 415/633-3001
www.fourseasons.com
Große Räume mit Marmorbädern, Kunstwerken und Business-Annehmlichkeiten. Gäste können einen großen Spa- und Fitnessbereich nutzen.
277 Service Alle gängigen Kreditkarten

W SAN FRANCISCO
$$$$$
181 THIRD ST., 94103
TEL 415/777-5300
FAX 415/817-7823
www.whotels.com
Modern gestylt und dennoch mit »Substanz« (Gänsedaunen-Federbetten, übergroße Arbeitstische, Highspeed-Internet). Brettspielmöglichkeit in der glänzenden Lobby.
423 Service Alle gängigen Kreditkarten

HARBOR COURT
$$$$
165 STEUART ST., 94105
TEL. 415/882-1300
FAX 415/882-1313
www.harbourcourthotel.com
Haus von 1907 mit heimeliger Atmosphäre. Zimmer mit Himmelbetten und viele mit Blick auf die Bucht. Es gibt Konferenzräume für Geschäftsleute und einen Limousinenservice in den Financial District.
131 Alle Kreditkarten

HOTEL GRIFFON
$$$$
155 STEUART ST., 94105
TEL. 415/495-2100
FAX 415/495-3522
www.hotelgriffon.com
Stilvolles, komfortables kleines Hotel. Viele Zimmer mit Blick auf die Bucht oder die Stadt; Ziegelmauern und Fenstersitze auf den Zimmern.
62 Alle gängigen Kreditkarten

ARGENT HOTEL
$$$
50 3RD ST., 94103
TEL. 415/974-6400
FAX 415/543-8268
www.argenthotel.com
Art-déco-Foyer und Gästezimmer mit weiten Fenstern (tolle Ausblicke von den oberen Etagen).
667 Service Alle gängigen Kreditkarten

HOTEL MILANO
$$$
55 5TH ST., 94103
TEL. 415/543-8555
FAX 415/543-5885
www.hotelmilanosf.com
Modernes, italienisches Design. Fitnessklub mit Kuranwendungen. Nintendo-Spiele in den Zimmern.
108 Alle gängigen Kreditkarten

INN AT THE OPERA
$$$$
333 FULTON ST., 94102
TEL. 415/863-8400
FAX 415/861-0821
Ideal für Opern-, Konzert- und Ballettbesuche. Elegantes Haus für Kulturbeflissene. Mit schönen Kunstwerken, antiken Möbeln und Himmelbetten.
48 Service Alle gängigen Kreditkarten

SAN FRANCISCO MARRIOTT
$$$
55 4TH ST., 94103
TEL. 415/896-1600
FAX 415/896-6177
Hat wegen des glitzernden Las-Vegas-Designs den Spitznamen »Jukebox« und gut gelegen, um SoMa zu erkundigen. Viele Annehmlichkeiten.
1500 Service Alle gängigen Kreditkarten

THE MOSSER
$
54 4TH ST., 94103
TEL. 415/986-4400
FAX 415/495-7653
www.themosser.com
Dieses Hotel datiert von der Panama-Pacific International Exposition (1915). Nette, aber unspektakuläre Zimmer. Die mit eigenen Bädern sind etwas teurer. Wochenpauschalen sind möglich, und es gibt außerdem ein Aufnahme-Studio.
166 Alle gängigen Kreditkarten

PHOENIX HOTEL
$
601 EDDY ST., 94109
TEL. 415/776-1380
FAX 415/885-3109
www.thephoenixhotel.com
Dieses Etablissement zieht mit seiner eher kitschigen Ausstattung Rockmusiker und trendige Stars an. Im zwielichtigen Viertel Tenderloin gelegen.
44 Alle gängigen Kreditkarten

RESTAURANTS

BOULEVARD
$$$$
1 MISSION ST.
TEL. 415/543-6084
FAX 415/495-2936
www.boulevardrestaurant.com
Neuartige Zubereitung traditioneller Gerichte aus erstklassigen Zutaten. Die Karte wechselt häufig, ebenso die Weinauswahl. Eine gute Wahl: Sonoma-Entenbrust mit Applewood-Speck, Hummertarte.
180 Service Geschl. Sa mittags u. So mittags Alle gängigen Kreditkarten

FIFTH FLOOR RESTAURANT
$$$$
12 FOURTH ST.
(HOTEL PALOMAR)
TEL 415/348-1555
FAX 415/348-1551
www.fifthfloorrestaurant.com
Französisch angehauchte Fleisch- und Meeresfruchtgerichte in eleganter Umgebung. Vorspeisen wie scharf angebratene Jakobsmuscheln mit süßem Körnerpüree und knusprigen Kartoffelnuggets. Ihr Hauptgericht kann argentinisches Filet Mignon mit Roquefortgratin sein. Große Weinauswahl.
62 Service Geschlossen mittags u. So Alle gängigen Kreditkarten

JARDINIÈRE
$$$$
300 GROVE ST.
TEL 415/861-5555
www.jardiniere.com
Die an der Jahreszeit orientierte Karte bietet leckere Fischsuppen und phantasievolle Variationen mit Fleisch und Fisch sowie die besonderen Käsesorten. Schnellmenü vor Theater oder Konzert. Design von Pat Kuleto. Abends Livemusik.
155 Service Geschl. mittags Alle gängigen Kreditkarten

ABSINTHE
$$$
398 HAYES ST.
TEL. 415/551-1590
Kreative französische Bistro-Küche mit kalifornischen Akzenten. Große Zahl an Austernvariationen
135 Service Geschl. mittags u. Mo Alle Kreditkarten

CALIFORNIA CULINARY ACADEMY
$$$
625 POLK ST.
TEL. 415/771-3500
Hier wird die internationale Küche gelehrt und im eleganten Caréme Room serviert.
300 Geschl. Sa–Mo AE, MC, V

FRINGALE
$$$
570 4TH ST.
TEL. 415/543-0573
Unprätentiöses Restaurant. Leckere französische Bistro-Küche und baskisch beeinflusste Fisch- und Wurstgerichte.
55 Geschl. Sa mittags, So AE, MC, V

HAWTHORNE LANE
$$$
22 HAWTHORNE ST.
TEL. 415/777-9779
Trendiges Restaurant des ehemaligen Postrio-Küchenchefs mit Lagerhausdekor. Asiatisch angehauchte, amerikanisch-mediterrane Küche. Lassen Sie die Desserts nicht aus.
210 Service Geschl. Sa u. So mittags Alle gängigen Kreditkarten

HAYES STREET GRILL
$$$
324 HAYES ST.
TEL. 415/863-5545
Erstklassiges Fischlokal. Auf Holzkohle gegrillter frischer Fisch. Vor Konzerten im nahe gelegenen Civic Center sehr voll.
120 Geschl. Sa mittags u. So mittag Alle gängigen Kreditkarten

INDIGO
$$$
687 MCALLISTER ST.
TEL. 415/673-9353
Kalifornische Küche. Schwerpunkt auf Fisch, zubereitet mit lokalen Zutaten.
120 Geschl. mittags u. Mo AE, MC, V

MOMO'S
$$$
760 SECOND ST.
TEL 415/227-8660
www.sfmomos.com
Das populäre Lokal am SBC Park serviert neue amerikanische Küche, etwa ahornglasierte Koteletts und Muscheln mit Spargelrisotto. Speisen Sie drinnen oder auf der Dachterrasse.
200 Service AE, MC, V

RESTAURANT LULU
$$$
816 FOLSOM ST.
TEL. 415/495-5775
Kalifornisch-mediterrane Gerichte, etwa Fleischgerichte aus dem Backsteinofen. Der Schokoladenkuchen ist sehr beliebt.
270 Geschl. Fr, Sa Alle gängigen Kreditkarten

THE SLANTED DOOR
$$$
FERRY BLDG., MARKET ST. AT EMBARCADERO
TEL 415/861-8032
www.slanteddoor.com
Hoch gepriesene, moderne vietnamesiche Küche, zubereitet mit biologisch erzeugten und gesunden Zutaten.
150 Service AE, MC, V

ZUNI CAFÉ
$$$
1658 MARKET ST.
TEL. 415/552-2522
Bietet die hoch gelobte mediterrane Küche von Küchenchefin Judy Rodgers. Großartiger Caesar-Salat, knusprige Pommes Frites und Austern.
186 Service Geschl. Mo AE, MC, V

CARTA
$$
1760 MARKET ST.
TEL. 415/863-3516
Jeden Monat Gerichte aus einer anderen Region (Indien, Toskana, Osteuropa etc.). Guter Sonntagsbrunch.
125 Geschl. Sa mittags Alle gängigen

MISSION UND CASTRO

RESTAURANTS

FOREIGN CINEMA
$$$
2534 MISSION ST.
TEL 415/648-7600
www.foreigncinema.com
Während Sie kalifornisch-mediterran speisen, werden auf einer Außenmauer ausländische Filme projiziert. Man kann auch drinnen sitzen. Brunch am Wochenende.
250 Service Geschl. Mo–Fr mittags, Mo abends Alle gängigen Kreditkarten

MECCA
$$$
2029 MARKET ST.
TEL. 415/621-7000
E-MAIL sfmecca@aol.com
Amerikanische Küche, z.B. Karree vom Colorado-Lamm. DJ und Livemusik.
150 Service Geschl. mittags Alle gängigen Kreditkarten

CHOW
$$
215 CHURCH ST.
TEL. 415/552-2469
Beliebt wegen der Pasta, Pizza, Brathühnchen und Sandwiches.
74 MC, V

LUNA PARK
$$
694 VALENCIA ST.
TEL 415/553-8584
www.lunaparksf.com
Italienische und französische Kost zu angemessenen Preisen.
49 AE, MC, V

SOUTH PARK CAFÉ
$$
108 SOUTH PARK ST.
TEL 415/495-7275
Französische Kaffeehausküche; kurzgebratene Entenbrust mit würziger Honigsoße und pochierten Birnen und selbstgeräucherter Königslachs.
40 Geschl. mittags u. So. Alle gängigen Kreditkarten

THIRSTY BEAR BREWING CO.
$$
661 HOWARD ST.
TEL 415/974-0905
www.thirstybear.com
Beliebte Lokalität in SoMa. Hausgebraute Biere und spanische Tapas locken zahlreiche Gäste nach der Arbeit an.
300 Geschl. So mittags Alle gängigen Kreditkarten

TI COUZ
$$
3108 16TH ST.
TEL 415/252-7373
Crepes in zwei Dutzend Variationen als Hauptspeise und Dessert.
100 MC, V

2223 RESTAURANT
$$
2223 MARKET ST.
TEL. 415/431-0692
www.2223restaurant.com
Geschickt abgewandelte saisonale Gerichte – amerikanisch, mediterran, karibisch oder in anderen Stilen zubereitet (z.B. Brathähnchen mit Zwiebelringen, Seafood-Paella, knuspriges Kalbsbries).
100 Geschl. mittags Alle gängigen Kreditkarten

UNIVERSAL CAFÉ
$$
2814 19TH ST.
TEL. 415/821-4608
Luftiges sonniges Lokal in Industriegebiet. Serviert frisch gerösteten Kaffee, Pizza oder deftige Gerichte.
40 Geschl. Di–Fr mittags, Mo AE, MC, V

Nichtraucher Klimaanlage Hallenbad Swimmingpool Fitnessclub Kreditkarten

LA TAQUERIA
$
2889 25TH MISSION ST.
TEL. 415/285-7117
Hervorragende Tacos und Tortillas in einem Adobe-Bau mit offener Küche.
nur Barzahlung

LA SANTANECA
$
3781 MISSION ST.
TEL. 415/648-1034
Salvadorianisch-mexikanische Gerichte, darunter mit Käse gefüllte Pupusas und Chorizosuppe.
44 MC, V Geschl. Mo

AUSFLÜGE

SAN JOSE

EMILE'S
$$$
545 SOUTH 2ND ST.
TEL. 408/289-1960
Klassisches Lokal. Auf verfeinerte Versionen von Standardgerichten wie Osso Buco und Agnello Rosmarino spezialisiert.
180 Service
Geschl. mittags, So u. Mo
Alle gängigen Kreditkarten

MONTEREY

SEVEN GABLES INN
$$$–$$$$
555 OCEAN VIEW BLVD., 93950
TEL. 831/372-4341
Viktorianischer Herrensitz und Cottages von 1886, umfunktioniert zu einem Bed & Breakfast, mit Antiquitäten, Gärten und Meeresblick.
14 MC, V

MONTRIO
$$–$$$
414 CALLE PRINCIPAL
TEL. 831/648-8880
www.montrio.com
Ein Leuchtturm von ca. 1900 bildet den baulichen Rahmen für italienisch und französisch beeinflusste kalifornische Bistroküche (z. B. Krebspasteten mit Remouladensoße).
200 Alle gängigen Kreditkarten

TARPY'S ROADHOUSE
$$
2999 MONTEREY-SALINAS HWY.
TEL. 831/647-1444
www.tarpys.com
Stimmungsvolles, efeubewachsenes Haus. Amerikanische Gerichte, z.B. Kaninchenbraten und gegrillte Ente mit Pecannüssen.
300 Alle gängigen Kreditkarten

CARMEL

LA PLAYA HOTEL
$$$$
8TH AVE. & CAMINO REAL, BOX 900, CARMEL 93921
TEL. 831/624-6476
FAX 831/624-7966
www.laplayahotel.com
Schöner Garten, toller Blick und sehr stilvoll.
775 Zimmer, 5 Häuschen
Alle gängigen Kreditkarten

ANTON & MICHEL
$$$
MISSION UND 7TH ST.
TEL. 831/624-2406
Eines der Top-Lokale an der Küste. Weinkarte mit lokalen Tropfen.
90 Alle gängigen Kreditkarten

MEDITERRANEAN MARKET
$
OCEAN UND MISSION ST.
TEL. 831/624-2022
Delikatessenladen mit großer Auswahl für ein Picknick
AE, MC, V

BERKELEY

CHEZ PANISSE
$$$$
1517 SHATTUCK AVE.
TEL. 510/548-5525
www.chezpanisse.com
Legendäre Geburtsstätte der auf Alice Waters zurückgehenden kalifornischen Küche. Die Festpreismenüs werden aus lokalen Zutaten mit französischer Kochkunst zubereitet. A la carte kann man im Café im oberen Stockwerk essen.
Restaurant 50, Café 50
Geschl. So Alle gängigen Kreditkarten

OLIVETO
$$$
5655 COLLEGE AVE.
TEL. 510/547-5356
Chefkoch Paul Bertolli bereitet ausgezeichnete toskanische Gerichte zu. Im unteren Stockwerk legeres Café.
110 Restaurant geschl. Sa mittags u. So mittags Alle gängigen Kreditkarten

RIVOLI
$$$
1539 SOLANO AVE., BERKELEY
TEL. 510/526-2542
Trendige bodenständige Küche, z. B. gegrillter Wildlachs mit Gnocchi. Leckere Desserts.
70 Geschl. mittags Alle gängigen Kreditkarten

OAKLAND

BAY WOLF
$$$
3853 PIEDMONT AVE.
TEL. 510/655-6004
www.baywolf.com
Herausragende, frisch zubereitete mediterrane Speisen in schöner Umgebung.
80 Geschl. Sa mittags u. So mittags Alle gängigen Kreditkarten

NAN YANG
$$
6048 COLLEGE AVE.
TEL. 510/655-3298
Ausgefallene Burmesische Gerichte aus Spitzen-Zutaten.
20 Geschl. Mo
MC, V

SAUSALITO

CHRISTOPHE RESTAURANT FRANCAIS
$$
1919 BRIDGEWAY BLVD.
TEL. 415//332-9244
www.french-restaurant-marin.com
Französische Gerichte in einem schönem altem Haus mit Art nouveau-Ausstattung. Das Festpreismenü (zeitlich begrenzt) lohnt. Außen- und Innenbewirtung.
120 Service
Geschl. Sa–Mo mittags, Mo abends Alle gängigen Kreditkarten

NAPA

MUSTARD'S GRILL
$$$
7399 ST. HELENA HWY
TEL. 707/944-2424
FAX MENU 800/801-8098
Unter anderem wegen seiner Rippchen mit Maispudding und leckeren Hamburgern gilt Mustard's als die Wiege der kalifornischen Küche im Napa Valley.
60 D, MC, V

YOUNTVILLE

YOUNTVILLE INN
$$$–$$$$
6462 WASHINGTON ST., 94599
TEL. 707/944-5600
FAX 707/944-5666
www.yountvilleinn.com
Feldsteinkamine, elegantes Leinen und Räume mit z.T. eigenen Veranden. Feines Dinieren in rustikaler Umgebung (siehe The French Laundry unten)
51 Alle gängigen Kreditkarten

DER BESONDERE TIPP

THE FRENCH LAUNDRY
Wird als das beste Restaurant der USA bezeichnet, deshalb sollten Sie zwei Monate im Voraus reservieren. Ein französisch-kalifornisches Festpreismenü kann kurzgebratene Entenleberpastete mit ofengerösteten Kirschen, Kabeljau mit süßer Knoblauchkruste und Thymiankartoffeln und Brioche mit Schwarzpfeffer umfassen.
$$$$
6640 Washington St.
707/944-2380
www.frenchlaundry.com
620 Service
Geschl. Mo mittags u. Di
AE, MC, V

CALISTOGA

DR WILKINSON'S HOT SPRINGS RESORT
$$
1507 LINCOLN AVE., 94515
TEL. 707/942-4102
www.drwilkinson.com
Motel im Stil der 50er Jahre mit eigener Thermalquelle, Vulkanaschebädern und Kureinrichtungen. Spezialangebot in der Wochenmitte: Schlammbad, aromatisierter Whirlpool, Mineraldampfbad und Massage.
42
AE, MC, V

BRANNANS GRILL
$$$
1374 LINCOLN AVE.
TEL. 707/942-2233
www.brannansgrill.com
Leckere Gerichte wie in Ingwerhonig geschmorte Rippchen mit Kürbisrisotto.
190 Alle gängigen Kreditkarten

SONOMA

EL DORADO
$$–$$$
405 FIRST ST. W., 95476
TEL. 707/996-3031
FAX 707/996-3148
www.eldoradosonoma.com
Kleines Hotel mit Blick auf Plaza Sonoma (siehe Bear Flag Revolt, S. 234). Prachtvolle Zimmer und leckeres Frühstück. Das Restaurant Piatti (Tel. 707/996-2351) serviert gute italienische Küche.
26
AE, MC, V

LA CASA
$$
121 E. SPAIN ST.
TEL. 707/96-3406
www.lacasarestaurant.com
Altmodisches mexikanisches Lokal nahe der Sonoma Plaza.
180 Alle gängigen Kreditkarten

YOSEMITE VALLEY

AHWAHNEE HOTEL & RESTAURANT
$$$$$
1 AHWAHNEE WAY, YOSEMITE NATIONAL PARK, 95389
TEL. 866/646-0388 oder 406/862-8190 von außerhalb der USA
www.nationalparkreservations.com/yosemite_ahwahnee.htm
Buchen Sie für dieses Berghotel aus den 20er Jahren mehrere Monate im Voraus. Indianisches Deko. Reservieren Sie auch im exzellenten amerikanischen Restaurant (Abendessen nur für Hotelgäste).
62 Alle gängigen Kreditkarten

LAKE TAHOE

INN BY THE LAKE
$$–$$$
3300 LAKE TAHOE BLVD., SOUTH LAKE TAHOE, 96150
TEL. 530/542-0330
FAX530/541-6596
www.innbythelake.com
Hochklassiges Motel in der Nähe des Badestrandes. Gratisfahrten zu den Kasinos auf der anderen Seeseite.
100
Alle gängigen Kreditkarten

Nichtraucher Klimaanlage Hallenbad Swimmingpool Fitnessclub Kreditkarten

EINKAUFEN IN SAN FRANCISCO

Der Charakter eines Geschäfts richtet sich in San Francisco nach seinem Standort. Jedes Viertel hat seinen eigenen Stil bei Kleidung, Möbeln, Büchern etc. Ein Einkaufsbummel ist ein guter Weg, um diese verschiedenen Welten kennen zu lernen.

EINKAUFSGEGENDEN

Am Union Square gibt es Kaufhäuser und exklusive Designer-Boutiquen. Empfehlenswert ist auch die Maiden Lane (*eine Gasse neben der Kearny St.*) mit eleganten Geschäften und Galerien. Im nahen Chinatown gibt es allerlei Touristensouvenirs, aber auch Kunstgegenstände, Stoffe, Elektronik und faszinierende Lebensmittelläden. Der Jackson Square im Financial District wartet mit guten Antiquitätengeschäften auf. In North Beach finden Sie sehr individuelle Läden. Hayes Valley (*entlang der Hayes St.*) ist eine angesagte Gegend für coole Klamotten, Kunsthandwerk, Möbel, Boutiquen, Schmuck und Galerien.

Entlang der Upper Fillmore Street befinden sich exklusive Läden für Wohnungseinrichtung und Geschenkartikel sowie Secondhand-Läden für hochwertige Kleidung. Die Union Street in Cow Hollow versorgt San Franciscos junge Klientel mit schicker Kleidung, Hausrat, Antiquitäten, Schmuck, Designerbrillen etc. Ausgeflippter sind die Läden in der Haight Street, die alte Kleidung, Bücher, Musik und Hippie-Accessoires bieten. Im Mission District gibt es Secondhand-Kleidung und Möbel sowie hispanische Geschäfte wie Day of the Dead (Dekorationen). In SoMa finden Sie viele Läden mit Fabrikverkauf, aber auch zahlreiche Kunstgalerien, eine Mischung, die den Charakter der Gegend widerspiegelt.

Einkaufszentren: Das San Francisco Shopping Centre (*Ecke Market und 5th St.*) wird von einem riesigen Nordstrom-Kaufhaus dominiert; außerdem birgt es viele Qualitätsgeschäfte und ein neues Bloomingdale's. In der sehr europäisch anmutenden Crocker Galleria (*zwischen Post, Kearny, Sutter und Montgomery St.*) im Financial District sind Dutzende Geschäfte unter einem gläsernen Gewölbedach untergebracht. Die Gebäude des Embarcadero Center (*am Anfang der Sacramento St.*) beherbergen 175 Geschäfte. Der Ghirardelli Square (*am Westende von Fisherman's Wharf*) ist eine gute Adresse für Kunst und Kunsthandwerk, Kleidung, Hausrat und mehr. Die Cannery an der Fisherman's Wharf hat ein ähnliches Angebot.

Die meisten der unten aufgelisteten Geschäfte beschränken sich nur auf San Francisco.

ANTIQUITÄTEN UND SAMMLERSTÜCKE

Bonhams & Butterfields, 220 San Bruno Ave. (*SoMa*), Tel. 415/861-7500, www.butterfields.com. Informationen zu Auktionen und Sonderveranstaltungen erhalten Sie im Auktionshaus im Nebengebäude.

Don's Antiques, 572 Valencia St. (*Mission District*), Tel. 415/586-3022. Geschl. Mo–Fr. Große Auswahl an Möbeln, Hausrat, Kostümschmuck, Silberwaren, Kunstdrucke etc.

Farinelli Antiques & Fine Art, 311 Grant Ave. (*Union Sq.*), Tel. 415/433-4823. Feines Porzellan, Teppiche und Möbel.

Grand Central Station Antiques, 333 Ninth St (*SoMa*), Tel. 415/252-8155. Vorwiegend europäische Antiquitäten.

Mureta's Antiques, 2418 Fillmore St. (*Pacific Heights*), Tel. 415/922-5652. Geschl. Mo. Glas, Silber und Geschirr.

Russian Hill Antiques, 2200 Polk St. (*Russian Hill*), Tel. 415/441-5561. Wohnmöbel und Schmuck.

KLEIDUNG

Aardvarks Odd Ark, 1501 Haight St. (*Haight-Ashbury*), Tel. 415/621-3141. Einer der besten Secondhandläden für Kleidung vergangener Zeiten der Stadt. Agnes B., 33 Grant Ave. (*Union Sq.*), Tel. 415/772-9995. Paris-Importe für sie und ihn.

American Rag, 1305 Van Ness Ave. (*Pacific Heights*), Tel. 415/441-0537. Designerkleidung und -schuhe von früher. Nichts für Schnäppchenjäger.

Ambience, 1458 Haight St. (*Haight-Ashbury*), Tel. 415/552-5095. Flotte junge Kleidung, Accessoires und Baumwollwaren.

Annie's, 2512 Sacramento St. (*Pacific Heights*), Tel. 415/292-7164. Supermodische Boutique für Damen mit Übergrößen.

Anthropologie, 880 Market St. (*nahe Union Sq.*), Tel. 415/434-2210. Kleidung, Heimdekor, Zubehör und Kinderkleidung.

Bally of Switzerland, 238 Stockton St. (*Union Sq.*), Tel. 415/398-7463. Hochpreisige exklusive Schuhe.

Betsey Johnson, 160 Geary Blvd. (*Union Sq.*), Tel. 415/398-2516; 2033 Fillmore St. (*Upper Fillmore*), Tel. 415/567-2726. Stilvolle Kleider und Röcke.

Britex Fabrics, 146 Geary Blvd. (*Union Sq.*), Tel. 415/392-2910. Geschl. So. Große Auswahl an feinen Stoffen und Nähbedarf (mehr als 1000 Seiden- und 5000 Wollstoffe sowie 30 000 Knöpfe im Angebot).

Brooks Brothers, 150 Post St. (*Union Sq.*), Tel. 415/397-4500. Konservative Anzüge, Button-Down-Hemden und Freizeitbekleidung für Herren; Damenabteilung.

Buffalo Exchange, 1555 Haight St. (*Haight-Ashbury*), Tel. 415/431/7733; 1210 Valmia St., Tel. 415/647-8332. Stilvolle Secondhand-Kleidung zu günstigen Preisen.

Burberrys Ltd., 225 Post St. (*Union Sq.*), Tel. 415/392-2200. Regenmäntel, Schals und mehr, für Damen und Herren.

Burlington Coat Factory Outlet, 899 Howard St. (*SoMa*), Tel. 415/495-7234. Hohe Preisnachlässe auf Damen- und Herrenwaren.
Chanel Boutique, 155 Maiden Lane (*Union Sq.*), Tel. 415/981-1550. Feine Garderobe, Schmuck und Parfüm: Hier erleben Sie, was für die reichen, ein Prozent der Menschheit lebenswichtig ist.
Diesel, 101 Post St. (*Financial District*), Tel. 415/982-7077. Topmodische Streetwear.
Dottie Doolittle, 3680 Sacramento St. (*Presidio Heights*), Tel. 415/563-3244. Hochwertige Kleidungsstücke für kleine Mädchen und Babys.
Georgio Armani, 278 Post St. (*Union Sq.*), Tel. 415/434-2500. Geschl. So. Schicke Mode für Herren und Damen. (Der etwas preiswertere und für jüngere Leute eher geeignete Emporio Armani: 1 Grant Ave., Tel. 415/677-9400.)
Gianni Versace, 60 Post St. (*Union Sq.*), Tel. 415/616-0604. Italienische Mode und Accessoires für Damen und Herren.
Gimme Shoes, 416 Hayes St. (*Hayes Valley*), Tel. 415/864-0691; 2358 Fillmore St. (*Upper Fillmore*), Tel. 415/441-3040; 50 Grant Avenue (*Union Square*), Tel. 415/434-9242. Europäische Schuhe für Damen und Herren.
Girlfriends, 1824 Union St. (*Cow Hollow*), Tel. 415/673-9544. Bequeme Kleider, Pullover, Röcke und Blusen.
Jessica McClintock, 180 Geary Blvd., 4. Stock (*Union Sq.*), Tel. 415/398-9008. Brautmoden.
Kenneth Cole, San Francisco Shopping Centre, Ecke 5th und Market St., Tel. 415/227-4536; 2078 Union St. (*Cow Hollow*), Tel. 415/346-2161. Modische Markenschuhe für Damen und Herren.
Loehmann's, 222 Sutter St. (*Financial District*), Tel. 415/982-3215. Hochwertige Damenbekleidung zu Schnäppchenpreisen.
Metier, 355 Sutter St. (*Union Sq.*), Tel. 415/989-5395. Luxuriöse Jungdesignerkleidung und Schmuck. Geschl. So.
Next To New Shop, 2226 Fillmore St. (*Upper Fillmore*), Tel. 415/775-4100. Geschl. So. Secondhand-Laden. Hochwertige Kleidung zu niedrigen Preisen.
Nida, 544 Hayes St. (*Hayes Valley*), Tel. 415/552-4670. Schuhe, Hemden und andere luxuriöse Kleidungsstücke für Herren und Damen.
Peek-A-Boutique, 1306 Castro St. (*Noe Valley*), Tel. 415/641-6192. Gebrauchte (nicht abgetragene) Kinderkleidung für wenig Geld.
TSE, 60 Maiden Ln. (*Union Sq.*), Tel. 415/391-1112. Geschl. So. Pullover, Röcke, Mäntel, Kleider und Jacken aus Kaschmir für Damen, Herren und Kinder.
Urban Outfitters, 80 Powell St. (*nahe Union Sq.*), Tel. 415/989-1515. Filiale für Damen- und Herrenbekleidung, Mobiliar, Schmuck und ausgefallene Geschenkartikel.
Wasteland, 1660 Haight St. (*Haight-Ashbury*), Tel. 415/863-3150. Modischer Laden für trendige Secondhand-Kleidung, relativ teuer.
Wilkes Bashford, 375 Sutter St. (*Union Sq.*), Tel. 415/986-4380. Geschl. So. Traditionelle, trendige und klassische amerikanische und europäische Mode von hoher Qualität; Damen und Herren.

KUNST, KUNSTHANDWERK UND MITBRINGSEL

Fumiki Fine Asian Arts, 272 Sutter St. (*Union Sq.*), Tel. 415/362-6677. Große Auswahl an Porzellan, Korbwaren und Stickereiarbeiten.
Gump's, 135 Post St. (*Union Sq.*), Tel. 415/982-1616. Klassisches Kaufhaus, das Geschirr und Besteck, Antiquitäten, Kunsthandwerk, Schmuck und Jade verkauft.
Hang, 556 & 567 Sutter St. (*Union Sq.*), Tel. 415/434-4264. Erschwingliche Gemälde, Skulpturen und Arbeiten auf Papier aufstrebender regionaler Künstler.
Twig-Gallery of American Crafts, 2162 Union St. (*Cow Hollow*), Tel. 415/928-8944. Accessoires für die Wohnung, Schmuck, Keramik, Glaskunst.
Worldware, 301 Fell St., Tel. 415/487-9030, www.worldwaresf.com. Recycelte und natürliche Produkte, von Hanfkleidung bis zu Bilderrahmen aus Aluminium-Dosen.
Xanadu Tribal Art Gallery/ Folk Art International/ Boretti Amber & Design, 140 Maiden Ln. (*Union Sq.*), Tel. 415/392-9999. Kunst und Kunsthandwerk aus Asien, Afrika und anderen Ländern.

BÜCHER

A Clean Well-Lighted Place for Books, 601 Van Ness Ave. (*Civic Center*), Tel. 415/441-6670. Gut geführter unabhängiger Buchladen mit großer Auswahl.
A Different Light, 489 Castro St. (*Castro District*), Tel. 415/431-0891. Literatur für Schwule, Lesben und Transsexuelle.
Bound Together Book Collective, 1369 Haight St. (*Haight-Ashbury*), Tel. 415/431-8355. Anarchistische, linke und subversive Literatur.
City Lights, 261 Columbus Ave. (*North Beach*), Tel. 415/362-8193. Eine Sehenswürdigkeit. Dieses Buchgeschäft wurde vom Dichter Lawrence Ferlinghetti gegründet.
Green Apple Books, 506 Clement St. (*Richmond District*), Tel. 415/387-2272. Renommiertes Geschäft für neue, gebrauchte und seltene Bücher.
Harold's International Newsstand, 454 Geary Blvd. (*Union Sq.*), Tel. 415/441-2665. Hervorragendes Sortiment an Zeitungen und Zeitschriften aus aller Welt.
William Stout Architectural Books, 804 Montgomery St. (*Jackson Sq.*), Tel. 415/391-6757. Bücher über Design und Architektur. Sehr guter Ruf.

KAUFHÄUSER

Macy's, Ecke Stockton & O'Farrell St. (*Union Sq.*), Tel. 415/397-3333. Nimmt einen ganzen Wohnblock ein: hat alles, ist aber immer voll.

Neiman-Marcus, 150 Stockton St. (*Union Sq.*), Tel. 415/362-3900. Gute Mode, berühmte Designer.
Nordstrom, San Francisco Shopping Centre, 865 Market St., Tel. 415/243-8500. Fünf Stockwerke voller großartiger Mode. Rezeption und mehrere Restaurants.
Saks Fifth Avenue, 384 Post St. (*Union Sq.*), Tel. 415/986-4758. Qualitätskleidung, Couture, für Damen (Herrengeschäft: 220 Post St., Tel. 415/986-4300).

HAUS UND HEIM

Biondi Art Imports, 412 Columbus Ave. (*North Beach*), Tel. 415/392-8096. Geschl. So. Italienische Keramik.
Crate & Barrel, 55. Stockton St.. (*Union Sq.*), Tel. 415/982-5200. Haushaltsgegenstände zu vernünftigen Preisen.
Scheuer Linens, 340 Sutter St. (*Union Sq.*), Tel. 415/392-2813. Geschl. So. Elegante Bett- und Tischwäsche; aus europäischer und amerikanischer Produktion.
Sur La Table, 77 Maiden Ln. (*Union Sq.*), Tel. 415/732-7900. Ein Paradies mit mehr als 14 000 Produkten für Profi- und Hobbyköche. Es gibt eine Dependance bei den Fährgebäuden.
Zinc Details, 905 Fillmore St. (*Pacific Heights*), Tel. 415/776-2100. Zeitgemäße Kermik, Glas, Geschirr, Beleuchtung und Zubehör von skandinavischer und japanischer Güte.

SCHMUCK

Bulgari, 237 Post St. (*Union Sq.*), Tel. 415/399-9141. Geschl. So. Exklusives Design des berühmten römischen Juweliers.
Dianne's Old & New Estates, 2181A Union St. (*Cow Hollow*), Tel. 415/346-7525. Verlobungs- und Hochzeitsringe, Halsketten, Ohrringe, nostalgische Uhren und chinesisches Porzellan.
Shreve & Company, 200 Post St. (*Union Sq.*), Tel. 415/421-2600. Produziert seit 1852 Schmuck in traditionellem Design.
Union Street Goldsmith, 1909 Union St. (Cow Hollow), Tel. 415/776-8048. Örtlich gefertigter Gold- und Platinschmuck und farbige Steine.

LEDER

Bottega Veneta, 108 Geary St. (*Union Sq.*), Tel. 415/981-1700. Geschl. So. Italienische Handtaschen, Koffer und Brieftaschen.
North Beach Leather, 224 Grant Ave. (*Union Sq.*), Tel. 415/362-8300. Fabrikverkauf mit guten Angeboten und Änderungsservice.

STRASSENMÄRKTE

Ferry Plaza Farmer's Market, Ferry Bldg. Market St. (*Embarcadero*), Tel. 415/291-3276. Geschl. Mo, Mi, Fr. Frische Agrarprodukte und Lebensmittel.
Heart of the City Farmer's Market, Market St. zwischen 7th u. 8th St. (Civic Center), Tel. 415/558-9455. Mi u. So. Frische heimische Erzeugnisse.

SCHALLPLATTEN, CDS

101 Basement, 513 Green St. (*North Beach*), Tel. 415/392-6368. Gebrauchte Schallplatten aller Musikrichtungen.
Amoeba Music, 1885 Haight St. (*Haight-Ashbury*), Tel. 415/831-1200. Riesiges Sortiment an neuen und gebrauchten Schallplatten und CDs.
Street Light Records, 2350 Market St. (*Castro*), Tel. 415/282-8000 An- und Verkauf.

SPIELZEUG

Jeffrey's Toys, 685 Market St. (*Union Sq.*), Tel. 415/243-8697. Spielzeug und Bücher, pädagogisch und weniger pädagogisch.

VERSCHIEDENES

Canton Bazaar, 616 Grant Ave. (*Chinatown*), Tel. 415/362-5750. Ein riesengroßes und sehr typisches Chinatown-Warenhaus mit Souvenirs, Porzellan, Stickereien, Kunst- und Kunsthandwerk.
Clarion Music Center, 816 Sacramento St. (*Chinatown*), Tel. 415/391-1317. Geschl. So. Große Auswahl an Musikinstrumenten, von Sitar bis Didgeridoos, Trommeln, chinesischen Saiteninstrumenten und Gongs.
Dudley Perkins Harley-Davidson, 66 Page St. (*Civic Center*), Tel. 415/703-9494. Geschl. So.; 2595 Taylor St. (*Fisherman's Wharf*), Tel. 415/776-7779. Der älteste Harley-Händler der Stadt (1914) führt auch Kleidung, Sammlerstücke, Videos etc. Betrieben wird er von Frauen.
Flax, 1699 Market St. (*Civic Center*), Tel. 415/552-2355. San Franciscos bester Tipp für Künstlerbedarf. Hat im Bereich Schreibwaren, Schreibgeräte, Papier, Farbe, Tinte und Pinsel garantiert alles, was Sie brauchen.
Gity Joon's, 1828 Union St. (*Cow Hollow*), Tel. 415/292-7388. Asiatische Kunst und Antiquitäten, vor allem religiöse Devotionalien und Figuren, ebenso Springbrunnen, Schmuck, Kleidung und Bücher.
Golden Gate Fortune Cookie Factory, 56 Ross Alley (*Chinatown*), Tel. 415/781-3956. Frisch gebackene Glückskekse – auch als Partygag mit eigenen Wunschtexten.
Handle With Care Packaging Store, 510 Bryant St., Tel. 415/227-0776, hwcpackaging store.com. Verpackt und verschifft Ihre Käufe, vor allem für wertvolle, zerbrechliche und sperrige Gegenstände.
Misdirections Magic Shop, 1236 Ninth Ave. (*Sunset*), Tel. 415/566-2180. Für Zauberlehrlinge und porfessionelle Magier, gut ausgestattet mit Trickmaterial, Lehrbüchern und Videos. Geschl. Mo.
Pipe Dreams, 1376 Haight St. (*Haight-Ashbury*), Tel. 415/431-3553. Wollen Sie einen Headshop mit psychadelischen Postern und Schnickschnack im Stil der Sechziger aufsuchen, so ist dieser der älteste in Haight.
Wine Club, 953 Harrison St. (*SoMa*), Tel. 415/512-9086. Preisreduzierte Weine.

UNTERHALTUNG & FREIZEIT

In den darstellenden Künsten präsentiert San Francisco die ganze Vielfalt von Weltklasse-Opern über aktuelles Theater, Tanz und Comedy bis hin zu Rockkonzerten. Das Nachtleben ist so vielfältig wie die Stadt. Ob es ein altmodischer Jazzclub, eine coole Bluesbar, ein Tanzclub für schwule Lederjungs, ein Ballsaal mit Big Band und Blick auf die Stadt oder ein Konzert eines Rock'n'Roll-Superstars sein soll – in San Francisco werden Sie es finden.

INFORMATION & TICKETS

Infos über Veranstaltungen in San Francisco erhalten Sie bei der Hotline des San Francisco Convention and Visitors Bureau, Tel. 415/391-2001. Im *Sunday San Francisco Chronicle* finden sich alle möglichen Veranstaltungen aufgelistet, ebenso auf den Websites www.sfgate.com und www.sfarts.org sowie in den Gratis-Publikationen *San Francisco Bay Guardian* und *SF Weekly*. Oder rufen Sie bei den Veranstaltungsstätten an.

Ticket-Agenturen Bei BASS Tickets können Sie Termine erfragen oder Eintrittskarten kaufen (Vermittlungsgebühr): Tel. 415/478-2277 oder 800/225-2277 von außerhalb Kaliforniens. TIX (Tel. 415/433-7827; nur Infos, www.theatrebayarea.org) verkauft Karten zum halben Preis für am gleichen Tag stattfindende Theater-, Tanz- und Musikveranstaltungen. Der TIX-Stand befindet sich am Union Square an der Stockton Street-Seite; nur Barzahlung; geschl. Mo.

Es empfiehlt sich, direkt bei den Veranstaltungsstätten anzurufen. Die Kassen sind in der Regel den ganzen Tag bis nach Beginn der Vorstellung geöffnet.

THEATER

Das Spektrum reicht von weltberühmten Musicals und Theaterstücken im Theater District in der Innenstadt und im Civic Center bis zu experimentellen Kleintheatern.

THEATER DISTRICT

American Conservatory Theater/ACT, Geary Theater, 415 Geary Blvd., Tel. 415/749-2228, www.act-sf.org. Landesweit anerkanntes, mit Tony-Award ausgezeichnetes Haus. Von Shakespeare bis Tennessee Williams sowie Premieren neuer Stücke. Das Theater aus dem Jahre 1909 ist von nationaler historischer Bedeutung.

Curran Theater, 445 Geary Blvd., Tel. 415/551-2000, www.shnsf.com. Große Musicals vor allem von von Andrew Lloyd Webber und weitere Broadway-Hits. Schönes Theater von 1922.

Lorraine Hansberry Theatre, 620 Sutter St., Tel. 415/345-3980, www.lorrainehansberrytheatre.com. Afro-amerikanisches Theater von klassisch bis experimentell.

WEITERE STANDORTE

Beach Blanket Babylon, Club Fugazi, 678 Green St. (*North Beach*), Tel. 415/421-4222. Verrückter, seit langem erfolgreicher Musical-Spaß über San Francisco und die Pop-Kultur; ausgefallene Hüte und Kostüme.

Magic Theater, Fort Mason, Bldg. D, Ecke Marina Blvd. und Buchanan St. (*Marina District*), Tel. 415/441-8822, www.magictheatre.org. Amerikanische Dramatiker führen neue Stücke auf; Darsteller sind bekannte Stars und Neulinge.

The Marsh, 1062 Valencia St. (*Mission District*), Tel. 415/826-5750. Avantgarde- und Solostücke.

Theatre Rhinoceros, 2926 16th St. (*Mission District*), Tel. 415/861-5079. Ältestes Schwulen- und Lesben-Ensemble der USA.

MUSIK

Grace Cathedral Concerts, Grace Cathedral, 1100 California St. (*Nob Hill*), Tel. 415/749-6300, www.gracecathedral.org. Ausgezeichnete Chor- und Instrumentalmusik, gute Akustik.

San Francisco Opera, War Memorial Opera House, 301 Van Ness Ave. (*Civic Center*), Tel. 415/864-3330, www.sfopera.com. Spektakuläre Opernproduktionen. Saison ist von September bis Dezember.

San Francisco Symphony, Louise M. Davies Symphony Hall, 210 Van Ness Ave. (*Civic Center*), Tel. 415/864-6000, www.sfsymphony.org. Der gefeierte Michael Tilson Thomas ist der Haus-Dirigent. Top-Gastsolisten. Saison von September bis Juli.

TANZ

San Francisco Ballet, War Memorial Opera House, 301 Van Ness Ave. (*Civic Center*), Tel. 415/865-2000, www.sfballet.org. Das älteste Ballettensemble der USA zeigt klassisches und modernes Ballett. Saison: Februar bis Mai; auch *Der Nussknacker* in der Weihnachtssaison.

NACHTLEBEN

Biscuits and Blues, 401 Mason St. (*Union Sq.*), Tel. 415/292-2583. Bekannter legerer Bluesclub.

Bimbo's 365 Club, 1025 Columbus Ave. (*North Beach*), Tel. 415/474-0365. Rock und Jazz in prachtvoller Umgebung. Oft große Namen.

Boom Boom Room, 1601 Fillmore St. (*Japantown*), Tel. 415/673-8000. John Lee Hookers zweite Heimat; lokale und nationale Künstler.

Cobb's Comedy Club, 915 Columbus Ave., Tel. 415/928-4320, www.cobbscomedy.com. Kleiner Club. Junge Talente. Populärer Ort.

Enrico's Sidewalk Café, 504 Broadway (*North Beach*), Tel. 415/982-6223. Jazz in europäischer Atmosphäre.

Fillmore Auditorium, 1805 Geary Blvd., Tel. 415/346-6000. Rockkonzerte in der in den 60er Jahren berühmten Halle.

Great American Music Hall, 859 O'Farrell St. (*Tenderloin*), Tel. 415/885-0750. Rock, Pop, R&B und Folk in stilvoller Halle der vorletzten Jahrhundertwende.

Harry Denton's Starlight Room, Sir Francis Drake Hotel, 450 Powell St., Tel. 415/395-8595. Tanzen zu Big-Band-Musik mit Blick auf die Stadt.
Jazz at Pearl's, 256 Columbus Ave. (*North Beach*), Tel. 415/291-8255. Jazz in klassischer Club-Atmosphäre.
Ruby Skye, 420 Mason St. (*Union Sq.*), Tel. 415/693-0777, Ein zu einem mehrstöckigen Danceclub umgewandeltes Jugendstiltheater mit DJs, Livemusik und modernster Tontechnik.
The Saloon, 1232 Grant Ave. (*North Beach*), Tel. 415/989-7666. Witzige Blues-Kneipe in der ältesten Bar der Stadt.
Slim's, 333 11th St. (*SoMa*), Tel. 415/255-0333. Boz Scaggs' populärer Club; Blues, Roots, Rock; einige Top-Stars.
Ten 15, 1015 Folsom St. (*SoMa*), Tel. 415/431-1200. Gefeierter Tanzclub mit fünf unterschiedlich dekorierten Sektionen.
The Warfield, 982 Market St. (*Civic Center*), Tel. 415/775-7722. Recht intimer Spielort bedeutender Rockgruppen.

AKTIVITÄTEN IM FREIEN

Von Bootfahren über Fahrradfahren bis Angeln – San Francisco bietet Freunden von Aktivitäten unter freiem Himmel viele Optionen: am Wasser, in den Parks, auf Wanderwegen oder in San Franciscos urtümlicher Umgebung, etwa in Marin County.

SPORT-VERANSTALTUNGEN

Oakland A's Network Associates Coliseum, 7000 Coliseum Way, Oakland, 94621, Tel. 510/762-2255 (Karten). Baseball.
San Francisco 49ers 3 Com Park am Candlestick, Tel. 415/656-4900. American Football.
San Francisco Giants SBC Park, Tel. 510/762-2255. Baseball.
San Jose Earthquakes San Jose State's Spartan Stadium, 7th St. zwischen E. Alma Ave. & E. Humboldt St., San Jose, 95113, Tel. 408/985-4625. Fußball.
San Jose Sharks San Jose Arena, 525 Ecke W. Santa Clara/Autumn St., 95113, Tel. 408/287-7070. Eishockey.

WANDERN & RADFAHREN

Zwei der schönsten Routen der USA für Wanderer und Fahrradfahrer sind die Golden Gate Promenade (6,5 km am Wasser entlang mit Blick auf Yachten und Surfer, zwischen Aquatic Park und Golden Gate Bridge) und der Coastal Trail (eine anspruchsvollere, 14 km lange Route von der Brücke nach Fort Funston, durch die Headlands, die Stadt und über den Strand). Weitere schöne Gegenden sind das Presidio (mit dem 3 km langem Ecology Trail) und der Golden Gate Park (dessen Hauptstraße sonntags für Autos gesperrt ist). Über regionale Wandermöglichkeiten informiert die Website www.nps.gov/goga der Golden Gate National Recreation Area.

Obwohl ein Radwegnetz die ganze Stadt durchzieht (siehe Karten in den Gelben Seiten), müssen Fahrradfahrer steile Anstiege bewältigen und Autos ausweichen. Mountainbiker strömen nach Marin County. Der Mount Tamalpais ist ideal zur Ausübung dieser Sportart. Informationen zu Wander- und Radwegen in der Umgebung erhalten Sie bei der Golden Gate National Recreation Area, Tel. 415/556-0506, oder Recreation & Park Development, Tel. 415/666-7201.
Avenue Cyclery, 756 Stanyan St. (*Haight-Ashbury*), Tel. 415/387-3155, Fahhradverleih beim Golden Gate Park.
Surrey Bikes & Blades, 50 Stow Lake Dr. (*Golden Gate Park*), Tel. 415(668-6699. Fahrrad- und Inlineskateverleih.

GOLF

Öffentliche Plätze:
Presidio Golf Course, 300 Finley Road, Tel. 415/561-4661, www.presidiogolf.com. Privat betriebener Golfplatz im Presidio. Siehe S. 142.
Lincoln Park Golf Course, Ecke 34th Avenue und Clement Street, Tel. 650/759-3700, www.lincolnparkgc.com.

WINDSURFING

Die bei Windsurfern sehr beliebte Bucht von San Francisco weist von Frühling bis Herbst Westwind auf. Zu den besten Stellen gehören Crissy Field (*Presidio*), Fort Point am Südende der Golden Gate Bridge, Larkspur Landing (*Marin*) und die Gewässer am 3Com Park (*früher Candlestick, südlich der Innenstadt*). Achtung! Seien Sie wegen des kalten Wassers, der starken Strömungen und des Schiffverkehrs sehr vorsichtig.
Cityfront Boardsports, 2936 Lyon St. (*Marina*), Tel. 415/929-7873. Brettverleih für erfahrene Surfer.

WEITERE SPORTARTEN

Ein guter Ort zum Bootfahren ist der Golden Gate Park.
Golden Gate Park Boathouse, Stow Lake, Tel. 415/752-0347. Mieten Sie ein Ruder- oder Tretboot für eine Stunde. Inmitten des Sees liegt Strawberry Hill, eine Insel mit einem chinesichen Pavillon und kleinen Wasserfällen. Ein Pfad führt zum 130 Meter hohen »Gipfel«.
Auch Rasenbowling ist möglich.
San Francisco Lawn Bowling Club, nahe Sharon Meadow und Carousel, Tel. 415/ 487-8787. Der Sport ist leicht zu erlernen, wettbewerbstauglich und für Menschen jedes Alters geeignet. Am Mittwochabend finden kostenlose Unterrichtsstunden statt, ansonsten nach Vereinbarung.
Angelausflüge können Sie von Fisherman's Wharf aus unternehmen oder im Aquatic Park, bei Fort Mason, Crissy Field und an weiteren Orten vom Kai aus angeln. Ein Erlebnis für Einheimische und Besucher gleichermaßen sind auch Segeltörns und Kajakfahrten – wegen der Blicke auf Bucht und Stadt und der frischen Luft. Hier gibt es viele Anbieter und Verleiher.

REGISTER

Gefettete Seitenzahlen beziehen sich auf Bilder.

ABBILDUNGS-NACHWEIS

Folgende Abkürzungen werden verwendet: (o) oben; (u) unten; (l) links; (r) rechts; (m) Mitte.

Cover: (ol), Corbis UK Ltd/Morton Beebe, S. F. (or), Corbis UK Ltd/ Lowell Georgia. (ul), Eye Ubiquitous. (ur), Pictor International, London. 1, PhotoFile; 2/3, PhotoFile; 4, Gettyone/Stone; 9, Peter Newark's Pictures; 10/11, Catherine Karnow; 11, Eric Risberg, AP/Worldwide Photos; 12, AA Photo Library/Robert Holmes; 13, Gettyone/Stone; 14/15, Catherine Karnow; 16/17, Gettyone/ Stone; 19, Gettyone/Stone; 21, Getty Images; 22/23, Corbis UK Ltd/Bettmann.; 24/25, Peter Newark's Pictures; 26, Peter Newark's Pictures; 27, Peter Newark's Pictures; 28/29, Corbis UK Ltd/ Gianni Dagli Orti; 31, Corbis UK Ltd/Ansel Adams Publishing Rights Trust; 32, Corbis UK Ltd/Bettmann; 33, Corbis UK Ltd/Jim Sugar Photography; 34/35, Moviestore Collection; 36/37, Corbis UK Ltd/Philip Gould; 38, Corbis UK Ltd/Morton Beebe, S.F.; 39, Corbis UK Ltd/ Morton Beebe, S.F; 41, Corbis UK Ltd/Morton Beebe, S.F.; 42/43, Gettyone/Stone; 44l, Robert Holmes; 44r, Robert Holmes; 45l, Corbis UK Ltd/Richard Cummins; 45r, Corbis UK Ltd/Robert Holmes; 46, Robert Harding Picture Library; 47, Robert Harding Picture Library; 50/51, Corbis UK Ltd/ Bob Rowan; Progressive Image; 53, Robert Holmes; 54, Floris Leeuwenberg/ Corbis; 55, Robert Holmes; 56, AA Photo Library/Ken Paterson; 57, PhotoFile; 60, Hisham Ibrahim-Photo5.com; 63, Karen Huntt/Corbis; 64, Catherine Karnow; 65o, Corbis UK Ltd/Kevin Fleming; 65u, Corbis UK Ltd/Bettmann; 66, Corbis UK Ltd/Morton Beebe, S.F.; 68, Catherine Karnow; 69, AA Photo Library/Ken Paterson; 70, Corbis UK Ltd/Nik Wheeler; 73o, PhotoFile; 73u, Corbis UK Ltd/Phil Schermeister; 74, PhotoFile; 75, Catherine Karnow; 76, AA Photo Library/Ken Paterson; 77, PhotoFile; 78, San Francisco Convention & Visitors Board/Mark Snyder; 79, PhotoFile; 81, Corbis UK Ltd/Robert Holmes; 82o, PhotoFile; 82u, PhotoFile; 83, Corbis UK Ltd/ Roger Ressmeyer; 84, Photovault; 85, PhotoFile; 86/87, Photovault; 87, Carolyn Cassidy/Penguin Books »Cover«, von ON THE ROAD von Jack Kerouac, copyright © 1955, 1957 by Jack Kerouac; erneuert © 1983 by Stella Kerouac, erneuert © by Stella Kerouac und Jan Kerouac. Nutzung mit Erlaubnis von Viking Penguin, eine Firma der Penguin Putnam Inc; 88, Robert Harding Picture Library; 90, Corbis UK Ltd/ Morton Beebe, S.F.; 91, Catherine Karnow; 92, Corbis UK Ltd/Morton Beebe, S.F.; 93, AA Photo Library/ Ken Paterson; 94/95, Robert Holmes; 96, PhotoFile; 97o, Corbis UK Ltd/Bob Rowan; Progressive Image.; 97u, Corbis UK Ltd/Bob Rowan; Progressive Image; 98, Catherine Karnow; 99, Photovault; 100, Corbis UK Ltd/Underwood & Underwood; 101, Robert Harding Picture Library; 104/105, PhotoFile; 106/107, PhotoFile; 107, Robert Holmes; 108, Photovault; 109, PhotoFile; 110l, Popperfoto; 110r, Corbis UK Ltd/Bettmann; 111o, Photovault; 111ul, Popperfoto; 111ur, Popperfoto; 112, PhotoFile; 113o, Corbis UK Ltd/ Michael S. Yamashita; 113u, AA Photo Library/Ken Paterson; 114o, Robert Holmes; 114u, Wax Museum/Barre Phong, S.E.; 115, Robert Holmes; 117, PhotoFile; 118/119, Cosmo Condina/ Gettyone/ Stone; 120, Corbis UK Ltd/Robert Holmes; 121, Corbis UK Ltd/Robert Holmes; 123, PhotoFile; 124, AA Photo Library/Ken Paterson; 125o, Corbis UK Ltd/Morton Beebe, S.F.; 125u, Corbis UK Ltd/Morton Beebe, S.F.; 126, Robert Harding Picture Library; 127, Corbis UK Ltd/Phil Schermeister; 128, Corbis UK Ltd/Morton Beebe, S.F.; 131, PhotoFile; 132/133, PhotoFile; 133, AA Photo Library/ Robert Holmes; 135, AA Photo Library/Ken Paterson; 136o, Robert Holmes; 136u, Robert Holmes; 137, Monica Lee; 139o, Robert Holmes; 139u, Robert Holmes; 140, Robert Holmes/Corbis; 141, AA Photo Library/Robert Holmes; 142o, Robert Holmes; 142u, Robert Holmes; 143, Corbis UK Ltd/Kelly-Mooney Photography; 144, Corbis UK Ltd/Morton Beebe, S.F.; 147, Corbis UK Ltd/Richard Cummins; 149, Corbis UK Ltd/Catherine Karnow; 150, Robert Holmes; 151, Corbis UK Ltd/Robert Holmes; 152, Corbis UK Ltd/Kelly-Mooney Photography; 153, Corbis UK Ltd/Kevin Fleming; 154, Corbis UK Ltd/Kevin Fleming; 155, PhotoFile; 157, Corbis UK Ltd/Morton Beebe, S.F.; 158/159, Corbis UK Ltd/Phil Schermeister; 159l, Robert Holmes; 159r, AA Photo Library/Ken Paterson; 161, AA Photo Library/Ken Paterson; 162, PhotoFile; 163o, Corbis UK Ltd/ Ted Streshinsky; 163u, Corbis UK Ltd/Henry Diltz; 164, Marcio Jose Sanchez, AP/Worldwide Photos; 165, Robert Holmes; 167, PhotoFile; 166, ©2002 Cooperation of the Fine Arts Museum, The New de Young Museum, Herzog & de Meuron, Primary Designers, Fong & Chan Architects, Principal Architects Michael Sechman & Assoc., Inc, Renderer; 167, Fine Arts Museum of San Francisco, Geschenk von Mr. und Mrs John D. Rockefeller III, 79.7.15; 168, Fine Arts Museum of San Francisco, Estate of Henry J. Crocker, 61.1.9; 169, Jeff Chiu, Ap/worldwide Photos 170 o, California Academy of Sciences/Dong Lin; 170 u, California Academy of Sciences/Dong Lin; 171, Jeff Chiu, AP/Worldwide Photos; 172f, PhotoFile; 174, Corbis UK Ltd/Mark Gibson; 175, PhotoFile; 177o, Robert Holmes; 175m, Robert Holmes; 175u, Robert Holmes; 178, Corbis UK Ltd/Robert Holmes; 179, Robert Holmes; 178, Corbis UK Ltd/Kevin Fleming; 179, Corbis UK Ltd/Morton Beebe, S.F.; 183, Monica Lee; 184, AA Photo Library/Ken Paterson; 182/183, Robert Holmes; 184, Robert Harding Picture Library; 185, Asian Art Museum of San Francisco 186/187 Eric Risberg, Asian Art Museum of San Francisco; 189, PhotoFile; 190, Corbis UK Ltd/Kevin Fleming; 191, Corbis UK Ltd/The Purcell Team; 192o, Corbis UK Ltd/Morton Beebe, S.F.; 192u, Robert Holmes; 194, Corbis UK Ltd/Morton Beebe, S.F.; 195, Kim Steele/Getty Images; 196, Allsport (UK) Ltd.; 197, PhotoFile; 200, AA Photo Library/Ken Paterson; 201o, AA Photo Library/Ken Paterson; 201u, AA Photo Library/ Ken Paterson; 202/203, Catherine Karnow; 204/205, Corbis UK Ltd/ Dave Bartruff; 206, Catherine Karnow; 207, PhotoFile; 209, Robert Holmes; 210, Corbis UK Ltd/Michael S. Yamashita; 212, PhotoFile; 213, Robert Harding Picture Library; 214/215, PhotoFile; 215, PhotoFile; 216, PhotoFile; 217, PhotoFile; 218, Robert Holmes; 219, PhotoFile; 220/221, PhotoFile; 221, Corbis UK Ltd/Robert Holmes; 222o, PhotoFile; 222u, Robert Holmes; 223, Photofile; 225, Robert Harding Picture Library; 226, PhotoFile; 227, Robert Holmes; 228/229, PhotoFile; 230/231, Robert Harding Picture Library; 232, Robert Harding Picture Library; 234/235, PhotoFile; 241, Gettyone/Stone

In der Reihe NATIONAL GEOGRAPHIC TRAVELER sind bisher folgende Titel erschienen:

ÄGYPTEN
ALASKA
AMSTERDAM
AUSTRALIEN
BARCELONA
BERLIN
BOSTON UND UMGEBUNG
CHINA
COSTA RICA
FLORENZ UND TOSKANA
FLORIDA
FRANKREICH
GRIECHENLAND
GROSSBRITANNIEN
HAWAII
HONGKONG
INDIEN
IRLAND
ITALIEN
JAPAN
KALIFORNIEN
KANADA
KARIBIK
KUBA
LONDON
MADRID
MEXIKO
MIAMI UND DIE FLORIDA KEYS
NEAPEL UND SÜDITALIEN
NEW YORK
PARIS
PIEMONT UND NORDWEST-ITALIEN MIT TURIN UND DEN ALPEN
PORTUGAL
PRAG UND TSCHECHIEN
PROVENCE UND CÔTE D'AZUR
ROM
SAN FRANCISCO
SIZILIEN
SPANIEN
ST. PETERSBURG
SYDNEY
THAILAND
USA-NATIONALPARKS
VENEDIG
VIETNAM
WASHINGTON, D.C.

Weitere Titel in Vorbereitung

Deutsche Ausgabe veröffentlicht von G+J/RBA GmbH & Co KG, Hamburg 2002
3. aktualisierte Auflage Hamburg 2007
Übersetzung: Jutta Ressel M. A., Jutta Deutmarg, Dr. Martin Goch
Gesamtproducing: CLP • Carlo Lauer & Partner
Satz: Typographischer Betrieb Biering/Numberger
Druck und Verarbeitung: Offizin Andersen Nexö Leipzig GmbH
Printed in Germany
ISBN 978-3-937606-86-6

Titel der amerikanischen Originalausgabe:
NATIONAL GEOGRAPHIC TRAVELER SAN FRANCISCO

Veröffentlicht von der National Geographic Society, Washington, D.C. 2000, 2005. Alle Rechte vorbehalten.

John M. Fahey jr., *Präsident*
Gilbert M. Grosvenor, *Aufsichtsratsvorsitzender*
Nina D. Hoffman, *Vizepräsidentin, Leiterin der Buchabteilung*
Kevin Mulroy, *Vizepräsident und Herausgeber*
Marianne Koszorus, *Layout-Leitung*
Charles Kogod, *Leiter der Bildstelle*
Elizabeth L. Newhouse, *Reiseführer-Leitung*
Cinda Rose, *Art Director*
Carl Mehler, *Kartografie-Leitung*
Joseph F. Olchak, *Koordination Kartografie*
Gary Colbert, *Herstellungsleitung*
Richard S. Wain, *Projektmanagement Herstellung*
Lawrence Porges, *Koordination Redaktion*
Kay Kobor Hankins, Judith Klein, *Assistenz*

Redaktion und Herstellung: A.A. Publishing, Basingstoke, England
Betty Sheldrick, *Projektmanagement*
David Austin, *Art Director*
Victoria Barber, *Redaktion*
Keith Russell, *Layout*
Simon Mumford, Amber Banks, *Kartografie*
Richard Firth, *Herstellungsleitung*
Bildredaktion: Zooid Pictures Ltd.
Stadtpläne: Chris Orr Associates, Southampton, England
Aufrisszeichnungen: Maltings Partnership, Derby, England

Die National Geographic Society wurde 1888 gegründet, um »die geographischen Kenntnisse zu mehren und zu verbreiten.« Seither unterstützt sie die wissenschaftliche Forschung und informiert ihre mehr als neun Millionen Mitglieder in aller Welt.

Die National Geographic Society informiert durch Magazine, Bücher, Fernsehprogramme, Videos, Landkarten, Atlanten und moderne Lehrmittel. Außerdem vergibt sie Forschungsstipendien und organisiert den Wettbewerb *National Geographic Bee* sowie Workshops für Lehrer. Die Gesellschaft finanziert sich durch Mitgliedsbeiträge und den Verkauf der Lehrmittel.

Die Mitglieder erhalten regelmäßig das offizielle Journal der Gesellschaft: das NATIONAL GEOGRAPHIC-Magazin. Falls Sie mehr über die National Geographic Society, ihre Lehrprogramme und Publikationen wissen wollen: Nutzen Sie die Website unter www.nationalgeographic.com.

Die Website von NATIONAL GEOGRAPHIC DEUTSCHLAND können Sie unter www.nationalgeographic.de besuchen.